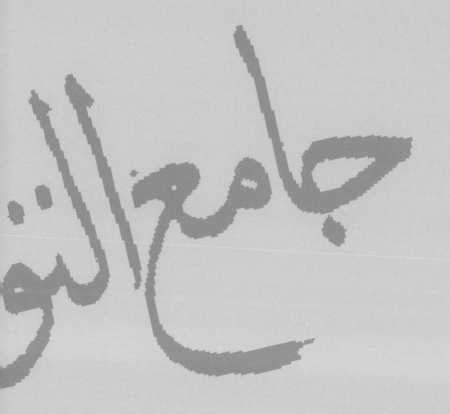

جامعة النو

라시드 앗 딘의 집사 **5**

이슬람의 제왕

- 가잔 칸과 그의 시대

라시드 앗 딘의 집사 5

이슬람의 제왕 - 가잔 칸과 그의 시대

2023년 3월 31일 1판 1쇄

지은이	라시드 앗 딘
역주자	김호동
편집	강창훈·이진·이창연·홍보람
디자인	김효진
제작	박흥기
마케팅	이병규·이민정·최다은·강효원
홍보	조민희
인쇄	천일문화사
제책	책다움
펴낸이	강맑실
펴낸곳	(주)사계절출판사
등록	제406-2003-034호
주소	(우)10881 경기도 파주시 회동길 252
전화	031-955-8588, 8558
전송	마케팅부 031-955-8595 편집부 031-955-8596
홈페이지	www.sakyejul.net
전자우편	skj@sakyejul.com
블로그	blog.naver.com/skjmail
페이스북	facebook.com/sakyejul
트위터	twitter.com/sakyejul

ISBN 979-11-6981-126-2 93910

라시드 앗 딘의 집사 5

이슬람의 제왕

가잔 칸과 그의 시대

라시드 앗 딘 지음 | 김호동 역주

이 책을 내면서

이번에 출간하는『집사』제5권은 페르시아의 역사가 라시드 앗 딘이 편찬한『집사(Jāmiʿ al-tawārīkh)』의 한국어 번역 가운데 마지막 부분에 해당한다. 이로써 그 전에 출판된 4권의 역주서들과 함께『집사』몽골사부분은 한국어로 모두 완역되는 셈이다. 역자는 제5권에 '이슬람의 제왕'이라는 제목을 붙였다. 본문에 자주 등장하는 Pādishāh-i Islām이라는 페르시아어 표현을 옮긴 것으로 가잔 칸의 별칭이었다. 이번에 번역된 부분은『축복받은 가잔의 역사(Tārīkh-i mubarak-i Ghāzānī)』라고 불린『집사』의 제1부(mujallad) 가운데 제2권(bāb)의 제2편(faṣl)의 마지막 장(dāstān)인「가잔 칸기」이다.

가잔 칸은 서아시아를 정복하고 지배한 몽골 정권의 7번째 군주였다. 이 정권은 흔히 '일 칸국(Ilkhanate)'이라는 이름으로 알려져 있는데, 이슬람 측 사료에서 서아시아의 몽골 군주들이 흔히 '일 칸(ilkhan)'이라는 명칭으로 불렸기 때문이다. 그동안 이 단어는 '[대칸에게] 복속한 칸'을 의미하는 것으로 여겨져 왔지만, 이는 '일'이라는 단어를 잘못이해한 결과이다. '일'이라는 투르크어는 몽골어에서 '부민(部民)' 혹은 '속민(屬民)'을 뜻하는 '울루스(ulus)'를 옮긴 말에 불과하다. 따라서 '일

칸'이라는 말은 '울루스의 군주'라는 뜻이며, 훌레구와 그의 후계자들이 그렇게 불린 것은 몽골제국을 구성하는 여러 울루스들 가운데 서아시아 지방에 자리 잡은 울루스, 즉 '훌레구 울루스'의 군주였기 때문이다.

그런데 가잔 칸은 '일 칸'이라는 칭호보다는 '이슬람의 제왕'이라는 칭호를 더 선호했다. 거기에는 나름대로 정치적 배경과 의도가 있었다. 1271년에 출생한 가잔 칸은 1295년 군주로 즉위하여 1304년 사망할 때까지 10년간 통치했다. 훌레구에서 시작해서 아바카, 테구데르, 아르군, 게이하투, 바이두에 이르기까지 가잔 칸에 앞서서 여섯 명의 군주가 있었는데, 이 가운데 치세가 극히 짧았던 '아흐마드' 테구데르를 제외하고는 이슬람을 믿지 않았다. 오히려 동아시아의 카안 울루스를 지배했던 쿠빌라이가 그러했듯이 불교를 중시했다. 궁정 안에서는 카쉬미르나 티베트 출신의 '박시(bakhshi)'라 불린 승려들이 큰 영향력을 행사했으며, 서아시아 각지에는 크고 작은 불교 사원들이 세워졌다. 물론 서아시아 현지의 무슬림 관리들이 채용되었지만, 그것은 어디까지나 통치의 현실적인 필요성에서 그런 것이지 몽골의 군주들이 그들의 종교까지 받아들인 것은 아니었다.

그러나 가잔이 즉위하면서 사정은 크게 달라졌다. 본 역서에서도 자세히 서술되었듯이, 그는 자신의 오촌 숙부 바이두(Baidu)와 왕좌를 다투던 1295년 여름, 몽골의 장군 노루즈(Noruz)와 이슬람의 장로 사드르 앗 딘 함무위(Ṣadr al-Dīn Ḥammuwī)의 권유를 받아들여 이슬람으로 개종을 단행하였다. 사실 당시 상당수의 몽골 장병들이 이미 이슬람으로 개종한 상태였기 때문에, 그의 결단은 다수의 몽골과 투르크 병사들의 적극적인 지지와 무슬림 귀족·평민들의 후원을 이끌어낼 수 있었다. 가잔은 이슬람으로의 개종이 권력 투쟁에서 승리를 가져다줄 유력한 수단임을 잘 알고 있었던 것이다.

가잔이 개종하면서 취한 '이슬람의 제왕'이라는 칭호는 그의 집권뿐만 아니라 서아시아 통치에서도 중요한 '합법성'의 상징이 되었다. 이제 몽골의 군주들은 종교적인 측면에서 무슬림 복속민과 유리된 존재가 아니라 그들과 동일한 '이슬람 공동체(ummah)'의 일원이 되었다. 가잔은 라시드 앗 딘을 재상으로 기용하여 다방면에 걸친 개혁 정책을 시행하였는데, 그 상당수가 율법(sharīah)에 저촉되지 않는 방식으로 이루어지도록 했다. 그의 목표는 무력을 통해 정복하고 강압적인 방법으로 지배하는, 즉 대다수 무슬림 복속민과 유리된 이교도 정권이 아니라, 정치적 합법성과 종교적 정당성을 확보한 정권의 확립이었다.

그렇지만 그의 이슬람 개종과 제반 개혁 정책의 시행이 곧 몽골 전통과의 단절을 의미하는 것은 아니었다. 그는 오히려 자신들의 위대한 조상인 칭기스 칸이 어떻게 제국을 건설하였고 증조부인 훌레구가 어떻게 서아시아를 정복하여 독자적인 '울루스'를 세웠는지, 그 역사적 과정과 정당성을 분명히 알아야 할 필요가 있다고 생각했다. 그는 당시 몽골의 귀족 자제들과 병사들이 자신의 조상이 어떤 부족에 속했으며 어떤 헌신과 고난을 통해 제국을 건설했는지를 망각하고 있는 현실을 통렬히 질타했다. 그가 라시드 앗 딘에게 몽골제국의 역사를 편찬하라고 지시한 것도 바로 당시 몽골 젊은이들에게 확고한 '역사의식'을 심어주기 위함이었다. 『집사』는 바로 이 같은 가잔의 의도가 낳은 결실이며, 이 점은 『부족지-라시드 앗 딘의 집사 1』에 나오는 '서문'에 잘 드러나 있다.

가잔은 1295년 11월에 즉위하였다. 그런데 그 전해인 1294년 초에 대칸 쿠빌라이가 사망했다. 쿠빌라이는 가잔의 증조부에 해당하는 인물이었으며, 서아시아 몽골 정권의 창건자인 훌레구의 형이기도 했다. 그러니 훌레구 사후 그의 뒤를 이은 아들과 손자들이 쿠빌라이와 맺은 관계는 가족 안에서의 서열뿐만 아니라 정치적 위계에 있어서도 도저히 넘을 수 없는 상하 수직적인 것이었다. 쿠빌라이가 즉위할 때 제위를 둘러싸고 치열한 무력 충돌이 있었고, 그 과정에서 서방의 3대 울루스가 정치적으로 상당한 독립성을 획득한 것도 사실이다. 그러나 쿠빌라이는 여전히 '카안(Qa'an)' 즉 제국 전체의 최고 군주로서, 상징적인 차원에 그치는 것이 아니라 실질적인 면에서도 많은 영향력을 행사했다. 훌레구의 뒤를 이은 아바카와 그 후계자들은 쿠빌라이가 그들의 계승을 '인준'하는 칙령과 인장을 보낸 뒤에야 그 합법성을 최종적으로 인정받았다. 훌레구 울루스 군주들의 입장에서 볼 때 대칸 쿠빌라이와의 관계는 '족쇄'가 아니었다. 오히려 서북방의 주치 울루스나 동북방의 차가다이 울루스가 변경으로 끊임없이 군대를 보내 정권 자체의 존립을 군사적·이념적으로 위협할 때, 이에 맞설 수 있는 유효한 후원이었던 것이다.

그러나 쿠빌라이가 사망하면서 이러한 상황은 바뀔 수밖에 없었다. 쿠빌라이의 뒤를 이은 손자 테무르 카안은 전임자의 카리스마를 갖기도 어려웠을 뿐만 아니라 칭기스 일족 내의 항렬도 특별히 높은 편이 아니었다. 가잔이 즉위한 뒤 전임자들과는 달리 카안 울루스와의 종속 관계에서 벗어나 정치적으로 독자 노선을 추구하려 한 것은 당연한 일이었다. 그가 '이슬람의 제왕'을 칭하며 서아시아 통치의 종교적 정당성을 확보하려 한 것도 그 노력의 일환이었다. 또한 그가 라시드 앗 딘에게 『집사』를 편찬하라고 지시한 것도 카안 울루스에 종속되지 않은, 훌레구 '울루스 그 자체'의 역사적 정통성을 입증하기 위함이었다. 즉 훌레구가 서아시아로 이끌고 온 몽골 부민·병사들('울루스')은 그의 형 뭉케가 분여해 준 것이며, 거슬러 올라가면 칭기스 칸이 막내 아들 톨루이에게 나누어 준 몽골 병사들에서 비롯된 것임을 천명한 것이다. 이렇게 볼 때 『집사』는 단순히 '몽골제국의 역사'를 기록한 글이 아니라, 가잔 칸의 확고한 목적과 역사의식을 바탕으로 탄생한 것이라고 할 수 있다.

이제 「가잔 칸기」의 번역을 끝으로 『집사』의 한국어 역주는 완성을 보게 되었다. 제1권 『부족지』가 처음 세상에 얼굴을 내민 것이 2002년 이니까, 지금까지 20년이 넘는 성상이 흐른 셈이다. 나도 그때는 40대 후반 중년의 학자였지만, 지금은 은퇴한 지도 벌써 몇 년이 지난 노년의 학자가 되어버렸다. 사실 『집사』의 첫 권을 낼 때만 해도 이 중요한 역사서를 완역하기까지 이렇게 오랜 시간이 소요될 줄은 몰랐다. 처음부터 다섯 권으로 나누어 낼 생각이었으니, 2년에 한 권씩이면 10년 정도에 모두 끝낼 수 있지 않을까 예상했다. 처음에는 계획대로 잘 진행되는 듯했다. 2003년에 제2권 『칭기스 칸기』가 나왔고, 2005년에는 제3권 『칸의 후예들』이 출간되었다. 그런데 그때부터 『집사』 역주 작업은 오랜 휴지기에 들어갔고, 무려 13년이 지난 2018년에야 비로소 제4권 『일 칸들의 역사』를 출간했다. 그리고 그로부터 다시 5년이 걸려 이제 완역이라는 마침표를 찍은 것이다.

무엇 때문에 이렇게 늦어진 것인지 가만히 돌이켜 생각해 보니, 아마 거의 매년 한 권씩 세 권을 차례로 내놓고 나서 신체적으로나 심적으로 지쳤고, 그래서 마음가짐이 어느 정도 나태해진 것이 하나의 큰 원인이 된 듯하다. 그러나 그것만은 아니었다. 제4권부터는 서아시아를 지배한 훌레구 울루스에 관한 부분이라서, 그 내용이 나의 직접적인 연구 관심과 상당한 거리가 있다는 점도 작용했다. 나아가 2000년대 들어 본격적으로 몽골제국사에 매진하면서, 나의 연구 결과를 논문이나 책으로 내는 일에 바쁜 나날을 보내야 했다. 그러다 보니 『집사』 역주에는 처음만큼 신경을 써서 시간을 할애하기 어려워졌다.

그렇게 거의 10년 가까이 미루어두었는데, 정년이 눈앞에 다가오면서 더 이상 미루어서는 안 되겠다는 생각이 들었다. 그래서 서둘러 각종 교감본과 사본들을 다시 꺼내놓고 작업을 재개했고, 마침내 2018년에 제4권을 마칠 수 있었다. 그 뒤를 이은 「가잔 칸기」에는 상당히 난해한 부분들이 많아서 생각보다 시간이 많이 걸렸고, 결국 정년을 하고 나서도 코로나 사태의 혼란스러운 3년을 거친 뒤 비로소 제5권을 세상에 내놓았다. 여러 가지 우여곡절을 거치긴 했지만, 20년이라는 긴 시간이 지난 뒤 마침내 완역이라는 목표를 달성하니 후련한 마음이 든다.

그러나 오랜 시간적 격차를 두고 다섯 권이 나왔기 때문에 각 권들 사이에 부분적으로 용어나 표기의 불일치가 생겨난 점이 눈에 거슬린다. 특히 초기에 출간한 세 권과 나중에 나온 두 권 사이에 그런 점이 많아 보인다. 예를 들어 아랍문자에서 장모음을 표시하는 ^가 ˉ로 바뀐 것이라든가, 로샨(Rawshan)의 교감본의 페이지를 표시한 것이 그러하다. 뿐만 아니라 인명이나 지명 표기가 약간씩 달라진 경우도 있다. 물론 더 심각한 것은 '오역'의 문제일 것이다. 문장 자체를 잘못 이해해서 생겨난 것뿐만 아니라, 서술되는 사건에 대한 정확한 이해의 부족으로 발생한 오류도 있을 것이다. 따라서 이러한 차이와 오류들을 가능한 한 모두 바로잡고 『집사』 역주본 다섯 권이 하나의 전체로서 통일성과 일관성을 갖출 수 있도록 만들 필요가 있다. 그러나 그러한 작업은 또다시 많은 시간을 필요로 하는 것이기 때문에 이번에는 일단 제5권을 출간하여 번역을 끝내는 것으로 만족하고, 전체적인 수정을 거쳐 '개정판'을 내는 것은 후일을 도모할 수밖에 없을 듯하다. 현재의 상태로는 부족한 점이 많겠지만, 몽골제국사 분야에 종사하는 학자들이나 관심을 갖는 독자들이 그런대로 도움을 받을 수 있다면 다행이라 하겠다.

『집사』 마지막 부분을 출간하면서 감사를 표해야 할 분들이 생각난다. 무엇보다도 먼저 사계절출판사의 강맑실 사장님과 인문팀의 끊임없고 애정 어린 관심이 있었기에 완역이 가능했다는 점을 밝혀두고 싶다.

또한 번역본을 교정할 때 이제껏 다른 어떤 책을 낼 때에도 보지 못했던 그런 치밀함으로 읽고 고쳐준 강창훈 선생께 고마움을 표시하고자 한다. 학교에서 은퇴하기 전 대학원 수업 시간에 「가잔 칸기」의 후반부에 나오는 칙령들의 일부를 같이 읽고 토론했던 학생들에게도 그 노고에 감사함을 전한다.

2023년 2월
양평 성숙재(星宿齋)에서
김호동

일러두기

● 본서는 페르시아의 역사가 라시드 앗 딘(Rashīd al-Dīn, 1319년경 사망)이 저술한『집사』(Jāmiʿ al-tawārīkh)의 제1부 제2권 제2편 가운데「가잔 칸 기」를 번역한 것이다.

● 번역의 저본으로는 1957년 바쿠(Baku)에서 출간된 알리자데(A. Alizade) 를 위시한 러시아 학자들의 교감본과, 1995년 이란의 테헤란에서 출간 된 무함마드 로샨(Muḥammad Rawshan)의 교감본, 1940년에 출간된 얀 (Jahn)의 교감본 등을 활용했다. 아울러 원래 사본과의 대조를 위해 이스 탄불 톱카프 도서관에 소장된 Revan Köşkü 1518(A본이라 칭함)과, 타쉬켄 트의 알 비루니(Al-Biruni) 연구소에 소장된 사본 nr. 1620(B본이라 칭함) 을 참조하였으며, 번역문 안에 위의 두 사본의 엽수(葉數)를 각각 (A231r) 과 (B223v)와 같은 방식으로 적어 넣었다. 아울러 로샨 인쇄본의 페이지도 (R1231)과 같은 방식으로 표기하였다.

● 본문에서 '노역본(러시아 번역본)'이라 한 것은 Rashīd al-Dīn. *Sbornik letopisei.* Tom 3. A. K. Arends tr. Moskva: Izd. AN SSSR, 1946을 지칭하 며, '러시아 교감본'이라고 한 것은 Rashīd al-Dīn. *Jāmiʿ at-tavārīkh.* Jild 3. Alizade 교감. Baku, 1958을 가리킨다.

● 아랍문자의 알파벳 표기는 다음과 같이 하였다.
ā, a, b, p, t, th, j, ch, ḥ, kh, d, dh, r, z, zh,
s, sh, ṣ, ḍ, ṭ, ẓ, ʿ, ğ, f, q, k, g, l, m, n, w/v, h, i/y

● 사본에 표기된 몽골·투르크식 고유명사나 어휘를 영문으로 표기할 때 채택한 가장 중요한 원칙은 알파벳 전사(轉寫)만으로도 원문의 철자를 재구성할 수 있어야 한다는 점이었다. 그렇지 않을 경우, 전문적인 독자들이 역자의 자의적인 독음 여부를 판단하기란 불가능하기 때문이다. 따라서 장모음은 철자 위에 ⁻ 표시를 통해 모두 나타내되(1~3권에서는 ^로 표시했다), 단모음은 몽골·투르크어의 원음을 고려해 첨가했다. 다만 자음 j와 ch, g와 k는 점 표시가 불분명한 경우 원음에 가까운 선택을 했다. 또한 b, p, t 등의 아랍문자에 점이 없을 경우에는 각주에서 전사를 할 때 $로 표기하였다.

　예　MNGKW: 뭉케(Möngkū), MWNGKA: 뭉케(Möngkā), $WRQAQ: 투르칵
　　　(tūrqāq)

● 아랍, 페르시아, 투르크, 몽골 등 다양한 민족과 언어에 속하는 이름과 용어들을 한글로 표기할 때 예외 없는 통일된 원칙에 따라 옮기는 것은 불가능에 가까운 일이다. 그렇지만 기본적인 원칙이 필요하다는 점은 분명하며, 본서에서는 『유라시아 유목제국사』(사계절출판사, 1998)에 제시된 원칙을 따랐다는 사실을 밝혀둔다.

● 『몽골비사』의 절(chapter)의 숫자는 §로 나타냈다. 예를 들어 『몽골비사』 §32는 32절을 가리킨다.

● 분수의 표기는 기호 '/'를 사용하였다.

　예　12분의 1: 1/12, 2분의 1: 1/2

● 주석에서 외국 연구자의 인명은 한국어로 옮기지 않고 원어로 표기하였다.

차 례

• 각 장과 일화에 달린 제목은 독자의 이해를 돕기 위해 역주자가 원문의 내용을 요약, 정리한 것이다.

이 책을 내면서   5

『집사』의 구성표   16

가잔 칸기

第1장	가잔의 계보와 그의 즉위 이전의 상황	19
第2장	즉위 이후 그의 활동과 업적	35
第3장	가잔의 덕성과 행적, 그가 반포했던 칙령들	177

40개의 '일화' 요목

제1화	가잔 칸의 지식과 학문의 탁월함	181
제2화	그의 순결과 청정	193
제3화	그의 유창한 화법	195
제4화	그가 맺는 약속의 견고함과 공정함	197
제5화	자신이 한 말은 반드시 실행하는 그의 태도	202
제6화	그가 베푸는 은사와 관용	204
제7화	우상숭배의 철폐와 파괴	213
제8화	예언자의 후예들에 대한 후대	215
제9화	전투에서 보인 그의 용맹함과 인내심	217
제10화	종교 지도자들에게 준 그의 충고	224
제11화	이교도적인 언사의 금지	228
제12화	건축에 대한 그의 애호와 권유	230
제13화	타브리즈 등에 건설한 혜민구	239
제14화	문서의 위조와 부정에 대한 방지책(4통의 칙령)	252
제15화	불법 증서의 방지와 오래된 문서의 폐기	278
제16화	불법적 징세와 징발의 방지와 대책(1통의 칙령)	286
제17화	농민의 보호와 육성	320
제18화	역참제의 개혁과 사신들의 피해 방지책	322

제19화 노상 강도와 도적에 대한 대책   333

제20화 금은의 순도 제고   338

제21화 도량형의 정비(1통의 칙령)   345

제22화 역참용 칙령과 패자 발부의 개혁   352

제23화 복제 칙령과 패자의 회수   359

제24화 몽골군에 사여한 식읍(1통의 칙령)   365

제25화 가잔 칸 자신을 위한 별도의 군대의 정비   378

제26화 고리대 금지   382

제27화 과도한 위자료의 금지   396

제28화 촌락 각지에 욕탕과 사원의 건설   398

제29화 음주의 금지   399

제30화 대오르도에 필요한 음식비의 조달   400

제31화 오르도들의 음식 경비의 정비   405

제32화 국고의 관리와 정비   408

제33화 무기와 무기고의 정비   413

제34화 왕실 직속 가축 사무의 정비   417

제35화 매·호랑이 사육사 사무의 정비   419

제36화 농민들의 사무 정비   425

제37화 불모지의 개간   429

제38화 사신들의 숙소 정비   437

제39화 귀족들의 하인과 전령들의 횡포 금지   442

제40화 여자 노비들의 사창가 강제 판매 금지   445

부록

참고문헌   450

찾아보기   458

훌레구 일족의 주요 인물들과 칸위 계승도

가잔 칸 시대의 서아시아(지도)

『집사』의 구성표

제1부: 몽골사(일명 『축복받은 가잔의 역사』)

> 제1권 부족지
>
> 제2권 칭기스 칸기
>
> 제3권 칸의 후예들
>
> 제4권 일 칸들의 역사
>
> 제5권 이슬람의 제왕 – 가잔 칸과 그의 시대   가잔 칸기

제2부: 세계 각 민족들의 역사*

> 제1권 울제이투 칸기
>
> 제2권   제1편 · 아담 이후 사도와 칼리프들의 역사 및
> 지구상 각 종족들의 역사
>
>   제2편 · 본서 완성 이후 전개될 역사

제3부: 세계 각 지역의 경역 · 도로 · 하천

_현존하는 부분은 제1부 전체와 제2부의 제2권 제1편뿐이다.

_본서의 내용은 ▨▨▨▨ 로 표시된 부분이다.

---

*   저자 라시드 앗 딘이 이 책의 말미(447쪽)에 적었듯이, 그는 가잔 칸의 이름으로 완성한 본서를 새로 즉위한 울제이투 칸에게 헌정한 뒤, 그의 명령에 따라 제2부와 제3부를 집필할 계획이었다. 그가 과연 원래의 이 목적을 모두 달성했는지 확인하기는 어렵다. 현재 제2부 제2권 제1편의 사본은 전해지고 있지만, 다른 부분들의 존재는 확인되지 않고 있기 때문이다.

(A270r)(B242r)(R1205)

칭기스 칸의 아들 톨루이 칸,

그의 아들 훌레구 칸,

그의 아들 아바카 칸,

그의 아들 아르군 칸,

그의 아들인 가잔 칸기

모두 3장으로 구성되어 있다[1]

제1장: 그의 위대한 계보에 대한 설명, 그의 축복받은 출생에서부터 아르군 칸이 즉위할 때까지의 정황에 관한 이야기, 그의 카툰과 자식들과 그들의 고귀한 계보도.

제2장: 그의 축복받은 즉위 이전(의 상황), 그가 술탄의 자리에 앉을 때 보좌, 카툰들, 왕자들, 아미르들의 모습, 그의 통치 기간의 역사 및 그가 수행했던 전쟁과 그가 획득한 승리들.

제3장: 그의 탁월한 행적과 품성, 그의 정의와 은사와 선행과 자선과 학문과 덕성의 흔적들, 엄밀한 조사를 통해 진실을 밝히는 것에 관해서 그가 항상 강조했던 말들, 모든 백성들의 복리를 위해서 여러 방면에 걸쳐 그가 반포·시행했던 확고한 칙령(ḥukm)과 금령(yāsaq)들, 그리고 앞의 두 장들에 들어가지 않은 기이한 일화들과 사건들, 그 밖에 여러 가지 다양한 사건과 이야기들.

(R1206) 【제1장】

그의 위대한 계보에 대한 설명, 그의 축복받은 출생에서부터 아르군 칸이 즉위할 때까지의 정황에 관한 이야기, 그의 카툰과 자식들, 그들의 고귀한 계보도

가잔 칸은 아르군 칸의 장자이다. 아르군 칸이 열두 살 때에 우룩투 (Uruqtū)와 물라이(Mūlāī)의 형제인 케렉 티무르(Kerek[2] Tīmūr)에게 청하여, 두르벤 종족 출신의 쿠흐타르 비칙치(Kuhtar[3] Bītikchī)의 딸인 쿨탁(Qūltāq)이라는 이름을 가진 가잔의 모친을 [자기 부인으로] 맞이하였다. 아쉴룬(Ashlūn)이라는 이름을 가진 그녀의 언니는 툽신(Tūbshīn) 왕자가 [부인으로] 취했었다. 쿨탁은 대단한 미모의 소유자였다. 쿨탁을 극도로 사랑한 아르군 칸은 그녀를 부인으로 맞이하여 오르도로 데리고 오는 날 [자신이 직접] 마중하러 나가기를 희망했지만, 사르탁(Sar-tāq)과 주치간(Jūchighān)과 같은 아미르들이 그를 만류했다. 그녀에게 너무 매료되어 궁장(宮帳, bārgāh)의 기둥(sutūn)으로 올라가서 [그것을 지탱하는] 나무 판자(kūmāch)[4] 위에 앉아서, 멀리서 그녀의 모습을 볼 정도였다. 간단히 말해서 혼인의 관례에 따른 예식이 끝난 뒤, 가잔 칸[을 낳게 한] 고귀한 원료들이 섞이게 되었고, 그 밝은 달(月)의 배(腹)가 품은 조개는 제왕의 바다 진주(海珠)를 잉태한 것이다. 그리고 아홉 달 뒤인 670년 라비 알 아발월 29일(1271. 11. 4) 금요일, 즉 양띠 해

---

1) 이 문장은 A본에는 없고 B본에 보인다.
2) 원문은 KRK. Kuruk(Rawshan), Küräk(Thackston), Kork(노역본).
3) 원문은 KHTR. Kihtar(Thackston), Kähter(노역본).
4) 원문은 KWMAJ. 이는 투르크어 kömäch를 옮긴 말이며 '천막을 지탱하는 나무(Zeltabholz)' 혹은 '판자(plank)'를 의미한다. G. Doerfer, *Türkische und mongolische Elemente im neupersischen*, vol. 3 (Wiesbaden: Franz Steiner, 1967), §1687, pp. 654~655 참조.

11월 1일,[5] 가장 상서로운 시간 여명에, (B242v) 마잔다란의 아바스쿤(Abaskūn)에서, 전갈자리가 상서롭게 떠오를 때, 은밀하고 축복받은 기운을 받아, (R1207) 장엄한 가잔 칸은 부재의 은신처로부터 존재의 경계로 발을 내디디셨다. 세상의 눈들은 그의 아름다움으로 인하여 밝아졌고, 현장에 있던 탁월한 점성가들은 그가 탄생할 당시의 천체를 관찰하여 극도로 세심하게 그 의미를 도출해냈는데, 그의 출생이 지극히 상서로운 시점이었음을 확인하였다. 그들 모두 이렇게 말하였다.

당신의 별이 떠오르는 것을 살펴보았습니다.
그리고 당신의 영지(領地, iqṭā')에 장차 무수한 사람들이 있을 것을 보았습니다.

그가 장차 지극히 위엄 있고 웅장하며 위대한 군주가 될 것이라는 데에 모두의 의견이 일치했고, 한목소리로 다음과 같이 말했다.

詩(A270v)
그의 이 같은 출현과 행운은 드높기도 하구나.
그의 보좌는 빛나는 태양까지 이르리라.

그를 좋은 성품을 지닌 모갈친(Moghālchīn)이라는 유모에게 맡겼다. 그녀는 쿨탁 카툰과 함께 [이곳에] 온 이샹(Īshang)[6]이라는 키타이 사람

---

5) 원문의 표기는 불분명하지만 BYR YYKRMYNJ, 즉 bir yigirminj로 읽어야 옳을 것이다. 이것은 투르크어로 11을 가리킨다. 그러나 음력으로 양띠 해 신미년 11월 1일은 1271년 12월 7일이 되므로 맞지 않는다. 음력 10월 1일이 1271년 11월 4일과 정확히 일치한다. 따라서 원문의 bir yigirminj는 잘못된 계산에 근거한 것이며 '열 번째 달' 즉 onunji ay라고 썼어야 옳다.
6) 원문은 AYŠNG.

의 부인이었다.[7] 그녀는 정결한 용모와 올바른 품성을 지녔기 때문에 왕자들을 보살피기에 적합한 사람이었다. 그녀의 아들 힌두(Hindū)는 [당시] 살아 있었다. 한마디로 이 친절한 유모는 그를 사랑의 품 안에서 키웠다. 그는 아직 요람에 있을 때,

詩
요람에서 자기 조상의 은혜에 관해서 말하니,
고결함의 흔적이 증험처럼 분명히 보이네.

라는 시의 구절처럼, 우아하고 능숙한 말들을 하기 시작하여 주위 사람을 놀라게 하였다. 몽골인의 관습에 의하면 왕자들을 돌보는 유모의 남편은 자기 부인과 가까이할 수 없도록 되어 있었음에도 불구하고, 키타이 사람 이샹은 그때 부인과 동침하여 [한 아이를] 잉태시켰다. 왕자가 모갈친의 젖을 먹고 (R1208) 설사를 하자 그를 모갈친에게서 떼어 놓았다. 세 살이 되었을 때 그를 말에 태웠고, 툭치(tūqchī)[8]들의 아미르이자 술두스 종족 출신인 하산(Ḥasan)—하산의 부친의 이

---

7) '이샹'은 '키타이 사람' 즉 북중국 출신의 한인으로 추정된다. 쿨탁 카툰에게 속해 있던 가인(家人)으로 보이며 그녀를 따라 이란으로 온 것이다. 그의 부인 이름 '모갈친'은 '몽골 여인'이라는 뜻이지만, 실제로 몽골인이었는지 몽골식 이름을 채용한 한인인지는 불분명하다.

8) tuq 즉 깃발(纛)을 들고 다니는 사람(standard bearer)을 뜻하며, 페르시아어로는 'alamdār에 해당한다. 뭉케 카안 사후 아릭 부케를 지지했던 阿藍答兒(『원사(元史)』), 'Alamdār(『집사』)는 아마 tuqchi였을 것이다. tuqchi라는 관명의 존재는 몽골제국뿐만 아니라 그 영향을 받은 다른 나라에서도 확인된다. 『고려사』 권77, 「백관(百官)」 2에는 충선왕 때 대청관(大淸觀)이라는 종9품 관직을 두어 독(纛)을 관리하도록 했는데, 공민왕이 홍건적을 토벌하면서 대독(大纛)을 만들고 이를 관장하는 '독적(纛赤)'이라는 관직을 두었다가, 그 폐해가 심해지자 1377년(우왕 3)에 폐지되었다는 기록이 보인다. 이란의 사파비 왕조에서도 1516년 'alamdār 즉 깃발을 담당하는 관리를 tuqchi로 불렀다는 기록이 보인다. W. M. Floor, *Safavid Government Institutions* (Costa Mesa, Calif.: Mazda Publishers, 2001), p. 263 참조.

름은 아쉬투(Āshtū)이고 모친의 이름은 아쉬타이(Āshtāī)였다―의 모친에게 맡겼다. 아쉬투에게는 톨라이(Tōlāī)라는 또 다른 아들이 있었는데 그는 이데치(idāchī)와 바우르치(bāūrchī)[9]의 직분을 맡고 있다.

왕자가 세 살이 되었을 때 아르군 칸은 마잔다란의 동영지에서 아미르 쿠틀룩 샤를 아바카 칸의 어전으로 파견하였는데, 이는 [아바카 칸과] 몇 가지 일을 상의하기 위함이었다. 그는 무간에서 어전에 도착했고 아바카 칸은 가잔 왕자에 관해서 물어보았다. 그가 [왕자가] 세 살이 되었고 말에 올라탔다고 아뢰자, 아바카 칸은 그를 보고 싶은 마음이 역력했다. 그가 돌아가려고 할 때 [칸은] "나는 이제 늙었다. 때때로 저승으로의 여행에 관한 생각이 마음속에 스치고 지나가곤 한다. 내 아들 아르군이 자기 자식인 가잔을 지극히 사랑하고 또 외아들이기 때문에 그를 떼어놓고 싶어 하지 않을 것이다. 그러나 내가 소망하는 것은 그를 내게 보내서, 매(bāshe)와 새매(ṭurumtāī)[10]를 쏘아 맞히고 사나운 사자(shīr-i alghū)[11]를 사냥하는 [법을 가르치는] 것이다."

아미르 쿠틀룩 샤가 그 소식을 아르군에게 전하자 그는 "내게는 이 자식 하나뿐인데 어떻게 보낼 수 있다는 말인가. 그러나 아버지의 명령에 복종하는 것이 마땅하니, 가장 좋은 방법은 내가 그를 데리고 함께

---

9) 이데치(idāchī ← idechi)는 급량관(給糧官), 바우르치(bāūrchī ← ba'urchi, 博兒赤)는 주선관(主膳官) 즉 음식을 준비하고 진상하는 임무를 맡은 사람을 뜻한다.

10) Doerfer, *Türkische und mongolische Elemente im neupersischen*, vol. 2 (Wiesbaden: Franz Steiner, 1963), §896, pp. 502~504에 의하면 turumtai는 투르크어에서 "조그마한 맹금, 아마 merlin(작은 매)"을 뜻한다고 설명하였다. Lessing도 몽골어에서 turumtai/torumtai는 "male of any kind of hawk"라고 하였다. F. D. Lessing, *Mongolian-English Dictionary* (Berkeley: University of California, 1960), p. 827 참조.

11) 원문은 ŠYRALĞW. Thackston(p. 590)은 "alaghu [killer?] lions"라고 옮겼고, 노역본(vol. 3, p. 139)에서는 "좋은 사냥감"이라고 하였다.

어전으로 가는 것이다."라고 말했다. [6]53년 봄 초 그는 부친을 뵈러 마잔다란에서 출발하였고, 아들을 데리고 갔다. 콩쿠르 울렝에서 어전에 도착했고, 아바카 칸은 그들이 도착했다는 소식을 듣고 가잔 왕자를 만나리라는 기쁨에 그들을 맞이하러 나갔다. 그를 보자 말 등에서 그를 안아 올려 안장 앞에 앉혔다. [칸은] 그를 보고 (R1209) 기뻐했으며, 그에게서 제왕의 광채와 군주의 품성을 보자 이렇게 말했다. "이 아이는 내가 함께 데리고 있으면서 [직접] 키울 필요가 있다."

물론 그는 아르군에 대해서도 깊은 애정을 갖고 있었는데, 가잔에 대한 사랑으로 인해서 그[=아르군]에 대한 애정도 마음속에서 더욱 깊어졌다. 그곳에 머무르는 동안 아바카 칸은 자식의 도착을 축하하기 위해 계속해서 연회와 잔치를 벌였고, 그곳에 있던 사람들에게 여러 가지 은사를 베풀고 하사품을 주었다. 그를 돌려보낼 때가 되자 아바카 칸은 이렇게 말하였다. "[너의] 아들 가잔은 내가 키울 테니 이곳에 머물게 하라."

[아바카의] 큰 카툰인 불루간에게 사내아이가 없었기 때문에, 아르군은 "만약 허락하신다면 그를 불루간 카툰에게 드려서 모시게 하고 싶습니다."라고 하였다.[12] 아바카 칸은 흡족해하였다. 불루간 카툰은 수구를룩 방면으로 이미 출발했는데, 아르군은 하루 늦게 그녀를 쫓아가서 술잔을 바치고 가잔을 맡긴 뒤 후라산으로 돌아갔다. 불루간 카툰은 매우 기뻐했고 "이것은 기적이며 (B243r) 하나님의 선물이다. 내 허리로 낳은 아이나 마찬가지이다."라고 말했다.

---

12) 여기서 불루간 카툰은 바야우트부 출신이다. 그녀가 사망한 뒤 아르군 칸은 콩기라트부 출신의 부인을 얻어 그녀의 오르두에서 살게 했는데, 이 새 부인 역시 불루간 카툰으로 불렸다. 라시드 앗 딘은 이 두 사람을 구별하기 위해 전자를 Bulughan Khatun Buzurg, 후자를 Bulughan Khatun-i Mu'aẓẓam이라 칭했다. Buzurg나 Mu'aẓẓam 모두 '크다(大)'는 뜻이며, 다만 하나는 페르시아어이고 하나는 아랍어라는 차이가 있을 뿐이다.

아르군은 10명의 누케르를 그에게 남겨두었다. 하산(Ḥasan), 쿠케(Kūkā), 마자르(Mājār), 아드람(Adram), 부카(Būqā), 쿠르닥미시(Qurdaghmīsh), 칼자이(Qaljāī), 알툰(Altūn), 투카(Tūqā), 웅쿠트 종족 출신의 아크타치(Aqtāchī) 등이었다.[13] 아바카 칸은 이렇게 말했다. "가잔은 이 [불루간 카툰의] 오르도에 있어야 하며, 오르도는 그의 것이 될 것이다. 내가 죽은 뒤에 이 오르도는 그에게 속하게 될 것이며, 그는 후계자가 될 것이다." 간단히 말해서 가잔 왕자는 불루간 카툰의 오르도에 머물게 되었으며 아바카 칸의 어전에서 [칸을] 모시게 되었다. 그는 어린아이였기 때문에 아바카 칸은 그를 자기의 어린 아들인 게이하투보다 더 사랑했다. 그래서 그들이 함께 놀다가 게이하투가 그를 다치게 하면 그[= 게이하투]를 야단치곤 하였다.

아바카 칸은 사람들이 모여들어 혼잡한 것을 싫어했다. 그래서 투데이 카툰(Tūdāī Khātūn)을 매우 사랑하여 부인으로 맞아들일 때에도 그녀를 오르도들에서 (R1210) 반(半) 파르상 떨어진 곳에 하영(下營)하게 하여, 자기 형제들이나 자식들 가운데 누구 하나도 그곳에 오지 못하도록 하였다. [그러나] 가잔은 너무도 아꼈기 때문에 자기가 있는 곳 주변에 하영하게 하였다. 술에 취했을 때나 정신이 맑을 때나, 사냥터에서건 이동 중이건 아니면 집에서건, 항상 가잔을 옆에 끼고 있었다. 한시도 그를 보지 않고는 견디지 못했다. 그리고 항상 "이 아이의 머리에 축복과 행운이 온통 모여 있다."고 말하곤 하였다.

[가잔은] 매우 영민했기 때문에 어린 나이에도 아이들과 또래들을 모아놓고는 규범(yōsūn)과 법령(yāsāq), 전투 방법 등을 가르쳐주었다. 그들 사이에 형과 아우, 안다-쿠다 관계[14]를 정해주고, 만약 어느 누가 자

---

13) 이들의 이름 가운데 일부는 독음이 분명치 않다.
14) anda qudāī. anda와 quda는 당시 몽골인들 사이의 사회적 관계를 설정하는 중요한 방식이다. 즉

기 본분을 넘는 행동을 하면 그를 법정의 방식에 따라(bar ṭarīqa-i yāsā) 질책하고 벌을 내렸다.[15] 그는 통상적으로 아이들이 즐기는 장난감이나 오락에 빠지지 않았다. 그가 놀 때는 예를 들어 펠트와 의복으로 사람이나 말과 같은 형상을 만들어놓고, 그것들에 무기들을 묶어서 마치 두 군대가 서로 맞서고 있는 것처럼 한 뒤, 상호 간에 (A271r) 전투를 벌이게 하곤 하였다. 그가 다섯 살이 되었을 때 아바카 칸은 그를 키타이 사람인 야룩 박시(Yāruq Bakhshī)[16]에게 맡겨 교육했다. 몽골과 위구르의 문

친족이 아닌 두 사람이 서로 '의형제'를 맺을 때 상호 anda라 부르고, 서로 혼인을 맺어 사돈이될 때 상호 quda라고 불렀다. 그런데 이 두 호칭은 때로는 anda quda로 병칭되어, 상호 간에 친밀한 관계를 나타내기도 하였다. 『집사』에서는 위의 사례처럼 anda qudāī라는 표현이 자주 보인다. 1362년 한몽합벽비문(漢蒙合璧碑文)에는 "anda quda uruy barilduysan-ča"라는 표현이 보이는데, "안다-후다로서 친족 관계를 맺은 이후로"라는 뜻이다(F. W. Cleaves, "The Sino-Mongolian Inscription of 1362 in Memory of Prince Hindu," *HJAS*, 12-1/2, 1949, p. 102). 宇野伸浩는 anda quda 혹은 andā qūdāī라는 표현에 대해서 "칭기스 칸 가문과 옹기라트족, 오이라트족, 위구르족과의 혼인 관계처럼 연속적인 통혼이 행해지는 경우, 그 인족(姻族) 및 인척(姻戚) 관계를 가리켜 사용되는 것"이라고 설명하고 있다. 宇野伸浩,「チンギス・カン家の通婚關係に見られる對稱的緣組」,『ユーラシア遊牧社会の歴史と現在 (国立民族学博物館研究報告 別冊: モンゴル研究のパラダイム)』, 1999, pp. 58~59 참조.

15) 본문에는 야삭(yāsāq)과 야사(yāsā)라는 두 가지 유사한 표현이 동시에 사용되고 있다. 물론 둘다 몽골어에서 '법령'을 뜻하는 자삭(jasaq)이라는 말에서 나왔음은 의심할 나위도 없다. 대체로『집사』에서 사용되는 용례를 볼 때 yāsāq은 칭기스 칸 이래 제정되고 시행된 '법령'이라는 의미로, yāsā는 그러한 법령을 어겼을 때 내려지는 처벌·처형 혹은 그러한 사법적 결정을 내리는 법정을 뜻하는 것으로 이해될 수 있다. 여기에 'buzurg(大)'라는 수식어가 붙은 yāsāq-i buzurg는 한문 사료에 나오는 '대찰살(大扎撒)'과 정확히 대응하는 표현으로서, 칭기스 칸이 제정한 이래 몽골인들이 지상의 법령으로 받아들이던 것이다. 과연 그 내용과 실체가 무엇인가에 대해서는 학계에 복잡한 논의가 있기 때문에 여기서는 부연하지 않기로 한다. 위의 본문에서 말하는 내용은 어린 가잔이 이미 몽골식 '야삭=자삭' 법령의 내용을 잘 알고 있어서 다른 아이들에게 그것을 가르쳐 주었고, 만약 그들이 그것을 어길 경우에는 몽골 법정에서 처단하는 방식에 따라(bar ṭarīqa-i yāsā) 그들에게 벌을 내렸다는 의미로 이해할 수 있다.

16) A: ?ARQ; B: YARQ. 여기서는 B본을 따랐다. Yāraq 혹은 Yāruq 모두 가능하지만, 뒤에서는 분명히 YARWQ로 표기되어 있기 때문에 Yāruq으로 읽는 것이 옳다. yaruq은 몽골어에서 '빛'을 뜻하는 jaruq의 투르크식 표기이다. 주치 울루스에서 베르케 휘하의 군지휘관인 노카이(Noqai)의 부친 이름이 Jaruq이었고, 『동방견문록』에서 카이두의 딸 이름이 '아이자룩(Aigiaruc)'인데 '달빛'이라는 뜻이다. 몽골어 bakhshi는 물론 한어 '박사(博士)'에서 기원한 단어이지만, 몽골제국 당시에

자 및 그들의 학문과 관습을 가르치게 하였다. 5년의 기간 동안 그 같은 것들을 완벽하게 익히도록 했다. 그 뒤에 기마와 활쏘기 기술을 배우기 시작하였다.

아직 입에서는 젖 냄새가 나는데
생각은 온통 칼과 활에 가 있도다.

그는 항상 매를 날리고 말을 타고 달리곤 하였는데, 그 모습이 세상 사람들이 경악을 금치 못하게 할 정도였다.

678년(1279~1280) 아바카 칸이 (R1211) 파르스 지방을 황폐하게 만든 카라우나 군대(lashkar-i Qarā'ūnā)[17]를 치기 위해서 후라산 방면으로 향하였는데, 불루간 카툰과 가잔을 데리고 갔다. 아르군은 마중하러 나왔고 심난에서 어전에 도착했다. 아버지와 아들이 다시 상봉하였고 사냥을 하였다. 가잔 왕자는 여덟 살이었는데 그도 거기서 사냥감을 포획했다. 그것이 그의 첫 번째 사냥이었기 때문에 그의 손에 기름을 발라주는 의례(yāghlāmīshī)[18]를 치르기 위해 담간에서 사흘을 머물렀다. 연회

는 출신 종족이 무엇이건 불교 승려를 가리키는 말로 사용되었고 '화상(和尙)'이라는 한자어와 상통하는 의미를 지녔다. 대체로 훌레구 울루스에서 활동하던 '박시(bakhshi)'들은 티베트 출신이 많았다. 그러나 위의 본문에서 야룩 박시를 가리켜 '키타이 사람'이라고 한 것으로 보아 그는 한인(漢人)으로 추정된다. 앞에서 가잔의 유모 역시 '이상'이라는 '키타이 사람'의 부인이었다는 기록이 있었는데, 이로써 당시 상당히 많은 수의 한인들이 훌레구 울루스 영내에서 활동했음을 알수 있다. T. T. Allsen, *Culture and Conquest in Mongol Eurasia* (Cambridge: Cambridge University Press, 2001), pp. 33, 92 참조.

17) '카라우나 군대' 혹은 '카라우나스'에 대해서는 『부족지-라시드 앗 딘의 집사 1』(사계절출판사, 2002), p. 164, 주 189 참조.

18) 몽골인들은 어린아이가 사냥에 나가서 처음으로 사냥감을 잡으면, 이를 기념하기 위해서 그 동물의 고기와 기름을 아이의 손가락에 발라주는 관습이 있었다. 라시드 앗 딘은 『집사』에서 이러한 관습이 시행된 또 다른 사례를 기록하였다. 즉 1224년 칭기스 칸이 서방 원정에서 돌아오다가 과거 나이만 부족의 영지가 있던 에밀 부근에서 사냥을 하였는데, 훌레구와 쿠빌라이가 처음으로

와 잔치를 벌였다. '메르겐'[19] 즉 사냥감을 잘 쏘아 맞추는 [명사수]였던 코르치 부카(Qōrchī Būqā)가 가잔 왕자에게 기름칠 의례를 행하였다.

담간을 출발했을 때는 마침 봄이 시작될 시기였기 때문에 아직 풀이 다 올라오지 않았다. [아바카 칸은] 불루간 카툰에게 가잔과 함께 마잔다란 길을 통해서 오라고 지시했고, 자신은 비스탐 길을 거쳐서 이동했다. 그들은 샤흐라키 노우(Shahrak-i Naw) 길을 경유하여 나왔고 라드칸 초원에서 아바카 칸의 어전에 도착하였다. 아바카 칸은 잠(Jām) [지방]의 키투(Kītū)와 헤라트로 가려고 하였고, 카라우나를 제압하기 위해 아르군 칸을 구르(Ghūr)와 가르차(Gharcha)[20] 방면으로 파견했다. [그러자] 가잔이 아뢰기를 "만약 명령을 내려주신다면 제가 가서 아버지께 술잔을 올리겠습니다."라고 하였다. 아바카 칸은 흡족해했고 그에게 좋은 술 한 병을 주어 아르군의 뒤를 따라가게 하였다. 그는 투스 아래의 '중국식 정원(Bāgh-i Chīn)'[21]에서 [아버지에게] 술잔을 올리고 하직을 고한 뒤 되돌아왔다.

사냥감을 잡았고 칭기스 칸 자신이 친히 이 두 손자의 손가락에 기름을 발라준 것이다. 그때 쿠빌라이는 그의 손가락을 부드럽게 잡았지만, 훌레구는 강하게 잡았다고 기록하였다(Rashid/Thackston, p. 160). 이 관습에 관해서는 J. A. Boyle이 "A Eurasian Hunting Ritual," *Folklore*, 80-1(1969), pp. 12~16에서 상세히 분석하였다. 그는 이와 유사한 관습으로 영국에서도 처음 사냥감을 잡은 소년에게 그 피를 이마에 발라주는 의식이 있었다고 언급하였다.

19) 텍스트에는 MRGAN으로 표기되어 있는데 이는 분명히 몽골어 mergen을 옮긴 말이며, 라시드 앗딘이 설명하듯이 명사수를 뜻한다.

20) 구르는 아프가니스탄 중부 산간 지대 즉 헤라트의 동부 및 동남부이고, 가르차 혹은 가르치스탄은 아프간 서북부의 피루즈 쿠흐(Firuzkuh) 부근이다.

21) A본의 표기는 불분명하나 B본의 표기는 Chīn으로 읽힌다. Rawshan은 이를 Ḥusayn으로 읽었다. Chīn은 '중국'을 뜻하며 Bāgh-i Chīn은 중국식으로 꾸며진 정원을 의미한다. 19세기 후반과 20세기 초두에 현재 신장의 카쉬가르를 방문한 서구인들의 글에는 Chini Bagh라고 불리던 영국 영사관에 대한 언급이 자주 보인다. 또한 야르칸드에도 또 다른 Chini Bagh가 있었다. A. Stein, *Sand-Buried Ruins of Khotan*: *Personal Narrative of a Journey of Archaeological & Geographical Exploration in Chinese Turkestan* (Cambridge: Cambridge University Press, 2014 reprint), pp. 121, 140, 163.

아바카 칸은 살주크 카툰(Sāljūq Khātūn)을 담간 방면으로 보내고 가잔 역시 그녀와 함께 돌아가도록 했다. 그는 아미르 타람다즈(Amīr Tāramdāz)의 아들인 마이주 박시(Māījū Bakhshī), 그의 모친인 투켈테이(Tūkāltay)를 불러서, "나는 너희들을 완전히 신뢰하고 있다. 가잔을 너희들에게 아들처럼 맡기노라. 그리고 키타이 사람 야룩 박시(Yārūq Bakhshī)도 너희들과 함께 있을 것이다. 살주크 카툰과 함께 다마반드의 하영지로 가서 그가 즐길 수 있도록 하라."고 말했다. (R1212) 그들은 그해 여름 다마반드에 있었다. 가을에 아바카 칸이 돌아갈 때 가잔은 라이(Rayy) [지방]의 바라민(Varāmīn)에서 어전에 도착하였다.

아바카 칸은 그를 매우 사랑하여 늦은 시간에 낡은 모자 (B243v)[22] 하나를 머리에 쓰고 몰래 가잔의 방으로 가곤 하였다. 그래서 잠옷을 입고 자고 있던 그와 놀면서 그를 발가벗기곤 하였다. 또한 그는 아쉬타이 에게치(Āshtāī Īgāchī)에게 지시하기를 그에게 쿠션을 주지 말라고 하였고, 그녀는 바로 그런 이유로 [그에게 쿠션을] 주지 않았다. 왕자들의 경우에는 안장 위에 쿠션을 놓는 것이 관례였지만, 그는 [가잔을] 단련시키기 위해서 빈 안장 위에 그냥 앉히라고 지시한 것이다. 톡타이 카툰은 "내게 자식이 없습니다. 만약 제왕께서 가잔을 자식으로 제게 주신다면 어떨지요?"라고 여러 차례 아뢰었다. [그러나] 아바카 칸은 불루간 카툰을 극진히 아꼈기 때문에 그 오르도가 가잔 칸의 오르도가 되기를 희망했다. [그래서] 그는 "그의 아버지인 아르군이 그를 불루간 카툰에게 [이미] 자식으로 주었는데, 어떻게 내가 다시 그를 빼앗아 올 수 있다는 말인가"라고 했고, 언제나 "이 아이의 이마에는 행운과 성공의 흔적이 역력하다."고 말하곤 했다. 또한 몽골 속담을 인용하여 "그는 잇몸

---

22) B본의 243v~244r는 다른 필체로 쓰여 있다. 아마 그 부분이 원래의 필사본에서 누락되었기 때문에 다른 사람이 가필하여 추가로 삽입한 것으로 보인다.

(shikanba) 안에 있는 이빨(dandānī)과 같다."는 말을 하곤 했는데, 잇몸은 부드럽지만 거기서 [단단한] 이빨이 자라나기 때문에 그를 그런 식으로 부른 것이다.[23]

680년 둘 히자월 20일(1282. 4. 1)에 아바카 칸은 바그다드에서 돌아와 하마단에서 사망하였다. 가잔은 열 살이었는데 그의 죽음에 얼마나 많이 울었는지 카툰들과 아미르들도 그의 울음과 통곡에 감동할 정도였다. 아르군 칸이 후라산에서 와서 마라가의 오르도들에 도착한 뒤에 아흐마드가 즉위하였다. [아르군이] 돌아간 뒤에도 가잔은 전처럼 불루간 카툰과 함께 있었다.

[6]81년(1281~1282) 불루간 카툰이 바그다드에서 동영(冬營)하였고, 게이하투와 가잔 등의 왕자들은 그녀와 함께 있었다. 아흐마드는 (R1213) 아란에 있었고 아르군은 후라산에서 바그다드로 왔다. 그해 겨울은 그곳에 있었고 봄이 되자 불루간 카툰은 후라산으로 향하였다. 아르군 칸은 그녀를 원했고 자기 부인으로 맞아들였다.[24] 가잔은 관례에 따라서 그녀의 오르도에 그대로 있었다. 아흐마드가 후라산 방면으로 향했을 때 아르군은 [가잔을] 되돌려보낼 것을 희망했는데, 이에 대해서는 아르군 칸기에서 설명한 바가 있다. 그녀는 가잔을 그[=아흐마드]에게 보냈고, [가잔은] 심난 부근에서 그와 합류했다. 아흐마드는 그에게서 제왕의 영광(farr)을 보고 그를 위로하고 아주 따뜻하게 대해 주었다. 비스탐에서 그에게 떠나도 좋다는 허락을 해 주었다. 아르군이 아흐마드에게 왔을 때 일데르(Īldār)는 아흐마드와 함께 있었는데, 그는 아

---

23) shikanba는 원래 '배꼽'을 뜻하는데 여기서는 잇몸을 가리키는 것으로 보인다. 즉 부드러운 잇몸에서 단단한 이빨이 나오는 것처럼, 아직은 어리고 유약해 보이지만 장차 타인을 제압하는 강하고 단단한 제왕이 나오리라는 것을 암시하는 속담으로 이해될 수 있을 것이다.

24) 불루간 카툰은 아바카의 부인이었지만, 아르군의 생모가 아니었기 때문에 수계혼의 관례에 따라 부인으로 맞아들인 것이다. 아르군은 부친의 후궁이던 토다이 카툰도 부인으로 맞아들였다.

르군에 대해서 어리석은 말들을 하였다. 가잔은 그를 위해 유창하고 능란한 변론을 하여 거기 있던 사람들이 그의 훌륭한 질문과 답변에 어리둥절해질 정도였다.

그 뒤 (B244r) 지고한 신께서 아르군에게 승리를 부여하였다. 그는 아흐마드의 뒤를 추격하여 아제르바이잔으로 왔고 불루간 카툰 역시 이쪽 방면으로 향하였다. [아르군은] 가잔을 후라산에 [자신의] 후계자로 남겨두었다. 대부분의 유수영들(aghrūqhā)과 가복들(īv ōqlānān) 및 그 오르도의 아미르였던 에센 부카(Īsen Būqā)와 모든 재물들이 가잔을 위해서 그곳에 그대로 남겨졌다. 불루간 카툰이 사망하자 아르군 칸은 얼마의 시간이 지난 뒤 현재 생존해 있는 이 [또 다른] 불루간 카툰을 [부인으로] 취하였고 그녀의 목지(yūrt)에 하영했다.[25]

[아르군 칸이] 사망한 불루간 [카툰]의 재물 창고를 살펴보고는 옷 몇 벌과 금과 은으로 된 물건들 약간을 자기 것으로 취하였다. 그리고 나머지에 대해서는 "이 재물 창고와 목지(yurt)와 오르도는 아바카 칸의 칙령에 따라 가잔의 것이 되어야 마땅하니 봉인토록 하라."고 하였다. 그 재물 창고를 본 사람들은 말하기를 "이제껏 어느 누구도 (A271v) 그런 재물 창고를 본 적이 없을 것이다. 얼마나 많은 보석과 값비싼 루비들(lālī)이 있는지 말로 설명할 수 없을 정도"라고 하였다. 그 이유는 아바카 칸이 불루간 카툰을 극진히 (R1214) 사랑했기 때문에, 그가 재물 창고에 갈 때마다 귀하고 값진 보석들을 갖고 나와 몰래 그녀에게 주었기 때문이다. 불루간 카툰이 사망한 뒤 재물 창고 관리인들은 그곳에 기만의 손을 뻗쳤고, 가잔이 이 사실을 알게 되자 계속해서 조사할 것을 요구했으며, 그 재물 창고는 언제나 봉인된 상태로 있었다.

---

25) 앞의 주 12 참조.

아르군 칸이 사망한 뒤 게이하투가 불루간 [카툰]을 그녀의 의사와 상관없이 취하고는 가잔이 그녀에게 오는 것을 금하였다. 그[=게이하투]의 본기에서 설명한 바와 같이 그[=가잔]를 타브리즈에서 돌려 보냈고, 이러한 상황은 그를 어렵게 하였다. 그러나 그는 게이하투가 사망하고 바이두에게 승리를 거두어 군주가 됨으로써 불루간 카툰을 부인으로 맞이하게 될 때까지 그 같은 어려움을 참아냈고, [마침내] 694년 둘 카다월 초 [1295년 10월 중순에] 정의는 실현되었다.[26] 아르군 칸이 후라산에서 돌아와 보위에 오를 때 가잔을 후계자로 임명하여 그곳[=후라산]에 남겨두었는데, 그 뒤 그들 [부자]는 다시는 만날 수 없었다. 그가 후라산에 있던 그 기간에 벌어진 일에 관해서는 제2장에서 기록할 것이다. 지고한 신께서 뜻하신다면!

(R1215) 그의 카툰들 및 자식들에 관한 이야기

가잔 칸은 처음에 술두스 종족 출신의 뭉케 테무르 쿠레겐(Möngke Tīmūr Kūregān)의 딸인 이디 쿠르트카(Yīdī Qūrtqa[27])와 혼인하였다. 그녀의 모친은 투글룩 샤(Tughlugh[28] Shāh)였는데 카라 훌레구—차가다이의 아들인 무에투겐의 아들인 이순 토아[29]의 아들—의 누이였다. 그 뒤에 아미르 테수[30]의 딸인 불루간 카툰 후라사니(Būlughān Khātūn Khurāsānī)—그녀의 어머니는 아르군 아카의 딸이며 이름은 멩글리 티

---

26) 불루간 카툰 무아잠은 처음에 아르군과 혼인했고, 아르군 사후 그의 동생 게이하투, 게이하투 사후에는 가잔에게 수계혼으로 넘어간 셈이다.

27) QWRTQH가 아니라 QWRYQA로 읽을 수도 있다.

28) A: TWĞLĞ; B: TWQLĞ.

29) A: YYSW TWA; B: YYSW TWY.

30) B본에는 Amīr라는 칭호가 없이 TSWKA라고만 표기되어 있다.

긴(Menglī Tīgīn)—를 맞아들였다. 그 뒤에는 노카이 야르구치(Nōqāī Yārghūchī)의 아들인 만호장 툭 티무르(Tūq Tīmūr)의 딸인 에실 카툰(Eshīl Khātūn)을 맞아들였다. 그 뒤에는 대불루간 카툰의 일족으로서 몽골리아(Moghūlistān)에서 데리고 온 쿠케치 카툰(Kūkāchī Khātūn)[31]을 맞아들여서 토쿠즈 카툰(도쿠즈 카툰)과 톡타이 카툰(Tōqtay Khātūn)의 자리에 앉혔다.[32] 그 뒤 우테만(Ūtemān)의 딸이자 아바타이 노얀의 손녀인 불루간 카툰[33]을 취하였고, 그녀에게서 알추(Ālchū)라는 아들이 태어났는데 갓난아기 때 사망했다. 올제이 쿠틀룩(Oljāī Qutlugh)이라는 이름의 딸도 하나 두었는데 자기 조카에게 시집보냈다. 그 뒤에 돈디 카툰(Dondī Khātūn)[34]을 취하였다. 그 뒤에는 아바타이 노얀의 아들인 쿠틀룩 티무르의 딸 케레문 카툰(Keremū[n] Khātūn)[35]과 혼인하였다. 그녀를 쿠케치 카툰의 자리에 앉혔다. 이상에서 설명한 것이 이슬람의 제왕 가잔 칸의 카툰들에 관한 내용이었다. 그의 자식들의 지파의 계보도는 다음과 같다. 알라는 도움을 주시는 분!

---

31) 쿠케치 카툰은 '쿠케친 카툰(Kūkāchīn Khātūn)'이라고도 표기된다. 그녀는 마르코 폴로가 쿠빌라이의 특별한 부탁을 받고 인도양을 거쳐 일 칸에게 안전하게 인도해준 'Cocacin' 즉 쿠케친(Kökechin)과 동일 인물이다. 그녀는 바야우트부 출신이다. 『마르코 폴로의 동방견문록』(사계절, 2002), p. 92.
32) 아바카 칸은 도쿠즈 카툰이 사망한 뒤 훌레구의 후궁이었던 톡타이에게 보그탁을 얹혀주고 자신의 카툰으로 삼고 그녀의 자리에 앉힌 바 있다. 따라서 도쿠즈 카툰의 오르도는 톡타이가 물려받았다가 다시 쿠케치(쿠케친) 카툰이 받았음을 알 수 있다.
33) 즉 콩기라트부 출신의 '불루간 카툰 무아잠'.
34) 잘라이르부 출신.
35) 콩기라트부 출신.

가잔 칸과 그의 부인과 자식들의 지파도[36]

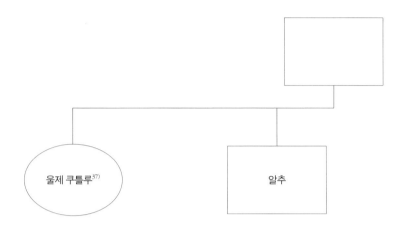

울제 쿠틀루[37]

알추

36) 이 지파도는 B본에는 보이지 않는다.

37) 이 도표에는 '울제 쿠틀루(Öljā Qutlū)'로 표기되어 있으나, 앞의 본문에서는 '울제이 쿠틀룩(Oljāī Qutlugh)'으로 되어 있다. 위의 지파도가 간략한 것은 가잔 칸의 자식들만을 나타냈기 때문이다. 실제로 그에게 아들은 알추 하나뿐이었고 그가 어려서 사망했기 때문에, 가잔 칸 사망 후 그의 동생이 계승한 것이다.

(R1216) 【제2장】

그의 상서로운 즉위 이전(의 상황), 그가 술탄의 자리에 앉을 때 보좌, 카툰들, 왕자들, 아미르들의
모습, 그의 통치 기간의 역사 및 그가 수행했던 전쟁과 그가 획득한 승리들

(A272r) 그의 상서로운 즉위 이전, 즉 아르군 칸이 그를 자신의 후계자로 후라산에 남겨두었던 그 최초의
시점에서부터 시작해서 바이두를 제압할 때까지의 이야기, 그리고 몇 가지 일화에 대한 소상한 설명

(B244v) 부친의 치세 당시 후라산에서 그의 상황에 관한 이야기

아르군 칸이 지고한 창조주의 도움으로 아흐마드의 손에서 벗어난 뒤,
그를 추격하여 아제르바이잔으로 왔고 [거기서] 군주의 보좌에 앉았다.
그는 왕자 가잔을 후라산에 자신의 후계자로 남겨두었는데, 그 지방[의
통치]를 위해 그에게 많은 군인들을 주었다. 매우 중요한 변경이었던 그
지역을 맡긴 것이다. 그는 부친의 칙령에 따라서 그곳에 머무르면서 그
지방의 안정과 질서를 위해서 노력하였고, (R1217) 갖가지 중대한 사무
의 처리를 위해서 사신들이 부지런히 왕래했다. 아미르 노루즈가 그를
모시면서 군대와 통치에 관한 사무에서 최선의 노력을 기울였다.

  687년 둘 히자월(1289. 1) 왕자 가잔이 동영지 메르브에서 귀환할 때,
노루즈는 부카(Būqā)와 그 누케르들이 죽임을 당했다는 소문을 듣고 두
려움을 느껴, "반도들에 관한 소문이 들리니 저도 장막으로 돌아가서 저
의 천호들을 살펴보고, 과연 군대를 이끌고 원정할 필요가 있는지 알아
보면 좋겠습니다."라는 말씀을 올렸다. 그는 이러한 구실을 대고는 허락
을 받아 돌아갔다. 자기 부인과 왕자 토간, [그의] 어머니 수르미시(Sur-
mīsh)와 그의 형제들인 야라타이 가잔(Yarātāī Ghāzān)과 핫지(Ḥājjī)와
나린 핫지(Nārīn Ḥājjī)[1] 및 조카들을 [가잔의] 어전에 남겨두어 [그를]

---

1) 뒤에서는 핫지 나린(Ḥājjī Nārīn)이라고도 표기되었다.

모시도록 하였다.

아르군 칸은 아미르 테게네(Tegenā)를 아미르들의 선임(muqadd-amī-yi umarā)이자 하킴(ḥākimī)의 직분에 임명하여 후라산으로 파견하였다. 그와 부카이(Būqāī)는 [가잔을] 모시게 되었다. [그러나] 가잔은 테게네의 태도와 행동이 마음에 들지 않았고, 그와 성격이 맞지 않아서 자신이 하고자 하는 일을 원하는 대로 할 수 없었다. 쿠틀룩 샤 노얀이 아제르바이잔 방면에서 귀환하였는데, 지병 때문에 후찬(Khūchān)지방에 머물렀다. 노루즈는 그들의 동영지였던 두라이 자즈(Durra-i Jaz)로 갔고, 그해 겨울 왕자 킹슈는 칙명(ḥukm-i yarlīgh)에 따라 헤라트에서 주동(駐冬)하였다. 봄이 오자 왕자 가잔은 메르브에서 사락스 방면으로 이동하였고 며칠간 그곳에 머물렀다. 그 뒤 사락스의 카라테페(Qarātepe)로 와서 동물들이 살찔 때까지 연회(ṭōī)와 활쏘기로 시간을 보냈다.

노루즈는 부카와 연관된 혐의로 인하여 아르군에게 두려움을 품고 있었기 때문에[2] 계속해서 사람을 보내어 통풍 때문에 어전으로 갈 수 없다는 변명을 늘어놓았다. 그리고 자신의 백호장들과 부하들(mu-ta'alliqān)을 불러서 이렇게 말했다. "내가 듣기로는 아르군 칸의 칙령(yarlīgh)이 왕자 가잔에게 (R1218) 도착했는데, 그 내용은 '노루즈와 그 부하들이 부카와 협의를 했었으니 그들을 붙잡아서 모두 야사에 처하라!'는 것이었다고 한다." 왕자 킹슈는 노루즈의 자매와 혼인했기 때문에, [노루즈는] 그에게도 이런 방식으로 전갈을 보내서 그를 겁먹게 하고 자기와 한편으로 만들려고 하였다.

---

2) 부카는 반란을 일으키려다가 발각되어 그 일당과 함께 아르군 칸에 의해 처형되었다. 노루즈는 아르군 칸이 자신이 부카의 음모에 연관되었다고 의심하지 않을까 두려워했고, 그래서 가잔의 어전을 떠나 자신의 목지로 돌아가 만일의 사태에 대비하려고 했던 것으로 보인다.

그럴 즈음에 가잔이 아르군 칸의 어전으로 보냈던 사딕 타르칸(Ṣādiq Tarkhān)과 벡클레미시(Bīklāmīsh)가 돌아와서 한 달 동안 카라테페에 머물렀다. 노루즈가 반란을 일으켰다는 소문이 들려오기 시작했다. 그러는 사이에 아미르 쿠틀룩 샤도 도착했다. 그곳에 있던 노루즈의 모친 수르미시, 왕자 토간과 그의 형제들 및 조카들은 "노루즈가 딸을 네구베이의 아들인 사르반(Sārbān)에게 시집을 보내는데 우리가 참석하여 결혼식을 치를 수 있기를 모두 기다리고 있습니다."라는 구실을 대면서, "가서 [결혼식에 참석하고] 연회가 끝난 뒤에 돌아오도록 하라"는 허락을 내려달라고 [아르군 칸에게] 청하였다. 그들은 [그곳에] 가자 [곧바로] 노루즈와 합류하였다.

가잔은 688년 라비 알 아발월 초(1289년 3월 말~4월 초)에 카라테페에서 이동하여 투스와 라드칸 방면으로 갔다. 사딕을 노루즈에게 사신으로 보내서 "내가 이동하여 그곳으로 갈 테니, 너도 카샤프 루드(Kasha-frūd) 즉 마르가네(Marghāne) 강으로 오도록 하라!"고 말했다. 사딕이 노루즈에게 가자 노루즈는 그를 붙잡고 구금해버렸다. 그리고 곤장과 몽둥이로 그를 치면서 심문하기를 "너는 아르군 칸의 어전에 있었다. 나에 관해서 어떤 명령을 내렸는지 말하라!"고 하였다. 그러자 그는 "좋다, 괜찮다."고 했다고 말했다. [노루즈가] 그를 죽이려고 하자, [사딕은] 목숨이 두려워서 두서없이 말 몇 마디를 하였다. 그의 어머니 수르미시와 왕자 토간이 그의 처형을 저지하였다. [노루즈는] 그를 묶어서 감금한 뒤, 모든 도로를 장악하고 반란을 일으켰다.

가잔은 카샤프루드에 있는 무인(Muʿīn) 다리에 둔영을 쳤다. 688년 라비 알 아발월 제27일 목요일(1289. 4. 20) 노루즈는 (R1219) 휘하의 군대를 데리고 대오르도(ōrdō-i muʿaẓẓam)를 공격하러 왔다. 그때 마침 부카, 테게네, 쿠룩(Kūruk) 및 다른 아미르들이 강가에 둔영을 치고 있었고 수많은 사람이 모여 있었다. 그래서 오르도를 강가에서 옮겨서 언덕 옆에 둔영을 쳤다. 주님의 (B245r) 은총은 가잔 칸과 함께 있었다. 노루즈는 그 무리를 그[=가잔]의 오르도라고 생각하고 몽골인들의 관습에 따라 포위하였다. 그들은 고함(sūrāmīshī)을 질렀다. 신의 도움으로 가잔은 일찍 일어나 그곳에 있던 근신들과 함께 얼굴을 씻고 있었다. 아미르 쿠틀룩 샤는 출정했고, 무리가 많아지고 고함 소리도 커지자 가잔도 출정하였다. 쿠틀룩 샤는 그를 모시고 니샤푸르 길을 통해서 상바스트의 리바트(Ribāṭ-i Sangbast)³⁾로 달려갔다. (A272v) 신의 도움으로 그는 갑작스러운 반란에서 화를 면했다. 노루즈는 아미르 부카, 테게네, 쿠룩을 붙잡고, 오르도와 아미르들의 장막들을 모두 부잔간(Buzāūngān)⁴⁾ 방면으로 보냈다. 그는 모조리 약탈했고, 부카를 죽였으며 테게네와 다른 아미르들을 감금하고 직접 감시했다.

가잔이 니샤푸르에 도착하자 사틸미시와 물라이 같은 아미르들이 그곳에 있다가 어전으로 합류하였다. 그는 마잔다란으로 향하였다. 그런데 그가 아끼던 훌륭한 자신만의 갑옷을 아크타치들이 실수로 [다른 곳에] 두어버렸고, 한동안 그것을 수색해보았지만 찾지 못했다. 그가 마잔다란으로 가려고 했던 이유는 그곳에 있는 왕자 훌라추가 노루즈와 한편이라는 소문이 들렸기 때문이었다. 노루즈는 여러 지방에 서신을 써서 보냈는데 "훌라추의 칙령에 따라, 킹슈의 명령에 따라"⁵⁾라는 방식으

---

3) 니샤푸르에 인접한 마쉬하드에서 동남쪽으로 하루 일정(약 40킬로미터) 떨어진 곳에 있는 지점. 리바트는 '변경의 초소, 수도원, 숙사' 등을 뜻한다.

4) Thackston은 이곳이 마쉬하드와 사락스의 중간 지점에 위치한 Buzangān일 것이라고 보았다.

5) Hūlāchū yarlīghīdīn Kīngshū būīrūqīdīn. 몽골의 군주들이 칙령을 작성할 때 '모모의 칙령(명령)에 따라'라는 구절을 명령문의 모두에 적는 것이 관행이었다. 본문의 이 구절은 노루즈가 훌라추를 자신의 주군으로 삼고, 킹슈도 그를 지지하고 있다는 사실을 명령문의 서식으로 보여준다. 흥미로운 것은 카안만이 사용할 수 있는 yarlīgh라는 표현을 훌라추에게도 적용하고 있다는 사실이다.

로 썼다. 가잔은 훌라추가 노루즈와 합류하기 전에 그를 잡으려고 했던 것이다. 그는 니샤푸르를 떠나 매우 빠른 속도로 달려서 닷새째 되는 날에 샤흐라키 노우(Shahrak-i Naw)[6]의 외곽에 하영하였다. 아미르 쿠르 티무르(Kūr Timūr)는 따로 떨어져 있었고, 마잔다란의 군대의 아미르들이 어전으로 와서 합류했다. 훌라추는 (R1220) 주르잔의 외곽에 있는 쿠르다기(Kūrdāghī)에 있었다.

[가잔은] 라비 알 이히르월 제7일 금요일(1289. 4. 30)에 훌라추를 향해서 말을 달렸다. 그의 장막들이 있는 곳에 도달하기도 전에 고함을 질렀다. 훌라추에게는 통풍이 있었는데 부츠도 신지 못하고 활(ōq)[7]을 갖고 밖으로 나와 도망치려고 하였다. 병사들이 그의 장막에 왔을 때 그가 보이지 않자, 물라이와 바얀차르(Bāyanchār) 같은 아미르들은 그를 추격하러 갔고, 상기 사와드(Sang-i Sawād) 부근에서 그를 붙잡아 데리고 왔다. 그의 장막들을 약탈하였다. 그를 [가잔의] 어전으로 끌고 와서 노루즈의 상황을 심문하였는데, 그는 부인하면서 "나는 그의 처지를 알지 못한다. 나는 그와 한편이 아니었고, 그런 생각을 한 적도 전혀 없었다."고 하였다.

그날 가잔은 주르잔 교외에 주둔하였고, 다음 날 훌라추를 타이 티무르에게 넘겨서 아르군 칸의 어전으로 보냈다. 그[=가잔]는 그곳에서 하루를 머물면서 군대를 검열한 뒤, 노루즈를 막아내기 위해서 하부샨과 투스와 라드칸 방면으로 이동하였다. 그래서 7일째 되던 날에 [주르잔에서] 80파르상(약 450킬로미터) 떨어진[8] 곳에 있는 킬리다르(Kilīdar)의

---

6) 앞에서 가잔이 니샤푸르를 출발하여 주르잔을 향해 행군하다가 닷새째 되는 날에 샤흐라키 나우 인근에 도착한 것을 감안하면, 샤흐라키 나우는 주르잔에서 동쪽으로 수십 킬로미터 부근에 위치한 것으로 추정된다.

7) A · B: AWQ. Rawshan은 이 단어를 AWĠ로 읽었는데 이는 잘못이다.

8) 주르잔에서 동쪽으로 술탄 메이단까지 직선거리로 약 350킬로미터이기 때문에, 실제로 군대를

술탄 메이단(Sulṭān Maydān)[9]에 하영하였다. 그 마지막 날에 전초(qarā' ūl)에서 반란군의 모습이 눈에 띄었다는 보고가 들어왔다. 모든 병사들에게 무장을 갖추라는 명령을 내렸다. 적들이 멀리서 승리의 군대를 보자 라드칸 방향으로 갔다.

어기(御旗)는 그날 밤 술탄 메이단에 있었다. 비가 어찌나 심하게 쏟아졌는지 갑옷과 말갑옷이 대부분 망가졌다. 라비 알 아발월 제15일(1289. 5. 8) 새벽녘에 어기는 라드칸으로 향하여 노루즈를 찾으러 나섰다. 오전에 인치케수(Īnchikesū)[10]라는 곳에서 노루즈와 대치하였다. 승리의 군대는 매우 대담하게 그들을 향해 돌진하였고 격렬한 전투가 벌어졌다. 아미르 쿠틀룩 샤의 직속군에 대하여 저쪽 편의 킹슈와 노루즈와 테게네가 저항하였다. 그러다가 마침내 아군 진영에서 취약점이 생겨났고 패주하기 시작했다. 어기들(R1221) 역시 있던 자리에서 버티려고 무진 애를 썼다. 쿠틀룩 샤와 사틸미시와 수타이(Sūtāī) 등의 아미르들에게 병사들을 모으라고 지시했지만, 그들이 아무리 애를 써도 병사들을 다시 불러 모을 수 없었다.

그때 상서로운 깃발들이 아르기얀(Arghiyān) 길을 따라 주베인 방면으로 움직이기 시작했고, 아미르들의 뒤를 따라 위구르타이 가잔(Uyghūrtāī Ghāzān)[11]의 군대와 다른 사람들이 도착했다. 주베인 지방

데리고 이동한 거리는 450킬로미터 정도가 될 것이다. 이 거리를 7일 만에 행군했다면 매일 64킬로미터 정도로 비교적 강행군을 한 셈이다.

9) 니샤푸르에서 서북방으로 70킬로미터 떨어진 곳에 위치한 지명. 1336년 아부 사이드 칸이 사망한 뒤 후계자를 선출하기 위해 쿠릴타이가 열린 곳으로 유명하다. Aubin, "Le quriltai de Sultan-Maydan(1336)," *Journal asiatique*, 279-1/2(1991), pp. 175~197.

10) 투르크어로 '작은 강'이라는 뜻. 뒤에 나오는 내용으로 볼 때 샤부르간 인근에 있는 지명이다.

11) 그는 옹구트부 출신 쿠르구즈의 아들인 쿠틀룩 부카의 아들이다. 그런데 『부족지-라시드 앗 딘의 집사 1』(p. 231: R133)에는 "위구르타이와 가잔"이라고 하여 마치 두 사람인 것처럼 기재되어 있는데, 이는 필사자의 오류로 빚어진 결과로 보인다. 마땅히 수정되어야 할 것이다.

을 통틀어 어느 한 사람도 어전에 나타나지 않았는데, 다만 미흐타르 나집 앗 딘 파라시(Mihtar Najīb al-Dīn Farāsh)만은 예외였다. 이들이 지라바드(Zīrābād)[12]라는 마을에 도착했을 때 그는 즉시 밖으로 나와서 성실한 자세로 어전에 예의를 갖추었다. 아주 좋은 말들을 데리고 와서 알현했고 갖가지 흡족할 만한 선물들을 갖고 와서 드렸다. 물론 이슬람의 제왕이 술탄의 보위에 앉았을 때 적절한 명령을 내려서 그를 위무하고 (B245v) 충분한 은사를 내리도록 하였다. 무엇보다도 그를 자신의 근시(近侍)로 삼고, 인주(īnjū 혹은 īnchū, 즉 왕령지)였던 지라바드 마을을 그에게 하사하였다. 또한 그에게 타르칸 칙령(yarlīgh-i tarkhānī)[13]을 주고 재고(財庫) 관리직(khazāna-dārī)을 맡겼다. [가잔은] 하마단 구역에 속하는 부진자르드(Būzīnjard)라는 마을에 수도장(khānqāh)을 하나 세우라고 지시했는데, 그것은 높고 큰 건물이었다. 많은 재산과 토지가 그곳에 와크프(waqf)로 희사되었고, 그 관리권이 그와 그의 후손들 및 친족들에게 주어져, 제왕의 은혜와 후원으로 보살핌을 받았다. 누구라도 군주들에게 가상하고 훌륭한 봉사를 해드리면 어떤 방식으로든 그 결과와 결실을 얻게 되며 또한 모든 사람들의 눈에 존엄하게 되리라는 것은 분명하다. [현재의 시점 즉 울제이투 술탄—알라께서 그의 왕국을 영원케 하시기를!—의 치세인 지금도 그는 관리인으로서 그 직분을 근엄하게 수행하고 있다. 진실로 그는 명예를 중시하고 천성이 착하며 도량이 넓은 사람으로서, 군주들을 모시기에 손색이 없으며, 항상 자선을 베풀

---

12) 주베인에서 서북쪽으로 20여 킬로미터 떨어진 곳에 위치. 조금 아래 본문에서는 주라바드(Jurābad)라고 하였고, 『집사』 다른 곳에서는 Zūrābad라고도 표기되었다.

13) 이는 그를 '타르칸'으로 임명하는 칙령을 말한다. 타르칸은 돌궐제국 시대에 보이는 관직명인데, 몽골제국 시대에는 큰 공을 세운 사람에게 아홉 번까지는 잘못을 범해도 용서를 해준다는 일종의 면책 특권을 뜻하며, 그러한 특권을 부여받은 사람도 타르칸이라 불렀다. 『집사』에도 타르칸이라는 호칭으로 불린 인물들이 다수 등장하고 있다.

고, 다수의 신실한 사람들, 학자들 및 각 부류에 속한 다른 사람들은 그
에게서 (R1222) 안식을 얻는다.][14)

간단히 말해서 어기가 자자름에 가까이 왔을 때 그들은 상의를 했고,
"최상의 방책은 우리가 아르군 칸의 어전으로 가든지 아니면 칼푸시15)
를 그대로 지키고 있든지 둘 중의 하나이다."라는 결론에 도달했다. 가
잔은 "사신들 즉 이그미시와 아르마니 발라(Armanī Balā)를 보냈으니
어떤 명령이 하달될 때까지 참고 기다려야 할 것이다."라고 말했다. 그
는 칼푸시에 머물렀는데 그곳은 위구르타이 가잔의 목지가 있는 곳이었
고, 그[=위구르타이 가잔]는 마잔다란도 관할하고 있었기 때문에 [가잔
에게] 만족할 만한 봉사를 하였다. 그들은 사만칸(Şamanqān)과 자르마
칸(Jarmaqān)의 경계가 있는 곳까지 전초들을 배치하였다. 그러는 사이
에 바이하크(Bayhāq)16) 출신의 니잠 앗 딘 야흐야(Niẓām al-Dīn Yaḥya)
가 필요한 물자를 가지고 어전을 찾아왔다. 톱차크(topchāq)17) 말들, 금
과 은으로 된 기물들, 궁장(宮帳, bārgāh)과 전장(殿帳, sarāparda),18) 양
탄자, 그릇들, 노새와 낙타 등도 갖고 왔다. 그는 아미르들에게도 가상할
만한 봉사를 하였고, 명령에 따라 바이하크로 돌아가서 군대에 필요한

14) [ ] 안의 부분은 A본에는 보이지 않고, B본에는 난외에 추가로 가필되어 있다.
15) 주르잔(구르간)에서 동남쪽으로 60킬로미터 떨어진 지점.
16) 현재 후라산 지방의 사브제바르(Sabzevar).
17) Doerfer는 topchaq를 "잘 사육되고 미끈한 서방 지역의 말"이라고 설명하였다. 즉 키가 작고
   다리가 짧은 몽골의 말과 달리, 서부 유라시아 초원의 몸집도 크고 다리도 긴 말을 가리킨다.
   Türkische und Mongolische Elemente im neupersischen, vol. 2, pp. 601~603.
18) bārgāh는 궁장(宮帳, tent of state)을 가리킨다. sarāparda는 궁장의 주위를 둘러친 장막이나 울타
   리(the camp enclosure or screen)를 가리키나, 경우에 따라서는 궁장과 울타리 전부를 가리킬 때
   도 있다. P. A. Andrews, *Felt Tents and Pavillions: The Nomadic Tradition and its Interaction with
   Princely Tentage*, vol. 1 (London: Melisende, 1999), pp. 217, 508. 이 밖에도 khayma는 일반 유
   목민들의 둥근 천막을, khargāh는 격자형 천막(trellis tent)을 가리킨다. Bernard O'Kane, "From
   Tents to Pavilions: Royal Mobility and Persian Palace Design," *Ars Orientalis*, 23 (1993), p. 258,
   note 35.

물자와 식량을 준비하도록 하였다.

노루즈와 전투를 벌이기 이틀 전에 아미르 알라두와 한 무리의 카라우나스 아미르들은 노루즈의 장막을 공격했고 그것을 모두 노략했다. 노루즈가 그 같은 상황을 깨닫고 그들을 추격하자, 킹슈와 다른 사람들은 라드칸에 자리를 잡았다. 카라우나의 관행이 그러하듯이 그들은 노략질을 한 뒤에 두세 무리로 나누어졌다. 그들은 아미르 알라두에게서 등을 돌렸는데, 그 일부는 노루즈에게로 왔지만 또 다른 일부는 각자 자기 장막으로 가서 분란과 혼란을 일으키기 시작했다. 알라두는 그들이 얼마나 잘 흩어지고 분란을 일으키는지를 (A273r) 목격하고는, 자신의 장막을 바드기스 부근에 있는 험준한 계곡에 세웠다. 그리고 그 자신은 어전으로 갔고, 가잔은 그에게 자비와 은사를 많이 베풀었다.

[가잔은] 40일 동안 칼푸시에 주둔하였다. 아르군 칸의 어전에서 군대가 도착했는데, 그 지휘관인 바이두 왕자와 노린 아카(Nōrīn Āqā)와 그 아들은 (R1223) [가잔이] 있는 곳에서 며칠 동안 연회를 즐겼다. 그러고 나서 [가잔은] 상서로운 [별이 떠오르는] 시점에 사만칸(Samanqān) 길을 거쳐 하부샨 방면으로 이동하였다. 군대가 자신을 잡기 위해 이라크 방면에서 도착했다는 소식을 들은 노루즈는 자기 집들과 예속된 사람들을 헤라트 방면으로 보내고, 자신은 자르마칸(Jarmaqān) 부근으로 왔다. 그러나 그는 자신이 도저히 상대할 수 없다는 사실을 깨닫고 되돌아갔다. 그러자 승리의 군대가 그를 추격했고 잠(Jām)[19] 지방까지 갔다. 잠의 위쪽에 있는 나하르 사라이(Nakhār Sarāy)[20]라는 곳에서 울제이투

---

19) 여기서 Jām은 페르시아 만 시라프 부근의 Jām이 아니라 후라산 지방의 투르바티 잠(Turbat-i Jām)을 가리키는 것으로 보인다. 이곳은 헤라트에서 서북방으로 180킬로미터 지점에 있으며, 니샤푸르와 헤라트 중간 지점에 해당한다.
20) 이 지명의 전반부는 사본에서의 표기가 불확실하다. 여기서는 러시아 교감본을 따랐다.

(Ūljāītū)와 한 무리의 카라우나, 노루즈의 누케르들 가운데 하나였던 예케 니둔(Yeke Nīdūn)의 아들 탐마치(Tammāchī) 등이 복속하러 왔다.

그들이 잠 [지방]의 하르지르드(Kharjird)에 도착했을 때 노루즈는 후라산에 있던 가축들을 자기 자신이나 병사들의 것이건, 아랍이나 투르크만 혹은 다른 사람들의 것이건—모두 몰아서 자기에게로 끌고 왔었다. 승리의 군대가 그의 뒤를 추격하여 이르자, 잠의 성문에서 헤라트의 성문에 이르기까지 모든 산지와 광야에는 그가 풀어놓은 가축들이 보였다. 그러나 여기저기에 얼마나 많은 동물들이 죽어 있는지, 그 썩는 냄새가 풍기는 악취로 인하여 그곳을 지나가기가 어려울 지경이었다. 몽골인들은 그 동물들을 잡아서 마을로 갖고 와 그 고기를 소량의 무게로 달아서 팔았다. 약탈물(ōljā)을 거들떠보지 말라는 명령이 있었기 때문에 그 이상은 갖고 갈 수 없었던 것이다. 노루즈는 현금과 가벼운 물건들을 들고 토간 왕자와 형제들의 가족 및 몇몇 사람들과 함께 파라흐(Farrah)와 사브제바르(Sabzewar) 길로 달려갔다. 그곳은 물이 없는 황야였다. 마침 더운 계절이었기 때문에 가잔은 그를 추격하기 위해 군대를 그 길로 보내는 것이 좋은 방책이 아니라고 생각했다. 그래서 헤라트 성문 앞 말란(Mālān) 다리 옆에 진을 치고, 아미르들을 보내어 바드기스에 있는 킹슈 [왕자]와 대오르도(ōrdō-yi muʿaẓẓam)를 찾아오라고 하였다. 킹슈가 이를 알아채고 자기 부인과 자식과 속민들을 구르와 가르지스탄 산지[21]로 보내버렸다. 그리고 함께 있던 대오르도의 아미르들과 (R1224) 테게네(Tegenā)와 카라우나 군대들을 모두 이동시켜 헤라트로 데려오게 하였다. 킹슈가 보인 여러 가지 확고하고 신뢰할 만한 행동들 가운데 하나는 (B246r) 그 당시 그곳에 있던 왕실의 재물 창고(khazāīn-i khāṣṣ)

---

21) Ghūr는 아프가니스탄의 헤라트와 헬만드(Hellmand) 계곡 사이의 산간 지역을 가리키고, Gharjistān은 무르갑(Murghāb) 강 상류 지역을 가리킨다.

혹은 아미르들의 가정에 속한 가축이나 물자들 가운데 1디나르도 손에 넣지 않았다는 점이다. 아니 그는 오히려 칭찬받을 만하게 헌신을 다했다.

며칠 뒤 그들[=킹슈와 그 일행]은 헤라트에서 떠나 라드칸 방면으로 향하였다. 거기에서 위구르타이 가산을 테게네와 함께 아르군의 어전으로 파견하여 후라산 군대의 상황에 대해서 보고를 드렸다. 후라산에서 그렇게 극심한 혼란과 반란이 벌어졌음에도 불구하고, 가산은 공정과 공평의 규정에서 한 치도 소홀함을 보이지 않았다. 백성들을 육성함에 있어서도 궁극의 노력을 다하였고, 군인들이나 어느 누구도 가축들을 사람들의 전답이나 정원에 풀어놓아서는 안 되며 절대로 곡식을 뜯어 먹어서도 안 된다고 금령을 내렸다. 그래서 그 고장을 황폐하게 만들거나 백성을 억압하지 못하도록 하였다.

[가잔은] 잠 부근에 주둔해 있던 카라우나 무리들과 함께 라드칸에서 슈투르 쿠흐(Shutur Kūh)[라는 산]²²⁾으로 이동하여 거기서 하영하려고 하였다. 그곳에서 왕자 바이두와 아미르 노린 그리고 이미 와 있던 다른 군(軍)아미르들과 함께 연회를 벌이고 음주를 즐겼다. 그들에게 풍성한 은사를 베풀었다. 그러는 사이 전초들에서 적이 출현했다는 소식을 전해왔다. 어기를 라드칸 방면을 향해서 이동시켰는데, 그 소문은 거짓이었다. 그[=가잔]는 계속해서 술을 마셨기 때문에 몸에 탈이 났다. 거기서 하부샨으로 왔고 40일가량 앓은 뒤에야 비로소 건강을 되찾았다. 그 기간 동안 아르군 칸의 어전에서 아미르 식투르 아카(Shīktūr Āqā)와 토간이 왔다. 그해 여름과 가을은 하부샨, 라드칸, 슈투르 쿠흐 등지에 있

---

22) '슈투르 쿠흐'는 문자 그대로 '낙타가 있는 산(camel mountain)'이라는 뜻이다. 정확한 위치를 말하기는 어렵지만 잠에서 서북방으로 라드칸을 향해 가다가 나오는 산지일 것으로 추정된다. 본문의 기사를 통해서도 알 수 있듯이 가잔은 이 산지를 하영지로 즐겨 이용했다.

었다. 날이 추워지자 니샤푸르에서 동영을 하기로 결정했다. 가잔은 무이디(Mawīdī)라는 곳에서 (R1225) 동영을 하였고, 바이두 왕자는 니샤푸르와 바이하크 중간에 위치한 샴칸(Shāmkān)에서 동영하였다. 그해 겨울은 무척 추웠고 눈도 엄청나게 와서 많은 수의 가축이 쓰러졌고 대다수 사람들은 도보로 다녔다.

689년 봄이 찾아오자 그들은 라드칸, 하부샨과 슈투르 쿠흐 지방에 하영하였다. 그해는 사방이 모두 평온하였다. 아르군 칸의 어전에서 금고(金庫)들이 도착하여 병사들에게 [재물을] 나누어 주었다. 토간은 바드기스 변경까지 갔다가 다시 돌아왔다. 여름 초에 후라산에서 곡물을 구할 수 없었기 때문에, 이라크와 아제르바이잔에서 [그곳으로] 갔던 왕자 바이두와 군대들에게 귀환 명령이 내려졌다. 노린 아카가 그[= 가잔]를 모셨고 가잔은 밤(Bām)과 아르기얀의 경계까지 바이두를 배웅 나갔다가 돌아왔다. 그해 여름에 카라우나 한 집단이 변심하여 주베인 지방에 오는데, 그들의 지휘관은 다니시만드 바하두르(Dānishmand Bahādur)였고 [그 지방을] 파괴하였다. 아미르 물라이(Mūlāī)에게 그들을 막으라는 임무를 주었다. 가잔은 여름과 가을에 하부샨과 라드칸 지방에서 사냥과 유람을 즐겼다. 아미르들은 군대의 사무에, 디반의 사힙들은 군대의 식량 보급과 물자 확보에 [몰두했다]. [가잔은] 바바르드(Bāward)[23]의 테젠(Tezhen)에서 동영하였다. 칼 테젠(Kāl Tezhen)이라는 강 위에 댐을 하나 짓게 하였다. 또한 몇 개의 마을을 [개간으로] 풍요롭게 하였다. 그해 가을 호라즈미 타르칸(Khwārazmī Tarkhān)이 후라산의 사무와 그곳의 물자를 처리하기 위해서 아르군 칸의 어전에 도착했다. 가잔은 [그에게 아르군의] 명령에 따라 (A273v) 수행하라고 지

---

23) Avīward라고도 불리며 현재 지명은 카흐카헤(Qahqaheh)이다. 마쉬하드와 투스 사이에 위치해 있다.

시하였다. 그들은 명령에 따라서 쿠히스탄[24)]에서 토간의 부관을 체포하여 어전으로 데리고 왔다. 후라산에 있던 모든 서기들과 세리들을 투옥하고 감시하에 두었다.

겨울 마지막에 카라우나의 한 무리가 사락스 지방에서 반란을 일으키고 메르브 방면으로 가버렸다. 어기는 (R1226) 다라이 무르가(Darra-i Murgha) 방면으로 이동했다. 알라두 노얀을 보내서 그들을 처리하고 복속시키도록 했다. 그는 한동안 아르자흐(Arjāh)와 슈칸(Shūkān) 지방에 머무르다가, 거기서 사락스 방면으로 갔다가 시르 실(Shīr Sīl)이라고도 부르는 카라테페(Qarātepe)에 주둔하였다.

690년(1291)에 노루즈가 사르반, 에부겐 오굴(Ebūgān Oghūl), 우룩 티무르(Ōrūk Tīmūr) 및 야사우르(Yasāūr)의 아미르들 및 다른 사람들과 함께 대군을 이끌고 후라산을 치러 온다는 소문이 들렸다. 그 이유는 이에 앞서 노루즈가 헤라트 지방에서 패배한 뒤 카이두에게로 도망가서는 그에게 군대를 지원해달라고 수없이 청원하였고, 카이두는 그의 청원에 따라서 군대를 보내주었으며 그[=노루즈]의 뒤를 따라 자기 아들인 사르반에게도 군대를 주어 가게 했기 때문이다. 가잔은 정보를 입수하기 위해 카바르투(Qabartū)에게 한 무리의 용사들을 주어 보냈고 그들은 무르갑(Murghāb)까지 갔다가 돌아와서 "적들이 정말로 오고 있습니다. 군대의 수도 매우 많습니다."라고 말했다. (B246v) 군대가 아직 모이지 않았기 때문에 [가잔은] 카라테페에서 이동하여 무르가나(Murghāna)와 카쉬프 루드(Kashfrūd)라는 곳으로 가서, 아미르 쿠틀룩 샤와 헤라트에서 겨울을 보낸 군대가 오기를 기다렸다. 그리고 마잔다란의 군대를 보내달라고 하기 위해 아미르 쿤첵을 파견했다. 군대가 무인 다리(Pūl-i

_____

Muʾīn)에 도착했을 때 아미르 물라이는 쿠히스탄으로 가서 그곳에 있는 군대를 데리고 올 테니 자신을 보내달라고 청원하였다. 적군에 관한 소문은 속속 들어왔고 [군대는] 거기서 이동하여 이맘 레자의 성묘(mash-had-i Riẓvī)²⁵⁾ 위에 주둔하면서 아미르 쿠틀룩 샤가 오기를 기다렸다.

하루는 카반 아크타치(Qabān Akhtāchī)가 아제르바이잔 방면에서 왔다. 그곳에서 반란을 일으킨 아미르들은 주시(Jūshī), 오르도 키야, 사아드 앗 다울라를 죽이고, 그를 보내서 후라산에 있던 일부 분란자들과 함께 반란을 일으키도록 했다[고 말했다]. 도착한 그는 아제르바이잔과 이라크의 군대들이 아르군 칸의 어전에서 오고 있다고 소식을 전했다. 가잔은 총명하고 명쾌했기 때문에 (R1227) 그가 거짓말을 하고 있다는 사실을 알았다. 그러나 적이 오고 있다는 소문이 있어서 더 이상 그 일을 추궁하지 않았다.

다음 날 아미르 쿠틀룩 샤가 도착하여 적군이 상바스트의 리바트(Ribāṭ-i Sangbast)²⁶⁾에 도착했다고 보고했고, 가잔은 그를 위무하고 특별한 상의(qabāʾī khāṣṣ) 한 벌을 입혀주었다. 그리고 그는 밤중에 다시 돌아갔는데, 이는 새벽에 성묘 아래로부터 어전에 도착해서 전투를 할수 있도록 하기 위함이었다. 한밤중에 전초들에게서 소식이 왔는데 적군이 무인 다리를 건넜다는 것이었다. [가잔의] 고귀하신 견해는 대오르도와 카툰들을 바로 그날 밤에 이스파라인(Isfarāīn)²⁷⁾ 방면으로 보내야 한다는 것이었다. 그래서 [다음 날] 새벽 즉 690년 라비 알 아히르월 첫 날(1291. 4. 3) 그는 거기서 출정하였고 노린 아카, 알라두, 위구르타이 가잔 및 다른 아미르들은 어전에 있었다. 그들은 이맘 레자의 성묘 아래

---

25) 즉 현재의 마쉬하드(Mashhad)를 가리키며, 당시는 지금과 같은 큰 도시가 아니었다.
26) 마쉬하드에서 동남쪽으로 하루거리에 위치.
27) 니샤푸르에서 서북방으로 150킬로미터 지점에 위치.

쪽으로 이동했고 한 시간쯤 그곳에 머물렀다. 군대를 정비하고 적과의 전투를 대비하면서 아미르 쿠틀룩 샤가 오기를 기다렸다.

정오에 쿠틀룩 샤가 보낸 참차(Chamcha)가 와서 말하기를 "우리가 상바스트의 리바트에 도착했더니 모든 군대가 창(Chang)과 이스하카바드(Isḥāqābād) 길을 통해시 니샤푸르 방면으로 가버렸습니다."라고 하였다. 그의 뒤를 이어 쿠틀룩 샤가 어전으로 왔고, 그로부터 한 시간쯤 뒤에 한 무리의 군대가 나타났다. 그들의 수가 대단히 많았고 이쪽은 적었으므로 아미르들이 협의에 들어갔는데 전투는 최선책이 아니라는 결론에 도달하였다. 알라두가 상주하기를 "우리에게 그들과의 전투가 최상책은 아닙니다. '적과 붙기는 쉬워도 떨어지기는 어렵다.'는 몽골 속담이 말하는 것도 바로 이 점입니다. 수많은 날에 당신께서 아르군 칸에게 답을 주었지만, 이번 하루는 저희들이 답을 줄 차례입니다."라고 하였다.

[가잔의] 고귀한 결심이 정해졌다. 즉 군대를 모두 정비할 수 있는 곳까지 퇴각하기로 하였고, 거기서 라드칸 방면으로 이동을 시작하였다. 적군이 그 뒤를 따라왔고 마침내 투스 부근에서 [아군은] (R1228) 적군에게 공격을 가하였다. 전투가 벌어졌다. 다음 날 이동하였는데, 전투를 하기 위해 몇 군데에서는 정지했지만 [전투가 실제로] 벌어지지는 않았다. 밤중에 술탄 메이단에 하영하였고 아침에 이동하였다. 알라두는 다음과 같이 아뢰었다. "현재로서는 전투를 하는 것이 불가능합니다. 저와 군인 대다수의 집들이 주베인 방면으로 가버렸으니, 만약 명령을 내리신다면 그들을 찾으러 가겠습니다." 그는 허락을 받고 떠났다. 시린 에게치(Shīrīn Īgāchī)의 아버지인 아라 티무르 역시 "저와 군인들의 천막들이 니샤푸르로 떠나갔습니다. 제가 가서 그들을 데리고 오겠습니다."라고 했고, 그도 떠나갔다. 위구르타이 가잔은 무바락 샤 왕자의 딸 투르

미시 카툰(Tūrmīsh Khātūn)[28]을 좋아했고, 그녀를 자기 집들과 함께 카부드 자메(Kabūd Jāme)[29] 방면으로 보냈었다. 그래서 그는 그녀를 데리고 노루즈에게로 갈 생각을 품었다. 그 역시 [자기] 천막이 있는 곳으로 가서 마잔다란에 있는 군대들을 정비하고 그 지방을 수비하여 안정을 확보하겠노라는 구실을 대서, [가잔의] 허락을 받고 떠나갔다. 노린 아카와 쿠틀룩 샤와 수타이 등의 아미르들은 어전에 있었다. [가잔은] 아르기얀 길을 따라 이동하였는데 적군이 뒤따라오고 있다는 소식이 들렸다.

이스파라인 시에서 잠시 머물렀지만 그곳을 지나 이스파라인 지구에 속하는 키시리그(Kisirigh)[30]에 하영하였다. 밤중에 노린과 쿠틀룩 샤와 수타이는 한 무리의 카라우나—바타이(?)[31] 때문에 오르도로 데리고 와서 천호 안에 있던 사람들—가 반란을 일으키고 서로 상의한 뒤에 적군이 되어 되돌아갔다는 사실을 알게 되었다. 그들은 그 상황을 보고하였다. 그들은 이동하는 것이 최상책이라고 판단하였고, 아미르 쿠틀룩 샤가 그곳에 남아서 상황을 정리하는 동안 (A274r) 어기는 (B247r) 주라바드(Jūrabad) 방면으로 이동하여 아침 녘에 그곳에 도착하였다. 그 무리 [즉 전술한 카라우나]는 거기서 철수하여 쿤첵(Kōnchek)과 쿠틀룩 호자(Qutlugh Khwāja)와 다른 수구르치들의 장막을 습격하여 눈에 보이는 것은 전부 약탈한 뒤 적과 합류하였다. 또한 적군도 마찬가지로 (R1229) 그들의 뒤를 추격하여 주라바드까지 왔다. 군주께서 그곳에 도착하자 명령을 내려, 사르탁(Sartāq)의 아들 카치르(Qāchīr), 수에투

---

28) Thackston은 투즈미시라고 읽었다.
29) 구르간(주르잔) 지방의 동쪽 끝에 위치한 곳이며, 현재 하지라르(Hajjilar)가 이에 해당된다.
30) 이 지명의 발음에 대해서는 Rashid/Thackston, p. 601 참조.
31) 원문 BATAY. 의미는 불분명.

(Suātū) 및 그곳에 머물고 있던 다른 카라우나들의 장막들을 자자름과 비스탐 방면으로 이동시키라고 하였다. 그는 그곳에 마지막 날까지 머물렀다. 아미르 쿠틀룩 샤가 도착하여 적이 도착한 상황을 보고하자, 그는 이동하여 자자름에 하영하였고 그날 밤은 그곳에 머물렀다.

적들은 주라바드에서 퇴각했다. 그해에 그들은 후라산에서 얼마나 극심한 피해를 입히고 살육과 파괴를 저질렀는지 도저히 말로 설명하기도 어려울 정도이다. 그들은 니샤푸르 시를 포위하였지만 지고한 신이 가잔에게 축복을 내리셔서 그곳의 무슬림들을 이교도의 해악으로부터 보호해 주셨기 때문에 그들에게 손을 뻗치지 못했다. 그러나 농촌 마을들을 약탈하였고 많은 사람들을 포로로 끌고 갔다. 니샤푸르 지구에 속하는 바루바키(Bārūbaqī)에는 매우 용맹한 병사들이 있었다. 적군이 그곳을 공격하였는데 그곳의 수비는 매우 견고하였다. 사람들은 재산과 동물을 데리고 가서 그곳을 피난처로 삼았다. 적들은 계곡으로 들어갔고, [바루바키 사람들은] 계곡 위에서 비탈을 따라 쇄도해 내려갔다. 이교도들 가운데 거의 1,000명에 가까운 기병들이 살해되었고, 그들은 퇴각하여 투스의 마쉬하드로 가서 그곳을 약탈하였다. 성묘 위에 놓여 있던 네 개의 오렌지 [모양의 장식]도 갖고 가버렸다. 후라산에서 얼마나 많은 병사들이 죽임을 당했는지, 바드기스 부근에 도착했을 때 병사의 수를 점검해보니 거의 5,000명의 기병이 보이지 않았다. 그런 까닭에 [가잔은] 노루즈에게 죄를 물어서 곤장을 쳤다.

다음 날 어기가 자자름에서 출발하여 비스탐과 담간 길을 거쳐서 이동하였다. 아르군 칸의 사망 소식이 모든 아미르들에게 알려졌지만 가잔에게는 숨기고 있었다. [그런 상태로] 그가 비스탐에 도착해서 하루를 머물렀는데, 카툰들이 그곳에 있었기 때문이다. 거기서 담간으로 이동했다. 그런데 이에 앞서 알라두의 형제인 아비시카(Ābīshqā)를 사신의 자격으로 아르군의 어전으로 파견했었는데, 그[=아비시카]는 사망 소식을 듣고 담간에 머무르고 있었다. (R1230) 담간 사람들 모두 도시에서 떠났는데, 일부는 샤 일두즈(Shāh Īldūz)와 함께 기르드 쿠흐(Gird Kūh)[32]로 갔고, 다른 일부는 매우 견고한 지점인 마얀(Māyān)[33] 마을의 성채로 갔다. 그래서 아비시카는 담간에서 비스탐의 어전으로 돌아와 담간 주민들의 상황에 대해서 보고했다. 어기가 담간에 머무르고 있을 때 개미 한 마리도 그 앞에 나타나지 않았고, 아무도 선물(sāūrī),[34] 식량 ('ulūfa), 공궤(供饋, tuzghū)[35]를 갖고 오지도 않았다.

가잔 칸은 분노했다. 마얀 성채 안에는 그곳의 대인들과 귀족들이 있었기 때문에 그들에게 밖으로 나오라고 명령했으나 그들은 거부했다. 이에 그곳을 포위하라는 명령을 내렸고, 사흘 밤낮 전투를 벌인 뒤 그들은 화평을 희망했고 복속해왔다. 수많은 재물과 현금과 현물을 바쳤고, 군대를 위하여 곡식과 소와 양을 바쳤다. 가잔 칸은 한없는 관용과 자비를 베풀어 그 죄인들의 죄를 용서하였다. 그리고 성채를 파괴하라는 명령을 내렸는데, 그는 즉위한 뒤에 그곳을 다시 경작하게 하라는 명령을 내렸다.

---

32) 몽골 정복 시 이스마일리파 요새가 있던 산. 담간에서 서쪽으로 약 18킬로미터 지점에 위치.

33) 현재 이란 북부의 심난성 담간주에 속해 있는 지점. 담간주의 주도(州都)인 담간시에서 동쪽으로 5킬로미터 지점에 위치.

34) 몽골어에서 sa'uri (sayuri)는 '자리(seat)'를 의미한다. Igor de Rachewiltz, *The Secret History of the Mongols: A Mongolian Epic Chronicle of the Thirteenth Century*, 2 vols. (Leiden: Brill, 2004), pp. 780~781 참조. 그러나 여기서는 그런 뜻이 아니라 통치자가 어떤 도회를 방문했을 때 그에게 바치는 선물, 특히 음식과 같은 것을 의미한다. A. K. S. Lambton, *Continuity and Change in Medieval Persia: Aspects of Administrative, Economic and Social History, 11th–14th Century* (London: I. B. Tauris, 1988), p. 361.

35) 러시아 교감본은 TRGhW라고 하였는데 물론 TZGhW가 되어야 옳다. tuzghū 역시 군주가 어떤 지역을 방문했을 때 그 주민들이 환영의 의미로 바치는 음식이나 식량을 뜻한다. 플라노 드 카르피니·윌리엄 루브룩, 김호동 역, 『몽골제국 기행』(까치, 2015), p. 251, 주 5; Lambton, *Continuity and Change*, p. 217.

그들은 심난 방면으로 향했다. 이러한 일들이 벌어지는 동안, 니샤푸르로 가버렸던 대디반의 무스타우피였던 무인 앗 딘(Mu'īn al-Dīn)과 일군의 비틱치들이 붙잡혀 와서 어전으로 끌려왔다. [가잔은] 그들의 과오에 대해 관심을 기울이지 않았고, 그들이 갖고 있던 칙령(yarlīgh)들과 주인(朱印, āl tamghā)들을 다시 그들에게 맡기라는 명령을 내렸다. 그들은 [가잔의] 허락을 받고 떠났다. 가잔 칸이 심난에 도착했을 때 아미르들이 상의하여 아르군 칸의 사망 소식을 아뢰었다. 왕자는 관례에 따라 애도를 표하였고, 몽골의 관습이 그러했듯이 모자에서 깃털을 뽑아내라고 명령을 내렸다. 아미르 물라이는 쿠히스탄에서 황야길을 거쳐 심난으로 와서 어전에 합류하였다. 그는 특별한 은혜를 많이 입었으며 [가잔은] 사틸미시의 누이를 그에게 주라는 명령을 내렸다.

위구르타이 가잔은 술탄 메이단을 떠나 카부드 자메와 주르잔 방면으로 갔을 때 여전히 사악한 생각에 사로잡혀 있었기 때문에, 투르미시를 데리고 술탄 두빈(Sulṭān Duvīn)과 (R1231) 아스타라바드(Astarābād)[36] 방면으로 와서는 그 지방이 카이두의 영역이라고 선언하였다. 그리고 그 지방에 있던 몽골 병사들에게 피해를 주고 분란을 일으켰다. 대아미르들이 거기 없었기 때문에 사이간 아바치(Sāīghān Abāchī), 마말락(Māmalāq) 및 다른 사람들이 합의하여 그[=위구르타이 가잔]를 급습하고 쫓아내 버렸다. 그리고 그의 뒤를 추격하여 (B247v) 주르잔과 카부드 자메 변경 너머로 내보냈던 것이다. 그는 일부 사람들과 유랑하고 떠나갔다. 이에 앞서서 그는 투스의 마쉬하드에서 한 무리의 사이드들과 평

---

36) 카스피 해 동남쪽 모퉁이에 위치한 구르간/주르잔을 가리킨다. 이 도시에 대해서는 V. Minorsky, *Ḥudūd al-'Ālam: 'The regions of the world', a Persian geography, 372 A,H,-982 A,D,* (London: Luzac & co., 1937), p. 134 참조. 뒤에서 '아스타라바드의 술탄 두빈'이라는 곳에서 숙영한 사실이 자주 언급되므로, 술탄 두빈은 아스타라바드 시 안에 있는 한 지명으로 추정된다.

민들 및 백성들에게 큰 고통을 안겨주었다. 완!

아르군 칸이 사망한 뒤 게이하투 칸의 치세에 가잔 칸이 아제르바이잔 방면으로 출정했다가 타브리즈에서 후라산으로 돌아갈 때까지의 상황에 관한 이야기

(A274v) 그 뒤 어기는 며칠간 심난에 머물렀다. 그리고 피루즈 쿠흐 방향으로 이동하여 다마반드 지방의 미샨(Mīshān) 부근으로 갔다. 거기서 며칠간 머물렀다. 불루간 카툰 후라사니가 거기서 아들을 하나 낳았으나 [그 아들은] 사망하고 말았다. 그들이 피루즈 쿠흐에 왔을 때 게이하투가 룸에서 오고 있으며 오르도에 있던 아미르들이 분란을 일으키며 흩어져 일부는 게이하투에게로 가서 합류하고 일부는 바이두와 함께 있다는 소식이 전해졌다. 토간은 미야네에서 도망쳐서 후라산 방면으로 왔다. 그런 연유로 가잔 칸은 물라이를 붙잡아서 감금하라는 명령을 내렸다. 토간을 붙잡았다는 소식이 도달하자 아미르들의 중재 덕분에 물라이를 풀어주었다.

게이하투가 즉위했다는 소식이 사실로 확인되었을 때, (R1232) [가잔은] 쿠틀룩 샤를 그에게 사신으로 보내어 후라산의 파괴 상황과 그곳의 군사 문제에 대해서 보고하였다. 호르쿠닥(Hōrqūdāq), 차우르치(Chāūrchī)의 아들 카라(Qarā), 쿠틀룩 티무르(Qutlugh Tīmūr) 및 다른 일군의 아미르들을 후라산으로 보냈다. [가잔은] 690년(1291) 여름에 피루즈 쿠흐와 심난 사이에 있는 아스란(Asrān)이라는 곳—그곳을 네게투(Negātū) 하영지라 부른다—에 머물렀고, 항상 사냥과 연회로 시간을 보냈다. 디반의 사힙들은 병사들에게 필요한 곡식을 거두고 그 지방들의 재물을 장악하는 일을 처리했다. 아미르 쿠틀룩 샤는 아란에서 게이하투의 어전에 도착하여 상황을 아뢰었다. 그러나 그는 잔치와 오락과 열락과 환희에 도취하여 그에게 별다른 신경을 쓰지 않았다. 그[=쿠틀룩 샤] 역시 가잔 칸의 어전으로 되돌아왔다. 가을에 어기는 담간과 비스탐 방면으로 왔고, 거기서 칼푸시로 왔다. 니잠 앗 딘 야흐야(Niẓām al-Dīn Yaḥya)를 부르러 쿠틀룩 호자와 랄라(Lālā)를 바이하크 방면으로 보냈다. 그러나 그는 후라산에서 방자한 짓을 행하여 자신에게 속한 한 무리의 대인들을 살해하고 무수한 재화를 사람들로부터 빼앗았다. 그래서 그는 두렵고 우려하는 마음이 되어 [가잔에게] 오기를 거부했다.

어기가 자나샤크(Janāshak) 성채 길을 거쳐서 주르잔에 왔다. 그해 겨울에는 아스타라바드의 술탄 두빈에서 동영하였다. 게이하투는 후라산의 군대를 돕기 위해 안바르치 왕자와 돌라다이와 쿤축발(Qūnchuqbāl)과 일 티무르와 같은 아미르들을 가잔 칸에게 파견했다. 그들은 술탄 두빈에서 고두의 예를 취하였다. 그리고 [가잔은 그들에게] 카라토간(Qa-rātōghān)에서 동영하라는 명령을 내렸다. 겨울 마지막에 노루즈가 니샤푸르의 변경에 왔는데, 주베인으로 가서 니잠 앗 딘 야흐야를 안디마드(Andimad) 성채에서 끌어내려는 의도를 갖고 있다는 소문이 들렸다. 아직 날씨는 추웠고 동물들은 말랐는데, 어기가 칼푸시 방향으로 이동을 시작했다. 며칠간 그곳에 머물렀고 밀정을 사방으로 파견하였다.

(R1233) 노루즈는 일부 사람들과 함께 주베인 변경까지 습격한 뒤에 돌아왔다. 어기는 동물들을 살찌우기 위해 주르잔으로 돌아왔다. 그리고 691년(1292) 봄 안바르치 왕자를 그와 함께 있던 군대와 함께 디히스탄(Dihistān)과 야자르(Yāzar)와 니사(Nisā)와 아비바르드 길을 거쳐서 출동시켰고, 곡식과 필요한 물자의 조달을 위해 호르쿠닥을 함께 파견하였다. 지방들을 압제하거나 파괴하지 못하도록 하기 위해서였다. 어기도 이동하였는데, 그해에는 후라산에서의 반란들로 인하여 물자가 너

무 부족해져서 100디나르를 갖고도 곡식 100만(mann)을 구하지 못할 정도였다. 대사힙인 호자 사아드 앗 딘을 디반의 사힙들의 우두머리로 임명하였는데, 이는 후라산과 마잔다란과 쿠미스(Qūmis)와 라이 지방의 재화를 확보하고 군대에 필요한 곡물을 조달하기 위해서였다. 그 원정에서 병사들 대부분의 힘[의 원천]은 사냥으로 잡은 고기에서 나왔다. 어기가 헤라트 강변 즉 축추란에 머물렀다. 물이 많이 불었기 때문에 커다란 손실을 입고서야 건널 수 있었다. 안바르치 왕자와 (B248r) 이라크의 아미르들은 [가잔의] 어전으로 왔고, 전초에서 적군이 출현했다는 소식이 전해졌다.

어기가 바드기스 방면으로 이동하여 바드기스의 볼닥(Bōldāq)[37]에 자리를 잡았다. 밀정들을 사방으로 파견했는데 어느 곳에서도 적의 흔적이나 소식을 찾을 수 없었다. 식량이 바닥나고 먹을 것을 찾을 수 없게 되자, 병사들은 서로의 말들을 훔쳐서 잡아먹기 시작하였다. 식량을 구할 수 없었기 때문에 엄청난 피해가 생겨났다. 아미르들은 상황을 보고했다. "헤라트에 보리가 익었을 것입니다. 최상의 방책은 그곳으로 가는 것입니다." 그들은 그쪽 방향으로 이동하였고 말란(Mālān) 다리 옆에 자리를 잡았다. 헤라트의 대표와 대인들은 분란과 혼란으로 인하여 시내에 없었다. 말릭 샴스 앗 딘 카르트(Malik Shams al-Dīn Kart)는 하이사르(Khaysār) 성채에 머물면서, 자기를 괴롭혔다는 구실로 (R1234) 큰아들 파흐르 앗 딘을 구금하였고, 작은아들 알라 앗 딘을 어전으로 보내어 봉사하도록 하였다.

헤라트 지방은 병사들이 통과하여 피해를 입고 파괴되었고, 복구도 되지 못했다. 가잔은 그곳 사람들에게 자비를 베풀어 피해를 입지 않도

---

37) Thackston: Yoldaq. 러시아 교감본과 Rawshan의 독법이 옳다. boldaq은 몽골어로 '언덕'을 뜻한다.

록 하였다. 그러나 푸샨지(Fūshanj)³⁸⁾의 주민들은 성채 안에 들어가 있었기 때문에 이라크 [지방]의 군대가 도착하여 곡물을 요구했는데도 주지 않고 전투를 벌였다. 가잔 칸은 그들의 행동에 분노하였고 그곳을 포위하라고 명령했다. 수많은 어려움 끝에 그곳을 함락하고 다수의 가축과 양과 소와 곡식을 가지고 나왔다. 그리고 그곳에 있던 많은 사람들을 포로로 끌고 나왔다. 어기가 헤라트에서 돌아와 푸샨지에 도달했을 때, 그곳 주민들은 참담한 상황에 대해서 아뢰었다. 그는 그들에게 자비를 베풀어 포로가 된 그들의 여자와 아이들을 모두 돌려보내고 위무하였다. 상서로운 조짐이 떠오를 때 그는 길을 나서 라드칸 방면으로 왔다.

게이하투가 (A275r) 후라산의 군대를 위해서 재물을 하나도 보내지 않자 그곳에 있던 많은 병사들이 모였고 고통을 받았다. [가잔은] 그가 있는 곳으로 가서 얼굴을 맞대고 상황을 있는 그대로 설명하기로 결심하였다. 그 뒤 그는 결심을 취소하고 슈투르 쿠흐(Shutur Kūh)로 왔다. 적에 관한 소문이 없었고 곡물도 찾을 수 없었기 때문에 안바르치 왕자와 아제르바이잔 및 이라크의 병사들에게 떠나도 좋다는 허락을 내렸다. [가잔은] 슈투르 쿠흐에서 하영하였고 무라드 전각(kūshk-i Murād)을 지었다. 그 지방에서는 군주들이 한 번도 건물을 지은 적이 없었다.

그때 하프(Khwāf) 성(vilāyat)에 속하는 지자드(Jīzhad) 마을에서 불한당과 무뢰배들이 모여서 주잔(Zūzan)의 말릭의 아들들과 그 지방의 대인들에 속하는 한 무리의 사람들을 죽이고 성채 하나를 손에 넣었다는 소식이 들려왔다. [가잔은] 수에테이와 물라이 등의 아미르들에게 그들을 물리치기 위해 출정하라는 명령을 내렸다. 그들이 [적의] 가까이에 (R1235) 왔을 때 시스탄의 말릭의 아들인 샤 알리(Shāh ʿAlī)가 욕

---

38) 헤라트에서 서쪽으로 40킬로미터 지점에 위치.

심을 품고 쿠히스탄에서 와서 그 성채를 포위하였다. 아미르들은 갑자기 그를 공격하기 시작했고, 그의 군대를 가운데로 몰아넣어 대부분을 죽여버리고 그들의 재물과 동물들을 약탈했다. 샤 알리는 온갖 계략을 다 써서 결국 [포위망] 밖으로 빠져나와 도망치는 데 성공했다. 그 뒤 아미르들은 그 성채를 항복시키고, 남의 일에 참견하거나 남을 유혹하는 사람들을 죽여버렸다. 그리고 백성들을 위로하고 [그들이 생업에 종사할 수 있도록 돌려보낸 뒤에][39] 귀환하였다. 691년 샤반월(1292. 7~8)에 니샤푸르에서 지체가 높은 인물이었던 이마드 앗 딘 하팁('Imād al-Dīn Khaṭīb)이 노루즈에 관한 소문과 관련해서 주제넘는 짓을 했다고 해서, 그를 니샤푸르에서 붙잡아 와서 야사에 처하라는 명령을 내렸다.

그해 여름에는 특기할 만한 일이 일어나지 않았다. 겨울이 오자 [가잔은] 아스타라바드의 술탄 두빈에서 동영하였다. 아미르 노린을 사만칸(Samanqān)과 샤칸(Shaqān)으로 파견했다. 초봄에 적에 관한 소문이 전해졌고 어기는 주르잔과 샤흐라키 노우(Shahrak-i Naw)와 무르자바드(Mūrjābād) 방면으로 이동하였다. 아미르 노린은 거기에서 어전에 합류하였다. 692년 초(1292. 12~1293. 1)에 그곳에서 이동하여 며칠간 사말칸(Samalqān)에 머물렀는데, 탐문하는 사람들을 사방으로 파견하였다. 그런데 그 소문이 거짓임이 확인되어 다시 한번 아제르바이잔 방면으로 향하기로 마음을 먹었다.

---

39) [ ] 사이의 내용은 일부 사본에만 보인다.

(R1236) 가잔 칸이 게이하투를 만날 의도를 갖고 알라탁 방면으로 향했다가 타브리즈에서 귀환한 것, 노루즈가 패배하고 니샤푸르를 장악한 것에 관한 이야기

(B248v) [가잔은] 아미르들과 협의한 뒤 아제르바이잔으로 향하기로 결심했다. 대아미르인 쿠틀룩 샤 노얀과 다른 아미르들을 후라산의 방어를 위해서 임명하고, [자신은] 사만칸에서 귀환하였다. 노린, 사틸미시, 수에타이 등의 아미르들이 어전에 있었다. 샤흐라키 노우와 마잔다란 길을 거쳐서 왔다. 아미르 쿠틀룩 샤도 탐미샤(Tammīsha)⁴⁰⁾까지는 어전에 있었고 지르쿠타이(Jīrqūtāī)의 딸의 혼례가 끝난 뒤에 되돌아갔다. 여기가 탐미샤를 떠나서, 대오르도가 있던 마잔다란 부근의 슈질(Shūzīl)까지 31파르상의 거리를 하룻밤에 달려갔다.

마잔다란의 수령들 가운데 한 사람이 겁을 먹고 어전으로 오지 않았기 때문에, 적에게 동조했다는 혐의가 그에게 씌워졌다. 그러나 가잔은 그것에 별다른 주의를 기울이지 않고 이라크와 아제르바이잔을 향해서 출발했다. 샤흐디즈(Shāhdiz) 길을 거쳐서 피루즈 쿠흐 방면으로 나왔다. 며칠간 다마반드에 머물렀고, 거기서 아미르 사틸미시와 호자 사아드 앗 딘을 파견하여 후라산, 마잔다란, 쿠미스, 라이의 세금을 징수하고 병사들에게 필요한 곡물을 배정한 뒤 타브리즈로 출발했다.

노린 아카가 그와 함께 동행했다. [가잔은] 자신의 도착을 알리기 위해 이그미시(Yighmīsh)를 먼저 보냈는데, 그가 아브하르의 경계에서 다시 돌아와 (R1237) "게이하투가 '가잔은 무슨 일로 오는 것인가? 후라산

---

40) Minorsky, *Hudūd al-ʿĀlam*, p. 32에는 타바리스탄(*Tabaristan*, 즉 *Mazandaran*) 지방의 경계가 찰루스(*Chalus*)에서 탐미샤까지라고 했다. 즉 탐미샤는 카스피 해 동남쪽 모퉁이에 위치해 있으며, 아바스쿤, 아스타라바드 등의 도시와 인접해 있었다. 『원사』「서북지부록(西北地附錄)」에는 '탑미설(塔米設)'이라고 표기되었다.

으로 돌아가도록 하라. [다른] 사람들을 보내어 중요한 사무를 말한다면 청원은 받아들여질 것이다.'라고 말했습니다."라고 보고했다. 그러나 가잔은 "여기까지 우리가 왔는데 어찌 서로 보지도 않고 돌아갈 수 있겠는가."라고 말하면서, 아미르 알라두와 물라이를 역마를 이용해(bi-ūlāgh) 보내어 중요한 사무를 처리하도록 하고, [자신은] 타브리즈 쪽으로 향하였다. [지레(Zirrah) 다리에서 아르군 칸의 전속 환관들(khwā-jagān-i khāṣṣ)[41]인 나집(Najīb)과 안바르('Anbar)와 레이한(Rayḥān) 등이 어전으로 왔고, 그는 상서로운 시간에 타브리즈에 도착하여 며칠간 그곳에 머물렀다.][42]

게이하투의 사신들이 계속해서 도착하여 가잔에게 돌아가라고 하였다. 마침내 캄주(Kamjū)와 나르두(Nārdū)가 도착하여 "당일로 돌아가라는 명령이 계셨습니다. 그가 약간의 무엇인가를 보냈습니다."라고 아뢰었다. 가잔은 그것에는 관심을 보이지 않은 채 이렇게 대답했다. "그가 나를 보기를 원치 않으니 나도 백 번이라도 그를 보기를 희망하지 않는다."

그는 상서로운 시각에 타브리즈에서 벗어나와 유즈 아가치(Yūz Āghāch)[43]에 머물렀다. 아미르 툭 티무르(Tūq Temūr)의 딸 에실 카툰

---

41) 원래 khwāja(khwājagān은 복수형)는 이슬람교의 장로와 같은 지위에 있는 사람을 가리킬 때 사용하는 표현이다. 그러나 여기서는 환관을 의미하는 한자어 화자(火者)의 음을 그대로 옮긴 것으로 보아야 맞을 듯하다. 뒤에 khāṣṣ라는 단어가 덧붙여진 것을 보면 이들은 아르군 칸과 그의 카툰들의 측근에서 그를 보좌하던 환관들을 가리키는 것으로 보인다. 그러나 Thackston(p. 605)은 이를 "Arghun Khan's elite khwajas"라고 번역했다.

42) A본에는 없고 B본에 보인다.

43) 투르크어로 '백 그루의 나무'라는 뜻이다. 그 위치는 분명치 않으나, 『집사』의 다른 곳에서 가잔 칸이 702년 초에 유즈 아가치와 하쉬트 루드 변경에서 몇 명의 아미르들을 처형했다는 기사가 있는데, 하쉬트 루드는 타브리즈에서 동남쪽으로 95킬로미터 지점, 즉 마라가와 미야네 중간에 위치해 있음을 감안할 때, 유즈 아가치도 그 부근일 것으로 추정된다.

(Eshīl Khātūn)과 혼인하여 거기서 혼례를 치렀다. 이스파한의 태수로 임명되었던 아미르 무함마드 이데치(Muḥammad Īdāchī)가 그때 어전으로 고귀한 보화들(tangsūqhā)을 가져와 공물로 바쳤고(tikishmīshī), 여러 가지 특별한 은사를 입고 어전에 머물렀다.

한 달 뒤에 어기는 후라산으로 향하였다. 아르군 칸이 대불루간 [카툰]의 일족 가운데 한 사람을 데려와 그녀 대신 앉히기 위해 카안의 어전으로 파견했던 호자(Khwāja)를 위시한 한 무리의 사신들이 아브하르(Abhar)⁴⁴⁾ 시에서 도착했다. 그들은 쿠케친 카툰(Kūkāchīn Khātūn)을 키타이의 보화들과 군주에게 잘 어울리는 도자기들과 함께 데리고 왔다. 가잔은 그곳에 머물며 쿠케친 카툰을 부인으로 맞아들였다.⁴⁵⁾ 혼례가 끝난 뒤 보화들 가운데 호랑이 한 마리와 다른 몇 가지를 게이하투에게 보내고, 자신은 (R1238) 다마반드 쪽으로 향하였다. 아미르 쿠틀룩 샤의 사신들이 도착하여 좋은 소식을 전해주었다. 즉 그가 노루즈와 전투를 벌여 승리를 거두었고, [노루즈는] 패주하여 도보로 니샤푸르 산간

44) 타브리즈에서 술타니야를 거쳐 라이(현재 테헤란 인근)에 갈 때 거치는 곳.
45) 가잔과 쿠케친 카툰(Kökechin Khatun)의 혼인에 대해서는 마르코 폴로도 언급한 바 있다. 즉 그의 기록에 의하면 아르군 칸은 부인 불가나(Bolgana, 즉 바야우트부 출신의 불루간 카툰 부주르그)가 사망하자 그녀의 뒤를 이을 부인을 보내달라고 하면서 세 명의 사신을 쿠빌라이에게 보냈는데, 그들의 이름은 울라타이(Oulatai, 즉 Uladai), 아푸스카(Apusca, 즉 Abishqa), 코자(Coja, 즉 Khwaja)였다고 한다. 쿠빌라이는 이 부탁을 받고 인도양 항해 경험이 있는 폴로 일가에게 '코카친(Cacacin)'이라는 왕녀를 호송해서 그에게 보내라고 명령했고, 이들은 천신만고 끝에 그녀를 목적지까지 데리고 갔으나, 아르군 칸이 사망한 뒤여서 그의 아들인 카찬(Caçan, 즉 Ghazan)에게 인도했다는 것이다. 그는 세 명의 사신들 가운데 '코자'만이 살아남았다고 덧붙였다. 그의 이 기록은 위 본문의 내용과 정확하게 부합한다. 더구나 아르군이 보낸 세 명의 사신의 이름이 『참적(站赤)』이라는 중국측 사료에서 발견되었는데, 올로득(兀魯鯑), 아필실가(阿必失呵), 화자(火者)였으며, 이는 몽골어로 Uru'udai, Abishqa, Khwaja를 옮긴 말로서 마르코 폴로가 거명한 세 사람의 이름, 즉 Oulatai, Apusca, Coja와 잘 조응한다. 중국의 학자 양즈주(楊志玖)는 마르코 폴로가 실제로 그녀를 호송해서 가지 않고는 도저히 알 수 없는 사실이라면서, 폴로가 중국을 다녀갔음을 보여주는 유력한 증거라고 주장한 바 있다. 『마르코 폴로의 동방견문록』, pp. 91~95 참조.

지역으로 (A275v) 갔으며, 그가 갖고 있던 모든 재물과 가축과 말들을 빼앗았다고 하였다.

어기는 담간과 비스탐 쪽으로 이동하였다. 비스탐에서 아미르 쿠틀룩 샤와 다른 아미르들이 노략물(ōljāīhā)로 빼앗은 것들을 공물로 바치고, 여러 가지 특별한 은사를 받았다. 그들은 거기서 후람아바 루드(Khur-ramāba Rūd) 길을 거쳐 주르잔으로 와서, 아스타라바드의 술탄 두빈에 머무르면서 연회와 사냥을 즐겼다. 아미르 쿠틀룩 샤는 과하게 음주를 하는 바람에 예기치 않은 병에 걸렸고 칙령에 따라 의사들은 그가 건강을 회복할 때까지 치료해주었다. 그는 그때 이후로 음주를 멀리하기로 맹서했고 지금까지 한 번도 술을 마시지 않았다.

이들이 아제르바이잔을 향해서 가는 도중에 키야 살라흐 앗 딘(Kiyā Ṣalāḥ al-Dīn)은 그[=가잔]가 있는 지방을 통과할 때 그를 피해 멀리 있었는데, 타브리즈에서 귀환할 때에는 [그의] 앞으로 와서 라이에서 고귀한 어전으로 왔다. 아미르 노린과 다른 아미르들의 선처 덕분에 가잔 칸은 그의 죄를 용서하였다. 그러나 그는 자기 지방으로 돌아간 뒤 다시 한번 반역을 시작했다. 가잔 칸은 그를 처리하기 위해 아미르 수타이(Sūtāī)를 임명한 뒤에 [자신은] 떠났다. 그해 겨울 그의 일은 종지부를 찍었다. (B249r) 그곳에서 수많은 재물과 동물들을 끌고 왔고 그것을 병사들에게 나누어 주었다.

그해 겨울에는 마잔다란에 있었는데 어느 곳에서도 [적의] 소식은 들려오지 않았다. 봄에 다마반드로 이동하였고 차하르 디흐(Chahār Dih) 길을 거쳐서 나왔다. 한 달가량 담간에 머물렀고 거기서 술탄 메이단(Sulṭān Maydān) 길을 거쳐서 피루즈 쿠흐로 나왔다. 다마반드에서 하영(夏營)하였고 거기서 군대의 아미르들인 물라이와 호르쿠닥을 후라산으로 파견하였다. 그들은 니샤푸르의 주민들이 (R1239) 오만한 생각을 하면서 힘을 바쳐 봉사하지 않으려 한다는 소식을 전해왔다. 가잔 칸은 그런 것에는 신경을 쓰지 않고 타고난 자비심으로 여러 차례 사신들을 보내어 약속도 하고 위협도 했지만 아무 소용이 없었다. 그는 가을에 그쪽으로 이동하여 693년 둘 카다월(1293. 9~10)에 도착했다. 그는 마우이디(Maw'īdī)에 숙영하면서 호자 사아드 앗 딘을 도시 안으로 보냈다. 그래서 그들을 질책하고 아울러 충고와 훈계를 통해서 그들이 복속해서 밖으로 나오도록 하려고 했다. 왜냐하면 오래된 속민들이 일군의 불순한 선동자들의 죄악으로 인하여 살육되는 것은 허용하기 힘든 일이기 때문이었다.

호자 사아드 앗 딘이 시내로 들어가자 카디 사드르 앗 딘(Qāḍī Ṣadr al-Dīn)과 파흘라반 우마르(Pahlavān 'Umar)를 비롯하여 니샤푸르의 귀족들(a'yān)들이 [그의] 앞으로 나와서, "우리는 목숨을 걱정하고 있습니다. 만약 호자께서 허락하시어 우리의 안전(amān)을 보장하신다면 밖으로 나와 복속의 예를 취하도록 하겠습니다."라고 말했다. 호자 사아드 앗 딘은 이를 받아들이고 "[가잔 칸에게] 아뢰고 또 당신들이 해를 입지 않도록 내가 주선하겠다."라고 말했다. 카디 지야 앗 딘(Qāḍī Ḍiyā al-Dīn)과 파흘라반 우마르는 한 무리의 사람들과 함께 도시 밖으로 나와서 대아미르들 앞으로 왔다. 그들을 어전으로 보냈다. 가잔 칸은 마우이디에서 이동하여 니샤푸르 근교에 주둔하고 있었다. 그는 "경거망동하는 몇 사람들 때문에 나의 왕국과 백성들을 파괴하는 것을 원치 않는다. 선동자들과 분란꾼들의 무리, 즉 파흐르 앗 딘 라이스(Fakhr al-Dīn Ra'īs), 히삼 앗 딘 아이박 키타이(Ḥisām al-Dīn Aybak Khitāī), 아부 바크르 알리 아이샤(Abū Bakr 'Alī 'Āīsha), 우스만 무쉬카니('Uthmān Mushkānī), 무함마드 압둘 말릭(Muḥammad 'Abd al-Malik) 등을 내놓고, 세금을 정확하게 내도록 하라. 그래서 우리가 이곳에서 평안하게 돌아갈 수 있도록 하라."고 말했다.

그들은 그 무리를 넘겨주는 것을 지체하였다. 그러자 니샤푸르를 포위하라는 명령이 내려졌다. 그곳의 주민들은 높은 모스크 건물로 피신하였다. 아미르들은 사방에서 쇄도해 들어갔다. 병사들이 그들을 포위하기 시작하자 그들은 두려움과 겁에 질려 [하던] 일을 할 수 없게 되었다. 병사들은 동네와 (R1240) 골목들을 약탈했고 모스크를 공격하려고 하였다. 몇 군데에서는 굴을 파서 벽까지 다가갔다. 주민들은 울부짖으면서 안전을 희망했고, 가잔 칸은 그들이 그런 잘못을 범했음에도 불구하고 한없는 자비심으로 그 절망적인 사람들을 용서해주었다. 비록 몇 사람이 처형되긴 했지만 병사들에게는 약탈과 살육을 하지 말라는 금령을 내렸다. 그러나 병사들이 [이미] 일제히 행동에 들어갔기 때문에 그들을 막는 것은 불가능했다.

가잔 칸은 고귀한 몸을 이끌고 몸소 말을 타고 시내로 들어갔다. 친위들(kezīktānān) 가운데 한두 명을 야사에 처하고 그들의 지체(肢體)를 성문에 내걸라고 명령했다. 이런 연유로 병사들은 겁을 먹고 살육과 약탈에서 손을 떼었다. 방자하고 분란을 일으킨 전술한 한 무리의 사람들을 붙잡아와서 야사에 처하였다. 그리고 그 고장에서는 가축을 한 마리도 갖고 나오지 못하도록 함으로써, 백성들을 위무하고 건물의 복구와 농사일에 매진하도록 하였다. 그리고 칙령을 내려서 카디 사드르 앗 딘과 파흘라반 우마르를 어전으로 데리고 오도록 하였다. 어기는 주르잔 방향으로 이동하기 시작했고, 그해 겨울 아스타라바드의 술탄 두빈에서 동영하였다.

노루즈가 복속하여 다시 한번 가잔 칸의 어전으로 온 것과 그가 연회를 베풀고 선물을 바친 이야기

694년 무하람월 초(1294. 11) 노루즈가 보낸 누케르가 [가잔에게] 와서 아뢰었다. "노루즈가 말하기를 '우리는 오래된 종(banda)이자 종의 자손입니다. 못된 일족들의 중상과 비방 때문에 나는 고귀한 어전에서 떨어져 나오게 되었습니다. 만약 왕자께서 자애로써 (R1241) 대해 주셔서 이 종의 죄를 거두어 용서하신다면, 저는 어전으로 향해 나가서 앞으로 힘을 다 바쳐 봉사할 것이며, (B249v) 소인에게 주어진 임무를 다할 것입니다.'라고 했습니다." [가잔은] 군주다운 극도의 자비심과 공정함으로 그의 죄를 용서하고 그의 변명을 받아들여 주었으며, 군주다운 회답을 내려주었다.

사절들이 오가던 마지막에 [노루즈가 보낸 사신] 사틸미시가 아뢰기를 "만약 군주께서 자비를 베푸셔서 약간의 군대를 지원병으로 마루축 (Marūchūq)⁴⁶⁾ 경계까지 파견하시고, 소인[=노루즈]이 이곳에 있는 무리들에서 (A276r) 떨어져서 그들과 합류할 수 있게 해주시면 좋겠습니다. 만약 누군가가 [저의] 뒤를 따라 [함께] 온다면 그들은 [적을] 물리치는 데에 도움이 될 것이며, 저는 군주의 축복에 힘입어 어전으로 돌아올 수 있을 것입니다."라고 하였다. 군주는 "[지금은] 겨울이고 사방에서 [적에 관한] 아무런 소문도 들리지 않는다. 나는 몸소 사냥한다는 명분으로 그쪽 변경으로 이동하고자 한다."고 말했다. 사틸미시는 갖가지 은사를 받은 뒤에 되돌아갔다. [가잔이] 사신을 통해 노루즈에게 보낸 답신의 내용은 자신의 말을 충실히 지키라는 것이었다.

군주는 몸소 이동하기 시작했고 대아미르들인 노린과 쿠틀룩 샤 아카

---

46) 무르갑(Murghab) 강변에 위치한 지명으로 마루착(Maruchaq)이라고도 불린다. 현재 아프가니스탄 서북단에 위치하며 투르크메니스탄 경계이다.

가 어전에 있었다. 그들이 야지르(Yāzir)[47] 지방의 쿠섹(Kūshek)이라는 곳에 도착했을 때 노루즈의 형제인 후세인 핫지(Ḥusayn Ḥājjī), 차르두 바하두르의 아들 이질(Ījīl) 등이 노루즈에게서 왔고, 사틸미시가 했던 것과 똑같은 말을 했다. [가잔] 왕자는 그들을 위무하고 거기서 사락스로 가서 신년회(kūnyanglāmīshī)를 가졌다. 달란 쿠둑(Dālān Qūdūq) 길을 거쳐서 이동하였다. 산과 언덕들 사이를 통해서 밖으로 나오니, 메르브와 샤부르간(Shabūrghān)[48]의 평원에는 장막(khānahā)과 천막(khaymahā)과 가축들이 보이기 시작했다. 코르치들(qōrchīyān)[49]의 아미르인 바야우다이(Bāyā'ūdāī)에게 어떤 상황인지 조사해보라는 명령을 내렸다. 얼마 후 그가 돌아왔는데 노루즈의 누케르인 사틸미시가 그와 함께 아뢰기를 "노루즈가 그곳에 주둔하면서 어기가 오기를 기다리고 있습니다."라고 하였다.

군주가 언덕 꼭대기에 자리를 잡자마자, 노루즈와 (R1242) 토간 왕자가 어전으로 달려와 고두의 예를 취하였다. 군주는 그곳에서 사흘간 머물면서 여러 차례 연회를 베풀었다. 그러나 도회에서 멀었고 또 포도주도 적었기 때문에, 아미르들에게 물로 화해의 예(yārashmīshī)를 행하라고 명령했다.[50] 그러고 나서 이정표를 하나 세우라고 명령했는데 그

---

47) 아쉬카바드(Ashkabad)와 키질 아브라트(Qizil Avrat) 중간쯤에 있는 두룬(Durun)이라는 곳인데, 그곳에 정착한 투르크 부족의 이름을 따서 Yazir라고도 불렸다고 한다.

48) 샤부르간은 메르브에서 동쪽으로 200킬로미터 정도 떨어진 곳이다. 무르갑 강과 카라쿰 칸(Kara Kum Kan) 강 사이에 넓은 평원이 펼쳐져 있다.

49) 원문의 표기가 불분명하다. 노역본(p. 156)에서는 이를 qūchītān으로 읽어서 "nachal'nik kochiev"라고 번역했고, Rawshan(p. 1241)은 qūchīnān으로 읽어서 몽골어의 '오래된'을 뜻하는 qa'uchin과 연관시키는 듯하다. Jahn(p. 46)은 qōrchīyān으로 읽었고 Thackston(p. 612) 역시 그렇게 읽어서 "the chief of the qorchis"라고 번역했다.

50) yārashmīshī는 '화평(和平)', 화해(和解); 장식(裝飾)'을 뜻하는 투르크어이다. 노역본에서 이를 'primirenie'라고 옮긴 것은 정확하다. 그러나 Thackston이 "he ordered the amirs to mix it with water."라고 한 것은 정확하다고 하기는 어렵다. 本田實信,「モンゴル・トルコ語起源の術語」,『モン

것은 몽골인들이 '오바(ōbā)'[51]라고 부르는 것이었다. 노루즈의 죄를 용서해주고 그에게 여러 가지 은사들을 내려준 뒤, 샤흐(Shāḥ) 길을 거쳐서 마루축 방면으로 돌아가게 하였다. 노린 아카는 통풍이 매우 심했는데 그 원정 중에 상처가 더욱 심해졌다. 카라우나 군대의 아미르들인 토가이(Tōghāī)와 다른 사람들은 어전으로 와서 합류했고 안드호이(Andkhōī)[52] 길을 거쳐서 이동했다. 예쿠(Yīkū)를 비롯한 우마르 오굴('Umar Oghul)의 자식들 및 다른 자들도 어전으로 왔는데 파리얍(Fāriyāb)[53] 길을 거쳐서 진군하였다. 전초가 적의 전초를 만나서 그들 가운데 다수를 죽이고 일부는 붙잡아 어전으로 데리고 왔다. 그들에게 상황을 캐어 물으니 적군이 파리얍과 주즈자나(Jūzjāna)[54]에 있다고 하였다.

파리얍에 진을 치고는 재물과 하물들 그리고 다친 가축들을 데리고 있던 병사들은 그곳에 남겨두고 샤부르간 방면으로 이동하기 시작했다. 길은 대단히 황량하고(chōl) 물이 없었다. 밤에 샤부르간 부근에 있는 인치케수(Īnchikesū)라는 곳에 머물렀다. 적이 눈치챌지도 모르니 어느 누구도 불을 피우지 말라는 엄명이 떨어졌다. 새벽에 갑자기 그들을 향해 급습을 감행하였다. 그러나 어기가 파리얍에 도착했다는 사실을 알아챈 적들은 이미 퇴각하여 산(Ṣān)과 차릭(Chārīk) 길을 거쳐서 밖으로 나갔다. 승리의 군대는 샤부르간 강가에 진을 쳤고, 대아미르 쿠틀룩 샤

ゴル時代史研究』(東京: 東京大學出版會, 1991), pp. 448~449 참조.

51) 몽골어 obogha(→ oboo)를 옮긴 말로, 본래 뜻은 'heap, pile; heap of stones'이다(Lessing, *Mongolian-English Dictionary*, p. 598). 흔히 '오보(obo)'라고 불리는데, 중요한 지점에 돌을 쌓아 올려서 이정표로 삼거나 종교적 의례의 대상으로 삼는 징표이다.

52) 샤부르간에서 서북쪽으로 60킬로미터 떨어진 곳.

53) Fāriyāb 혹은 Pāriyāb은 현재 아프간 북방의 한 지방 이름이며 마이마나(Maymana)가 그 중심 도시이다.

54) Jūzjān과 동일한 지명으로 보인다. 파리얍에서 동북방으로 130킬로미터 지점에 위치해 있으며, 샤부르간에서 북쪽으로 조금 올라가면 나온다.

와 다른 사람들에게 적을 추격하라는 명령이 떨어졌다.

어기는 그 부근에 자리를 잡았다. 적에 대한 두려움으로 인해 험난한 지점으로 피신했던 카라우나 군대는 모두 어전으로 왔고, 칙령에 따라 사락스 방면으로 갔다. 적을 추격했던 아미르들은 (R1243) 산과 차릭 부근에서 그들과 조우하였다. 694년 라비 알 아발월 초(1295년 1월 중순경) 큰 전투가 벌어졌고 적은 패배하여 많은 사람들이 죽임을 당하였다. 아미르들은 많은 수의 포로와 헤아릴 수도 없는 노략물을 갖고 어전으로 왔다.

20일 동안 그 부근에 머물렀고 모든 군대가 어전에 있었다. 창고에서 곡식들을 운반해 와서 먹었고 가축들에게도 주었다. 그것이 어찌나 많 았는지 부족함이 없었다. 그러는 동안 노루즈 역시 어전으로 와서 합류했다. 그 뒤 가잔 칸은 그곳을 떠나 파라마르잔(Farāmarzān)[55]으로 이동했는데 그곳에는 토간 왕자와 노루즈의 장막들이 있었다. 며칠간 연회를 즐겼고 가능한 한 많은 선물을 가져왔다. 인사를 드리는 예법에 따라 갖가지 선물들을 바쳤다. 그리고 거기서 떠나 (B250r) 사락스 길을 따라 이동을 시작하였다.

그들이 카라테페(Qarātepe)[56]에 도착했을 때 부그다이 에우데치(Būghdāī Īudāchī)[57]가 게이하투의 어전에서 와서, 바이두 및 아미르들

---

55) 현재 이란 남부 호르모간(Hormozgan) 지방에 이러한 지명을 가진 곳이 있지만, 여기서는 현재 아프간 지방에 위치한 지명으로 보아야 할 것이다. 가잔의 군대가 파리얍 부근에서 전투를 치른 뒤 서쪽으로 방향을 돌려 사락스로 향했기 때문에 그 도상에 위치한 곳으로 보아야 옳을 것이다.

56) 『집사』의 다른 곳에서 "사락스의 카라테페"라는 표현이 보이는 것으로 보아 사락스 인근의 지명임을 알 수 있다.

57) 원문에서는 Būghdāī 다음에 AYWDACY라고 표기되어 있다. Thackston은 이를 Akhtachi라고 옮겼고, 노역본은 eiudechi라고 옮겼다. 만약 사본의 필사가 잘못이 아니라면 이 단어는 몽골어에서 '문지기'를 뜻하는 e'üde(n)chi를 옮긴 것일 수 있다. 그렇지만 그가 곧 뒤에 나오는 '부그다이 아크타치'와 동일인임은 분명해 보인다.

과의 반목에 대해서 설명했다. [가잔은] 그것에 대해서 관심을 기울이지 않았다. 노루즈는 자기 천막들을 데리고 바드기스 지방으로 돌아가게 해달라고 청하였다. 어기는 며칠간 그곳에 머문 뒤 아즈자(Azhjā)와 슈칸(Shūkān)[58] 길을 거쳐서 이동했다. 하루(Kharū) 계곡에 도착했을 때, 황새(kuleng)[59] 사냥을 하기 위해 라드칸 초원으로 가자는 명령이 떨어졌다. 바이두에게서 쿠틀룩 샤라는 이름을 가진 자와 다른 한 무리의 사신들이 도착해서 바이두와 게이하투 사이에 벌어진 대립에 대해서 아뢰었다. 그리고 "모든 형제들(aqā wa īnī), 카툰들, 아미르들이 의견의 일치를 보았습니다. 즉 지상의 왕자 [가잔]께서 그쪽으로 이동하셔서, 상속으로나(arthān) 능력으로나(iktisābān) 마땅히 차지해야 할 군주의 보좌에 오르시라는 것입니다."라고 말했다.

왕자는 그것에 대해서 관심을 표명하지 않고 사신들의 무리를 되돌려 보냈다. 그리고 대아미르들과 상의한 뒤 노루즈를 부르러 사신 한 사람을 보냈다. 라드칸과 굴라습(Gulasp) 샘에 며칠간 머문 뒤 하부샨으로 왔다. (R1244) 며칠 그곳에 있은 뒤 다시 이동하여 두빈[60]에 숙영할 때 노루즈가 어전으로 와서 합류하였다. 유수영들과 대부분의 군대, 그리고 게이하투에게서 왔던 수케 왕자가 마잔다란 방면에 있었기 때문에, (A276v) [가잔의] 고귀한 견해는 아스타라바드의 술탄 두빈으로 가서 거기에서 이라크와 아제르바이잔으로 향하는 것이었다. 그래서 샤흐라키 노우 길을 거쳐서 주르잔에 온 뒤 아스타라바드의 술탄 두빈에 진영을 쳤다. 며칠 동안 대오르도에서 연회와 잔치를 베풀었다. 우라 티무

---

58) Thackston: Arjah and Shugan.
59) 원문은 KLNG. Thackston은 이를 stork(황새)으로 번역했고, Rawshan은 몽골어의 kilui-라는 동사 (to look askance at)에서 나온 단어로 이해했다. 노역본은 이를 zhuravlo('crane')으로 번역했다.
60) Thackston은 Davir(Duvar)라고 표기.

르 이데치(Ūrā Timūr Īdāchī)를 바이두에게 보내어 곧 그곳에 갈 것이라고 알렸다.

가잔 칸이 후라산 변경에서 이라크로 향한 것, 하쉬트 루드(Hasht Rūd)와 쿠르반 시레(Qurbān Shīre) 지방에서 바이두와 전투를 벌인 이야기

가잔 칸은 우라 티무르 이데치를 파견한 뒤, 상서롭고 축복받은 시점에 술탄 두빈에서 출발하여 이라크와 아제르바이잔 방면으로 출발하였다. 차하르 데흐 길을 거쳐서 담간으로 왔다. 그는 기르드 쿠흐 성채를 둘러보기를 희망했지만, 아미르들은 "중대한 사안을 앞에 두었는데, 성채로 가는 것은 좋지 않다는 점괘가 나왔습니다."라고 아뢰었다. 그래서 성채를 수비하고 있던 타즈 앗 딘 일두즈(Tāj al-Dīn Īldūz)의 아들들에게 처자식을 데리고 성채 밖으로 나오도록 하고, 그 [성채의 열쇠]를 호자 사아드 앗 딘 하바시(Saʿd al-Dīn Ḥabash)에게 주고 성채도 그에게 넘기라는 명령을 내렸다.

그가 심난에 왔을 때 오르도 부카(Ōrdō Būqā)가 게이하투의 어전에서 왔는데, 나귀 여러 마리에 실을 정도의 차우(chāū)[61]와 흰색과 붉은색과 다른 색의 종이로 된 물건들을 가지고 왔다. 가잔 칸은 "마잔다란과 이 지방의 기후는 극도로 습하기 때문에 쇠로 만든 물건이나 무기들도 오래가지 못하거늘 하물며 종이가 어떻게 견딜 수 있겠는가?"라고 하면서 그것들을 전부 불태워버리라고 명령했다.

그는 피루즈 쿠흐 길을 거쳐서 테헤란(Tehrān)으로 (R1245) 왔다. 부랄기(Būrālghī)와 이라크의 아미르들이 어전으로 왔다. 그들이 헤일리

---

61) 게이하투 칸의 치세에 카안 울루스의 '초'를 본떠 발행했던 지폐.

부주르그(Khayl-i Buzurg)에 이르렀을 때 우라 티무르 이데치는 바이두에게서 다시 와서 "그는 자기가 했던 말을 철회하고, 머릿속으로 군주가될 생각을 다시 하게 되었습니다. 타가차르, 쿤착발, 돌라다이를 위시한다른 아미르들도 그러한 분란을 부추기고 있습니다. 그들은 오르도 키야와 주시(Jūshī)와 다른 사람들의 피를 흘리게 했는데, 이는 가잔 칸의어전을 두려워하고 걱정하기 때문입니다. 그들은 모두 바이두를 추대하기로 합의하였고 방자한 반란의 의도를 품고 있습니다."라고 아뢰었다.

가잔 칸은 바이두와 대적할 생각을 하지 않았기 때문에 많은 수의군대를 데리고 오지 않았다. 같이 온 사람들도 전투에 필요한 무기들을 가져오지 않았으며, 심지어 어기(御旗, tūq-i mubārak)와 어고(御鼓, kuhūrgāī-yi khāṣṣ)조차 그곳[62]에 두었을 정도였다. 그는 아미르들과 상의하였고 군주다운 극도의 용맹함으로 그런 것에 신경을 쓰지 않기로했다. 물라이와 이그미시를 바이두에게 사신으로 파견하여 "우리는 직접 [이렇게] 왔습니다. 서로 어디서 만나면 좋겠습니다."라고 하면서 안전한 통행(ōruklūk)[63]을 청하였다.

그가 상서로운 시각에 카즈빈의 교외에 있는 악크 호자(Āq Khwāja)에 도착했을 때 바이두와 그의 아미르들이 보낸 샤디 쿠레겐(Shādī Kūregān)이 어전으로 왔다. 그는 혼란과 위선이 뒤섞인 온갖 언사를 써서 아뢰었는데, 그 요점은 "나는 군주가 될 생각이나 욕심이 없었다. 그러나 가잔 왕자가 멀리 있었기 때문에 울루스 안에서(miyān-i ūlūs)[64]분란과 반란이 일어났다. 그런 연유로 형과 아우들과 아미르들이(B250v) 합의하여 나를 군주로 추대한 것이다. 상황이 이러하니 왕자가

---

62) 여기서 '그곳'은 후라산을 가리키는 것으로 보인다.
63) 투르크어 örüklük에 관해서는 Doerfer, *Türkische und mongolische Elemente*, vol. 2, p. 143 참조.
64) 여기서 '울루스'란 훌레구 울루스에 속한 몽골인들을 가리키는 말로 이해해야 할 것이다.

무엇을 원하든 간에 그것은 주어질 것이고 거절당하지 않을 것이다. 다만 지금 도착한 그곳에서 곧바로 돌아가야 한다."

가잔은 그것을 신경쓰지 않고 그대로 전진하였다. 그가 쿵쿠르 울렝(Qūngqūr Ūlāng)[65]에 도착했을 때 물라이와 이그미시가 와서 이미 했던 똑같은 말을 하였다. 바로 그날 나울다르(Nāūldār)가 바이두에게서 떨어져 나와 어전으로 와서 고두의 예를 취하였고, 여러 가지 자애와 은사를 (R1246) 받았다. 거기서 라바티 무슬림(Rabāṭ-i Muslim) 길을 거쳐 이동하여 진을 쳤다. 그는 샤디 쿠레겐과 바이두의 사신들을 부른 뒤 혹독하게 문책하였는데, 샤디 쿠레겐이 생존의 희망을 포기할 정도였다. 그리고 바이두의 집권에 대해서 단호한 전갈을 보냈다.

그때 물라이와 이그미시가 그곳에 가 있었는데 일데르(Īldār)가 술에 취해서 말하기를 "우리 형과 아우들은 모두 합심해서 바이두를 군주의 자리에 앉히기로 하였다. 만약 가잔 왕자가 동의하지 않는다면 우리 사이는 원수가 될 것이다."라고 하였다. 간단히 말해서 [가잔은] 사신들에게 돌아가도 좋다는 허락을 내렸다. 대아미르들인 노린과 쿠틀룩 샤에게 군대를 정비하라는 지시를 내리고, 이센 부카 비틱치(Īsān Būqā Bītik-chī)를 사신을 보내어 "우리는 갑니다."라고 말하고, 누케투(Nūkātū)[66] 길을 거쳐서 세피드 루드(Sefīd Rūd)[67] 강을 건넜다.

다음 날인 694년 라잡월 초 화요일(1295. 5. 17), 즉 윤달(Shūn Āy) 둘째 날에 가잔 왕자가 도착했다는 소식이 바이두에게 전해졌고, 그는 일데

---

65) 후일 울제이투 칸이 수도로 삼은 술타니야를 가리킨다.

66) Thackston은 Tükätü로 읽음.

67) 이 강은 이란 서북부의 엘부르즈 산지에서 발원하여 북방으로 흐르다가 미야네에서 동쪽으로 방향을 틀어 라쉬트(Rasht)에서 카스피 해로 유입된다. 전장 670킬로미터로 이란에서 두 번째로 긴 강이다. Le Strange, *The Lands of the Eastern Caliphate* (Cambridge: Cambridge University Press, 1905), pp. 169~170 참조.

르 왕자와 일치데이(Ĭlchĭdāi) 및 치첵(Chĭchek) 등의 아미르들을 선봉으로 파견했다. 이쪽에서는 아미르 쿠틀룩 샤와 노린 아카가 좌익을 맡고, 수케 왕자와 부랄기와 노루즈와 가잔 칸의 어전에 있던 다른 아미르들이 중군을 담당했다. 바이두에게 가까이 가자 그들은 부그다이 아크타치(Būqdāi Akhtāchĭ)를 [가잔] 앞으로 보내어, 갖가지 말로 평화와 우의와 형제에 관해서 아뢰었다. 가잔 칸은 그것에 주의를 기울이지 않았다.

양측 군대들이 서로 맞붙었다.[68] 아미르 쿠틀룩 샤는 그들의 선봉을 향해서 강력한 산과 같이 버티고 있었다. 일데르 왕자는 허장성세를 부렸었기 때문에, 가잔의 성공은 무엇보다도 그를 응징하는 것부터 시작되지 않으면 안 되었다. 중군이 중앙의 쇠북을 울리고 이동을 채 시작하기도 전에 아미르 쿠틀룩 샤가 그들을 향해 돌진하여 한 번의 공격으로 그 군대를 패배시켰다. 그 소식이 전달되자 중군은 그들을 (R1247) 격파하였고 거의 800명에 가까운 사람들을 죽였으며 나머지는 도망치고 말았다. 일데르의 부관인 타가이(Taghāi)는 살해되었고 아르슬란 오굴(Arslān Ōghūl)은 [말도 잃은 채] 걸어서 어전으로 끌려왔다.

후라산 군대는 즉시 공격을 감행해서 그들을 있던 자리에서 물리치고 (A277r) 없애버리기를 원했다. 그러나 가잔 칸은 타고난 극도의 자비심으로 그것을 만류하고 "이 병사들은 모두 우리 조상들의 속민이다. 바이두를 군주의 자리에 앉힌 몇몇 선동가들의 부추김으로 인해 [그렇게 되었는데] 어떻게 그들을 죽일 수 있단 말인가?"라고 말했다. 노루즈와 다른 아미르들은 [이 같은] 기회를 이용해야 한다고 적극 주장했다. 그는 고함을 질러서 그들을 침묵시켰다.

---

68) 가잔의 군대가 쿵쿠르 욀렝을 지나 세피드 루드 강을 건넌 뒤에 전투가 벌어졌기 때문에, 아마 타브리즈, 마라가, 미야네 중간의 어느 지점이었을 것으로 추정된다. 라시드 앗 딘이 이 장의 제목에서 하쉬트 루드와 쿠르반 시레 지방에서 전투가 벌어졌다는 점을 언급한 것도 이를 방증한다.

아르슬란 오굴을 붙잡아 데리고 왔는데, 보랄타이(Bōraltāī)의 조카가 "그는 폐하의 신하들 앞에서 칼을 뽑아댔으니, 만약 군주께서 허락하신다면 제가 그를 처단하겠습니다."라고 말했다. 군주는 그의 말을 무시하고 왕실 재물 창고에서 상의와 모자와 혁대와 부츠를 갖고 오라고 해서 그에게 입혀주고, 어마(御馬, akhtigān-i khāṣṣ)들 가운데 하나를 그에게 주었다. 그리고 전투에서 부상당한 사람들을 데리고 오라고 해서, 자신의 손으로 친히 그들의 상처에 연고를 발라주고 약을 포도주에 풀어서 주었다. 지고한 신은 그 같은 자애와 자비에 대한 대가로 여러 왕국들의 영역을 그의 통치의 수중에 맡기신 것이다.

바이두와 아미르들은 그들 가운데 가장 용맹한 일데르와 투켈(Tūkāl)이 패배하는 것을 보고 더 이상 상대할 수 없다는 사실을 알게 되었다. 그들은 화해와 중재의 길을 모색하러 나왔고, 전투가 벌어진 곳의 한가운데 즉 한 언덕의 위로 바이두와 그의 아미르들인 타가차르와 돌라다이와 쿤착발이 나왔다. 이슬람의 제왕은 비록 그들을 누르고 패배시켰지만 그곳으로 올라갔고, 노루즈와 노린과 쿠틀룩 샤와 수에테이 등의 아미르들이 그를 모시고 있었다. 양측이 얼굴을 대하고 만나게 되었고 서로에 대해서 [안부를] 물었다. 그리고 서로에게 상해를 입히지 않기로 약조를 (R1248) 해야 한다고 말했다.

이쪽의 아미르들이 먼저 소리쳤다. "먼저 제위(帝位)에 관한 사무를 (B251r) 결정한 뒤에 약조와 맹서를 논하기로 하자." 간단히 말해서 그들은 포도주를 갖고 왔고, 잔에다 금을 섞어서 다시 마셨다. [이미] 무슬림이 된 사람들은 서로 손을 붙잡고 사악한 의도를 품지 않기로 맹서하였다. 그리고 말하기를 "제위는 내일 결정하도록 하자!"고 하였다. 하루가 다 끝나자 각자 자기 자리로 되돌아갔다. 그러는 사이에 대카툰인 대불루간(Būlūghān-i Shaykh)의 가복(īv oghlān)들 가운데 하나인 후르카순(Hūrqāsūn)과 다른 한 무리의 사람들이 바이두에게서 떨어져나와 [가잔의] 어전에 합류하였다.

바그다드와 무간의 병사들이 가까이에 있었기 때문에, 그렇게 담화를 나누는 사이에 바이두는 계속해서 사신들을 보내어 그들을 불러오게 하였다. 아미르들이 군대를 데리고 속속 도착했다. 그날이 끝날 무렵에는 그들의 세력이 매우 강성해져 있었다. 다음 날 양측 군대는 서로 서둘러 쿠르반 시레(Qurbān Shīre)까지 갔다. 군주의 군대는 폭이 1파르상밖에 되지 않는 좁은 계곡으로 갔는데, 한 길을 제외하고는 다른 길이 없었다. 쿠케투 바하두르(Kūkātū Bahādur)가 2,000명의 기병을 데리고 진격하여 계곡의 정상을 장악했다. 쿤축발도 그를 돕기 위해서 뒤를 따라갔다. 바이두가 이를 알게 되었는데 그는 [그러한 행동이] 전투를 촉발할 것이라고 우려하고는, 서둘러 사신을 보내 [가잔의 군대가 가는] 길을 열어주어야 하고 막아서는 안 된다고 하면서, 그러한 행동에 분노를 표했다.

간단히 말해서 그날 밤 양측은 서로 가까이에 진을 쳤고 얼마나 가까웠는지 같은 샘물에서 물을 마실 정도였다. 모든 병사들은 무장을 한 채 손으로는 말들을 붙잡고 있어서 그날 밤은 쉴 수 없었다. 다음 날은 라잡월 제7일 월요일(1295. 5. 23)이었다. 휴전을 요구하는 한 무리의 사람들이 [그들] 사이를 오고 갔다. 툭 티무르(Tūq Timūr)와 수에타이와 같은 아미르들이 "중간 지점에 천막을 하나 세우자. 투데이 카툰은 그녀의 목지가 [거기서] 가장 가까우므로 [이곳에] 와서 양측을 화해시키도록 하자."는 결의를 하였다. 그러는 사이에 쿤축발이 와서 아뢰기를 "만약 가잔이 승리를 (R1249) 거둔다면 아미르 악크 부카가 우리 아미르들을 해하려 할 것입니다."라고 하였다. 그런 연유로 바로 그날 그[=악크 부카]를 야사에 처하였다.

오랜 토론 끝에 아미르들이 전투하는 지점에 다 모여서 상호 합의를 한 뒤 [대립을] 끝내기로 결정을 보았다. 이쪽에서는 노루즈, 노린, 쿠틀룩 샤, 툭 티무르와 같은 아미르들이 갔고, 저쪽에서는 바이두, 타가차르, 쿤축발, 돌라다이 등이 왔다. 정오까지 서로 대화를 나누었다. 그런데 바이두의 군대가 속속 도착했고 그들의 세력이 강해졌다.

아미르들은 그런 상황을 보고 다음과 같은 사항에 합의하였다. 즉 아르군 칸의 오르도들과 대카툰 불루간, 우룩 카툰, 하르반다 왕자 및 다른 왕자들을 가잔 왕자의 어전으로 보내고, 그의 재화와 재고(財庫)는 다시 [그에게] 맡긴다는 것이었다. 또 세피드 루드 강 건너편에서부터 시작해서 이라크와 후라산과 쿠미스와 마잔다란은 가잔의 영역으로 하고, 파르스 왕국의 절반과 그곳의 모든 인주들도 그렇게 하기로 했다. 이러한 내용을 가잔의 어전에 아뢰자, 그는 "타가차르를, 아르군 칸의 직속 인주였던 1투만(tūmān)[69]의 카라우나와 함께 [나에게] 위임하라. 이러한 방식으로 결정하면 우리는 되돌아가겠다."고 말했다. 바이두는 아미르들이 있는 앞에서 대답하였다. "가잔 왕자는 아르군 칸이 나에게도 마치 친자식처럼 대해주었다는 것을 알 것이다. 그는 자식들 각자에게 어느 방면에서든 동영지를 하나씩 정해주고 한 명의 아미르를 붙여주었다. 타가차르와 카라우나 1투만의 군대는 항상 바그다드에서 나와 함께 있었다. [그렇지만] 만약 [가잔이] 아르군 칸의 명령에 따라서 결정을 한다면, 그가 통치자가 되어야 할 것이다." 군주와 아미르들은 그러한 내용에 합의를 보았다. 그리고 "정해진 것을 넘겨주도록 하라. 그러면 우리도 돌아가겠다."고 말했다. 바이두는 돌라다이를 음식과 포도주와 함께 어전으로 파견해서 고두의 예를 취하고 잔을 바치도록 하였다.

군주는 "시야흐 쿠흐(Siyāh Kūh)[70] 길로 돌아가자."고 지시를 내렸다.

---

69) 몽골어로 '만호'를 뜻한다.
70) '검은 산'이라는 뜻으로 동명의 지명이 여러 군데에 있다. 本田實信, 『モンゴル時代史硏究』(東京: 東

그러나 바이두와 아미르들은 이를 받아들이지 않았다. 가잔 칸이 그쪽으로 나갈 경우 그곳에 있던 카라우나 군대가 그와 합류하여 (R1250) 또다른 분란을 일으킬지도 모른다고 우려했기 때문이다. 그래서 [바이두는] 볼라드 칭상을 어전으로 보내서 "가잔 칸은 왔던 길로 그대로 돌아가시오."라고 말했다. 다음 날에는 자기 아들인 킵착을 (A277v) 한 무리의 아미르들과 함께 어전으로 파견하였다. [킵착은] 고두의 예를 취하고 잔을 받든 뒤 이렇게 말했다. "바이두는 다음과 같이 말했습니다. 왕자께서 몸소 이곳에 와서 우리 사이에 평화와 합의를 이루었는데, 만약 서로를 잠시라도 보지 않고 헤어진다면 원근 각지에 있는 사람들이 우리 사이에 여전히 불화가 있다고 상상할 것이니, (B251v) 짧은 시간이나마 함께 앉아서 약조한 것을 서로 새롭게 한 뒤에 적절한 시점에 떠나는 것이 좋지 않겠느냐고 했습니다."

이러한 요청을 하기 위해 수에타이와 톡 티무르와 같은 아미르들이 여러 차례 왕래했고, 양측의 중간에 숙사(vethāqī)를 하나 세우기로 합의했다. 그리고 [바이두와 가잔] 두 사람 모두 직속 수하들 가운데 몇 명을 대동하고 얼굴을 마주하기로 했다. 군주는 그날 킵착 오굴을 위로하고 영예로운 의복을 입혀주고 말에 태워 돌려보냈다. 그리고 노루즈, 노린, 쿠틀룩 샤 등과 협의했는데, 그들은 그러한 회동이 좋은 방책이 아니라고 보았고 점성사들도 그날은 불길하다고 아뢰었다. 수에타이와 톡

京大學出版會, 1991), p. 364은 일 칸들이 바그다드에서 겨울을 보내고 봄이 되면 북상하면서 하마단을 지나가고, 이어서 시야흐 쿠흐와 마라가를 거쳐 하영지인 알라 타그에 도착한 것으로 보아, 차가투(Chaghatu)와 키질 우잔(Qizil Uzan) 두 강의 발원지가 위치한 곳이라고 보았다. Boyle은 하마단 서북방의 Panj Angusht라는 이름으로 알려진 산지로 추정했다. 즉 가잔에게 세피드 루드 강을 건너 서남쪽으로 향해 시야흐 쿠흐를 경유하는 루트가 아니라, 동남쪽의 쿵쿠르 울렝으로 향하는 길로 가라고 한 것이다. J. A. Boyle, "The Death of the Last ʿAbbasid Caliph: A Contemporary Muslim Account," *Journal of Semitic Studies*, 6-2 (1961), p. 160.

티무르를 바이두에게 보내어 "점성사들의 말에 의하면 오늘은 상서롭지 못하고 또 밤도 가까웠으니, 내일 아침에 서로 만나도록 합시다."라고 말했다.

그는 노루즈와 톡 티무르 등의 아미르에게 "자리를 지키고 있다가 아침에 바이두에게 가서 왕국의 사무를 처리하고, 오르도들을 출발시켜라." 하고 말했다. 그리고 밤중에 모든 천막에 불을 지핀 뒤 [가잔은] 출발하였고, 얼마나 빨리 이동했는지 동이 틀 즈음에 세피드 루드 강을 건넜다. 그곳에 있던 군대의 아미르들은 그의 어전에 합류했다. 디히 마나르(Dih-i Manār) 길을 거쳐서 밖으로 나왔고 밤에는 잔잔에서 숙영하였다. 다음 날 리바티 무슬림(Ribāṭ-i Muslim)에서 바이두의 어전으로 쿠르 티무르(Kūr Tīmūr)를 파견하여 "우리는 다마반드 쪽으로 왔습니다. 노루즈와 (R1251) 톡 티무르를 그곳에 남겨두었으니, 자신의 말을 충실히 이행하고 오르도들과 카툰들을 출발시키고, 구두로 약정한 것들을 지키시오."라고 말했다.

그곳을 출발하여 쿵쿠르 울렝을 지나서 케레 루드(Kere Rūd)에 이르렀는데, 몽골인들은 그곳을 투르겐 무렌(Tūrgān Mūrān)이라고 부른다. 카쉬미르 출신의 한 박시가 거기서 어전에 왔고 바이두의 메시지를 전달했다. "다시 만날 기회를 갖고 잠시라도 서로 이야기를 나누고 친숙해지기를 기대합니다. 왕자께서 이동하였으니 아무튼 평안하기 바랍니다. 지금은 우리 모두 각자 자신의 말을 지켜야 할 것입니다."

군주는 이브라힘 슈투르치(Ibrāhim Shukūrchī)를 그와 동행시켜서 돌려보내고 바이두에게 메시지를 전달하였다. "노루즈와 톡 티무르와 쿠르 티무르가 일을 모두 마치면 가급적 빨리 돌려보내 주십시오." 그리고 거기서 다마반드 쪽으로 향하였고 그해 여름은 그곳에서 하영하였다. 노루즈와 톡 티무르와 쿠르 티무르 등의 아미르들이 돌아왔다. 바이두는 중요한 사무와 재화의 문제를 처리하는 것, 또 카툰들과 오르도를 돌려보내는 것들에 대해서 수긍하기 힘든 구실을 대었고 자신의 말을 이행하지 않았다. 이러한 사태는 군주의 분노를 샀다. 그는 모든 아미르들에게 군대와 함께 목지로 가서 가축들을 살찌우라고 명령하였다.

노루즈와 그들의 상황은 다음과 같았다. 그들이 바이두가 있는 곳에 가까이 가서, 확정된 영역들에 관한 칙령(yarlīq)을 내려줄 것과 오르도들과 카툰들을 보내줄 것을 요청하였다. 바이두는 군주가 귀환했기 때문에 염려했고 그들을 머물러 있게 하였다. 그리고 쿤착발과 돌라다이와 일치데이를 선봉으로 삼아 [가잔을] 추격하기 위해 파견했고, 자신은 다음 날에 출발했다. 라잡월 제9일 수요일(1925. 5. 25)에 세피드 루드 강을 건넜고, 금요일 즉 라잡월 제11일(5. 27)에는 쿠르 티무르가 사신으로 왔다.

[바이두의] 아미르들은 샤루야즈(Sharūyāz)[71]까지 나타났다가 다시 돌아갔다. 그들은 수자스(Sujās)[72] 부근에서 바이두와 합류하였다. 제14일 월요일(5. 30)에 샤루야즈 언덕까지 이동했고 거기서 귀환했다. (R1252) 바이두는 노루즈와 톡 티무르를 처리할 최상의 방안을 아미르들과 상의했다. 그들은 모두 한목소리로 "그들에게 피해를 주어서는 안 됩니다."라고 말했다. 다만 노루즈를 죽이려고 노력하던 투켈(Tūkāl)만은 "가잔의 성패는 노루즈에 달려 있으니 그를 죽여야 마땅합니다."라고 말했다. 타가차르와 다른 아미르들은 친족 관계와 우호 관계 때문에 [그의 주장에] 동의하지 않았다. 투켈은 이에 대해 분노하면서 자기 장막이 있는 가르지스탄 지방으로 돌아가버렸고, 바이두가 사망할 때까지 다시 나타나지 않았다.

---

71) 쿵쿠르 욀렝(후일 술타니야)의 페르시아식 표현.
72) 샤루야즈에서 서북쪽으로 몇 킬로미터 떨어진 지점.

타가차르는 투다추(Tūdāchū)와 적대하고 있었기 때문에 바이두의 성공을 싫어하게 되었다. 또한 사드르 앗 딘은 자신이 재상(vazīr)이 될 수 없었기 때문에 그[=타가차르]를 그런 쪽[즉 바이두에게 불리한 쪽]으로 부추기고 있었고, 가잔의 성공을 위해 힘쓰는 데에 있어서 노루즈와 같은 입장을 취하고 있었다. 그는 노루즈에게 그들과 합의를 하는 척하고 그들과 모종의 약조를 맺으라고 알려주었다. 그러자 [바이두는] 그[=노루즈]를 후원하였고, 그가 가잔을 결박해서 보내기로 자신들과 약조와 협약을 맺었다고 말했다. 그런 연유로 [노루즈는] 귀환의 허락을 (B252r) 받고 많은 은사를 입었다. 바이두가 임명하는 야즈드의 아미르직은 그의 아들인 술탄 샤(Sulṭān Shāh)에게로 지정되었고, 야즈드에 대한 1만 디나르의 지불 청구증(barāt)이 그의 몫으로 기재되었다.

694년 라잡월 제11일 화요일(1295. 5. 31) 바이두는 노루즈와 톡 티무르와 다른 사신들을 돌아가게 하고, 자신은 고삐를 돌려서 수구를룩 (Sughūrlūq)[73] 쪽으로 향하였다. 라잡월 제19일 토요일(1295. 6.4)에는 수구를룩의 대목지에 숙영했다. 완!

(R1253) 이슬람의 제왕 가잔 칸과 그의 아미르들이 셰이흐자데 사드르 앗 딘 함무위 주베이니(Shaykhzāde Ṣadr al-Dīn Ḥammuwī Juvaynī)—그의 축복이 영원하기를—의 앞에서 신앙과 이슬람의 빛으로 인도되었기 때문에 그의 축복받은 가슴이 기쁨으로 가득차게 된 이야기

(A278r) 지고한 창조주께서 영원 무궁 전부터 한 명의 종에게 축복을 주어 창조하시고 그에게 여러 가지 특별한 확증을 부여하셨다. 그래서 그

---

73) 타흐티 술레이만(Takht-i Sulaymān)의 투르크-몽골식 명칭.

의 천성의 원료들이 혼합되는 시점에, 고귀한 능력을 그의 성품과 천성 안에 발효하게 하고 확정하게 하시었다. 예언자의 보석처럼 빛나는 [다음과 같은] 말씀이 이에 관한 확증이며, 이러한 주장이 진실됨을 보여주는 명백한 증거이고 확고한 증좌이다. "그 어미의 태 속에서 복받은 자는 복된 자로다."[74] 그러고 나서 주님의 은혜로운 보살핌으로 그를 요람에서 양육하시고 은총의 손길로 그를 기르시어, 조금씩 조금씩 완벽의 단계에 이르게 하신다. 시간이 지나가면서 사물들의 진실을 살펴 아는 눈을 갖게 하시고, 그를 인도하시어 마침내 드러난 것과 은밀한 것들의 정황을 꿰뚫어 알게 하시어, 모든 일에 관해서 진실과 거짓을 인식하게 하신다. 그러한 판단과 사려를 통해서 그의 축복의 징표가 [잠재적] 능력에서 [실제의] 현실태로 나타나게 된다. 그것은 신성한 지혜의 비밀이 그 같은 축복을 인도하는 과정에서 나타나는 것과 같으니, "알라의 명령은 정해진 칙령이다."[75]라는 구절이 나타내는 바이기도 하다.

앞에서 말한 것처럼 영광스러운 은총과 불멸의 의지가 그러했기 때문에, 세월이 흐르고 해와 달이 바뀌는 사이에 쇠약과 침체가 은밀하게 이슬람의 여러 민족들에게 자리잡게 되었음에도 불구하고, 특별한 종들 가운데 한 사람을 도시와 지방의 왕국의 통치자로 삼아서 그의 손에 관리를 맡기신 것이다. 그래서 가잔 칸이라는 순수한 존재를 축복의 빛으로 준비시키고 주님의 은총과 징표들을 주셨다. 그는 처음 어린아이였을 때부터 할아버지 아바카 칸의 곁에 있었다. [아바카는] 박시들의 가르침과 방식 그리고 그들의 신앙에 경도되어 있었고, 그를 한두 명의 대박시에게 맡겨서 (R1254) 가르치고 고무시켜, 그가 그들의 도(道)와 관습을 익힐 수 있도록 최대한 노력을 기울이게 하였다. 그들은 항상 그를 곁에서

---

74) 원문은 아랍어.
75) 『쿠란』 33:38.

모셨고 그가 언제나 그 같은 신앙을 계속할 수 있도록 격려하였다.

그러나 그는 극도로 총명하고 분별력이 있었으며 지능과 기억이 뛰어나 짧은 시간 안에 그 도의 강점과 약점에 대해서 알게 되었다. 또한 그 집단의 말과 행동의 난해한 것과 세미한 것들을 깨달았다. 그는 그런 방면에서 완벽의 단계에 이르렀고 박시들의 방식으로도 높은 숙련인이 되었다. 그러나 창조주의 은총의 영향을 받은 그는 꿰뚫는 사고와 정확한 견해로 우상숭배(but-parastī)의 비밀을 관찰하고, 여러 종교와 [신앙] 집단의 진실에 대해서 숙고하곤 하였다. 무함마드의 종교가 발하는 빛의 영감과 은총이 그의 빛나는 마음에 비추었다. 그의 고귀한 마음은 이 집단에 진실이 있다는 것을 분명히 알았지만, 그는 [과거의] 그 도를 확고하고 견고하게 지속했고, 그런 점에 관해서 확고하고 분명한 행보를 하였다. 그는 그들의 도에 열심을 보이기 위해 후라산의 하부샨 (Khabūshān)에 높은 불교 사원들(butkhānahā-i ʿalī)을 건설했다. 또한 모든 박시들이 그의 고행과 금욕에 놀라움을 금치 못할 정도로 행동하기도 했다. 그럼에도 불구하고 그는 진리의 비밀과 올바른 길을 찾기 위하여 무한한 노력을 기울였다.

바이두와 회합을 가졌을 때 그곳에 있던 아미르들이 약조를 할 때에도 무슬림들은 쿠란에 대고 맹서를 했고 몽골인들은 황금에 대고 맹서를 할 정도였다. 그때 노루즈가 (B252v) 이렇게 아뢰었다. "만약 지상의 군주께서 이슬람 종교를 자신의 믿음으로 받아들인다면 어떻겠습니까?" 이에 그는 "이러한 생각을 마음에 품은 지가 오래다."라고 말했다. 노루즈는 한 덩어리의 비할 데 없이 진귀하고 잘 다듬어진 루비를 꺼내놓고는 무릎을 꿇고 이렇게 말했다. "비록 [저 같은] 카라추(qarāchū)[76]

---

76) '카라추'는 몽골어로 평민을 뜻한다.

가 왕자님들께 감히 선물(bīleg)을 드릴 만한 오만함은 없습니다만, 만약 군주께서 허락하신다면 소인이 어전에 다시 올 때까지 이 선물을 보관해주실 수 있겠습니까?"

그리고 나서 노루즈와 다른 아미르들이 바이두에게로 갔다가 임무를 다 이루지 못하고 돌아왔다.

(R1255) 군주는 분노하여 그[=바이두]를 어떻게 처리할까 고민하였다. 노루즈는 그 이야기를 다시 꺼내어 아뢰었다. 위대한 셰이흐자데 (shaykhzāda)인 사드르 앗 딘 이브라힘 빈 쿠틉 알 아울리야 셰이흐 사아드 앗 딘 함무위(Ṣadr al-Dīn Ibrāhīm b. Quṭb al-Awliyā' Shaykh Saʿd al-Dīn Ḥammuwī)—알라께서 그를 높이시고 그의 영을 성스럽게 하소서!—의 아들[77]이 그 자리에 있었는데 그는 많은 시간을 [가잔을] 모시며 지냈다. 군주는 항상 이슬람 종교의 내용에 관해서 그에게 탐문하였고, 세밀하고 탐구하는 질문들을 했으며 서로 토론을 벌이기도 하였다. "알라께서는 인도하고자 하는 사람의 마음을 이슬람을 향해서 열게 하신다."는 말씀처럼, 그의 축복받은 마음속에 자리잡은 평정(sakīna)은 그의 지성 안에 신앙의 빛의 확산을 강화시켜주었고, 올바른 인도가 그를 장악하기 시작했다. 그는 "이슬람이 대단히 견고하고 명료한 종교라는 것과, 세속과 종교 양면에서 모두 여러 이점을 포함하고 있다는 것은

---

77) '사드르 앗 딘 이브라힘'은 '쿠틉 알 아울리야 셰이흐 사아드 앗 딘 함무위'의 아들이며, 바로 가잔을 이슬람으로 개종시킨 장본인이다. 여기서 '아들'이란 바로 사드르 앗 딘 이브라힘 [함무위]를 가리킨다. 그의 이름 끝에 나오는 '니스바(nisba)'를 Ḥamawī로 읽는 학자들도 있으나 여기서는 Rawshan의 독법에 따라 Ḥammuwī로 읽었다. 가잔의 개종과 사드르 앗 딘의 역할에 대해서는 R. Amitai, "Ghazan, Islam and Mongol Tradition: A View From The Mamluk Sultanate," *Bulletin of the School of Oriental and African Studies*, 59 (1996), pp. 1~10; C. Melville, "Padishah-I Islam: The Conversion of Ghazan Khan to Islam," *Pembroke Papers*, vol. 1(1990), pp. 159~177; J. A. Boyle ed., *The Cambridge History of Iran: The Saljuq and the Mongol Periods*, vol. 5 (Cambridge: Cambridge University Press, 1968), p. 378 등 참조.

확실하다. 사도—축복과 평온이 그와 함께 하기를!—가 행한 기적들은 대단히 매력적이고 명백한 것이며, 또한 그것이 진실되다는 징표는 세월의 페이지 위에 명확하고 분명히 나타났다. 종교적 의무를 지키고 예배를 지속하고 주의를 기울이는 것은 의심할 나위 없이 우리를 진리로 인도하지만, 아무것도 아닌 우상들에 대해 경배하는 것은 아무런 능력도 없고, 지성이나 지식과도 거리가 먼 일이다. 사려와 능력을 갖춘 사람들이 생명이 없는 것 앞에서 머리를 땅에 조아리는 것은 엄청난 무지요 우둔함이라 아니할 수 없다. 또한 창조주께서 영과 지성을 불어넣어 준 사람의 눈에 그것은 가증스러운 것이다. 만약 그가 온전한 사람이라면 그 [우상] 앞에서 머리를 땅에 조아리는 것을 분명 인정하지 않을 것이며, 사실상 우상의 얼굴은 문지방에 놓아두고 사람들이 지나가면서 발로 그것을 밟도록 하는 것이 더 적절하다고 할 것이다. 나아가 (A278v) 모든 피조물들이 무슬림이 되고 우상숭배를 거부하는 것에 의견의 일치를 본다는 말은 결코 비유적인 표현이 아니다.”라고 말했다.

간단히 말해서 가잔 칸은 694년 샤반월 초(1295. 6) 셰이흐자데 사드르 앗 딘 이브라힘 함무위가 있는 면전에서 모든 아미르들 앞에서 유일신(tawḥīd)을 인정하는 언사를 선포했고 모두가 다 무슬림이 되었다. 그 달에 연회를 베풀고 (B253r) [신에 대한] 경배에 몰두하였다. 여러 사이드들, 이맘들, 셰이흐들을 위무하고, 그들에게 선물과 희사를 베풀었다. 또한 (R1256) 사원(masjid), 학교(madrasa), 수도장(khānqāhāt), 자선 건물들을 세우는 것과 관련된 명령들을 선포하였다. 라마단월이 다가오자 모든 이맘과 셰이흐들과 함께 경배와 복종에 열심이었다.

지성을 갖춘 사람들이 보기에, 이슬람의 군주 가잔 칸의 이슬람 신앙은 매우 신실하고 성실한 것이며, 오점이 없고 공허하지 않은 순결한 것임은 분명할 것이다. 왜냐하면 그와 같은 위대함과 권위와 제왕의 힘과 완벽한 명령권을 가지고 있는 분이 강제와 억압에 의해서 그렇게 했으리라는 것은 상상할 수 없기 때문이다. 나아가 위선으로 그랬을 리도 없다. 왜냐하면 그로서는 그럴 필요가 없었기 때문이다. 알라는 도우시는 분이다!

이슬람 군주 가잔 칸의 어기가 두 번째로 바이두에게로 향하고, 그의 아미르들이 복속하게 된 이야기

가잔 칸이 유일신의 언사를 선포한 뒤 대부분의 아미르들은 합심하여 그와 한편이 되어 무슬림이 되었고 [신을] 경배하는 데에 몰두하였다. 바이두가 보낸 사신들인 쿠틀룩 샤(Qutlugh Shāh)라는 자와 셰이흐들 가운데 셰이흐인 마흐무드(Maḥmūd)가 도착하여, 갖가지 진실과 거짓을 늘어놓았다. 셰이흐 마흐무드는 그 기회를 이용하여 바이두의 어전에 있으면서 가잔 칸과 같은 마음을 갖고 있던 아미르들에 관해서 아뢰었다. 그는 [아미르들] 한 사람 한 사람의 전갈을 전해주었고, 그에 관한 답신으로 금인(金印)이 찍힌 문서들(āltūn tamghāhā)을 받았다. 그리고 셋째 날에 [가잔은] 그들의 귀환을 허락해주었다.

셰이흐 마흐무드는 돌아가서 금인의 문서들을 그 무리에게 전달했다. 그들은 모두 이슬람 군주의 승리에 대해서 한마음을 갖게 되었고 진심으로 그와 합일하게 되었다. 사드르 앗 딘 잔자니(Ṣadr al-Dīn Zanjānī)는 재상의 직책이 자말 앗 딘 다스트지르다니(Jamāl al-Dīn Dastjirdānī)에게 주어졌기 때문에 바이두가 제위를 차지하는 것을 탐탁하지 않게 여기고 타가차르에게 대립과 적대의 길을 부추겼던 것이다. (R1257) 그들 [=바이두 측]은 그[=타가차르]의 계략에 대해 염려했기 때문에, 그에게 은사를 내리고 칙령과 패자를 주어 룸 지방의 태수직으로 임명하였다.

[룸 지방을 향해] 출발한 그[=타가차르]는 하쉬트 루드 부근에서 집과 속료들을 당시 그와 함께 동행하던 아미르 야글라쿠(Yāghlāqū)와 함께 타브리즈 방면으로 보냈다. 그리고 자신은 혼자서 빚을 받으러 간다는 구실을 대고 사라우(Sarāū)[78]로 향하였고 그 길을 거쳐서 질란(Jīlān)[79]으로 갔다. [그 뒤] 수구를룩에서 룸 지방을 향해 출발하려고 할 때, 그는 오래전부터 자신의 은밀한 종이었던 멩글리(Menglī)를 카즈빈에 있는 자기 형제 쿠틉 앗 딘(Quṭb al-Dīn)에게 보내어 자기 생각을 알렸다. 그래서 그 [동생] 역시 구실을 대어 도시 밖으로 빠져나와 질란으로 향하여 형과 합류하였다. 그들은 함께 이슬람의 제왕 가잔 칸에게로 향하였고 피루즈 쿠흐에서 드높은 어전의 바닥에 키스할 수 있는 영광을 누리게 되었다.

그즈음 아미르 노루즈가 후라산에서 그곳[=피루즈 쿠흐]에 와 있었는데, 그들은 그의 면전에서 타가차르가 했던 그럴싸한 말들을 하였다. 노루즈가 군대를 정비하고 차비를 하고 있었기 때문에, [가잔은] 그에게 모든 군대를 집합시키라고 명령을 내렸다. 그 일은 샤왈월(1295. 8)에 일어났다. 바이두는 두렵고 겁이 나서 다시 한번 쿠틀룩 샤를 그럴듯한 말로 꾸며서 파견했다. 이슬람의 군주는 넘치는 능력으로 그것이 배신과 기만으로 가득 차 있다는 것을 알아차렸다. 그의 옷을 벗기라고 명령하고 곤장과 몽둥이로 그를 다스려 사태의 진실을 캐물었다. 그는 바이두와 그의 군아미르들이 처한 상황 모두를, 그리고 그들이 계획하고 있는 것에 대해서 모조리 실토하였다. "나를 보낸 것은 당신께서 그쪽 방향으로 이동할 생각이 있는지 없는지 알아보려 했기 때문입니다." 그러고 나서 그를 포박해서 하블라 루드(Habla Rūd)[80]에 있는 우스투나반드

78) 타브리즈와 아르다빌 중간에 위치. 사랍(Sarāb)이라고도 불림.
79) 길란(Gīlān). 카스피 해 서남해안 지방에 위치한 도시.

(Ustūnāband) 성 안에 감금하라고 명령했다.

샤왈월 보름 금요일(1295. 8. 28) 어기는 위풍당당하게 라이 방면으로 이동을 시작했고, 선봉으로 노루즈와 쿠틀룩 샤 등의 아미르들을 보냈다. 노루즈는 그의 습관이 그러했듯이 군대가 얼마나 많은지 (R1258) 소문을 퍼트렸다. 이슬람의 군주가 하블라 루드에 도착했을 때 아미르 추판과 알리낙의 아들 쿠룸시 쿠레겐이 바이두에게서 도망쳐 나와 어전으로 합류하였다. 이슬람의 군주는 그들을 맞자 매우 기분이 좋아져서 그것을 상서로운 조짐으로 여겼다. 그들에게 은사들을 내려 (B253v) 외투와 모자와 장식된 혁대를 주었다. 그리고 거기서 이동을 시작하여 쿠하(Qūha) 강가에 숙영하면서 며칠을 거기서 지냈다. 추판과 쿠룸시 등의 아미르들은 "만약 이슬람의 제왕께서 저희들에게 은사를 내려 이동하라고 명령을 내리신다면 저희는 대아미르들인 노루즈와 쿠틀룩 샤 등과 함께 선봉에 서도록 하겠습니다."라고 아뢰었다.

이슬람의 제왕은 그들에게 허락을 내려서 아미르들과 합류하라고 했다. 그 뒤 이슬람의 제왕 가잔 칸은 불루간 [카툰] 후라사니를 그곳에 남겨두고 아미르들의 뒤를 따라 이동하였다. 그가 카즈빈의 악크 호자(Aq Khwāja)에 왔을 때 부그다이 아크타치(Būqdāī Akhtāchī)의 형제인 아르가 비틱치(Arghā Bītikchī)가 노루즈가 있는 곳에서 와서 말하였다. "타가차르와 부그다이 등의 아미르들이 바이두에게서 떨어져 나와 이슬람의 제왕의 어전으로 오기 위해 노루즈와 합류했습니다." 군주는 그곳에서 수자스(Sujās) 길을 거쳐서 이동하였고, 거기서 하르반다 왕자와 일데르 왕자가 어전으로 왔다. 그가 세피드 루드 강가의 베히스탄(Behistān)에 (A279r) 왔을 때 돌라다이 이데치와 힌두쿠르(Hindūqūr)

---

80) 피루즈 쿠흐에서 발원한 강의 이름이자 지명. *Encyclopaedia Iranica*, vol. 14, pt. 5 (E. Yar-Shater ed., 2008), p. 461.

의 아들 일 티무르 등의 아미르가 일군의 다른 사람들과 함께 어전으로
왔다. 그는 거기서 이동하여 유즈 아가치에서 숙영하면서, 바이두를 추
격하다가 나흐치반과 아라스(Aras) 방면[81]으로 나갔던 노루즈와 쿠틀룩
샤 등의 아미르를 기다렸다.

그 뒤 [가잔은] 우잔(Ūjān)으로 왔다. 아미르 바얀차르(Bāyanchār)
가 노루즈와 쿠틀룩 샤가 있는 곳에서 와서 "바이두를 나흐치반 부근
에서 붙잡아서 타브리즈로 보냈는데, 그는 '군주와 한두 마디 할 말이
있다.'고 말하고 있습니다. 어떻게 명령을 내리시겠습니까?"라고 아뢰
었다. 군주는 [바이두가] 해결할 문제가 있어서 말을 하려는 것이 아니
라 (R1259) 구실을 찾고 있다는 사실을 자신의 예지로 알아챘다. 그래서
"그를 어전으로 데려오지 말라. 그의 일은 거기서 끝을 내도록 하라!"는
어명(yarlīgh)을 내렸다. 그들은 바이두를 타브리즈에서 밖으로 끌어내
어 네이카시(Naykāsh) 정원으로 데리고 가서, 694년 둘 카다월 제23일
수요일(1295. 10. 4) 그곳에서 죽여버렸다. 그리고 "도읍 타브리즈는 물론
바그다드와 이슬람의 다른 지방에서 박시들의 [불교] 사원과 우상을 숭
배하는 곳들 및 [기독교] 교회들과 유대교 회당들을 파괴하라."는 지엄
한 명령이 내려졌다. 이슬람을 믿는 대부분의 사람들은 이러한 승리에
대해서 감사를 올렸다. 왜냐하면 지고한 창조주께서 과거 세대의 사람
들에게는 그러한 희망을 실현시켜 주시지 않았기 때문이다.

그 뒤 이슬람의 제왕은 도읍 타브리즈로 향했다. 여러 가지 준비를 위
해서 미리 도시로 갔던 사드르 앗 딘 잔자니가 칸드루(Kandraw)까지 마
중을 나왔다. 그는 자신의 지위를 사람들에게 과시하고 싶었고, 그래서

---

81) 현재 아제르바이잔 공화국 내에 있는 나흐치반 자치공화국의 수도. 타브리즈에서 서북쪽으로
145킬로미터에 위치. 아라스 강은 터키의 에르주룸 부근에서 발원하여 아르메니아, 이란, 아제르
바이잔을 지나는 강이다.

말 위에 앉아서 [가잔에게] 아뢸 정도로 대담함을 보였다. 그날 그의 케식(kezīk)이었던 아미르 물라이가 "이것은 네가 할 도리가 아니다. 건방지게 행동하지 말라."고 두 번이나 말했다. 사드르 앗 딘은 이에 주의를 기울이지 않았다. 물라이는 그의 머리를 채찍으로 몇 차례 때려서 멀리 떨어뜨려 놓았다. 이런 이유 그리고 다른 몇 가지 이유로 사드르 앗 딘의 처지는 무너지게 되었다.

이슬람의 제왕은 둘 카다월 제23일 수요일(1294. 10. 4) 타브리즈가 보이는 곳에 있는 샴(Shamm)이라는 축복받은 전각에 위풍당당하게 숙영하였다. 일치테이 쿠슈치(Īlchītāī Qūshchī)를 심문도 하지 않고 칙령에 따라 야사에 처하고, 그에게 있던 것들을 불루간 [카툰] 후라사니에게 주었다. 그 뒤 노루즈와 쿠틀룩 샤가 도착했고, 불루간 카툰과 다른 카툰들이 수구를룩에 와서 아딜리야('Ādilliyya) 전각에서 연회를 열었다. 쿤축발과 치첵을 심문하였고, 쿤축발을 악크 부카[의 피]에 대한 복수로 야사에 처하였다.

그곳에서 카라테페(Qarātepe)[82]로 승승장구 이동하였다. 치첵을 나무로 때리고 투다추(Tūdāchū)를 풀어주었다. 아미르 노린에게 군대를 붙여주어 후라산과 (R1260) 마잔다란으로 보냈다. [가잔은] 다시 타브리즈로 돌아와 "모두 자신의 직분을 잘 지키도록 하라. 서로에게 강압을 가하지 말 것이며, 반란과 분란을 일으키지 말라. 금인이 찍힌 지불 청구증이 없다면 금화(dāngī-yi zar) 한 잎이라도 어떤 사람에게도 주지 말라."고 선포하였다. 세상과 세상 사람들은 이슬람의 제왕의 정의로움과 공정함을 찬양하며 안녕과 질서와 휴식을 한껏 누릴 수 있게 되었다. 원근 각지에 있는 사람들, 투르크인이나 타직인이나 모두 입을 열어 창조주

---

82) Qaratepe는 '검은 언덕'이라는 뜻의 투르크어이다. 여기서는 타브리즈 부근의 지명을 가리키지만, 후라산 지방 사락스 부근에도 가잔의 하영지가 있던 또 다른 카라테페라는 곳이 있었다.

를 향한 축복의 기도를 올렸다. 그에 대한 감사함으로 엄청나게 많은 희사를 드렸고, 보이지 않는 천막 뒤에서는 행운의 소리가 들려왔다.

詩
세상의 왕국에는 한동안 임금도 지도자도 없었지만,
이제 왔노라, 멋지고 훌륭한 임금님이, 그들의 머리로.

(B254r) 타브리즈에서 아미르 물라이를 디야르 바크르와 디야르 라비아[83]의 아미르이자 하킴으로 파견하고, 아미르 노루즈를 크게 위무한 뒤 그에게 울루스 전체(tamāmat-i ūlūs)의 재상직(vuzārat)을 맡기라는 칙령(yarlīgh)을 내렸다. [노루즈는] 당분간 타브리즈에 머물면서 중요한 사무와 인사 문제를 처리한 뒤, 곧이어 아란으로 오도록 하였다.

어기는 694년 둘 히자월 제6일 월요일(1295. 10. 17) 아란에서 동영하기 위해 도읍·타브리즈를 출발하였다. 아직 타브리즈 교외에 있을 때 그는 불루간 카툰과 율법에 따른 혼인을 치렀다. 비록 그의 부친인 아르군 칸이 그녀를 취했었지만, 그들은 서로 다른 종교를 가지고 합쳐진 것이었고 카툰은 무슬림이었기 때문에, 율법상으로 이 혼인은 적법한 것으로 여겨졌다.[84] 상서로운 시각에 그녀와 혼례를 치렀고, 관례와 관습이 그러했던 것처럼 연회를 베풀고 즐겼다. 그 뒤 아하르(Ahar)와 비쉬긴(Bīshgīn)[85] 길을 거쳐서 나왔고 무간으로 갔다. 아부 바크르 아바드

---

83) 디야르 바크르, 디야르 라비아, 디야르 무다르는 시리아, 터키, 이라크 접경 지역에 위치한 지역명.
84) 가잔이 불루간 카툰과 혼인한 것은 사실상 당시 몽골인들의 수계혼 관습에 따른 것으로 자연스러운 일이었지만, 그가 이슬람으로의 개종을 공식화한 터라 수계혼 자체가 율법에 위배되는 행위로 여겨질 수 있었다. 그래서 당시 율법학자들이 그를 위해 논리를 제시했는데, 아르군 칸과 그녀는 종교가 서로 달랐기 때문에 혼인 자체가 무효였다는 것이었다.
85) 타브리즈에서 무간 평원으로 가기 위해서는 동북쪽으로 아하르를 거쳐 가야 한다. Bishgin이라

(Abū Bakr-ābad) 교외의 풀리 호스로우(Pūl-i Khosraw)라는 곳에서 숙영하였다. 노루즈는 2주일 뒤에 어전에 도착했다. 아란의 카라바그(Qa-rābāgh)[86]에서 모든 카툰들, 왕자들, 아미르들, (R1261) 나라의 기둥들, 귀족들이 어전에 모였고, 이슬람의 제왕이 제위에 오르는 것에 대해서 아무런 위선이나 불화가 없이 모두 합의하였고, 모두가 그런 사실에 대해서 서약서(mōchelgā)를 제출하였다.

694년 둘 히자월 제23일 일요일(1295. 11. 3), 즉 양띠 해 아홉째 달(tōqusūnch āy) 제23일[87]을 축복의 즉위일로 정하였다. 이슬람의 제왕을 상서로운 별이 뜨는 날에 맞추어 칸의 보좌에 앉히고, 모든 카툰들과 왕자들과 아미르들이 각자 자신의 자리에서 무릎을 꿇고 잔을 받쳐 들고, 폐하의 즉위에 축복이 있기를 선창(宣唱)하였다. 그리고 이렇게 말했다.

[詩]

당신 자신에게 귀를 기울이십시오. 왜냐하면 세상의 영혼은

당신이 가지고 있는 단 하나의 고귀한 영혼과 연결되어 있기 때문입니다.

(A279v) (B254v) 이슬람의 군주가 축복의 즉위식을 마친 뒤 군대와 왕국들의 사무를 정비하기 시작한 이야기

연회와 오락의 관례를 다 마친 뒤 그는 왕국의 사무를 정비하고 장악하

는 지명은 확인할 수 없으나, 아하르에서 동쪽으로 20킬로미터 정도 지점에 위치한 현재 메쉬긴(Meshgin) 시(市)가 아닐까 의심된다. 어두음 m과 b는 모두 순음이므로 호환될 수 있기 때문이다.

86) 아란 평원 서쪽에 위치. 현재 아제르바이잔 공화국 서부의 평원과 산간 지대.

87) 그러나 음력 9월 25일이 되어야 옳다.

는 방향으로 관심을 돌렸다. 694년 둘 히자월 마지막 날 수요일(1295. 11. 10) 아미르 타가차르를 룸 [지방]의 아미르직에 임명하고 방위를 맡겼다. 그가 변덕이 심한 사람이어서 가능하면 어전에서 먼 곳에 두는 것이 상책이라고 판단했기 때문이다. 695년 무하람월 마지막 날 금요일(1295. 12. 9) 후라산에서 사신들이 와서 "두아와 카이두의 아들 사르반이 어기가 없는 틈을 타, 후라산과 마잔다란으로 넘어 들어와서 약탈하기 시작했다."는 소식을 전했다. 이슬람의 군주는 아미르들과 협의를 하였고 수케 왕자와 (R1262) 아미르 노루즈를 그곳으로 보내 그들을 막기로 결정했다.

수케는 자기 천막으로 돌아갔었는데, 아무리 소환을 해도 구실을 대면서 고사하였다. 이슬람의 제왕은 그를 부르러 후르쿠닥을 보냈다. 수케는 술에 취해서 몇 마디 분란을 일으킬 만한 말을 하였다. 그 이야기가 고귀한 귀에 들어갔다. 그러나 그는 매우 확고한 마음과 위엄과 도량으로 그것에 신경을 쓰지 않았다. 수케가 어전에 도착하자 그를 크게 위로하고 후라산으로 임명하였다. 올쿠누트 종족 출신의 이수르 노얀(Yīsūr Nōyān)의 아들 호자(Khwāja)의 아들인 바룰라(Bārūlā)와 주치 카사르의 손자인 아르슬란 오굴(Arslān Oghūl)과 같은 만호장들이 그와 함께 갔다. 노루즈와 후르쿠닥을 선봉으로 파견하여 타이추 오굴 왕자를 모시고 가도록 하였다. 노루즈의 형제인 핫지 나린(Ḥājjī Nārīn)과 그의 오랜 누케르들 가운데 하나인 사틸미시를 [타이추 왕자의] 부관직(nīābat)에 임명하였다.

그들은 사파르월 제21일 금요일(1295. 12. 30)에 오르도에서 분리해 나왔고, 제24일 월요일(1296. 1. 2)에 이라크 길을 거쳐서 출발하였다. 그런데 갑자기 소식이 전해지기를, 디야르 바크르와 그쪽 방면에 있던 오이라트의 아미르인 타라카이 쿠레겐이 [베수테이(Bīsūtāī)][88] 및 쿠케테이 바하두르(Kūketāī Bahādur)[89] 등의 아미르와 일족들 및 오이라트의 천호들과 함께 시리아 지방으로 향했으며, 아미르 물라이가 그들을 제지하려고 출정했지만 [오히려] 그를 격파하고 가버렸다는 것이다. 라비 알 아발월 마지막 날(1296. 2. 6)에 소식이 전해졌는데, 일데르가 300명의 기병을 데리고 도망쳤다는 것이다. 보쿠의 아들 샤디(Shādī)와 아식 토글리의 형제 아이네 벡(Āīne Beg)이 3,000명을 데리고 그에게로 가서 전투를 벌였고 승리를 거두었다. 그는 당분간 아르잔 알 룸[=에르주룸]의 변경에 은신해 있었지만, 마침내 어떤 마을에서 붙잡혔다. 일게이 노얀(Īlgāī Nōyān)의 아들 우룩투(Ūruqtū)의 아들 아크발(Āqbāl)이 그를 죽였다. 라잡월 제20일 목요일(1296. 5. 24) 디야르 바크르 지방에서 반란을 일으켰던 타시 뭉케(Ṭāsh Möngkū)의 아들 베수테이를 죽였다. 라비 알 아발월 제6일(1296. 2. 12)에는 아르군 칸의 치세 말년에 (R1263) 선동을 일으켰던 여러 아미르들과 한편이 되어 오늘날까지 모든 분란에 개입했던 불라르기 키타이 슈쿠르치(Būlārghī Qitāī Shukūrchī)를 야사에 처하였다. 완!

수케와 바룰라가 반목할 생각을 한 것, 그것이 겉으로 드러나게 된 것, 그리고 그들을 막기 위해 군대를 이동시킨 것, 그러한 상황의 결말에 관한 이야기

수케와 바룰라가 아란에서 [후라산으로] 이동했을 때 도중에 많은 병사

---

88) A본에는 그의 이름이 들어갈 자리가 공백으로 되어 있고, B본에는 그의 이름이 기재되어 있다. Thackston은 다른 판본에 근거하여 Yesütäi son of Tash Mänggü Qushchi라고 하였다. 베수테이는 타시 뭉케의 아들이며 가잔이 보낸 군대에게 패배하여 죽임을 당한 것으로 원문 바로 아래에 기록되어 있다.

89) 뒤에서는 '쿠케투 바하두르(Kūkātū Bahādur)'라고도 표기되어 있는데 동일인으로 추정된다.

들과 협의하기를, "그들은 우리를 후라산으로 보냈는데 그 까닭은 우리
의 처자식들을 분배하여 후라산 군대에게 나누어 주기 위함이다."라고
하였다. 그들은 협의를 한 뒤에 먼저 노루즈를 치고, 그 뒤에 오르도들을
공격하여 수케를 군주로 앉히기로 합의했다. 이러한 일은 그들이 케레
루드(Kere Rūd)라는 곳—(A280r) 그곳을 투르겐 무렌(Turgān Mūrān)[90]
이라고 부른다—에 있을 때 벌어졌다.

노루즈가 그러한 협의를 알게 되었고 아침에 수케를 공격하여 커다란
전투가 벌어졌다. 바룰라는 전투에서 (B255r) 사망했고 수케는 도망쳐
하라칸(Kharaqān)[91]과 사바(Sāva)[92] 방면으로 갔다. 후르쿠닥은 수행하
는 기병들을 데리고 그를 추격하러 나섰고, 하라칸 부근에서 그를 붙잡
아 라이의 마르쿠이(Markūī)로 데리고 왔다. 후르쿠닥은 [수케 등과] 한
편이었던 라우다이(Lāūdāī)의 아들 사티(Sātī)에게 "수케를 죽여라!" 하
고 말했다. 그는 천막으로 가서 왕자들을 죽이는 방식에 따라서[93] 그를
죽이려고 하였다. 그러나 수케는 단도를 빼서 사티의 배를 찔러 죽였다.
후르쿠닥의 누케르 가운데 하나였던 바이 티무르(Bāī Timūr)라는 자가
그 안으로 들어가 그의 손에서 단도를 빼앗고 그를 죽여버렸다.

그때 이슬람의 군주는 아부 바크르 아바드(Abū Bakr-ābād)에서 사냥
을 하기 위하여 아크바크(Āqbāq)[94]로 향했었다. 라비 알 아히르월 제8

---

90) 케레 루드(투르겐 무렌)의 위치는 불명이지만 후라산 지방에 있던 곳으로 추정된다. 수케는 여기서
    노루즈의 공격을 받고 서쪽으로 도망쳤다. 하라칸 그리고 거기서 더 나아가 사바 방면으로 도주
    하려고 했으나, 하라칸 부근에서 붙잡혀 죽임을 당했다.
91) 비스탐에서 동북쪽으로 약 60킬로미터 떨어진 곳에 위치.
92) 사바(사베, Sāveh)는 테헤란에서 서남방으로 120킬로미터 떨어진 곳에 위치.
93) 여기서 '왕자들을 죽이는 방식'이란 당시 몽골인들이 귀족을 처형할 때 땅에 피를 흘리지 않고
    죽이는 방식(예를 들어 카페트로 몸을 감싼 뒤 압사시키는 방식)을 의미하는 것으로 보인다. 예를 들어
    1223년 칼카 강 전투에서 패배한 키예프의 므스티슬라브 공(公)을 처형할 때나, 1258년 바그다
    드를 함락한 뒤 압바스의 마지막 칼리프를 처형할 때 그러했다.

일(1296. 2. 14) 사틸미시 켈레메치(Sātilmīsh Kelemechī)가 노루즈에게서
와서, 사냥터에서 수케의 반란 소식을 아뢰었다. (R1264) 이슬람의 제왕
은 즉시 되돌아가서 뭉케 티무르의 다리 근처에서 숙영하였다. 쿠틀룩
샤, 사틸미시, 수타이 등의 아미르들이 어전에 있었는데, 새벽에 쿵쿠르
타이의 아들 에센 티무르(Īsen Tīmūr)와 바룰라(Bārūlā)의 형제 쿠룸시
(Qūrumshī)를 붙잡기 위해 그들을 보냈다. 왜냐하면 그들[=에센 티무
르와 쿠룸시]은 수케와 [반란을] 협의할 때 간여했기 때문이었다. 심문
(yārghū)을 한 뒤에 에센 티무르와 그의 오르도의 아미르였던 체릭 모
굴(Cherīk Moghūl) 및 쿠룸시를 처형시켰다.

쿠틀룩 샤, 추판, 사틸미시, 수에테이, 일바스미시(Īlbāsmīsh) 등의 아
미르들은 연합하여 군대를 규합하였다. 그렇게 전열을 정비하는 동안
후라산에서 아미르 물라이가 도착하여, "노루즈가 수케와 바룰라를 죽
였고, 아미르 노린이 후라산에서 치첵과 돌라다이를 체포해서, 희망했
던 대로 일이 해결되었고 많은 수의 적들이 패배했습니다. 그곳에 남은
집단은 아르슬란 오굴을 우두머리로 삼아서 빌레사바르(Bīlesavār)[95]로
왔고, 거기서 사라이 만수리야와 디히 바비(Dīh-i Bābī)로 가서 진을 쳤
습니다."라고 소식을 전하였다.

이슬람의 제왕은 즉시 추판, 술레미시, 쿠룸시, 토그릴차, 타이탁, 일
바스미시 등의 아미르들에게 그들을 처리하기 위해 군대를 이끌고 출정
하라고 명령했다. 그들은 빌칸(Bīlqān)[96] 부근에서 그들과 대결을 벌였
고 큰 전투가 벌어졌다. 아르슬란 오굴과 함께 있던 아미르들, 즉 우잔
(Ūjān)의 조카이자 무기 담당 아미르(amīr-i silāḥ)였던 툴렉(Tūlek), 잘

---

94) 아부 바크르 아바드, 아크바크 등의 위치는 확인되지 않는다.
95) 아제르바이잔 지방 무간 평원에 위치한 도시.
96) 빌레사바르에서 서북방으로 78킬로미터 지점에 위치해 있으며, 아라스 강 북안에 있는 지명.

라이르 출신의 아식 토글리의 형제 아이네 벡, 타이추 바하두르의 아들 가잔, 무사 타르칸(Mūsa Tarkhān), 나린 아흐마드(Nārīn Aḥmad)의 아들 사르키스(Sarkīs) 등은 그날 우세를 점하였고, 우리 군대의 토그릴차에게 [말에서] 떨어질 정도로 심한 부상을 입혔다. 알리낙의 아들 쿠룸시가 그를 돌보았고, 후르쿠닥과 바림(Bārīm)은 2,000명을 데리고 우리 군대를 지원하러 갔다. 다음 날 [우리는] 함께 그들과 맞섰다. [그러나] 그들 군대는 전투를 벌이지 않고 복속하러 왔고, 그들의 아미르들은 패주하고 말았다.

후르쿠닥은 되돌아와서 사르키스를 붙잡아 함께 데리고 왔다. 다른 (R1265) 아미르들도 패주한 사람들을 따라서 가버렸고, 툴렉을 붙잡아 데리고 와서 사르키스와 함께 야사에 처하였다. 695년 주마디 알 아발월 제23일 목요일[97](1296. 3. 29) 아르슬란 오굴을 붙잡아 데리고 와서 처형시켰다. 그의 뒤를 이어 타이추 바하두르의 아들 가잔을 죽였다. 그즈음에 사드르 앗 딘 잔자니를 붙잡아서 자말 앗 딘 다스티지르다니가 그에게 [지불보증서의 형식으로] 약속했던 세금들을 요구했다. 불루간 카툰은 그를 보호하였고 그는 그녀의 중재로 살아났다. [그녀는] 그를 쿠이툴(Qūītūl?)과 함께 데리고 왔고 그는 [머무는 곳을] 옮겼다.[98]

이슬람의 제왕은 주마디 알 아히르월 제7일 목요일(1296. 4. 12) 피르 이브라힘 자히드(Pīr Ibrāhīm Zāhid)[99][의 성묘]를 참배할 목적으로 나

---

97) Thackston: Wednesday.
98) 원문은 BH QWYTWL AWRD W AW NQL KRD인데 그 의미가 불분명하다. Rawshan은 QWYTWL을 고유명사로 보았지만, Thackston은 "[he was] transferred to her baggage train."이라고 번역했다. 노역본은 "그녀가 [그를 자기가 있는 곳에] 숨겼다."라고 옮겼으나, 모두 추정에 따른 번역인 듯하다.
99) 이브라힘 자히드 길라니(Ibrāhīm Zāhid Gīlānī, 1218~1301)는 후일 사파비 교단을 창시한 사피 앗 딘 아르다빌리(Ṣafī al-Dīn Ardabīlī)(1252~1334)의 종교적 사부로 알려져 있다. 그는 길란 인근 라히잔(Lahijan) 지역에 속한 시야흐 루드(Siyāhrūd, Siyavrud)에서 출생했고 그곳에서 사망했기

섰고 이틀 뒤에 오르도들에 숙영하였다. 아미르 후르쿠닥을 파르스 왕국의 아미르로 임명하였고 그곳 사무의 정비와 세금의 징수를 위하여 파견하였다.

그해에 킵착 울루스의 군주인 톡타와 타타르의 아들 노카이 사이에 전쟁이 벌어졌고, 노카이가 죽임을 당했으며 그에게 속한 사람들은 흩어지게 되었다. 노카이의 부인 차비 카툰(Chabī Khātūn)과 그의 큰아들 투리(Tūrī)가 이슬람의 제왕의 어전으로 왔고, 노카이의 피의 원수를 갚기 위한 지원과 도움을 요청하였다. 이슬람의 제왕은 자비심으로 그들의 마음을 위로하고 분노를 가라앉히도록 했다. 라잡월 제26일 수요일 (1296. 5. 30) 이슬람의 제왕은 자기 자매인 울제이 티무르(Ūljāī Timūr)— 그 전에 투켈의 부인이었다—를 아미르 쿠틀룩에게 주었다. 타가차르라는 존재가 분란과 혼란의 씨앗이 되었기 때문에, 이슬람의 제왕은 반란의 원료를 완전히 제거하기 위해서 아미르 하르만치(Kharmanchī)를 그해 겨울 룸으로 파견하여 (B255v) 발투, 아랍 및 룸의 군아미르들과 합력하여 먼저 그를 달래는 칙령(yarlīgh)을 보내도록 하고, 기회를 보아서 은밀하게 칙령을 보내어 그를 끝내버리도록 하였다.

비록 이슬람의 제왕은 그를 파멸시키는 것을 원치는 않았지만 나라를 위해서는 그것이 최상의 방책이기 때문에 그러한 명령을 내렸다. 그 문제에 관해서 그는 측근들에게 이렇게 말했다. (R1266) "아주 옛날에 키타이 지방에서 두 명의 군주가 서로 전쟁을 벌이고 있었다. 한쪽이 패배하고 그의 군대는 흩어져버렸다. 승리한 군대가 패배한 사람들을 며칠 동안 추격했다. 한 아미르가 그 군주를 패배시켰고, 극도로 절망적인 상황에 빠진 [군주는] 그에게 자비를 베풀어 살려달라고 청하였다. 그 부

때문에, 그의 성묘도 아마 그곳에 있었던 것으로 보인다. J. Aubin, "Shaykh Ibrāhīm Zāhid Gīlānī (1218?-1301)," *Turcica*, 21-23 (1991), pp. 39~53 참조.

근에 우물이 하나 있었는데 그에게 말하기를 '우리 병사들이 당신을 발견하지 못하도록 이 우물로 들어가시오.'라고 하였다. 무리들이 그곳에 도착하였지만, 그곳은 자갈밭이었고 바람이 불었으며 발자국도 드러나지 않아서 길을 찾을 수 없었다. 그 아미르가 말하기를 '길이 보이지도 않고 또 어느 방향으로 나갈지도 알 수가 없다. 그는 어느 한 길로 갔을 텐데 백 가지 길 중에서 어떻게 그를 찾을 수 있단 말인가? 그러니 돌아가는 것이 상책이다.'라고 하였다. 그들은 함께 돌아갔고, 그 군주는 우물에서 나와서 자기 왕국으로 갔다. 그는 서서히 군대를 규합했고 마침내 다시 전쟁을 하러 왔다. 그는 그전에 승리를 거두었던 군주를 패배시키고 그 왕국을 정복했다. 그는 자신이 생명의 빚을 진 그 아미르에게 갖가지 특별한 은사를 내리고 (A280v) 극도로 가까이하였다. 그리고 그에게 대아미르의 직책과 전권을 지닌 나입의 직책을 위임하였다. 그런데 하루는 아미르들 가운데 한 사람이 군주에게 말하기를 '이 사람은 자신의 군주에 대한 의무를 모른 체했고 그를 신뢰하지 않았습니다. 그[= 군주]가 패망하고 당신이 군주가 된 것은 바로 그 때문입니다. 그가 조만간 당신에게도 동일한 배신을 범할 텐데 어떻게 그를 살려둘 수 있단 말입니까.'라고 하였다. 군주는 매우 영리한 사람이었고 그 말을 경청하고는 그를 처형하라고 지시했다. 그 아미르는 소리를 질렀다. '당신은 내게 생명의 빚을 지고 있소.' 그러자 군주는 울면서 이렇게 말했다. '빚은 오히려 네게 있다. 나는 너를 처형하라고 결코 승인하지 않지만, 왕국과 군주권을 위한 최상의 방책을 생각한다면 너를 죽이는 것 이외에는 다른 방법이 없다.' 그는 그를 죽였고 울었다. 군주의 사무를 처리하는 정황은 바로 이와 같다. 어떤 사람을 처형하는 일이 내게 (R1267) 너무나 어려운 것일지라도, 처형을 하지 않으면 크고 작은 사무를 처리할 수 없고 군주의 직무도 수행할 수 없을 것이다."[100]

간단히 말해서 이슬람의 제왕은 [그해] 봄 초에 빌레사우르를 출발하여 도읍 타브리즈로 향하였다. 상서로운 시간에 타브리즈의 샴(Shamm) 전각에 숙영하였다. 라잡월 제27일(1296. 5. 31) 아이네 벡을 붙잡아 타브리즈로 데리고 와서, 제29일에 광장에서 야사에 처하였다. 샤반월 제10일 수요일(1296. 6. 13) 아미르 알라두가 후라산에서 와서 그쪽의 상황을 있는 그대로 아뢰었다. 이슬람의 제왕은 타브리즈에서 이동하여 사라우와 아르다빌 중간에 있는 사인(Sāīn) 초원 방면으로 갔다. 샤반월 제17일 수요일(6. 20) 그 목지에서 쿠릴타이를 개최했고 제19일에 쿠릴타이를 종료하였다.

노린 아카의 정황, 아미르 노루즈가 그에게 적의를 품은 것, 노루즈의 쇠망의 시작에 관한 이야기

[키야트] 종족 출신의 노린 아카는 이슬람의 제왕에게는 중요하고 존중받는 인물이었으며, 모든 신뢰를 받고 그의 비밀들을 털어놓을 정도로 가까운 사이였다. 후라산과 마잔다란에 자리를 잡고 있었는데, 아미르 노루즈의 형제인 오이라타이(Ōīrātāī)는 그의 누케르였다. 노린은 자신이 뼈대 있는 가문[101]이었기 때문에 그에게 별다른 관심을 기울이지 않

---

100) 가잔이 본문에서 인용하고 있는 중국사의 일화는 혹시 순(舜) 임금과 부친 고수(瞽瞍) 사이에 있었던 설화를 말하는 것이 아닐까 의심된다. 고수는 후처 사이에서 출생한 아들을 위해서 순에게 우물에 들어가라고 했고, 그가 우물에 들어간 뒤 그곳을 돌로 막아서 죽이려고 했는데, 순은 우물 아래에서 굴을 파서 살아나왔고 요(堯) 임금으로부터 왕위를 선양받았다는 설화이다. 내용상으로 볼 때 가잔이 말한 것과는 상당한 차이가 있으나, 우물로 들어간 군주가 생존해 나와 왕위에 오른다는 줄거리는 유사하다. 설령 이러한 추정이 사실과 다르다고 할지라도 가잔 칸이 중국사에 대해 어느 정도 알고 있었던 것은 사실이다. 이와 관련하여 라시드 앗 딘이 『집사』의 중국사 부분을 집필할 때 중국에서 입수한 개설적인 역사서를 저본으로 삼았다는 사실도 유념할 필요가 있다.
101) 원문은 ostikhwān으로서 '뼈'를 뜻한다. 몽골인들은 자신의 가문을 나타낼 때 '뼈'라는 표현을 자

왔다. 그래서 [오이라타이는] 자기 형제에게 그에 관한 비난을 늘어놓았고, [상호 간에] 불쾌감이 드러났다. 그 뒤 노루즈가 후라산 변경에 왔을 때, [오이라타이는] 적이 우세하고 득세하게 된 것이 노린의 잘못 때문이라고 비난하였고, 그[=노린]의 추종자가 있을 때나 없을 때나 그를 비방하는 말들을 하였다. 그들은 주르잔에서 만났을 때 상대방으로 인하여 마음에 상처를 입었다.

타이추 왕자가 타미샤 길을 거쳐서 왔다. 노루즈는 극도의 증오와 경솔함으로 말하기를 (R1268) "적들이 어떻게 해서 견제도 받지 않고 이 왕국으로 들어올 수 있었는지, 나로 하여금 노린을 심문하라는 명령이 계셨다. 지금 타이추 왕자가 계시니 그 내용을 내가 심문해보겠다."고 하였다. 거기 있던 사람들이 모두 그[=노루즈]에 대해서 분노했고 비난하였다. 이것이 노루즈의 처지에 나타난 첫 번째 쇠퇴[의 조짐]인데 그 같은 불순종과 완고함 때문에 벌어진 일이었다.

[타이추, 노린, 노루즈 등] 일행은 [후라산 변경에서] 하부샨으로 왔는데 [거기서] 군대를 사열하였다. (B256r) 전초에서 사신이 하나 와서 전하기를 라드칸의 목장에 적들이 보인다고 하였다. 노루즈는 출정했고 조사 결과 그러한 소식이 거짓임이 드러났다. 투스의 성묘에서 아미르들과 협의를 한 그는 "4,000명의 기병을 데리고 헤라트 근방까지 내가 공격하러 가겠다. 그래서 적들의 상황을 탐지하겠다."고 하였다. 라잡월 제17일(1296. 5. 21)에 이러한 의도를 갖고 그는 출발했다. 타이추 왕자와 아미르 노린을 라드칸으로 보내고, 아미르 노루즈는 라잡월 제25일 (5. 29)에 돌아와서 타이추의 오르도에 숙영하였다. 그는 아무런 일도 하지 않고 노력도 하지 않은 채 말하기를 "내 부인(khātūnam)이 아프다는

주 사용했으며, '큰 뼈(ostikhwān-i buzurg)'는 요즘의 표현으로 뼈대 있는 가문이라는 뜻이다.

말을 들었다. 이슬람의 제왕의 어전으로 내가 가야겠다. 당신들은 내가 올 때까지 [여기서] 군대를 정비하고 준비하고 있으라."고 하였다. 그러고는 즉시 아제르바이잔을 향해서 출발했고 후라산과 그곳의 군대에 대해서는 소홀히 한 채 내버려두었다. 이슬람의 제왕은 죄를 범한 사람들을 그와 함께 [후라산으로] 파견하여 전투의 날에 군대의 전위를 서도록 했었는데, 그들도 모두 노루즈의 뒤를 따라가버렸다.

아미르 노루즈가 와버리자 후라산의 군대는 매일같이 소문을 퍼뜨렸고, 그런 연유로 흩어지기 시작해서 모두 다 가버리고 말았다. 올숨(Ōlsūm)이라는 이름을 가진 한 천호장이 400명의 사람들과 함께 [노루즈로부터] 도망쳐 나와 아르다빌 부근에 있던 자기의 원래 목지로 왔다. 아미르 노루즈는 샤루야즈에서 그가 도망쳤다는 소식을 듣고 [이슬람의 제왕에게 알리지도 않고 사라흐(Sarāh)[102] 근교로 출정하여 그들의 장막들이 있는 곳으로 가서 피해를 주었다.][103] 이슬람의 제왕은 그의 귀환에 대해 분노하며 사신을 보내어 돌아가라고 하였다. 그는 "나의 부인인 토간 공주(shahzāde Ṭōghān)가 아픈데 그녀를 보지도 않고 어찌 돌아갈 수 있다는 말인가?"라고 말했다. 그러한 거부는 다시 [가잔의] 분노를 산 또 다른 원인이 되었다. (R1269) [69]5년 샤반월 제21일(1296. 6. 24) 그[=노루즈]는 사인[104]이라는 곳에서 이슬람의 군주의 어전에 도착했고 특별한 은총과 우대를 받았다.

이슬람의 제왕은 우잔으로 왔다. 샤반월 제29일(7. 2) 아실 카툰(Ashīl Khātūn)을 혼인하여 맞아들였다. 쿠틀룩 샤 노얀과 텡기즈(Tenkiz)와 같은 다른 아미르들은 노루즈에 대한 군주의 마음이 어떤지를 느꼈고,

---

102) 사라우(Sarāʾū) 혹은 사랍(Sarāb)이라고도 표기된다. 우잔에서 동남쪽으로 60킬로미터 지점에 있다.
103) [ ] 안의 내용은 A본에는 보이지 않고 B본에는 난외에 가필되어 있다.
104) 사인 초원을 가리킨다. 사라흐 동북쪽 인근에 있는 초원이다.

"그를 후라산으로 보내는 것은 상책이 아닙니다. 그의 정황에 관해 심문을 할 필요가 있습니다. 왜냐하면 그의 품성으로 볼 때 반란과 분란의 조짐이 나타날 가능성이 있기 때문입니다."라고 아뢰었다. 그러나 이슬람의 제왕의 탁월한 심성은 마치 [육지를] 둘러싼 바다와 같아서 끝이 없었고, 그의 관용과 위엄은 말로 표현할 수 있는 범위를 넘어서는 것이었다. 그는 "비록 자네들의 말이 옳기는 하지만 약조를 어기고 맹서를 깨는 것을 내가 할 수는 없다."고 말했다.

라마단월 초 수요일(1296. 7. 3)에 [노루즈는] 명령에 따라 후라산으로 귀환하였다. 니잠 앗 딘 야흐야(Niẓām al-Dīn Yaḥya)는 부관의 직분으로 그를 수행했다. 그가 후라산에 도착하자 노카이 야르구치(Nōqāī Yārghūchī)의 아들들은 아버지의 피를 갚기 위해 은밀하게 아미르 노루즈를 죽이려고 하였다. 노루즈는 그들에 대해서 겁을 먹었다. 그러는 사이에 그의 부인 토간이 타계했고 그의 운세는 쇠락하기 시작했다. 그러나 그는 인내하면서 [역경을 극복하려고] 노력하였다.

이슬람의 제왕은 [69]5년 라마단월 제8일(7. 10)에 타브리즈 길에 있는 나우르 둘(Nāūūr Dūl) 호반에 숙영하였다. 그곳에 축복받은 정원과 전각의 기초를 세웠다. 그러는 동안에 마르딘의 술탄이 와서 현금과 보석으로 이루어진 많은 재화를 선물로 바쳤다. 그는 위로와 은총을 풍성히 받고 (A281r) 돌아갔다. 샤왈월 제13일(8. 14) 히삼 앗 딘 루르(Ḥisām al-Dīn Lur)를 하쉬트 루드에서 처형하였다. 제26일(8. 27)에 알라피랑(Alāfirang)의 모친인 둔디(Dūndī)와 혼인하였다. 둘카다월 제8일(9. 7)에 초르마군의 아들인 시레문 노얀(Shīrāmūn Nōyānn)의 아들 바이쿠트(Bāīqūt)를 세 굼바드(Se Gumbad)[105]에서 야사에 처하였다. 이슬람의

---

105) 본문에 나오는 '나우르 둘'이라는 호수와 '세 굼바드'(세 개의 둥근 지붕)의 위치는 정확하게 비정할 수 없으나, 가잔이 우잔에서 서남쪽으로 이동하여 마라가로 가는 도중에 있었던 지명들로 보인다.

제왕은 마라가로 와서 천문대를 방문하여 그곳의 학자들에게 연회를 베풀었다. 바로 그날 쿵쿠르타이의 아들 일데르가 발투에게 반란을 부추기면서 (R1270) 써 보낸 편지 한 통이 폐하에게 전해졌고, [가잔 칸은] 그 즉시 이동을 시작하여 오르도들로 귀환하였다. 그리고 일데르를 체포하고 그의 죄를 확인한 뒤에 처단해버렸다.

어기가 바그다드로 향한 것, 아프라시압 루르와 자말 앗 딘 다스트지르다니와 마울라나 이즈 앗 딘 무자파르 시라지를 야사로 처단한 것, 울제이 왕자의 출생에 관한 이야기

695년 둘 카다월 제18일 화요일(1296. 9. 17) 어기가 마라가의 근교에서 바그다드의 동영지를 향해 이동하여 하마단 방향으로 갔다. 상술한 달 제24일(9. 23)에 노린 아카가 후라산에서 왔고 이슬람의 제왕은 그를 위로하고 은사를 내려주었다. 타이지(Tayjī)의 아들인 발투(Bāltū)는 아바카 칸의 치세 이래로 룸 왕국에 있었고 거기서 막강한 세력을 갖게 되었다. 사마가르 노얀(Samāghār Nōyān)이 죽었고 그의 아들 아랍('Arab)이 아직 어렸기 때문에 (B256v) 그런 연유로 발투의 전제와 세력이 더욱 커졌다. 이슬람의 제왕이 아무리 불러도 그는 여러 가지 구실을 둘러대었다. 타가차르가 야사에 처해진 뒤 세력과 위세가 정도를 넘어서, 그는 반란자로 불리게 되었다.

696년[106]에 그가 적대한다는 사실이 폐하에게 보고되었고, 칙명에 따라서 아미르 쿠틀룩 샤가 3투만의 군대를 데리고 그의 반란을 진압하기 위해 룸으로 향하였다. 발투는 도망쳐서 어떤 산 뒤에 매복하였다. 아미

---

106) 696년이 아니라 695년(1295. 11~1296. 10)이 되어야 옳을 듯하다. 발투의 역심이 드러나 무력 진압에 들어간 것이 이미 695년 말(1296년 말)이기 때문이다.

르 쿠틀룩 샤는 술라미시, 아랍, 보롤타이 오굴(Bōrōltāī Oghūl), 아비시카 등과 함께 그를 추적했고, 아비시카가 선봉에 섰다. 그 산에 이르렀을 때 발투는 매복에서 나왔고 양측 모두 피해를 입었다. 뒤이어 (R1271) 쿠틀룩 샤가 말리야(Māliya) 초원에 도착했고 단 한 번의 공격으로 발투를 패배시켰다. 아미르 쿠틀룩 샤는 술라미시를 시켜 그를 추격하게 한 뒤 아란의 동영지로 귀환했다.

바그다드로 향하던 어기는 하마단 부근에 있는 자크(Zak) 목장[107]에 도착했다. 자말 앗 딘 다스트지르다니를 말릭 샤라프 앗 딘 심나니(Malik Sharaf al-Dīn Simnānī)를 대신해서 재상직에 임명하였다. 695년 둘 카다월 제8일(1296. 9. 7)[108]의 일이었다. 그곳에서 한 달간 머물렀다. 이라키 아잠 지방의 말릭들이 어전으로 찾아와 중요한 사무를 처리하였고 귀환의 허락을 받았다.

후르쿠닥은 파르스 [지방]에서의 징세 [사무를 마치고] 돌아왔다. 은사를 받고 돌아가고 있던 아타벡 아프라시압 루르를 도중에 다시 불러 들였다. 그[=후르쿠닥]가 어전에 도착했고 군주가 파르스에서의 상황에 대해 심문하자, 그는 이렇게 대답했다. "소인은 먼저 이 타직인[=아프라시압]에 대해서 아뢰겠나이다. 소인이 파르스 방면으로 갔을 때 루르(Lūr) 지방[109]을 통과했습니다. 그런데 그는 얼굴을 보이지 않았습니다. 시라즈에서 저는 쿠흐 길루야(Kūh Gīlūya)의 세금을 걷기 위해 한

---

107) Thackston: Marghzarak.
108) 원문에는 둘 카다월 제8일로 되어 있지만 Thackston이 지적한 대로 문맥상으로 볼 때 둘 히자월 제8일(1296. 10. 7)이 되어야 옳을 것이다. 왜냐하면 가잔이 마라가를 출발한 것이 둘 카다월 제18일이어서, 하마단 부근에 그가 도착한 것은 그보다 더 뒤늦은 시기가 되어야 맞기 때문이다. 둘 히자월 제8일이라고 한다면 마라가에서 하마단까지(직선거리로 약 350킬로미터) 가는 데에 약 20일이 소요된 셈이다.
109) 루리스탄, 라리스탄이라고도 불리며, 하마단에서 남쪽으로 펼쳐진 자그로스 산지에 위치해 있다.

세리를 파견했습니다. 그[=아프라시압]에게 속한 사람들이 저를 괴롭히면서 '우리는 이 왕국을 칼로 장악하였고 그곳의 세금은 우리 발 아래 떨어졌다. 우리는 이 시대에 일어난 반란, 바이두가 이스파한의 감관을 살해한 것, 군대를 이스파한으로 보낸 것, 피루잔(Fīrūzān)[110]을 장악한 것, 혹은 우리가 했던 그와 비슷한 행동들에 대해서 말하지 않겠다.'고 말했습니다." 이슬람의 군주는 격노했고 아프라시압을 야사에 처하라고 명령했다.

그들이 사판단(Sapandān)이라는 마을 부근에 이르렀을 때 셰이흐 마흐무드(Shyakh Maḥmūd)와 사드르 앗 딘 잔자니가 한 무리의 사람들을 시켜서 자말 앗 딘 다스트지르다니를 참소(aīghāqī)하였다. [69]5년 둘히자월 제28일(1295. 10. 27) 야르구를 열어서 그를 야사에 처하였다. 지상의 왕자 하르반다를 자신의 후계자로 삼아서 후라산으로 보냈다. 그러는 도중에 파르스의 아미드('Amīd)의 손자인 이즈 앗 딘 무자파르가 파르스의 하킴인 셰이흐 자말 (R1272) 이브라힘 사와밀리(Shaykh Jamāl Ibrāhīm Sawāmilī)를 참소하였고, 사드르 앗 딘 잔자니는 그를 지지하였다. 그가 음모를 꾸몄다는 확증을 찾을 수는 없었지만 그를 야사에 처하였다. 그리고 거기서 이동하였다.

696년 사파르월 제4일 수요일(1296. 12. 12) 상서로운 시각에 바그다드에 도착하여 비루니(Bīrūnī) 전각—무싼나(Muthanna)라고도 부른다—에 숙영하였다. 며칠 뒤 그는 사냥을 하기 위해서 닐(Nīl), 누으마니야(Nuʿmāniyya), 시브힐라(Sībhila) 방면으로 향하였고, 사이디 아불 와파(Sayyidī Abū al-Wafā)의 축복받은 성묘가 있는 곳까지 이동했다가, 24일 뒤에 되돌아와서 마르즈바니야(Marzbāniyya)에 숙영하였

---

110) 하마단에서 서남쪽으로 60킬로미터 떨어진 지점.

다. 라비 알 아히르월 제9일(1297. 2. 4)에 히트(Hīt)와 안바르(Anbār) 방면으로 사냥을 나갔고, 8일 뒤에 무하발(Muḥawwal)에 머물렀다. 성스러운 카지미(Kāzimī)의 묘지와 위대한 이맘인 아비 하니파 쿠피(Abī Ḥanīfa-i Kūfī)의 성묘를 참배하였다. 금요일에는 수크 알 술탄(Sūq al-Sulṭān) 모스크에서 기도 시간에 참석했다. 주마디 알 아발월 제4일 목요일(1297.2.28)에는 바그다드를 출발해 귀환을 시작했다. 696년 주마디 알 아발월 제18일 목요일(1297.3.14)에 울제이 쿠틀룩(Ōljāī Qutlugh) 공주가 샤흐르 아반(Shahr Ābān)이라는 곳에서 출생했다.

아미르 노루즈의 노예인 카이사르(Qayṣar)의 정황, 노루즈의 자식들과 형제들이 야사에 처해진 것, 그의 운세가 완전히 끊어지게 된 것, 노루즈가 헤라트에서 죽임을 당한 이야기

(A281v) (B257r) 696년 주마디 알 아발월 제17일 수요일(1297. 3. 13) 노루즈의 사신이었던 알람 앗 딘 카이사르(ʿAlam al-Dīn Qayṣar)를 바그다드에서 붙잡았다. 셰이흐 마흐무드는 자기 형제인 술레이만(Sulaymān)을 어전으로 보내 그러한 상황을 보고하였다. 그 이야기는 다음과 같다. 노루즈는 바이두의 시대에 (R1273) 그의 왕국을 넘어뜨리고 칸의 보좌를 이슬람의 제왕 가잔 칸에게 넘겨주어, 그러한 좋은 봉사를 통해서 자신의 죄과를 완전히 씻어버리려고 하였다. 그러나 그 같은 일이 [몇 사람의] 도움이나 다수의 힘만으로는 성공할 수 없었기 때문에, 바그다드의 한 상인의 노예였고 시리아와 에집트에 여행을 다녔던 전술한 카이사르를 에집트의 군주에게 사신으로 파견하여, "바이두는 이교도이고 우리는 무슬림입니다. 서로 연합하여 그를 제거합시다."라고 제안하였던 것이다.

카이사르가 답신을 받아 돌아왔을 때 바이두는 이미 패망한 뒤였고,

제위는 이슬람의 제왕으로 확정되어 있었다. 노루즈의 권세는 [이제] 최고의 정점에 도달했고, [따라서] [카이사르는 노루즈에 관한] 그러한 정황을 어전에 아뢰는 것은 좋은 방책이 아니라고 보았다. [노루즈는] 부관이었던 자말 앗 딘 다스트지르다니에게 시국에 관한 방책을 기록한 문서를 하나 작성해서 익명의 필체로 정서하게 한 뒤 어전에 제출하여 친히 살펴볼 수 있도록 하였다. 그리고 지시한 바에 따라서 그는 카이사르를 위로한 뒤에 돌려보냈다. [그런데] 자말 [앗 딘] 다스트지르다니의 재판(yārghū)에서 이 사안이 그의 죄과의 하나로 꼽혔다.

아미르 나울다르의 근신이었고 바그다드의 감관이었던 파흐르 앗 딘 루미(Fakhr al-Dīn Rūmī)는 이 카이사르를 알아보았고 그 서한의 정황에 대해서 눈치를 챘다. 그는 아미르 나울다르에게 말했고 [아미르는] 어전에 보고를 하였다. [가잔은] 파흐르 앗 딘 루미에게 바그다드로 가서 카이사르의 정황에 관해 조사하라는 명령을 내렸다. 노루즈는 후라산으로 향했을 때 이슬람의 제왕이 자기를 신뢰하지 않는다는 사실을 알게 되었다. 헤라트의 셰이흐 알 이슬람(Shaykh al-Islām)의 아들인 사드르 앗 딘은 그가 신뢰하는 측근이었다. [노루즈는] 그를 어전으로 보내어 그곳에서 [칸을] 모시면서 자신이 없는 동안 [정황을] 살피도록 하였다.

사드르 앗 딘은 카이사르를 파견했던 상황에 대해서 알게 되었고, 자신의 친구들 가운데 믿을 만한 한 사람에게 노루즈가 에집트의 술탄과 맺었던 친분 관계에 대해서 약간 이야기를 해주었다. 그 사람은 그 이야기를 셰이흐 알 마샤이흐(Shaykh al-Mashāīkh)[111]인 마흐무드에게 했고, (R1274) 그들은 함께 어전으로 와서 그것을 아뢰었다. 군주는 셰이흐

---

111) '셰이흐들 중의 셰이흐(장로들 중의 장로)'라는 뜻의 칭호.

자데 사드르 앗 딘을 격려하고 좋은 약조를 하면서 믿음을 심어주었다. 그리고 그를 바그다드로 파견하여 카이사르의 정황에 대해서 조사를 하고 과연 그가 후라산에서 왔는지 아닌지를 확인하도록 했다. 그는 하쉬트 루드에서 역마(ūlāgh)를 이용하여 바그다드로 갔고, 참치말(Chamchmāl)[112]에서 이슬람의 제왕의 어전으로 와서 "카이사르는 아직 오지 않았습니다."라고 보고하였다. [가잔은] 다시 바그다드로 가서 그를 데리고 오라고 명령했다.

그가 그곳에 갔을 때 카이사르는 세 명의 누케르와 함께 도착해 있었고 바로 그 주일에 출발하려고 하고 있었다. 그[=카이사르]는 두 명의 누케르와 함께 우의의 표현으로 사드르 앗 딘의 집을 찾았고, 그[=사드르 앗 딘]는 [자신에게 조언을 했던] 충고자에게 이 소식을 알렸다. 그[=충고자]는 두 접시에 담긴 빵에 의식을 잃게 하는 약을 섞어 셰이흐자데[=사드르 앗 딘]에게 보내서 그것을 손님들에게 먹이도록 하였다. 카이사르와 누케르들은 그것을 다 먹었고 그 자리에서 의식을 잃고 잠이 들었다. 그 친구[=충고자]는 한 무리의 누케르들과 함께 잠복하고 있다가 그 집을 습격하여 카이사르와 누케르들을 붙잡고 결박하였다.

사드르 앗 딘 잔자니는 새로 재상이 되었기 때문에 노루즈의 위세를 완전히 무너뜨릴 기회만을 항상 엿보고 있었다. 그렇게 된 원인은 그가 재상직을 기대하고 있던 최초의 시점에 노루즈가 자말 다스트지르다니

112) Rawshan은 Chamchāl로 표기. chamchmal 혹은 chamchimal은 몽골어에서 "[돌을] 깎은, 재단한" 이라는 뜻을 지닌 čabčimal이라는 단어를 옮긴 말이다. 당시 몽골인들은 중국의 장성을 통과할 때 지나가는 거용관(居庸關)을 가리켜 Čabčiyal이라고 불렀는데, 이 역시 같은 단어의 변용된 형태이다. 아마 산지 사이에 난 협곡을 가리킬 때 이런 표현을 사용한 듯하다. 그런데 라시드 앗 딘은 뒤에서 "니하반드 길을 거쳐서 참치말 길로 들어섰다."고 기록했다. 아래 본문에서 보듯이 가잔은 당시 니하반드에서 그리 멀지 않은 키르만샤에 있었다. 그렇다면 참치말은 니하반드와 키르만샤 중간의 어느 협곡을 가리키는 것으로 추정해볼 수 있다.

를 자신의 부관으로 임명하였고, 그 뒤에도 계속해서 그를 대적하고 미워하여 그런 연유로 그에게 일할 자리가 없어졌기 때문이다. 그런데 이러한 상황이 발생하자 그와 그의 형제인 쿠틉 앗 딘은 그 기회를 이용하게 된 것이다. 그들은 마치 노루즈가 [직접] 쓴 것인 양 꾸며서 에집트와 시리아[113]의 아미르들에게 6통의 편지를 썼는데 그 내용은 다음과 같다. "알라께 축복을! 군주께서는 무슬림이십니다. 그런데 소인이 이슬람 신앙을 강화하려고 희망하고 있지만 아미르들에게 제지를 당하고 있습니다. 저희 희망은 우리가 서로 합력하여 그들을 처치함으로써 율법과 이성에 합당하게 되는 것입니다. 저는 [저의] 형제들인 리그지(Ligzī)와 핫지(Ḥājjī)에게 편지를 써서, 만약 우리가 연합하기 전에 조치를 취할 수 있다면 그렇게 하고, 그렇지 않다면 우리가 하겠노라고 했습니다. 그래서 (R1275) 이란의 왕국들을 정복하고 나는 그것을 당신에게 맡기겠습니다. 몇 벌의 의복을 '선물(bīleg)'[114]이라는 명목으로 카이사르의 편에 바칩니다."

그 날조된 편지들을 카이사르가 갖고 있던 보따리 안에 17벌의 의상과 함께 넣어두었다. 사드르 앗 딘은 아미르 노루즈의 이름으로 이러한 사정과 관련된 편지 하나를 핫지 나린(Ḥājjī Nārīn)에게 준비하게 하고, 그에게로 찾아가서 잔을 올렸다. (B257v) 그리고 그가 눈치채지 못하는 사이에 그의 지갑(qābtūrqāī) 안에 [그 편지를 몰래] 넣어두고 밖으로 나왔다. 셰이흐 마흐무드는 그 같은 사실을 알리기 위해 자기 형제인 술레이만을 어전으로 보냈다. 이슬람의 제왕은 키르만샤 부근의 평원에서 귀환하여, 하루 만에 30파르상 거리에 있던 샤흐라반(Shahrābān)[115]까

---

113) Rawshan은 shāh라고 했으나 Shām이 옳을 것이다.

114) 몽골어에서 beleg은 '선물'을 뜻한다.

115) 키르만샤에서 서쪽으로 200킬로미터 떨어진 지점이며, 샤흐라반에서 서남쪽으로 80킬로미터를

지 달렸다. 주마디 알 아발월 제21일 일요일(1297. 3. 17)에 셰이흐 마흐무드와 사드르 앗 딘 잔자니의 형제인 쿠틉 앗 딘이 카이사르를 대동하고 샤흐라반에 도착해서 사태의 정황에 대해서 아뢰었다.

이슬람의 군주는 ["사실대로 말하라."고 명령했다. 카이사르는 사태의 전말에 대해서 진술했는데, 그의 주장은 아미르 노루즈에게 아무런 잘못도 돌릴 수 없다는 것이었다. [그러자] 사람들은 그의 옷상자를 내놓으라고 했고, 거기서 편지와 옷들을 꺼내왔다. 모두 다 "이것은 아미르 노루즈의 서기(munshī)인 핫지 라마단(Ḥājjī Ramaḍān)의 필적입니다."라고 증언하였다. 군주는 명령을 내려서]116) 카이사르를 그 누케르와 함께 몽둥이로 치라고 했고, 그래서 그는 죽었다.

셰이흐자데 사드르 앗 딘은 두 명의 또 다른 누케르를 찾아낼 수 있다고 하면서 바그다드로 갔지만, 그들을 손에 넣지 못했다. 그[=사드르 앗 딘]가 그들을 찾아내지 못하자, 그 역시 죽임을 당했다. 이러한 상황으로 인해 군주의 분노가 치솟아 그의 불같은 언사는 젖은 것 마른 것을 불문하고 모조리 태워버릴 정도였다. 그는 "그의 비밀들이 알려지게 되었으니, 위계와 계략의 증거들이 나오기 전이라도 신중과 경계를 위한 조치들은 취해야 할 것이다."라고 말했다. 그리고 아미르 노린과 바얀차르(Bāyanchār)에게 지엄한 칙명을 내려서, 노루즈에 속한 모든 사람들, 그 자손과 조력자들과 하속인들까지 모두 붙잡아들여 야사에 처하라고 하였다.

어기는 그곳에서 하루니야(Hārūniyya)117)로 (A282r) 이동하였다. 핫

---

116) [ ] 부분은 A본에 없고 B본에 보인다.

117) 하루니야라는 지명은 소아르메니아 지방(터키 동남부)에 있는 것(현재의 지명은 Haruniye)이 유명하지만, 여기서는 샤흐라반에서 동북쪽으로 40킬로미터 떨어진 잘룰라(Jalula) 인근의 지점을 가리킨다. T. H. Weir, "al-Hārūniyya," *The Encyclopaedia of Islam* (new edition), vol 3 (Leiden: E. J.

지는 떠나려던 참이었는데, 바얀차르가 (R1276) 들이닥쳐서 그를 붙잡고 그의 무리(khaylkhāna)를 다른 방향으로 몰았다. 먼저 노루즈의 부관인 사틸미시, 그의 아들 쿠틀룩 티무르, 노루즈의 아들 오르도 부카(Ōrdō Būqā)를 야사에 처하였다. 아미르 노린은 핫지 나린을 하니킨(Khāniqīn)[118] 목장으로 데리고 와서 야르구에 붙였다. 그의 보따리에서 시드르 앗 딘의 편지들을 드러냄으로써 그의 죄를 확증하고 그를 발가벗겨서 장막들 사이를 다니게 한 뒤에 야사에 처하였다. 그의 장막들과 재산은 약탈당하였다.

열두 살이었던 그의 아들 타가이(Taghāī)는 그런 상황에서 도망쳐서, 대카툰인 불루간 [카툰] 후라사니의 오르도의 아미르인 아미르 이질(Ījīl)의 천막에 숨었다. 그들은 그를 그곳에서 보호하였고 군주의 분노가 가라앉을 때까지 얼마 동안 그렇게 했다. 그 뒤 [군주께] 아뢰어서 그를 살렸고 현재는 아미르 후세인(Amīr Ḥusayn)의 가축을 돌보는 일을 하고 있다. 그에게 속한 사람들은 불루간 카툰 후라사니에게 주어졌다. 그의 부관이었던 카말 쿠첵(Kamāl Kūchek)은 살해되었다. 리그지를 주마다 알 아히르월 제7일(1297. 4. 2)에 마이다쉬트(Māīdasht)[119] 광장에서 처형했다. 노루즈의 조카인 쿠쉴룩(Küshlük)과 그의 형제인 욜 쿠틀룩(Yōl Qutlugh)의 목숨은 살려주었다. 그러한 승리 덕택에 대광장을 쿠틀룩 광장이라고 이름지어주었다. 왕국 전역에 칙령을 선포하여, 그의 일족과 속민들 모두를 야사에 처하도록 했다. 힌두쿠르의 아들들인 시둔(Shīdūn)과 일 부카(Īl Būqā)를 카스리 시린(Qaṣr-i Shīrīn) 부근에서 죽였다.

Brill, 1986), pp. 234~235.
118) 하루니야에서 동북쪽으로 약 20킬로미터 떨어진 곳.
119) 하니킨에서 동쪽으로 110킬로미터 지점에 있으며, 키르만샤 서쪽에 위치.

라잡월 화요일(5. 14)에 하르반다 왕자가 후라산에서 비스툰(Bīstūn)을 거쳐 어전으로 왔다. 하마단의 아스다바드(Asdābād)에 있었던 샤반월 제5일(5. 29)에 아미르 쿠틀룩 샤가 무간 방면에서 왔다. 그 뒤 아미르 추판과 불라드 키야(Būlād Qiyā)가 라이 방면에서 왔다. 불라드 키야에게 노루즈를 잡으러 후라산으로 가라는 명령이 내려졌고, 후르쿠닥과 아미르 수에타이가 수행하도록 했다. 그로부터 이틀 뒤 아미르 쿠틀룩 샤에게도 가라는 명령을 내렸고, 쿠틀룩 키야에게도 그 뒤를 (R1277) 따라 가도록 했다. 샤반월 초에 술라미시와 아랍이 반란을 일으킨 타이지의 아들 발투를 룸에서 붙잡아 타브리즈로 데리고 왔다. 이슬람의 제왕은 아스다바드에서 알라탁의 하영지를 향해서 이동하였다. 카라 루드(Kara Rūd) 부근에서 지상의 왕자 하르반다를 후라산 왕국의 방어를 위해서 보냈다. [가잔이] 노우 샤흐르에 이르렀을 때 사신들이 쿠틀룩 샤에게서 좋은 소식을 전해왔다. 노루즈와 전투를 벌여 패배시켰다는 것이었다.

보롤차 쿠켁타시(Bōrolcha Kūkeltāsh)는 토간축(Ṭōghānchūq)을 데리고 왔는데, 그 이야기는 다음과 같다. 아미르 쿠틀룩 샤가 담간의 변경에 도착했을 때 후르쿠닥과 수에타이는 라이, 바라민, 하르(Khwār),[120] 심난, 담간, 비스탐 등지에 있던 노루즈의 감관들을 죽였었다. 그들이 이스파라인에 도착했을 때 부카 티무르의 아들들과 알구가 아버지의 핏값을 갚기 위해 노루즈가 있는 곳에서 그들에게로 달려왔다. 그러는 시기에 노루즈에게 속한 천호장이었던 다니시만드 [바하두르]라는 자가 복속

---

120) 라이 시 안에 있는 Khwār라는 이름을 가진 구역이 널리 알려져 있기는 하지만, 여기서는 바라민에서 동쪽으로 60킬로미터 떨어진 곳에 위치한 곳으로, 현재는 가름사르(Garmsar)라는 지명으로 알려져 있다. 즉 위에서 라이, 바라민, 하르, 심난, 담간, 비스탐은 후르쿠닥 등이 동쪽으로 이동하면서 차례로 만나는 도시이며, 이들이 그러한 경로로 가면서 그 도시들에 두어진 노루즈의 감관들을 죽였음을 알 수 있다.

해 왔고, 아미르 쿠틀룩 샤는 그를 선봉으로 세웠다. 오이라타이 가잔이 니샤푸르로 가서 노루즈에게 군대의 도착을 알려주었다. 노루즈는 그곳에서 이동하여 얌(Yām)121)이라는 기숙지(marḥala)에서 다니시만드 바하두르의 군대와 맞서게 되었다.

전투가 벌어졌고 비록 (B258r) 다니시만드 바하두르의 군대가 수적으로 적었지만 노루즈는 패배했고 소수의 사람들과 함께 도망쳤다. 새벽녘에 그의 짐들과 재물들이 적군의 손에 들어갔고 후르쿠닥과 노카이 야르구치의 아들들은 1투만의 병사들과 함께 전속력으로 그를 뒤쫓아갔다. 노루즈는 밤 동안 잠(Jām) 지방에서 자기 말 떼가 있는 곳에 도착했고 그 무리 속에 숙영하였다. 누케르들에게 벽 뒤에 매복하라는 명령을 내렸다. 밤중에 군대가 왔고, 말들을 데리고 가려고 했다. 노루즈와 누케르들은 매복한 곳에서 나와서 활을 쏘아댔고 화살을 비처럼 퍼부었다. 한 무리의 사람들이 죽임을 당했고 혼비백산하였다. [그러나 마침내] 노루즈는 퇴각했고 이쪽의 병사들은 밖으로 나왔다.

노루즈가 패주하여 (R1278) 헤라트에 이르렀을 때 샴스 앗 딘 카르트의 아들인 파흐르 앗 딘이 그를 시내로 초청하였다. 노루즈는 그 [초청을 받아들일지의] 문제에 관해서 생각을 하였고, 그의 아미르들인 바바크르(Bābakr)와 사르반(Sārbān)과 사둠(Sadūm)은 "오, 아미르여! 우리의 마음은 이 사람의 말을 믿을 수 없습니다. 이 견고한 성벽을 두고 안전하게 지나가고, 그의 말을 믿지 않는 것이 상책입니다."라고 말했다. 노루즈는 "사흘 동안 나는 기도를 올리는 의무를 소홀히 하였으니, 그 의무를 이행했으면 한다."라고 말했다. 아미르들은 [거기서] 떠나감으로써 [자신들의] 목숨을 그 위험한 지점에서 빼내었다. [그러나] 노루즈

---

121) '얌'은 '잠(jam, 站)'을 옮긴 말이므로 역참이 설치된 곳이며, 그곳을 가리켜 '기숙지'라고 부른 것은 자연스럽다.

는 400명의 기병과 함께 시내로 들어가 성채에 도착하였다.

아미르 쿠틀룩 샤가 그의 뒤를 추격했고, 투스의 성묘에 도착해서 참배를 하였다. 두 차례의 예배를 마치고 나서 무릎을 꿇고 "신이시여! 저는 이 일에서 제가 옳은지 그른지를 알지 못하겠나이다. 양쪽의 적이 모두 무슬림이며, 군주도 무슬림입니다. 당신만이 비밀을 알고 있나이다. 만약 노루즈가 죄를 지은 것이 사실이고, 그가 헛되이 가잔 칸에 대해서 적대하고 반란을 일으킨 것이 사실이라면, 그를 이 소인의 손에 포로가 되게 하소서."라고 말했다. 그리고 그는 거기서 말을 타고 떠났다.

그는 헤라트에 도착하자 군대로 도시의 주위를 포위하였고, 양측에서 전투가 벌어지기 시작했다. 투르가이(Tūrghāī)와 참차이(Chamchāī)[122] 같은 아미르들은 격렬하게 싸웠다. 날씨는 극도로 더웠다. 한 무리의 사람들이 "되돌아가는 것이 상책입니다. 헤라트의 성벽은 엄청나게 견고하고, 노루즈를 대적하는 사람들이 그것을 정복하는 것이 쉽지는 않을 것이기 때문입니다."라고 말했다. 아미르 쿠틀룩 샤는 극도로 분노하면서 "적들은 약해졌고 지쳤다. 성벽[의 수비]에는 지원군도 없다. 그런데도 어찌 돌아간단 말인가. 우리가 어전에서 어떻게 변명을 할 수 있겠는가? 마음을 집중하고 노력을 기울여서 창조주의 도움으로 의외의 승리를 거둘 수 있도록 해야 한다."라고 말했다.

그는 아미르 [노루즈]의 근신이자 말릭 파흐르 앗 딘(Malik Fakhr al-Dīn)을 사위로 둔 잠(Jām)의 셰이흐 알 이슬람에게 말하기를, "말릭에게 편지를 한 통 써서 이 사안에 대해 어떤 방책을 취하라고 하시오. 그렇지 않으면 헤라트 시와 후라산 왕국 전체가 이 일로 피해를 받을 것이오."라고 하였다. 아미르가 (R1279) 서명을 한 [이 편지는] 한 첩자의 손

---

122) 앞에서는 '참차(Chamcha)'라고 하였다.

을 통해서 도시 안으로 보내졌다. 말릭이 그것을 보고는 노루즈에게로 가지고 왔다. 그[=노루즈]는 은밀하게 자기 측근들에게 말하기를 "이 일로 보건대 (A282v) 말릭은 나에 대해서 마음을 대단히 올바르게 갖고 있다는 사실이 분명해졌다."라고 하였다. 핫지 라마단은 노루즈에게 은밀하게 말하기를, "말릭 파흐르 앗 딘을 붙잡아서 포박하도록 합시다. 만약 사태의 결말을 우리가 [우세하게] 장악한다면 그를 데리고 와서 위로하고 풀어줍시다. 만약 그렇지 못할 경우 그들이 그를 알아서 처리할 것입니다. 우리는 경계와 주의를 해야 합니다."라고 하였다. 그러나 노루즈는 그 말을 받아들이지 않았다. 시스탄 출신의 지휘관 한 사람이 그 말을 엿듣고 즉시 말릭에게 가서 소식을 전해주었다.

말릭은 두려움을 느껴서 도시의 지도자들(ṣudūr)과 귀족들과 협의를 하였고, "결국은 가잔 칸의 군대가 이 도시를 차지할 것이다. 우리 처자식들을 포로로 끌고 갈 것이고, 그렇게 오랫동안 있던 집들도 파괴될 것이다. 노루즈는 가잔과 절대로 적대하지 않겠노라고 맹서했음에도 불구하고 [적대를] 하고 말았다. 우리들이 취해야 할 최상의 방책은 선수를 쳐서 계략으로 그를 붙잡고 복속과 투항의 의사를 분명히 나타내는 것이다. 그래서 아미르 쿠틀룩 샤의 안전보장서(amān nāma)를 손에 넣고 난 뒤에 그를 넘기는 것이다."라고 하였다.

도시 사람들은 "말릭의 의견이 가장 탁월하다. 그가 옳다고 여기는 것은 무엇이든지 지시하도록 하자."고 하였다. 말릭은 이러한 조치를 취한 뒤에 노루즈에게로 가서 이렇게 말했다. "헤라트와 구르의 병사들은 전투에서 제대로 싸우지 못하고 있습니다. 방책은 이렇습니다. 즉 당신의 병사들 가운데 똑똑한 두 사람을 뽑아서 [헤라트와 구르 출신 병사들] 열 사람 위에 두어서 전투할 때에 그들을 독려하고 유약함을 보이지 않도록 하는 것입니다." 노루즈는 그의 말에 따라 자기 군대 전부를 그러

한 집단들에 배치하여 흩어놓았고, 자기만 홀로 성채 안에 남았다. 말릭
은 병사들에게 노루즈의 누케르들을 모두 잡아서 묶으라고 말했다. 그
리고 그 자신은 (B258v) 몇 명의 용맹한 구르인들을 데리고 성채 위로
올라가 (R1280) 노루즈를 붙잡았다. 그를 단단히 묶고는 "우리에게 너를
아미르 쿠틀룩 샤에게 넘기라는 명령이 있었다."라고 말했다.

  놀라운 일들 가운데 하나는 다음과 같은 것이다. [과거에] 말릭 파흐
르 앗 딘(Fakhr al-Din)은 그의 부친 샴스 앗 딘 카르트(Shams al-Dīn
Kart)[123]의 치세에 매우 타락하고 성미가 날카로웠으며 선동적이었다.
말릭 샴스 앗 딘 [카르트]는 그를 하이사르 성채에 감금해놓고 있었다.
그렇게 감금된 지 7년이 지났을 때 노루즈가 그곳에 왔고 그의 부친에
게 그를 풀어주라고 요구했다. 샴스 앗 딘은 "나는 그가 어떤 성품을 갖
고 있는지 알고 있습니다. 지극히 신뢰성이 없고 부정한 인간입니다. 아
버지에게도 충성하지 않았으니 당신에게도 마찬가지일 것입니다."라고
말했다. 노루즈는 계속해서 중재와 청원을 했다. 말릭은 이렇게 말했다.
"나는 한 가지 조건으로 그를 풀어주겠소. 그로 인해 앞으로 당신에게

---

123) 샴스 앗 딘 무함마드(Shams al-Din Muḥammad)는 1245년 부친 말릭 루큰 앗 딘 아부 바크르
    (Malik Rukn al-Dīn Abū Bakr)의 뒤를 이어 헤라트의 지배자가 되었다. 다음 해 몽골의 살리 노얀
    (Sali Noyan)이 군대를 이끌고 들어오자 몽골에 복속했고, 이어 서아시아를 정복하러 온 훌레구
    에게 자발적으로 투항하여 '말릭(malik)'으로서 헤라트에 대한 지배권을 인정받았다. 이로써 그
    는 헤라트에 근거를 둔 카르트 왕조의 창시자가 되었다. 가잔 칸은 1295년 샴스 앗 딘을 폐위시
    키고, 그 자리를 7년간 감옥에 있다가 노루즈의 중재로 풀려난 그의 아들 파흐르 앗 딘에게 넘겨
    주었다. 1296년 노루즈의 반란 이후 파흐르 앗 딘은 가잔 칸에게 복속했지만, 1304년 가잔의 뒤
    를 이어 즉위한 울제이투에게는 군사적으로 저항하였다. 1305년에는 하이사르(Khaysar) 성채에
    감금되어 있던 그의 부친 샴스 앗 딘이 사망했고, 울제이투는 불복하는 파흐르 앗 딘을 응징하기
    위해 1만 명의 군대를 헤라트로 보냈지만 기습공격을 당해 전멸하고 말았다. 다음 해 울제이투는
    다시 군대를 보내 헤라트를 점령하고, 말릭의 직책은 파흐르 앗 딘의 아들 기야쓰 앗 딘(Ghiyāth
    al-Dīn)에게 넘겨주었다. 카르트 왕조는 이후 훌레구 울루스의 군주들에게 복속하면서 명맥을 유
    지하다가, 1381년 티무르에 의해 정복됨으로써 막을 내렸다. T. W. Haig-[B. Spuler], "Kart," *The
    Encyclopaedia of Islam* (new), vol. 4 (Leiden: E. J. Brill, 1997), p. 672 참조.

어떤 일이 발생한다고 해도 그것은 아미르 [당신]의 책임이라는 내용을 적은 종이를 한 장 내게 주시오." 노루즈는 그런 내용을 쓴 종이를 주었고, 그를 구금과 속박에서 풀어주었던 것이다.

그런데 이제 [말릭 파흐르 앗 딘이] 그를 붙잡았으니 [노루즈는] 이렇게 말했다. "나는 네가 나의 피를 원할 정도로 어떤 나쁜 일을 너에게 한 적이 없었다. 만약 [나를 잡는 것 이외에] 다른 방법이 없다면 나의 회색 말과 칼을 내게 주라. 그래서 나 혼자서 말을 타고 저 군대 속으로 치고 들어가 싸우다가 죽게 하라. 그러면 나는 성전사(ghāzī)가 되고 순교자(shahīd)가 될 것이다." 말릭은 "이후로 당신은 다른 사람의 허벅지와 손 안에 있는 말과 칼을 보게 될 것이다."라고 말했다.

[파흐르 앗 딘은] 그를 붙잡았을 때 핫지 라마단의 머리를 잘랐다. 그리고 사자(使者)의 손에 그것을 들려 아미르 쿠틀룩 샤에게 보내고, 노루즈와 그의 형제들과 누케르들을 붙잡았다는 소식도 알렸다. 그리고 그에게서 안전보증서와 약조를 요구했다. 즉 그가 중재자가 되어 가잔 칸에게 헤라트인들의 죄를 [용서하도록] 청하고, 이런 내용으로 신성한 서약을 할 것을 요청하였다. 사자는 그 머리를 아미르 쿠틀룩 샤의 앞에 던지면서 말하였다. "말릭은 복속하려고 합니다. 그리고 '아미르의 축복과 행운으로 승리를 얻었으며, 노루즈와 그의 누케르들이 포로가 되고 포박에 묶인 신세가 되었다.'고 말합니다."

아미르는 핫지 라마단의 머리를 보자 그의 말이 사실이라는 것을 깨달았다. (R1281) 그래서 헤라트인들의 청원에 따라서, 호자 알라 앗 딘 키타이(Khwāja ʿAla al-Dīn Khitāī)로 하여금 엄정한 약정서를 쓰도록 했고 거기에 서약을 하였다. 그리고 아미르 불라드 키야(Amīr Bulād Qiyā), 호자 알라 앗 딘(Khwāja ʿAla al-Dīn), 잠의 셰이흐 알 이슬람 등을 사신으로 시내에 파견하여 이 서한을 전하게 했다. 그들이 도착하자 말릭은 극도의 환대로써 맞아주었고 예우를 갖추어 돌려보냈다. 그리고 "밤중에 노루즈의 손을 묶어서 아미르의 앞으로 보내겠습니다."라고 말했다. 그들이 돌아와서 상황을 설명하였다. 말릭은 밤중에 노루즈를 묶어서 한 무리의 구르 출신의 지휘관들에게 맡겨서 보냈다.

쿠틀룩 샤는 승리로 인하여 매우 기분이 좋아져서 그[=노루즈]에게 "어째서 이런 일을 하였는가?"라고 물었다. 그는 "나에 대한 야르구는 가잔이 할 수 있는 것이지 너는 아니다."라고 말했다. 그 뒤 아무리 심문하여도 그는 대답하지 않았는데, 그 까닭은 자신이 아무런 죄도 짓지 않았다고 생각했기 때문이다. 아미르 쿠틀룩 샤는 그를 아래로 끌어내려서 그의 [몸] 중간을 두 조각으로 내라고 명령했다. 그의 머리를 불라드 키야의 손에 들려 어전으로 보냈다. 그리고 거기서 바그다드로 보내어 몇 년 동안 누비(Nūbī) 성문의 나무 꼭대기에 달아놓았다. 그의 형제들인 나르군 핫지(Nārghūn Ḥājjī)와 불두크(Būldūq)도 역시 거기서 죽었다. 이는 696년 샤왈월 제23일(1297. 8. 14)에 일어났다.

사드르 앗 딘 잔자니의 지위가 상승하고, 아미르 노루즈의 처형으로 그의 처지가 호전된 것, 어기가 알라탁에서 타브리즈로 온 것, 타브리즈의 샴(Shamm)[124)]에 드높은 묘지(qubba)의 기초를 놓은 것에 관한 이야기

---

124) 샴(Shamm, al-Shamm, 혹은 al-Shanb라고도 불림)은 타브리즈 서북쪽 교외에 위치한 지구의 명칭. 샴이라는 이름의 촌락은 그전부터 존재했는데, 아르군의 치세에 그곳에 많은 건물을 지으면서 아르구니야(Arghūniyya)라는 이름으로 알려졌다. 가잔은 즉위한 뒤 1297년 자신의 능묘(qubba-i 'ālī)를 짓고 그 주변에 학교, 사원, 병원, 수도장, 관측대 등 많은 건물들을 지었다. 이러한 건물들의 복합체는 혜민구(惠民區, Abwāb al-Birr)라 불렸고, 이 위성도시는 샤미 가잔(Shamm-i Ghazān) 혹은 가자니야(Ghazāniyya) 등으로 불렸다. 이는 그의 재상 라시드 앗 딘이 '라시드구(區)(Rab'-i Rashīdī)라는 또 다른 교외 구역을 세운 것과 대칭을 이룬다. 이븐 바투타는 1327년 타브리즈를 방문했을 때 먼저 샴 지구에 투숙하며 대접을 받았다고 기록하였으며, 울제이투 칸

아미르 쿠틀룩 샤는 노루즈를 처형한 뒤 헤라트에서 이동하여 바슈란 (Bashūrān)[125] 목장에 숙영하였다. 그는 노루즈의 아미르들인 부라차르 (Būrāchar), 알린착(Alinchāq), 투켈 (R1282) 카라(Tūkāl Qarā) 및 한 무리의 다른 사람들을 죽였다. 카라순(Qarāsūn)은 도망쳐서 아미르 쿠틀룩 샤의 휘하에 있었다. 이슬람의 제왕은 알라탁에서 이동하여, [696년] 둘 카다월 제24일 (A283r) 금요일(1297. 9. 13) 타브리즈에 왔다. 다음 날 발투와 그의 아들을 타브리즈의 광장에서 야사에 처하였다. 사드르 앗 딘의 위치는 노루즈의 처형으로 상승하게 되었고 군주는 그에게 은사를 내려주고 알 탐가(赤印)[가 찍힌 칙서]를 하사하였다. 이슬람의 군주는 둘 히자월 초(9. 20)에 샴에서 타브리즈로 들어왔고, 모스크의 금요 기도에 참석하였다. 무수한 재화를 가난하고 약한 사람들에게 아낌없이 주라고 명령했고, 그다음 금요일에도 마찬가지로 그렇게 하였다.

(B259r) 696년 둘 히자월 제16일 토요일(10. 5) 샴이라는 곳에 있는 아딜리야 정원(Bāgh-i ʿĀdiliyya)에 높은 성묘의 기초를 세웠다.[126] 그는 그 일에 대해서 큰 관심과 흥미를 갖고 건축을 위한 장인들이나 인부들이 있는 곳을 항상 다녀가곤 하였다. 성묘의 지하실(sard-āb)의 기초가 지상으로 드러나자, 건축기사들은 "빛이 들어올 수 있도록 몇 군데에 구멍을 낼까요?"라고 물었다. 그는 "무엇 때문에 그러느냐?"고 말했고, 그들은 "지하에는 빛이 있어야 하기 때문입니다."라고 대답했다. 그러자 그

은 동영지로 향하기 전인 9~10월쯤에 여러 차례 샴 지구에 들러 유숙한 바 있다. F. Jamil Ragep, "New Light on Shams," in J. Pfeiffer ed. *Politics, Patronage and the Transmission of Knowledge in 13th-15th Century Tabriz* (Leiden: Brill, 2014), *p.* 234; 이븐 바투타, 『이븐 바투타 여행기 1』(정수일 역, 창작과비평사, 2001, p. 340: C. Melville "The Itineraries of Sultan Öljeitü, 1304-16." *Iran*, 28 (1990), pp. 64~65, 혜민구가 어떠한 건물들이 있고 어떤 기능을 했으며 어떤 방식으로 운영되었는지, 그 구체적인 내용에 관해서는 뒤의 칙령 제13화를 참조.

125) Thackston: Shuran.
126) 가잔이 자신의 묘를 생전에 짓기 시작했음을 말한다.

는 "그쪽의 빛은 이쪽에서 비치게 해야 할 것이다. 그러지 않을 경우 어쩌다 들어오는 태양의 빛은 그쪽에 있는 사람에게는 아무 소용이 없을 것이다."라고 대답하였다.

[696년] 둘 히자월 제18일 월요일(1297. 10. 7) 쿠틀룩 샤 노얀이 후라산에서 도착했다. 군주는 697년 무하람월 중순(1297. 11. 2)에 모든 아미르들과 함께 터번을 둘렀고, 다음 날에는 연회를 베풀었다. [69]7년 무하람월 제20일 금요일(11. 7) 나마즈 기도를 드린 뒤 타브리즈를 출발하여 아란의 동영지로 향하였다. 그루지아(Gurjistān)의 상황이 혼란스럽다는 소문이 들려왔다. 아미르 쿠틀룩 샤를 그쪽 길을 통해서 파견하여 그 지방을 정비하도록 하였다. 그는 신속히 돌아왔고 형제인 다우드 말릭(Dāūd Malik)과 하타낙(Khatānak)을 데리고 왔다. 그들에게 은사를 내린 뒤 돌려보냈다. 어기는 바쿠 방면으로 이동하여 며칠간 그곳에 머물렀다. 그 뒤 (R1283) 697년 라비 알 아히르월 제9일 금요일(1298. 1. 24) 키타이 오굴(Khitāī Oghūl) 왕자가 달란 나우르(Dālān Nāūūr)[127]에서 사망했다. [69]7년 주마디 알 아발월 제9일(1298. 2. 22)에 알추(Ālchū) 왕자가 달란 나우르에서 태어났다. 며칠간 연회와 오락을 즐겼다. 완!

사드르 앗 딘 잔자니의 처지가 흔들리고 [마침내] 그가 야사에 처해지게 된 이야기

697년 주마디 알 아발월 제13일 금요일(1298. 3. 28) 사이드 쿠틉 앗 딘 시라지(Sayyid Quṭb al-Dīn Shīrāzī)와 무인 앗 딘 후라사니(Muʿīn al-

---

127) 몽골어로 dalan은 70을 뜻한다. '달란 나우르'는 70개의 호수라는 뜻인데, 쿠라 강을 따라 세워진 방벽의 서쪽 끝에 위치한 지점으로 보인다. J. A. Boyle, "Dynastic and Political History of the Il-Khāns," *The Cambridge History of Iran* (vol. 5, Cambridge: Cambridge University Press, 1968), p. 374.

Dīn Khurāsānī)가 무릎을 꿇고 사드르 앗 딘 잔자니가 왕국의 재물에 관해서 위계를 범한 사실을 아뢰었다. 이 책의 저자인 라시드 타빕(Rashīd Ṭabīb)[128]과 사드르 앗 딘과의 사이에는 오래전부터 우호관계가 있었다. 디반의 사힙들 가운데 한 무리의 사람들이 우리들 사이에 적개심을 불어넣으려고 온갖 이야기들을 했지만 그런 것에는 신경을 쓰지 않았다. 이쪽에서 아무런 희망을 찾을 수 없게 되자, 그들은 사드르 앗 딘에게로 달려가서 거짓말을 함으로써 그를 분노하게 만들었다. [내가] 그런 것에 별다른 신경을 쓰지 않자, 사드르 앗 딘은 주마디 알 아히르월 중순 일요일(3. 30)에 나를 제거하고 비방하기 위해 군주의 어전에 무릎을 조아렸다. 나는 열심히 그[의 비난]에 대해서 답변을 하였다. 군주께서는 그에게 소리를 지르면서 "그는 너에 관한 [비방의] 이야기를 한 번도 내게 한 적이 없다."라고 하였다. 그제야 나는 말을 하기 시작했다. 군주는 "너는 그의 말에 대한 대답을 하여 자신의 혀를 더럽히지 말라. 자신의 성품과 도리를 잘 지켜라." 하고 말했다. 사드르 앗 딘[의 말]에 대한 나의 결백이 분명해지자, [사드르 앗 딘은 나를] 비방했던 그 무리를 극도로 괘씸하게 생각하게 되었다.

주마디 알 아히르월 말일 일요일(4. 14) 카라 쿠데리(Qara Kūderī)[129] 옆에서 타이추 오굴과 그의 동료들을 반란을 이유로 체포하였다. 그[= 타이추]를 모시던 한 셰이흐가 있었는데 그가 군주가 되리라고 예측했었다. 그런데 그가 그 일을 갑자기 (R1284) 군주의 고귀한 귀에 보고를 한 것이다. 라잡월 제2일(4. 15) 달란 나우르 부근에 새로 판 운하의 옆에서 타이추 오굴과 네 명의 누케르를 야사에 처하였다. 군주는 그 물을

---

128) 여기서 Rashīd Ṭabīb('의사 라시드')는 분명히 라시드 앗 딘을 가리킨다.

129) 몽골어로 qara küderi 즉 '검은 사향노루'를 옮긴 말이다. 쿠라 강에서 파낸 운하를 가리키는 것으로 보인다. J. A. Boyle, "Dynastic and Political History of the Īl-Khāns," p. 385.

건너 새로운 운하가 있는 곳에서 오르도들에 숙영하였다.

　군주가 달란 나우르에 있고 아미르 쿠틀룩 샤가 그루지아에서 돌아왔을 때, [가잔은] 그곳의 세금과 관련하여 사드르 앗 딘을 질책하였다. 사드르 앗 딘은 그를 두려워하여 아뢰기를 "쿠틀룩 샤의 하속인들이 그루지아 지방을 황폐하게 만들었습니다."라고 하였다. 군주는 그런 까닭으로 술에 취했을 때나 깨어 있을 때 아미르를 질책하였다. 아미르는 사드르 앗 딘에게 "누가 나를 어전에서 비방하여 질책을 받게 했는지 당신은 아는가?"라고 물었다. 사드르 앗 딘은 "라시드 타빕, 노루즈 날에"[130]라고 말했다.

　아미르 쿠틀룩 샤는 어전에서 밖으로 나왔는데 우연히 [나와] 조우하였다. 그는 "우리는 같은 케식에 있었다. 그동안 우리 사이에 서로 상처를 줄 만한 것은 하나도 없었다. 그런데 당신은 무엇 때문에 군주의 어전에서 나를 해하려고 하는가?"라고 말했다. 나는 대답하여 "내가 당신을 해칠 생각을 할 만큼 당신이 나에게 고통을 준 적은 한 번도 없었소. 당신은 누가 이러한 이야기를 했는지 어전에 고해야 할 것이오. 그렇지 않으면 소인이 어전에 가서 아뢰겠소."라고 말했다. (B259v) 그러나 그가 이 이야기를 하지 않았기 때문에, 나는 사냥터에서 그것을 아뢰었다. 군주는 아미르를 불러서 "내게 사실대로 말하라. 이 (A283v) 이야기를 너와 한 사람이 누구인가?"라고 하자, 그는 "사드르 앗 딘입니다."라고 하였다.

---

130) 여기서 '노루즈 날(rūz-i Nawrūz)'은 이란의 태양력으로 춘분에 해당되는 3월 21일경을 가리키는데, 왜 이 말이 여기 들어가 있는지는 분명치 않다. 아마 노루즈 날에 라시드 앗 딘이 가잔 칸에게 아미르 쿠틀룩 샤에 대한 비방을 했다는 의미일 수도 있다. Rawshan은 '노루즈 날'이라는 표현을 뒤 문장에 연결시켜 "노루즈 날에 아미르 쿠틀룩 샤는 ……"으로 이해했는데, 문맥상으로 볼 때 이 사건은 노루즈가 훨씬 지난 4월 하순경에 벌어졌기 때문에 받아들이기 어렵다. 여기서는 Thackston이 그러했듯이 '라시드 타빕'이라는 말과 이어진 것으로 이해했다.

이슬람의 제왕은 극도로 분노하여 "이 사람이 더 이상 계략과 혼란과 분란을 일으키지 않기를 바랐지만 더 이상 방도가 없다. 이러한 방식으로 행동하는 것은 그의 타고난 성품이기 때문이다."라고 말했다. 라잡월 제17일 수요일(4. 30) 사드르 앗 딘을 체포하라는 명령을 내렸다. 그의 형제 쿠틉 앗 딘도 마찬가지였다. 라잡월 제19일 금요일(5. 2) 사드르 앗 딘의 야르구가 열렸다. 그는 주저 없이 (R1285) 확신에 찬 말들을 했고 야르구치(yārghūchī)들의 호의를 사려고 하지도 않았다. 만약 그에게 말할 기회를 주었다면 그는 자신을 그 끔찍한 파멸의 심연에서 구해낼 수 있었을지도 몰랐다. 그러나 군주는 쿠틀룩 샤에게 사드르 앗 딘의 일을 끝내라고 명령했다.

697년 라잡월 제21일 일요일(1298. 5. 4) 오전에 잔다르(Jāndār) 운하에서 아미르 수에타이가 그의 한 팔을 붙잡고 파흘라반 말릭 구리(Pahlavān Malik Ghūrī)가 다른 팔을 붙잡았다. 아미르 쿠틀룩 샤가 그를 반으로 잘라버렸다. 그[=사드르 앗 딘]는 언제나 자신의 처지를 호전시키기 위해서 극도로 노력을 하고 온갖 분란을 일으키다가 마침내 원하던 곳에 이르렀지만, 지고한 알라께서는 그가 그것을 맛보지 못하게 하신 것이다.

어기는 거기서 빌레사바르로 이동하여 조금씩 이동을 계속하다가 샤반월 제12일 토요일(5. 25)에 도읍 타브리즈에 도착하였다. 샤반월 제21일 월요일(6. 3) 카디 쿠틉 앗 딘(Qāḍī Quṭb al-Dīn)과 그의 사촌 카왐 알 물크(Qawām al-Mulk)를 타브리즈의 바르주나(Varjūna) 성문에서 야사에 처하였다. 그들의 친족이었던 카디 제인 앗 딘(Qāḍī Zayn al-Dīn)은 바라트(Barāt)[131] 밤(5. 28)에 타브리즈의 감옥에서 도망쳐서 길란 방면

---

131) 샤반월 제15일 밤을 가리킨다.

으로 갔다. 2~3년 뒤에 다시 돌아왔다가 또 도망쳤다. 그러나 그는 붙잡혀서 죽임을 당했다.

　[69]7년 샤왈월 제10일 일요일(7. 21) 타브리즈의 평민들이 소란을 일으켜 남아 있던 교회들을 파괴했다. 이슬람의 제왕은 분노하여 선동자들 일부를 처형하였다. 둘 카다월 제9일 월요일(8. 18) 순착 노얀의 아들 사르반(Sārbān)이 타브리즈에서 사망했다. 둘 카다월 제25일(9. 3)에는 주치 카사르 일족인 보롤타이 오굴(Bōroltāī Oghūl)이 타계했다. (B260r) (R1286)

어기가 도읍 타브리즈에서 바그다드의 동영지로 향한 것, 호자 사아드 앗 딘을 재상으로 임명한 것, 술라미시의 반란에 관한 소식이 도착하고 그것을 막기 위해 군대가 간 이야기

(A284r) 697년 둘 히자월 제3일 목요일(1298. 9. 11) 도읍 타브리즈를 출발하여 바그다드의 동영지로 향했고 우잔 방면으로 이동하였다. 왕국들을 관할하는 재상의 직책을 대사힙(ṣāḥib-i a´żam)인 호자 사아드 앗 딘에게 내려주었는데, 그는 과거에 여러 가지 봉사를 했고 또 그 후에도 계속 공을 세웠으며 확고한 충성을 바쳤고, 군주를 모시고 진력하는 여러 가지 사항과 관례들을 은밀하게 또 공공연하게 잘 수행해왔다. 데르벤드 방면을 방어하기 위해 아미르 노린을 아란 쪽으로 파견하였다. 698년 무하람월 제2일 금요일(1298. 10. 10)에 하마단 부근에 있는 자크 목장에 숙영하였다. [같은 무하람월에 노카이 야르구치의 아들인 에센 부카 쿠레겐(Īsen Būqā Kūregā)이 사망했다.

　무하람월 제27일(11. 4) [가잔 칸은] 파라한(Parāhān)[132)]에서 이동하여][133) 부루지르드(Burūjird) 부근에서 하마단의 발리(wālī)였던 아부 바크르 다드카바디(Abū Bakr Dādqābādī)의 죄를 확인한 뒤에 그를 야사에 처하였다. 쿠르드인들이 사는 쿠히스탄(Kuhistān)[134] 방면으로 나갔다가 사파르월 제21일 토요일(11. 29) 와시트(Wāsiṭ)[135] 변경에 있는 주킨(Jūqīn) 목장에 숙영하였다. 그는 거기서 바타이흐 시브(Baṭāïḥ Sīb)를 통과하여 와시트로 나왔다. 그러는 동안에 술라미시가 반란을 일으켰다는 소문이 룸 지방에서 계속해서 들어왔다.

그 이야기는 다음과 같다. 발투를 야사에 처했을 때 이슬람의 군주는 룸의 아미르직을 바얀차르, 부츠쿠르(Būchqūr), 도쿠즈 티무르(Dōqūz Tīmūr) 등의 아미르들에게 주었다. 술라미시 자신은 룸의 군대에서 가장 높은 아미르(amīr al-'umarā)였다. 술탄 마스우드가 발투의 누케르였다는 중상모략을 받아 해임되고, 술탄의 자리를 그의 조카인 알라 앗딘 카이코바드 즉 파라마르즈(Farāmarz)의 아들에게 주었다. 전술한 아미르들은 함께 (R1287) 룸으로 갔다. 그해 겨울은 그 부근이 혹심하게 추웠고 눈도 엄청나게 많이 와서, 길들이 막혀 소식이 끊기게 되었다. 오르도의 정황이 바뀌었다는 소문이 돌았고, 술라미시는 이러한 움직임에 대응하여 아크발(Aqbāl)과 타시 티무르(Ṭāsh Tīmūr) 및 한 무리의 사람들과 연합하여, 갑자기 바얀차르와 부츠쿠르를 붙잡아 죽이고 반목을

---

132) 하마단 동쪽 120킬로미터 지점이며, 술타나바드(Sulṭānābād), 현재 아라크(Arāk) 북방 50킬로미터 지점에 위치. Farāhān이라고도 표기.

133) [ ]은 A본에 없고 B본에 보인다.

134) 일반적으로 쿠히스탄이라고 하면 이란 동북부 니샤푸르 남쪽에서 아프가니스탄 변경 지역에 이르는 산지를 가리킨다. 그러나 본문에서는 쿠르드인들이 사는 쿠히스탄이라고 하였고, 또 가잔이 1298년 11월 4일 파라한을 출발하여 쿠히스탄을 거쳐서 11월 29일에 와시트 부근에 도착했다고 한 것으로 볼 때, 여기서 말하는 '쿠히스탄'은 쿠르드인들이 다수 거주하는 키르만샤 남쪽의 산간 지역을 가리킨다고 보는 것이 타당할 것이다.

135) 바그다드에서 동남쪽으로 200여 킬로미터 떨어진 곳에 위치한 도시명이자 지역명. '와시트'라는 아랍어가 '가운데'를 뜻하는데, 유프라테스 강과 티그리스 강 사이에 위치해 있기 때문에 붙은 이름이다.

시작하였다. 그는 시리아와 여러 변경 지역에서 군대를 초집하기 시작했고, 다니시만드(Dānishmand)[136]의 지방들 즉 카자베(Qāzāve) 평원에 주둔하고 있던 군인들을 자기 아래에 복속시켰다. 그는 수없이 많은 부랑자와 무뢰배들을 끌어모으고 그 지방들의 재화와 재산을 병사들에게 주어서, 거의 5만 명에 가까운 기병을 자기 주위에 모았다. 그리고 시리아인들은 지원병으로 2만 명을 책임지기로 했다. 그는 한 무리의 사람들에게 아미르라는 호칭을 주고 깃발(sanjaq)과 북(naqāra)을 주었다. 길은 막혔고 이쪽에서 가는 사신들과 전령들이 갈 수 없게 되자 그의 오만은 더욱 커져만 갔다.

그 소식이 이슬람의 제왕 가잔 칸의 귀에 들어가자, 698년 주마디 알 아발월 제12일 일요일(1299. 2. 15)에 그들을 진압하기 위해 아미르 쿠틀룩 샤를 군대와 함께 디야르 바크르 길을 거쳐서 룸으로 가도록 했다. 아미르 추판 바하두르는 선봉으로 먼저 출발했고, 뒤이어 아미르 쿠틀룩 샤와 아미르 수에타이가 군대를 이끌고 진군했다. 봄에 양측 군대가 아르진잔(Arzinjān)의 악크 샤흐르(Āq Shahr) 평원에서 조우했다. 698년 라잡월 제24일(4. 27)에 교전과 공격이 있은 뒤 술라미시가 패배하였고 시리아 지방으로 향하였다. 그의 아미르들은 붙들려 끌려왔다.

이슬람의 제왕은 주킨(Jūqīn)에서 바그다드를 향해서 이동하였고 [698년] 주마디 알 아발월 제21일 화요일(2. 24)에 닐(Nīl) 시에서 '신도들의 수장'인 알리—그에게 평안이 있기를—의 성묘[137]로 향했으며 그

---

136) 룸 지방, 즉 아나톨리아 고원의 북부 카파도키아(시바스가 중심) 지방을 1070년부터 1178년까지 통치했던 투르크멘 왕조의 명칭. 창건자 아미르 다니시만드(Amīr Dānishmand)에 대해서는 별로 알려진 바가 없다. 이 왕조에 대해서는 I. Mélikoff, "Dānishmendids," *The Encyclopaedia of Islam* (new edition), vol. 2 (Leiden: E. J. Brill, 1991), pp. 110~111 참조.
137) 이맘 알리의 성묘는 쿠파 서남쪽 5킬로미터 지점에 위치한 Najaf에 있다. 닐에서 서남쪽으로 70킬로미터 정도 떨어진 곳이다.

곳을 참배하였다. 성묘에 머무는 사람과 그 주위에 있는 사람들을 위무하고 선물과 희사를 내렸다.

(R1288) 주마디 알 아발월 제29일 수요일(3. 4) 시리아와 에집트의 한 무리의 아미르들, 즉 세이프 앗 딘 킵차크(Sayf al-Dīn Qipchāq), 세이프 앗 딘 벡 티무르(Sayf al-Dīn Bīk Tīmūr), 일베기(Ilbegī), 아자르('Azār) 등은 에집트의 하킴인 라친(Lāchīn)과 마음이 맞지 않게 되어 (B260v) 300명의 기병과 함께 왔다. 그들은 라스 알 아인(Rā's al-'ayn)[138]에서 라친의 사망 소식을 듣고 후회하였지만 달리 방법이 없었다. 그들은 와서 사실과 진실을 불문하고 온갖 이야기를 아뢰었다.

이슬람의 군주는 주마디 알 아히르월 제3일(3. 8)에 바그다드에 숙영하였고, 같은 달 제15일 목요일(3. 20)에는 바그다드에서 말을 타고 메이단(Maydān)을 향해서 출발했다. 복속해왔던 에집트인들 가운데 불란(Būlān)[139]이 한 무리의 사람들과 함께 도망쳤다. 병사들이 그들을 추격하였는데, 대부분의 시리아인들을 죽이고 일곱 명을 포로로 잡아 끌고 왔다. 불란은 혼자서 도망쳐서 빠져나갔다.

698년 샤반월 초(1299. 3. 4) 부카(Būqā)라는 자가 지휘하는 카라우나스의 한 천호가 타룸(Ṭārum)[140] 부근에 주둔하고 있었는데 도망쳐서 이라크 길을 거쳐서 밖으로 나갔다. 야즈드와 키르만 변경을 경유하였는데 도중에 약탈을 하기도 했으며, 비니가브(Bīnīgāū)[141]에서 네구데리무리(Negūderiyān)와 합류했다.

샤반월 제14일 토요일(5. 17) 야글라쿠 슈쿠르치(Yaghlāqū Shukūrchī)

---

138) 시리아 북부 변경 도시. 터키와 접경지대에 위치해 있다.
139) Thackston은 Bolar.
140) 잔잔과 카즈빈 사이에 위치한 지명.
141) 아프가니스탄의 가즈니 시에서 서북으로 160킬로미터 지점에 위치.

가 룸에서 좋은 소식을 가지고 왔다. 즉 아미르 추판과 바쉬구르드(Bāsh-ghurd)가 술라미시를 패배시켰고, 그는 소수의 사람들과 함께 도망쳤으며, 그가 데리고 있는 군대는 모두 투항해왔다는 것이다. 그와 함께 갔던 일치데이 쿠슈치(Īlchīdāī Qūshchī)의 형제 알구(Ālghū)를 죽였다. 일게이 노얀의 아들인 우룩투 노얀의 아들 아크발(Āqbāl)과 타시 티무르 키타이[142]를 붙잡아서 데리고 왔다. 이슬람의 제왕은 수구를룩 변경에 속하는 쿠치니 부주르그(Qūchīn-i Buzurg)에 숙영하였다. 쿠르반 시레 (Qurbān Shīre)에 있을 때 노린 아카가 아란에서 귀환하여 도착했다.

[샤반월 제25일(5.28) 어기는 우잔에 숙영하였다. 하르반다 왕자가 후라산에서 왔고][143] 형제는 서로 얼굴을 보자 기뻐하며 미더워했다. 쿠릴타이와 연회를 시작했다. (R1289) 쿠릴타이가 끝나고 샤반월 제28일 (5. 30)에 아크발을 야사에 처하였다. 라마단월 제24일 수요일(7. 17)에 (A284v) 술라미시와 함께했던 룸의 아미르들, 즉 케르제(Kerze), 체르케스(Cherkes), 에센(Īsen) 등을 처형하였다. 698년 샤발월 제16일 목요일 (7. 17) 이슬람의 제왕은 아바타이 노얀의 아들인 쿠틀룩 티무르의 딸 케레문 카툰(Kerāmūn Khātūn)과 혼인하였다. 600투만의 신부대[144]를 지불했고 잔치를 벌였다. 그녀를 대오르도에 들여서 도쿠즈 카툰의 자리에 앉혔다. 둘 히자월 초(8.30)에 하르반다 왕자로 하여금 후라산으로 돌아가서 그 왕국들을 혼란스럽지 않도록 잘 보살피라고 명령했다.

둘 히자월 제14일 금요일(9.12) 어기는 도읍 타브리즈에 숙영하였다. 술라미시를 붙잡아서 룸에서 데리고 왔다. 둘 히자월 제29일 화요일(9. 27) 타브리즈의 광장에서 그를 끔찍한 모양으로 죽이고, 시체를 불에 태

---

142) 앞에서는 '타시 티무르'라고 하였다.
143) [ ]의 내용은 B본에만 보인다.
144) 원문에는 'WAL MAHR. mahr는 신부대를 뜻하지만 'WAL이 무슨 의미인지는 불분명하다.

위 바람에 날려 보냈다. 이슬람의 제왕이 안염이 생겨 고통을 받자, 사람들은 눈병을 예방하기 위해 야생 운향(芸香)을 태우고 기도를 올렸다. 완!

이슬람의 제왕이 시리아와 에집트 방면으로 향한 것, 에집트인들과 전투를 벌여서 그들을 패배시키고 시리아 지방을 정복한 이야기

이슬람의 제왕이 상서로운 시각에 타브리즈로 왔던 바로 그 시기에 룸과 디야르 바크르 방면에서 사신들이 연이어 도착해서 소식을 전해왔다. 시리아인들이 그 지방의 변경으로 와서 약탈을 하고 있으며, 도로를 습격하고 곡식을 불태우며 무슬림들에게 피해를 입히고 있다는 것이었다. 그들은 마르딘을 포위하고 매우 많은 무슬림들을 포로로 끌고 갔다. (R1290) 라마단월인데도 모스크에서 무슬림의 딸들과 음란한 일에 몰두했고 더러는 술을 마시기도 했다. 마르딘 성채의 사람들은 그들의 악행을 피했지만 나머지 도시와 지방은 모두 약탈을 당했다. 그들은 거기서 두니시르(Dunīsir)[145]로 갔고 거기서 똑같이 흉악한 행동을 하였다. 라스 알 아인에서도 마찬가지로 그렇게 하려고 했지만 그곳 사람들은 용맹한 병사들이었고, 도시의 골목들에서 격렬한 전투를 벌여 [시민들이] 승리를 거두었다. 그러나 그들은 도시 밖에 있는 것을 전부 차지하고 동물들과 기타 다른 것도 모두 끌고 갔다. 그들은 끌고 간 무슬림들을 알레포에서 (B261r) '감사비'라는 명목으로 엄청나게 비싼 값으로 되팔았다.

이러한 이야기가 이슬람의 제왕의 고귀한 귀에 들어가자, 그는 총력

---

145) Düneysir라고도 불림. 마르딘에서 서남쪽으로 17킬로미터 지점에 위치하며, 현재의 지명은 크즐테페(Kiziltepe)이다.

을 다해서 종교를 위해 분투하고 이슬람을 보호하고자 했고, 그 역도들의 악행을 막는 것이야말로 자신이 마땅히 해야 할 일이라고 생각했다. 이슬람을 수호하는 이맘들과 학자들에게 법률적 의견을 청하자 그들은 모두 파트와(fatwa)[146]를 냈는데, 그들이 이슬람의 제왕의 관할 아래에 있는 무슬림들의 왕국에 대해서 저지르는 악행을 막는 것이야말로 통치자의 의무이자 필요한 일이라는 내용이었다. 그는 칙령을 내려 군대를 결집시키라고 하였고, 아미르들에게는 방책을 세운 바에 따라 우측과 좌측으로 진군하도록 했다.

어기는 699년 무하람월 제19일 금요일(1299. 10. 16) 시리아 원정을 위해서 도읍 타브리즈를 출발하여 이동하기 시작했다. 다음 날 도시의 교외에서 마라가로 이동하였고, 데흐호레간(Dehkhwāregān)에서 노린 아카를 아란으로 되돌려보냈다. 사파르월 제10일(11. 6)에 [잡(Zāb)] 강[147]을 건너서 카샤프(Kashāf)[148] 성채와 마주하며 숙영하였다. 사파르월 제14일 화요일(11. 10) 쌍어궁(雙漁宮)[149]이 떠오르는 상서로운 시각에 그는 출정했고, 카툰들은 배웅차 갔다가 모술에서 작별을 고하고 돌아갔다.

사파르월 제25일 토요일(11. 21) 니시빈(Niṣībīn) 부근에 도착하여 군대를 사열하였다. 제27일 월요일(11. 23) 쿠틀룩 샤 노얀을 군대와 함께 선봉으로 출발시켰다. 라비 알 아발월 제12일 화요일(12. 7)에 상서로운 시각에 자아바르(Jaʿbar)와 (R1291) 시핀(Ṣiffīn)[150] 성채의 맞은편으로

146) 무프티(muftī)라 불리는 법학자들이 율법적인 문제에 대해 내는 법적인 의견서.
147) 터키의 동남 변경 지역 타우루스 산맥에서 발원하여 남쪽으로 흐르다가, 이라크의 모술과 아르빌 사이를 서남쪽으로 흘러 티그리스 강과 합류한다.
148) 이란 서북부 후라산의 마쉬하드 부근에 카샤프루드(Kashafrūd)라는 강이 있으나 본문에서 말하는 성채는 그곳에 있는 것이 아님이 분명하다. 아마 잡 강을 건넌 뒤 니시빈으로 향하는 도중에 위치한 성채일 것이다.
149) 황도 12궁의 마지막인 물고기자리이며, 화성이 머무는 자리이기도 하다. 저녁 7시경에 뜬다.
150) 자아바르는 유프라테스 강 우안에 위치한 성채의 이름이다. 니시빈에서 서남쪽으로 270킬로미터

유프라테스 강을 건넜다. 적들로부터 좋은 소식이 왔는데 그들 사이에 분란이 일어났다는 것이다. 라비 알 아발월 제17일 일요일(12. 12) 어기가 알레포 시에 도착했고, 거기서 이동했는데 도중에 어떤 경작지에 이르렀다. 군인들은 [말들에게] 곡식을 먹일 수 있게 되었다며 기뻐했다. 그러나 군주는 고삐를 돌려서 곡식[이 있는 곳] 옆을 지나 밖으로 갔다. 그리고 명령하기를 "이 곡식이건 다른 곡식이건 발견하게 될 경우 그것을 먹는 자는 어느 누구든 아사에 처할 것이다. 왜냐하면 사람이 먹을 곡식을 동물에게 주어서는 안 되기 때문이다."라고 하였다.

라비 알 아발월 제19일 화요일(11. 15) 사르민(Sarmīn)[151]의 변경에 도착했다. 모굴타이 이데치(Moghūltāī Idāchī)[152]가 한 무리의 킵착크 출신 누케르들과 함께 도망쳤다. 라비 알 아발월 제25일 월요일(11. 21) 하마 시를 지나서 살라미야(Salamīyya)[153] 시의 맞은편에 숙영하였다. 거기서 적의 척후(yazak)들이 나타났다. 이슬람의 제왕은 자신의 병사들이 넋을 놓고 있으며 전투를 할 준비가 되어 있지 않다고 보았다. 그는 상서로운 시각에 한 무리의 용사들과 함께 말을 타고 전투할 지점까지 가서 유심히 관찰하고 적의 상황에 대해서 소식을 확보하였다.

그는 적이 출현했다는 소문을 군영이 있는 곳에 퍼트리라고 명령하였다. 병사들은 정신을 차리고 모두가 무기를 갖추기에 바빴으며 전투를 준비하게 되었다. 그 뒤 아미르 추판이 돌아왔다. 그는 "적은 없다. 이러

지점. 또한 여기서 언급된 시핀 역시 유프라테스 강 우안에 있던 지명인데, 657년 칼리프 알리와 시리아 총독 무아위야 사이에 유명한 전투가 벌어진 곳으로, 자아바르 성채 가까이에 위치해 있다.

151) 시리아 서북방의 도시. 사르민 시는 자아바르 성채에서 서쪽으로 130킬로미터 정도 직진하면 만나게 된다. 몽골군은 사르민 시로 들어가지 않고 그 동쪽 변경에서 약 100킬로미터 남하하여 살라미야로 간 것이다.

152) Rawshan은 ADAJY가 아니라 AJAJY로 읽었다.

153) 홈스(Homs) 동북방 40킬로미터 지점.

한 소문을 퍼트린 이유는 우리가 적에게 가까이 접근했을 때 정신을 바짝 차리고 (A285r) 전투를 준비하기 위해서였다."라고 말했다. 그는 뭉케 티무르의 시대에 배치했던 것과 동일한 지점에 주둔하였다는 사실을 알게 되었다. 즉 [적이] 좋은 자리를 차지하면 이쪽은 나쁜 자리에 위치할 수밖에 없을 것이다. 그는 그들의 전열을 어떻게 하면 흐트러뜨릴 수 있을까 고민하였다. 그래서 자신의 왼편, 즉 그들의 오른편으로 이동하도록 했다.

라비 알 아발월 제27일 수요일(1299. 12. 22) 그는 홈스 시에서 3파르상 떨어진 (R1292) 작은 강(āb-i bārīk)[154]가에 숙영하였다. 그리고 사흘치의 물을 퍼오도록 명령하고는 황야 길로 왔는데, 이는 적의 후방을 치기 위해서였다. 그들은 그쪽 방향으로 향할 수밖에 없을 것이고, 이는 결국 적의 전열을 교란시킬 것이다. 사람들은 물 긷기에 몰두했고, 에집트인들은 몽골군이 패주할 것에 대비하여 이동하는 것이라고 생각했다. 목요일에 전투를 벌이기로 결정되었지만 그들은 [몽골군이] 도주할 것이라고 생각하고 수요일에 모두 말을 타고 [우리의] 맞은편에 왔다.[155]

이슬람의 제왕 가잔 칸은 적이 도착했다는 사실을 알고는, 모든 병사들과 함께 두 차례에 걸쳐 기도를 드린 뒤에 출정하였다. 그는 거기

---

154) 홈스는 힘스(Hims)라고도 불린다. 동쪽에서 북쪽으로 흘러 지중해로 들어가는 오론테스(Orontes) 강의 지류일 것이다.

155) 본문의 내용을 바탕으로 당시의 상황을 재구성해보면, 가잔은 홈스 동쪽을 흐르는 오론테스 강가에 숙영하면서 홈스 공격을 준비했는데, 적의 저항이 강할 것을 고려하여 강에서 사흘치 물을 길어 준비한 뒤 남쪽의 황무지를 우회하여 홈스의 후방(남쪽)을 공략할 계획을 세웠던 것 같다. 강가의 숙영지가 홈스에서 3파르상 즉 20킬로미터 정도 떨어진 곳이라면 즉각 공격이 가능한 거리였으니 사흘치 물이 필요할 리가 없었을 것이다. 따라서 강에서 많은 물을 긷고 있는 몽골군을 본 홈스의 맘루크 군대는 적이 아마 퇴각하기 위해서 물을 비축하는 모양이라고 판단하고, 몽골군에 대한 즉각적인 공격을 개시한 것이다. 따라서 가잔은 자신의 전략을 전개할 여유도 없이 적과 전투에 돌입할 수밖에 없는 상황을 마주한 셈이다.

에 있던 병사들을 데리고 적을 향하여 갔다. 우익의 선두에는 아미르 물라이가 있었고, 그다음에는 아미르자데 사탈미시가, 그의 뒤에는 아미르 쿠틀룩 샤가, 그의 뒤에는 야민(Yamin)과 무르타드(Martad)가 각자의 투만을 이끌고 있었다. 중군에는 이슬람의 군주가 산처럼 장엄하게 버티고 있었고, 중군의 선봉에는 추반과 술탄(Sulṭān)[156]과 같은 아미르가 있었는데, 추반이 오른쪽에 술탄이 왼쪽에 위치했다. 중군의 우익에는 토그릴차가 있었는데, 그는 아주 (B261v) 슈쿠르치(Ājū Shukūrchī)의 아들이었다. 대중군의 뒤에는 가복들이 있었다. 그 뒤로는 일바스미시(Īlbāsmīsh)가 자신의 만호(tūmān)와 함께 있었고, 그 뒤로는 치첵(Chīchāk)이, 그의 뒤에는 알리낙의 아들인 쿠룸시가 있었고, 모든 사람들의 뒤에 쿠르 부카 바하두르(Kūr Būqā Bahādur)가 배치되어 측면을 관할하였다.

병사들이 모두 출정하여 전열을 갖추고 전투에 들어가기 전에, 시리아인들은 자신들의 수가 엄청나게 많다는 사실에 자만하였는데, "발이 뱀의 꼬리를 밟고 손이 가시 끝에 있다."는 것은 알지 못했다. 쿠틀룩 샤 노얀은 "북을 쳐라!" 하고 명령했다. 에집트인들은 군주가 그 전열 안에 있을 것이라고 생각했다. 그들은 일제히 그곳을 향해서 공격했다. 천호대들이 차례로 다가왔고, 전열을 흩트리고 용사들을 무너뜨렸다. 아미르의 군인들 가운데 많은 사람들이 죽거나 부상을 당했다. 아미르는 한 무리의 기병들과 함께 어전에 합류하였다. 에집트인들은 뭉케 티무르의 때에 했던 방식대로 (R1293) 이사 무한나(ʿĪsa Muhannā)에게 5,000명의 아랍 기병들을 측면에 매복시켰다. 이슬람의 제왕은 이를 눈치채고 쿠르 부카에게 5,000명의 몽골 기병을 데리고 군대의 후방을 살피라고 명

156) 여기서 '술탄'은 칭호가 아니라 추판과 함께 중군을 지휘했던 한 아미르의 이름으로 보이는데, 구체적으로 누구인지는 확인되지 않는다.

령했다. 전투가 벌어지는 도중에 갑자기 아랍 병사들이 매복에서 튀어나왔다. 쿠르 부카는 그들을 향해 돌진하여 그들 모두를 흩트렸다. 이슬람의 제왕은 계곡(wādī)의 오른쪽에서 외치는 소리를 들었다. "두려워 말라! 너희는 포악한 종족으로부터 구원을 받았노라."[157] 이 같은 영감을 받아 그의 축복받은 존재 안에 강력한 힘이 나타났고, 그는 마치 숲속의 사자처럼 고함을 지르며 적군의 전열을 끊어버리고, 영웅들을 창 끝으로 찌르면서 그들을 무너뜨렸다. 그는 병사들에게 내려오라고 고함을 질렀고, 그들은 화살을 비처럼 쏟아대며 다시 말에 올라타 그들[=에집트인들]을 향해서 공격을 가하였다.

전투는 오전부터 밤까지 계속되었고 마침내 에집트인들은 패배를 당하고 도주했다. (A285v) 전투가 끝났을 때 아비시카가 룸에서 도착했는데, 시스(Sīs)의 테그부르(tegvūr)[158]와 5,000명의 사람들을 대동하고 왔다. 이슬람의 제왕은 에집트인들을 추격하여 홈스 북쪽에 이를 때까지 천천히 진격했다. 도시에서 1파르상 떨어진 곳에 숙영했다. 홈스 시와 성채의 주민들은 복속했다. 라비 알 아발월 제2일 일요일(1299. 12. 27)에 그들은 에집트 술탄의 재고를 위탁했고, [가잔은] 그것을 아미르들에게 나누어 주었다. 대다수의 아미르들에게 에집트 술탄의 의복들을 입혀주었다. (B262r) 다음 날 다마스쿠스를 향해서 이동했고, 승리의 기쁜 소식을 알리는 사신들을 도읍인 타브리즈를 비롯하여 왕국의 여러 지역으로 파견했다. 라비 알 아히르월 제6일 목요일(12. 31)에 다마스쿠스의 사드르들, 대인들, 귀족들이 마중하러 나왔고 복속을 요청하고 감관을 둘 것

---

157) 『쿠란』 28:25.
158) 시스(Sīs)는 킬리키야(소아르메니아) 지방에 있는 한 도시이다. 테그부르(tegvūr 혹은 tegfūr)는 룸 셀죽크와 초기 오스만 시대에 킬리키야 지방의 군주를 가리키던 호칭. 아르메니아어로 '왕관의 소지자(crown bearer)'를 뜻하는 taghavor에서 기원한 것으로 추정된다. A. Savvides, "Tekfur," *The Encyclopaedia of Islam* (new edition), vol. 10 (Leiden: E. J. Brill, 2000), pp. 413~414 참조.

을 희망했다. 쿠틀룩 키야(Qutlugh Qiyā)를 그곳의 감관으로 임명하였다. 다마스쿠스 주민들 다수가 어전으로 달려 나왔고 그 어전의 축복의 그림자 안에서 은신처를 구했다.

이슬람의 제왕은 그들에게 "내가 누구인가?"라고 물었다. 그들은 모두 목소리를 (R1294) 높여서 "칭기스 칸의 아들 톨루이 칸, 그의 아들 훌레구 칸, 그의 아들 아바카 칸, 그의 아들 아르군 칸, 그의 아들 샤 가잔입니다."라고 하였다. 그러고 나서 다시 물었다. "나시르(Nāṣir)[159]의 아버지는 누구인가?" 그들은 "알피(Ālfī)입니다."라고 대답했다. 그가 "알피의 아버지는 누구인가?"라고 하자 모두가 당황했다. 그 종족의 술탄국은 어쩌다 생긴 것이지 적법한 것이 아니며, 또 그들 모두가 이슬람의 제왕의 조상들이 속한 유명한 일족(ūrūgh)의 노예였다는 것을 모두 다 알고 있었다. 이슬람의 제왕은 그들에게 말하기를 "너희들 생존한 사람들 가운데에는 [더 이상] 좋다고 할 것이 없다. 그러나 너희들의 [조상들, 즉] 죽은 자들 가운데에는 [그래도] 좋고 축복받을 만한 것들이 많았다. 너희 무지한 자들의 죄과를 이 죽은 사람들을 생각하여 용서하겠노라."고 하였다. 다마스쿠스 주민들은 대단히 기뻐하였고 그를 축복하는 기도를 올렸다.

라비 알 아히르월 제12일(1300. 1. 6)에 그는 광장을 구경하러 갔다. 그 주변이 매우 번성하고 있는 것을 보고 보존할 필요가 있다고 생각했다. 그는 한 무리의 수비병들을 바비 투마(Bāb-i Tūmā) 성문에 배치하여 병사들이 도시민들을 해치지 못하도록 하였다. 그리고 7개의 다른 성문을

---

159) 당시 맘루크의 군주는 나시르 앗 딘 무함마드 빈 칼라운(Nāṣir al-Dīn Muḥammad b. Qalāwūn, 재위 1293~1294, 1299~1309, 1310~1341). 그는 세 차례에 걸쳐 즉위하고 통치했다. 그의 부친 칼라운(Qalāwūn)은 원래 킵착 투르크인이었다. 1240년대에 노예 신분이었다가 아윱 왕조의 술탄 알 카밀(al-Kamīl)에게 팔려 온 뒤 알피(Ālfī)라는 별명으로 알려졌다. 아랍어로 ālf는 '천(千)'을 뜻하는데, 그가 1,000디나르의 가격에 팔려 왔기 때문에 붙은 별명이었다.

닫아 걸게 하고, 병사들로 하여금 정원들을 돌아다니거나 피해를 끼치지 못하게 하라고 명령했다.[160]

다마스쿠스의 아미르직은 킵차크에게 주었는데, 그는 그전에 그곳에 아미르로 있었지만 복속하러 나왔기 때문이다. 감관직은 쿠틀룩 키야에게 주고, 세금의 장악과 관리는 과거의 관례대로 파흐르 앗 딘 이븐 알 시르지(Fakhr al-Dīn ibn al-Shīrjī)와 사이드 제인 앗 딘(Sayyid Zayn al-Dīn)에게 맡기면서, 과거에 해왔던 대로 사무를 처리하라고 명령했다. 그리고 만약 중요한 사무가 생기면 어전의 재상들에게 알리라고 하였다. 또한 그곳에 있었던 술탄의 신하들, 예를 들어 재고의 서기들과 군대의 서기들 및 기타 다른 무리들을 위무하고 전처럼 업무를 계속 보도록 하였다.

아미르들이 청원하기를 "성채[161]의 사람들이 복속하지 않고 있으므로, 아무래도 도시의 주민들 역시 우리를 제대로 믿지 않을 것입니다. 최상의 방책은 도시를 약탈하는 것입니다."라고 말했다. 모든 아미르들이 이 점에서는 의견이 일치했고, 이런 연유로 도시 주민들은 극도로 당혹하고 곤란해했다. (R1295) 그러나 이슬람의 제왕은 자비심을 가졌고 그러한 주장을 달가워하지 않았다. 그는 칙명을 내려 "어떤 사람이라도 그곳의 주민들을 해치거나 괴롭혀서는 안 된다. 아미르나 병사들 가운데 어시 안으로 가고자 하는 사람이 있다면, 어느 누구라도 디반에서 정해 준 서찰을 소지해야 하며, 그렇지 않으면 절대로 그곳에 가서는 안 된다."라고 하였다.

---

160) 당시 다마스쿠스에는 7개의 성문이 있었고, 이 가운데 투마 성문은 동쪽에 난 것이다. Tūmā라는 말은 Thomas 즉 예수의 열두 제자 가운데 사도 도마의 이름에서 나온 것인데, 과거 다마스쿠스에 기독교가 번창하던 시대의 유산이라고 할 수 있다.

161) 다마스쿠스 시는 성벽으로 둘러싸여 있었는데, 가장 북쪽 모서리에 성벽 안쪽으로 성채가 자리 잡고 있었다.

그달 제18일 화요일(1300. 1. 12)에 칙명에 따라 정원들 안으로 들어가서 성채 공격용 만자니크를 만들기에 적당한 나무들을 잘랐다. 한 무리의 쿠텔치(kūtālchī)[162]들, 아르메니아인, 그루지아인, 배교자들이 자발 알 살리히야(Jabal al-Ṣāliḥiyya)[163]를 습격하여 살육과 약탈을 저지르고 사람들을 포로로 끌고 갔다. 이슬람의 제왕은 이 일에 분노하여 즉시 키트 부카의 아들 코니치(Qōnichī)의 아들 아라기(Araghī)에게 명령하여 그곳으로 가서 사람들을 보호하라고 하였다. 약탈을 행한 사람은 야사에 처하라고 했다. 그가 도착했을 때는 병사들이 파괴를 저지르고 흩어진 뒤였다. 그 뒤 그루지아인들과 아르메니아인들의 집들을 뒤져서 포로들을 구해 풀어주었다.

라비 알 아히르월 제29일 토요일(1300. 1. 23) 도망친 적들을 쫓아 가자(Ghaza)까지 갔던 아미르 물라이가 돌아왔다. 날씨가 더워지려 했기 때문에, 군주는 에집트의 반도들 편을 들었던 성채 안의 사람들에 대해서는 별다른 관심을 기울이지 않았다. 주마디 알 아발 제13일 토요일(2. 5) 그는 다마스쿠스에서 귀환하였고, 아미르 쿠틀룩 샤와 아미르 추판을 그곳에 남겨두어 방어하도록 하고 봄이 되면 돌아오라고 하였다. 아미르 물라이에게는 대군을 이끌고 여름까지 그곳에 있으라고 하였다. (A286r) 나시르 앗 딘 야흐야를 킵착의 누케르로 지정해주었고, 어전에 와 있었던 벡 티무르와 일베기에게도 각각 적절한 직책을 정해주었다. 그러나 종국에 가서 그들과 킵차크는 이슬람의 군주에게 진 은혜와 후원의 빚을 망각하고 온갖 소문을 퍼뜨려 아미르 물라이와 사람들을 되돌아오게 만들었던 것이다.

---

162) kūtālchī는 몽골어 kötölchi를 옮긴 말이다. kötöl은 종마(從馬)를 가리키고 kötölchi는 종마를 끌고 다니는 사람 즉 마부를 뜻한다.
163) 다마스쿠스 시내의 한 구역 명칭.

간단히 말해 (B262v) 이슬람의 군주는 주마디 알 아발월 제24일 수요일(1300. 2. 16) (R1296) 자아바르(Ja'bar) 요새의 맞은편에서 자신이 고안한 다리로 유프라테스 강을 건넜는데, 그 다리는 나무껍질로 만든 끈으로 뗏목(kelek)들을 묶어서 만든 것이었다. 같은 날에 그는 유수영(aghrūq)과 합류하였다. 가자까지 갔던 술탄 야사울(Sulṭān Yīsāūl)이 도착하였다. [가잔은] 신자르(Sinjār) 부근에서 카툰들과 합류하였다.[164]

케르만의 사신들이 도착하여 마흐무드 샤와 그의 무리들이 반도가 된 상황, 즉 그들이 뛰어난 학자이자 헤라트의 카디인 마울라나 파흐르 앗 딘(Maulānā Fakhr al-Dīn)과 그의 자식들을 죽이고 반란을 일으킨 것에 대해서 아뢰었다. 주마디 알 아히르월 제15일 화요일(1300. 3. 8) 모술(Moṣūl)에 도착했다. 라잡월 제5일 일요일(3. 27)에는 쿠틀룩 샤 노얀이 시리아에서 도착하여 킵차크와 누케르들의 반란에 대해서 아뢰었다. 이슬람의 군주는 샤반월 초(4. 22)에 티그리스 강을 건넜고, 샤반월 제17일(5. 8)에는 아미르 물라이가 다마스쿠스에서 도착했다. 샤반월 제19일(5. 10) 아란에서 돌아와 있던 아미르 노린과 치첵과 토간이 장기(Zangī)의 데르벤드 부근에서 어전에 합류하는 영광을 누렸다.

라마단월 제15일 토요일(6. 4) 어기가 마라가에 숙영하였고, 두 번째 날 천문대를 관람하러 갔다. 그곳에서 모든 작업과 기구들을 살펴보고, 그 모든 것을 아주 천천히 관찰하였으며, 각각의 역할에 대해서 질문을 하였다. 비록 난해한 것이었지만 그 대부분의 미세한 것들도 이해했다. 그리고 높은 돔의 옆, 즉 [타브리즈 교외의] 샴(Sham)에 위치한 혜민구(惠民區, abwāb al-birr)에 천문대를 하나 [더] 지어서 몇몇 특별한 작업

---

164) 가잔은 맘루크와 전투를 벌이기 위해 유프라테스 강을 건너기 전에 신자르라는 산지 주변에 카툰들이 머무는 오르도들을 남겨두었다. 몽골인들은 전투가 벌어지는 곳에서 멀리 떨어진 곳에 가족과 가축들이 머무는 '유수영(auruq)'을 두는 관례가 있었다.

을 할 수 있도록 하라고 명령했다. 그는 그 같은 작업에 대해서 상세하게 설명하였는데, 그곳에 있던 학자들이 그의 추리의 탁월함에 놀랄 정도였다. 그러한 작업을 이제까지 어느 시대에도 한 적이 없었기 때문이다. 학자들은 "그것을 만드는 것은 매우 어려운 일입니다."라고 말했다. 그러자 그는 그들을 가르치고 계도했고, 그들은 마침내 실험을 근거로 일을 시작하여 그의 가르침에 따라서 완결에 이르렀다. 그들은 물론 능숙한 건설자들도 모두 그 같은 건물은 어느 누구도 만들지도 떠올리지도 못했다는 데에 의견의 일치를 보았다.

그는 거기서 이동하여 우잔 방면으로 왔다. (R1297) 샤왈월 제24일 화요일(7. 13) 쿠릴타이를 개최하였다. 그것이 끝난 뒤 699년 둘 히자월 제3일 토요일(8. 20)에 알추(Ālchū) 왕자가 우잔에서 사망했고, 그의 관을 타브리즈의 '높은 돔(gumbad-i ʿālī)'[165]으로 가지고 왔다. 둘 히자월 제6일(8. 23)에 하르반다 왕자에게 후라산으로 가도 좋다는 허락을 내리고, 그 자신은 상서로운 시각에 도읍 타브리즈로 향하였다. 그는 매일같이 '높은 돔' 건물이 있는 곳을 갔다. 완!

이슬람의 제왕이 두 번째로 시리아와 에집트 방면으로 간 이야기

이슬람의 제왕은 가을이 오자 다시 한번 시리아 지방에 대한 원정을 결심하였다. 700년 무하람월 첫날 월요일(1300. 9. 16) 아미르 쿠틀룩 샤에게 대군을 주고 선봉으로 세워 파견했다. 어기는 같은 달 제15일(9. 30)에 원정에 나서 타브리즈를 출발했다. 사파르월 제3일(10. 18) 노린 아카를 차가투에서 돌아오게 하여 아란으로 보냈다. 라비 알 아발

---

165) 여기서 '높은 돔'은 qubba-i ʿālī라 불린 자신의 능묘를 가리킨다.

월 제4일(11. 17) 상서로운 시각에 모술 시에 도착했고 2~3일간 연회(jīrghāmīshī)를 즐겼다. 아부 미리(Abū Mīrī)[166] 부근에서 당당하게 오르도를 출발하였다. 추반과 물라이 등의 아미르를 선봉으로 세워 보냈다. 라비 알 아히르월 제6일(12. 19) 무바락 샤의 딸인 토간샤 카툰(Ṭoghānshāh Khātūn)이 신자르 부근에서 사망했다. 카툰들이 인사를 하기 위해서 왔다가 라스 알 아인 부근에서 돌아갔다.

라비 알 아히르월 제12일(12. 25) 신카(Shīnqā)가 군대가 있는 곳에서 도착하여 소식을 전하기를 "우리의 전초인 카바르투(Qabartū)가 몇 명의 기병을 데리고 가다가 저들의 척후인 쿠쉴룩(Kūshlūk)을 공격하여 아미르 한 명을 죽였습니다."라고 하였다. 이슬람의 제왕은 제17일(12. 30)에 자아바르와 시핀(Ṣiffīn)의 맞은편에서 유프라테스 강을 건넜다. 제21일 화요일(1301. 1. 3)에는 알레포에서 가까운 자불(Jabūl) 위에 숙영하였다. 카바르투 바하두르가 왔는데, 몇 명의 시리아 병사들을 포로로 데리고 왔다.

(R1298) 제27일(1. 9)에는 적군이 왔다는 불안한 소문이 퍼졌다. (A286v) 즉시 군대를 출정시키라는 명령이 떨어졌다. 그러나 조사를 해본 결과 [그 같은 소문은] 거짓임이 드러났고 다시 숙영하였다. 주마디 알 아발월 제5일(1301. 1. 16) 알레포를 지나갔고 알레포 시를 흐르는 강인 쿠와이크(Quwayq) 강가에 있는 리바티 바시히(Ribāṭ-i Waṣīḥī)에 숙영하였다. 같은 달 제7일(1. 18)에 킨니스린(Qinnisrīn)[167]의 맞은편에 진

---

166) 현재 시리아 서북부에 아부 미리라는 지명이 있기는 하지만 여기서 언급된 곳은 아님이 분명하다. 가잔이 시리아 1차 원정 때 유프라테스 강을 건너기 전에 신자르라는 곳에 오르도들을 안치시켜 놓고, 서진해서 자아바르 성채 맞은편에서 강을 건넜던 사실을 상기할 때, 본문에서 말하는 아부 미리 역시 신자르 부근에 있는 지명으로 보아야 할 것이다. 사실 뒤의 본문에 나오듯이 가잔은 2차 시리아 원정에서 실패하고 돌아오면서 신자르 인근의 차하르 탁(Chahār Ṭāq, '네 개의 산')이라는 곳에서 오르도들과 합류했다.

을 쳤다. 적군으로부터는 아직 소식이 없었고 에집트의 술탄은 겁을 먹고 나오지 않았기 때문에, (B263r) 이슬람의 제왕은 무슬림들의 지방에 대해 자비심을 품고 더 이상 진군하지 않았다. 쿠틀룩 샤에게 군대를 데리고 사르민(Sarmīn)에 주둔하라고 명령하였다. 그해 겨울에는 비가 많이 왔다. 마침 아미르 수에타이와 룸에서 돌아왔던 아미르 시바우치(Shibāūchī)의 일부 병사들이 좋지 않은 지점에 숙영을 했는데, 갑자기 많은 비가 내리고 혹심한 추위가 닥쳐와 땅이 모두 진창으로 변해버렸고 그래서 두 아미르들은 서로 합류할 수 없게 되었다. 그들이 보유한 수많은 가축들이 진창과 추위 속에 폐사했다. 군주는 아미르 물라이에게 1투만의 군대를 주어 파견해서 그들을 가축들과 함께 데리고 나오도록 하였다. 그곳에 도착한 그들은 온갖 방법을 다 써서 마침내 그들을 밖으로 데리고 나올 수 있었다.

군주는 주마디 알 아발월 제22일(1301. 2. 2) 회군하여 라카(Raqqa)[168] 시와 마주한 곳에서 이미 건설되어 있던 한 다리를 건넜고, 암마르 빈 야시르(ʿAmmar b. Yāsir)와 시핀(Ṣiffīn)의 순교자들[169]의 성묘를 참배하였다. 주마디 알 아히르월 제15일 토요일(2. 15)에 신자르 아래의 차하르 탁(Chahār Ṭāq)에서 카툰들과 오르도들과 합류하였다. 라비 알 아히르월 말일(1301. 1. 12)에 알타추 아카(Altāchū Āqa)의 일족 가운데 부랄기(Būrālghī)의 아들인 아미르자데 사탈미시가 카샤프(Kashāf)[170] 근교에

---

167) 알레포 남쪽 20킬로미터 지점에 위치.
168) 시핀에서 동쪽으로 70킬로미터 되는 지점으로, 유프라테스 강 좌안에 위치한 도시이다. 여기서 말하는 '시핀의 순교자들'은 칼리프 알리와 함께 무와이야에 맞서 싸우다가 죽임을 당한 사람들을 가리킨다.
169) 암마르 빈 야시르는 예언자 무함마드의 사위 알리와 행동을 같이 하다가 657년 시핀의 전투에서 사망한 인물이다.
170) 홈스 남방 40킬로미터 지점.

서 사망했는데, 군주는 그의 사망 소식을 듣고 극도로 슬퍼했다. 라잡월 제11일 목요일(3. 22) 술탄 야사울(Sulṭān Yīsāūl)이 시리아에서 도착했고, 라잡월 중순(3. 26)에 아미르 쿠틀룩 샤도 역시 돌아와서 며칠간 그 부근에 머물면서 잔치와 오락과 사냥을 즐겼다.

하루는 이슬람의 군주가 영양 한 마리를 쫓다가 화살을 쏘았다. (R1299) 그런데 화살에 맞지 않았는데도 갑자기 쓰러졌다. 근시하고 있던 사람들이 주의하여 살펴보니, 그 화살은 영양에게 아홉 군데의 상처를 입혔다. 그곳의 모든 사람들은 그 아홉 군데의 상처가 어떤 방식으로 생겼는지를 목도하고 또 알게 되었다. 화살은 몽골인들이 '토나(tōna)'라고 부르는 것인데 그 끝은 세 개의 깃털로 되어 있고 매우 날카롭다. 영양이 공중에 떴을 때 그의 네 손발이 합쳐지는데 화살이 그 네 개에 꽂혀 상처를 입혔다. 그리고 [화살은] 그것을 통과하여 가슴과 배와 겨드랑이 아래에 이르렀다. 깃털 하나씩 각각 그 길이만큼 상처를 낸 뒤 목과 목구멍에 도달하면서 두 군데에 상처를 내었다. 그래서 [위에서] 설명한 것처럼 이런 식으로 아홉 군데에 상처가 생긴 것이다. 이 일화는 영양의 발과 귀를 화살로 한 번에 꿰뚫었던 바흐람 구르(Bahrām Gūr)의 이야기를 연상시킨다. 사람들은 그 이야기에 놀라움을 나타냈고 150년 동안 벽과 책에다가 그것을 써놓았지만 완전히 잊히게 되었다. [가잔의] 이 같은 일은 2,000명 이상이 직접 목격하였다.

샤반월 제23일 수요일(1301. 5. 3)에 주치 울루스의 군주 톡타이의 사신들이 도착하여 어전에서 영접을 받고 신속하게 되돌아갔다. 샤반월 말일 수요일(5. 10)에 티그리스 강을 건넜는데 무도한 짓을 많이 자행한 쿠르드인들을 도중에 붙잡아 다수를 죽였다. 라마단월 제24일(1301. 6. 2)에 이슬람의 도시 우잔에 숙영하였다. 완!

사힙 디반인 사아드 앗 딘이 은사를 받은 것과 그의 정적을 야사에 처한 이야기

이슬람의 제왕이 상서로운 시각에 시리아 원정에서 귀환하여 이슬람의 도시 우잔에 숙영했을 때, 700년 둘 카다월 제27일(1301. 8. 3)에 (R1300) 호자 사아드 앗 딘에게 지극한 은사를 내려주고 주인(朱印, tamghā-i āl) 하나를 하사하였다. 그리고 사힙 디반의 사무를 그에게 위임하였다. 둘 히자월 첫날(1301. 8. 7)에 쿠틀룩 샤 노얀과 게이하투의 딸 일 쿠틀룩(Īl Qutlugh)이 혼인하였다.

그 동영지에서 한 무리의 근신들과 디반의 사힙들, 예를 들어 사인 카디(Ṣāīn Qāḍī),[171] 세이흐 마흐무드(Shaykh Maḥmūd), 사이드 쿠틉 앗 딘 인추 시라지(Sayyid Quṭb al-Dīn Īnchū Shīrāzī) 및 다른 누케르들이 환관들(khwājagān)을 제거하기 위해 논의를 하고 기회를 엿보고 있었다. 군주가 포도주를 마시던 한 회합에서 아미르들에 대한 이야기를 했는데, 사이드 쿠틉 앗 딘 시라지가 거기 있다가 "바스미시(Bāsmīsh)는 좋은 성품을 가진 사람입니다."고 말했다. 군주는 "네가 그가 좋다고 말하는 것은 너희가 함께 시라즈에 갔었고, 네가 이익을 얻는 데에 그가 하나의 도구 역할을 했으며, 너희가 그곳에서 많은 재산을 갖고 왔기 때문이다."라고 말하고 나서, (B263v) "당신들은 항상 (A287r) 분란과 악행을 뒤쫓아 다니고 있다."고 말했다. 쿠틉 앗 딘 시라지는 극도로 취한 상태에서 "군주께서는 기적을 일으키셔서 우리들이 논의하는 그 가운데에 계셨던 모양이군요."라고 말했다.

고도의 추론과 명석함으로 그들에 관한 사정을 눈치챈 군주는 바로 그날 밤 셰이흐 마흐무드에게 감시인을 붙이게 하고, 새벽에 사인 카디

---

171) 아래의 본문 내용에 나오는 카디 사인(Qāḍī Ṣāīn)과 동일인.

와 사이드 쿠틉 앗 딘과 무인 앗 딘 후라사니(Muʾin al-Dīn Khurāsānī)
와 아민 앗 딘 이데치(Amīn al-Dīn Īdāchī)와 사아드 앗 딘 하바시(Saʿd
al-Dīn Ḥabash)를 체포해서 야르구에 회부하라고 명령했다. 7일이 지
난 뒤 아민 앗 딘을 풀어주었고, 10일이 지난 뒤에는 사아드 앗 딘 하바
시를 풀어주었다. 두 사람은 죄가 없었기 때문이다. 둘 히자월 제22일
월요일(1301. 8. 28) 카디 사인과 사이드 쿠틉 앗 딘과 무인 앗 딘 [후라사
니]를 둘(Dūl)이라는 곳에서 야사에 처하였다. 701년 무하람월 중순 수
요일(1301. 9. 20)에는 셰이흐 마흐무드를 불루간 카툰의 중재로 풀어주
었다.

　이슬람의 군주 가잔 칸은 극도로 자비로운 마음을 가지고 있어서 어
떠한 동물에게도 상처를 입히는 것을 받아들이지 못했다. 파리 한 마리
가 음식에 떨어지자 자신의 고귀한 손으로 그놈을 밖으로 끄집어냈는
데, (R1301) 그 날개가 부러지지 않도록 천천히 하고, 그놈이 힘을 되찾
을 때까지 그대로 두었다가 날아가게 할 정도였다. 그는 이렇게 말했다.
"죄 없는 모기를 죽이는 것이 죄지은 사람 하나를 죽이는 것보다 내게는
더 힘들다. 왜냐하면 분란을 일으키는 사람을 살려두면 그는 큰 혼란들
의 씨앗이 될 것이며, 특히 나라와 왕국의 사무에서 그러하다."

**이슬람의 제왕 가잔 칸이 알라탁 방면으로 향한 것, 거기서 나흐치반
길을 거쳐서 아란의 동영지로 이동한 것, 에집트로 갔던 사신들이 도
착한 이야기**

어기는 701년 무하람월 중순 수요일(1301. 9. 20)에 알라탁 방면으로 향
했고, 같은 달 21일(9. 26)에 쿠틀룩 샤 노얀이 군대를 이끌고 디야르 바
크르로 가기 위해 마라가 방면으로 향했다. 이슬람의 군주는 사파르월

제2일 목요일(10. 7)에 알라탁의 전각에 숙영하였고, 라비 알 아발월 제
2일 일요일(11. 5)에 알라탁에서 나흐치반 길을 경유하여 아란을 향해서
이동했다. "아미르 쿠틀룩 샤를 디야르 바크르에서 돌아오도록 하라."
는 칙명이 내려졌다. 라비 알 아히르월 제16일 월요일(12. 9)에 에집트에
사신으로 갔던 카말 앗 딘 마우실리(Kamāl al-Dīn Mawṣīlī)와 알리 호자
('Alī Khwāja)가 도착했다. 오르도들이 아란의 카라바그 목지에 숙영하
였기 때문에, 이슬람의 군주는 그곳에 오래 머물지 않았다. 시르반과 레
그지스탄(Legzistān)[172]의 산지에서 사냥을 하기 위해 말을 타고 나섰고
며칠 동안 그곳에서 사냥을 하였다. 백조를 사냥하기 위해서 가우바리
(Gāūbārī)[173] 쪽으로 향했고, 한동안 그곳에서 물새와 고기를 잡는 데에
몰두하였다. 할리지(Khalīzī)로 가서 숙영했는데, 이슬람의 제왕은 그곳
을 쿠시 코윤(Qūsh Qoyūn)[174]이라고 이름하였다. 그 바다의 해변은 바
르마키(Barmakī)[175] 부근까지 뻗쳐 있었고, 두루미와 물오리들이 동영
지에서 하영지로 이동하면서 지나가는 곳이었다.

(R1302) 어기가 그 부근에 도착하자 [그곳은] 데르벤드에서 가까웠기
때문에 [주치] 울루스의 군주인 톡타[176]는 퇴각했다. 우리 쪽과 가까운
곳에 있던 [주치 울루스의] 왕자들과 아미르들은 세계정복자의 깃발이
그쪽을 향하리라고 생각하고는 퇴각하여 강들 건너 쪽으로 가버렸다.
얼마간 시간이 지난 뒤 그들은 상황이 자신들의 생각과는 달랐다는 것

---

172) 레그지스탄(레그지인들의 땅)은 데르벤드에서 카프카즈 산맥 북록으로 이어지는 지역을 가리킨다.
산맥 남록에 있는 지역이 카라바그이며, 거기서 남쪽으로 아란 평원과 시르반 지역이 이어진다.
173) Gāvbārī라고도 읽는다. 울제이투 칸의 동영지가 있던 곳이며, 우잔에서 북방으로 80킬로미터 지
점에 위치한 마흐무다바드(Maḥmūdābād)가 가우바리 지방의 중심지이다.
174) 투르크-몽골어로 qush는 새, qoyun은 양을 뜻한다.
175) 바쿠에서 서북방으로 80킬로미터 정도 떨어진 곳에 위치한 해안 지역.
176) 그의 몽골식 이름은 톡토아(Toqt'a)이며 재위는 1291~1312년이다. 무슬림 측 자료에서 그의 이
름은 톡타(Toqta) 혹은 톡타이(Toqtai)로도 표기된다.

을 깨달았고, 상인들은 다시 왕래하기 시작했다. 그때 한동안 대적하고 반란을 일으키며 험준한 산중에 숨어 있던 레그지스탄의 모든 아미르들이 자진해서 기꺼이 복속해 왔다. 그들은 아주 신실한 마음으로 어전을 향했고, 진실로 복속을 다짐했다.

한 무리의 도적들과 무뢰배들은 아제르바이잔 지방에서 그곳의 산지로 들어가 은신하면서 도적질과 강도질을 하고 있었는데, 그들 모두를 붙잡아서 죽였다. 그곳의 변경에서 발길을 돌려서 빌레사바르와 하마샤흐라(Hamashahra?)[177]에서 오르도들이 있는 곳에 숙영하였다. 탈리샨(Tālishān)[178] 지방과 이스파흐바드(Ispahbad)[179]의 길을 거쳐서 (A287v)(B264r) 사냥을 하기 위해서 밖으로 나왔다. 그 산들 사이에 나무와 가지들을 이용하여 하루거리의 길이가 되는 벽을 두 개 세우라고 지시했다. 그래서 두 개의 벽에 설치된 바깥쪽의 입구들은 대략 하루거리만큼 떨어져 있지만, [두 개의 벽이] 원추형의 모양으로 점점 좁아져서 폭이 50가즈(gaz)[180] 정도가 되게 하였다. 그 끝에는 마치 외양간과 같은 것을 나무로 만들었다. 그 뒤 병사들에게 포위망(jīrge)을 만들어 사냥감들을 그 벽 안으로 몰아넣게 하였다. 그래서 모든 동물들을 그 울 안에 모이게 하였는데, 야생 소와 사슴(jūr), 영양, 야생 나귀, 자칼, 여우, 늑대, 곰 및 다른 여러 종류의 야생동물과 맹수들이 모였다. 그들은 두 개의 벽 안에 갇혀서 출구를 찾지 못하자 할 수 없이 모두 울 안으로 들어간 것

---

177) 원문의 표기는 HMHŠHRH로 되어 있는데 '모든 도시'라고 번역하기도 어색하고, 그렇다고 어떤 알려진 지명처럼 보이지도 않는다.
178) Tālishān은 종족명인 Tālish의 복수형이다. 지역적으로는 세피드 루드 강 북쪽으로 아라스 강에 이르는 지역을 칭한다.
179) 길란에 속하는 지역으로 무간 지방과의 경계에 위치해 있다.
180) 1가즈(gaz)는 손바닥을 펴서 그 폭만큼의 6배 길이, 혹은 손가락 끝에서 팔꿈치까지의 길이이다. 대체로 45인치=115센티미터 정도의 길이이다.

이다.

　이슬람의 군주는 불루간 카툰과 함께, 가운데를 나무로 세운 사각 지붕의 전각에 앉아서 그 동물들을 관람했다. (R1303) 그 가운데 더러는 [직접] 쏘아 맞추기도 하고 더러는 풀어주기도 하였다. 그곳에서 즐겁게 구경을 하고 숙영지를 차례로 옮겨서 도읍인 타브리즈에 도착했다. 그 고장 사람들은 남녀노소를 가릴 것 없이 우호와 신실로써 손을 벌려 기도를 하였고 왕국의 군주를 칭송하는 말을 하였다. 타브리즈 주민들은 이슬람의 깃발들을 들고 모든 것을 준비해서 관습에 맞추어 환영을 하러 나왔다. 이슬람의 제왕은 그들에게 관용과 자비를 최대한 베풀었고, 부당한 의무와 세금을 면제해주었다. 완!

이슬람의 제왕이 우잔의 정원에 있는 황금의 천막(ōrdō-yi zarīn)에서 대규모 연회를 베풀고, 거기서 『쿠란』 낭독을 모두 마친 뒤 대대적인 시혜를 베푼 이야기

이슬람의 제왕은 이전에 뛰어난 장인들과 능숙한 기사들에게 "적절한 도구와 부품들을 갖춘 황금의 천막과 황금의 보좌를 만들라!"고 명령한 적이 있었다. 3년이라는 기간 동안 한 무리의 사람들이 그것을 만들기 위해 몰두하였고, 그가 도읍 타브리즈에 도착하는 이 시점에 그것을 완성하였다.

　701년 둘 카다월 말(1302. 7)에 타브리즈에서 우잔으로 이동하였다. 그곳에 매우 신선하고 깨끗한 목장이 하나 있어 숙영을 하기 위해 벽을 둘러치게 하였다. 그곳에는 강들과 샘물들이 흐르고 있었고, 저수지와 큰 연못들이 만들어져 있었으며, 많은 새들이 그곳에 둥지를 틀고 있었다. 그 정사각형[의 부지]를 같은 크기의 여러 부분들로 분할하였다. 경계들의 양쪽에는 버드나무와 백양나무를 심어서 그 경계를 따라 사람들이 다니는 길을 내었다. 어느 누구도 그 목장 안에는 들어갈 수 없으며, 각각의 집단마다 들어가고 나오는 길이 정해져 있었다. 그 가운데에 전각들과 망루들과 욕탕과 높은 건물들을 세웠고, "그 (R1304) 황금의 천막을 그 정원 안에 짓고, 그것에 적합한 궁정과 천개(天蓋)도 만들라."고 지시했다.

시종들과 기사들이 모두 모였고 한 달 만에 매우 커다란 [황금의 천막을] 쳤고 보석과 홍옥들로 장식한 보좌를 만들었다. 연회를 베풀기 전에 이슬람에 대한 경의를 표하기 위해 사이드, 이맘, 카디, 셰이흐들을 초대하였고, 각종 다른 공동체에 속한 무리들도 기식(寄食)하려고 그곳으로 모여들었다. [가잔 칸은] 유창한 언어와 매혹적인 설명으로 지혜와 지성에 관해서 세심한 이야기들을 했고, 여러 부류의 사람들에게 충고와 훈계를 했으며, 신의 은총과 선물에 감사를 표시했다.

이와 동시에 그는 이렇게 말했다. "나 이 보잘것없는 사람은 힘이 없고 부족하며 죄가 많기 때문에 이러한 선물과 은총을 받을 자격이 없다. 그러나 이 종에 대한 자비로우신 주의 은총, 주님의 호의, 은혜의 징표, 지고하신 창조주의 관용은 한이 없으시다. 그분의 은총의 풍부하심은 어떤 인간, 아니 어떤 피조물일지라도 그것에 대해서 감사를 표시할 수 없을 것이다. (A288r)(B본 이하 결락) 이란 땅의 모든 백성들이야말로 창조자께서 나에게 위탁한 것이며, [그가 내게 보인] 은혜와 관심의 표시로서 나의 복종의 목에 짐 지운 것임을, 백 마디 천 마디의 말로 감사를 표시하는 것이 반드시 필요하다는 사실을 모르는 바 아니다. 나는 왕권에 대한 자만심에 미혹되지 않을 것이다. 왜냐하면 그로 인하여 일주일 만에 그것을 다시 빼앗긴 사람들이 수천이나 된다는 사실을 알고 있기 때문이다. 지고한 창조주께서 나에게 기적처럼 주신 수많은 은혜들 가운데 하나는, 다른 군주들이 갖지 못한 것을 내가 갖도록 한 것이며, 앞선 사람들이 바랐던 것을 내가 받도록 한 것이다. 그것은 그의 종들이 나의 자비로운 [통치로] 휴식을 얻고 나의 왕국에 만족하고 열망한다는 것이다. 이러한 의미와 전제에 따라 나는 자만과 위엄을 부리면서 이 천막에 들어가기를 원치 않는다. 이 시간에 통치자[인 나]와 니의 통치를 받는 당신들이 모두 함께 아무런 반목이 없이 (R1305) 이 거대한 은혜에 대해서 감사함을 표시하도록 합시다. 그리고 진심을 다해서 우리의 죄를 가르쳐주시기를 바라면서 경외와 겸손의 마음을 갖고 이 천막에 들어가도록 합시다. 가장 먼저 위대한 쿠란을 낭송하고 복종과 경배를 올립시다. 그러고 난 뒤에 오락과 환락을 즐기도록 합시다."

이 순수한 말들을 하고 지고한 신의 이름과 예언자—그에게 평안이 있기를!—의 이름을 드높인 뒤에야 비로소 고귀한 발을 그 천막 안에 들여놓았고 그의 등을 번영의 자리에 기대었다. 그는 헤아릴 수 없이 많은 황금과 의복을 내놓으라고 명령했고, 사람들에게 각종 음식을 먹인 뒤에 그것들을 모두 손수 희사금으로 내놓아서, 모든 사람들이 그 혜택을 입도록 하였다. 사흘 밤과 낮 동안 쿠란을 모두 낭송하고 경배했는데, 각 집단들은 자기 방식에 따라 열심을 다하였다. 연회의 날에 보석으로 장식된 왕관을 머리에 썼는데, 이제껏 어느 누구도 본 적이 없는 그런 것이었다. 또 그것에 걸맞은 혁대를 차고 금실로 짠 지극히 값진 옷을 걸쳤다. 카툰들과 모든 왕자들, 아미르들과 근신들에게도 갖가지 장식으로 치장하라고 지시했다. 그들 모두는 진기한 말들을 타고 행진하였다.

그것이 종료된 뒤 그의 고귀한 관심은 왕국의 사무를 처리하고 나라의 업무들을 정돈하며 또 백성들을 편안하게 하고 모든 피조물들을 위무하는 데로 향하였다. 그는 왕국의 아미르들과 어전의 귀족들과 상의하였고, 하르반다 왕자는 마잔다란과 그 부근에서 겨울을 보내고 여름에는 투스와 아비바르드[181]와 메르브와 사락스와 바드기스 부근으로 가라고 명령하였다. 아미르 노린은 그전의 결정에 따라 정해진 군대와 함께 아란에서 동영을 하고 그 방면의 요충(sūbīya)들을 지키라고 하였다. 아미르 쿠틀룩 샤는 군대와 함께 그루지아로 가도록 했다. 그루지아 군대 일부는 디야르 바크르 방면으로 가서 아미르 물라이의 투만과 합류하고 시리아 원정에 대비하도록 했다. 훌라추의 투만은 (R1306) 파르스와 케르만 변경으로 가서, 만약 필요하다면 아미르 사다크(Amīr Sādāq)와 케르만의 술탄과 합류하도록 했다. 이런 방식으로 결정을 한 뒤 해산(targhāmīshī)하게 하였다. 완!

어기가 이슬람의 도시 우잔에서 바그다드로 향한 것, 도중에 생긴 일들 및 그가 와시트와 힐라에 도착하여 시리아 원정을 결정한 이야기

이슬람의 제왕은 702년 무하람월 초(1302. 8. 26)에 이슬람의 도시 우잔에서 시리아 원정을 결심하고 하마단 변경으로 향하였다. 그러는 동안 아미르 노린에게 아란 방면으로 가서 동영하면서 그 지방과 부근을 방어하도록 하였다. 그는 허락을 받고 떠나기도 전에 폐하와 함께 하쉬트루드 방면으로 갔다. 한동안 타브리즈의 하킴이었다가 그 뒤 룸 지방의 무스타우피로 갔던 샤라프 앗 딘 압둘 라흐만의 자식들이 검은 옷을 입고 왕국의 어전에 와서 정의(dād)를 원했는데, 그들의 아버지가 호자 바지흐(Khwāja Wajīh)의 아들인 니잠 앗 딘 야흐야로 인해서 죽임을 당했다는 것이다.

어기가 하쉬트루드에 도착했을 때 (A288v) 아미르 노린은 [가잔 칸에

---

181) 후라산 지방에서 투스와 마쉬하드 중간에 위치한 지명.

게] 술잔을 바치고 아란 방면으로 돌아갔다. 아슈라(ʿĀshūrā) 날(9. 4)[182]
에 호자 바지흐의 아들 니잠 앗 딘 야흐야와 아부 바크르 다드카바디
(Abū Bakr Dādqābādī)의 아들 다울라트 샤(Dawlat Shāh)를 유즈 아가
치와 하쉬트 루드 변경에서 야사에 처하였다. 다음 날 키르만 출신 술
탄 히자즈 키르만(Sulṭān Ḥijjāz)의 손자 아랍샤(ʿArabshāh)를 마찬가지
로 [야사에 처하였다]. 거기서 하마단 방면으로 와서 부진자르드(Būzīn-
jard) 마을에 그가 건설하고 수많은 희사를 준 축복받은 수도장에서 숙
영했는데, 그것은 매우 (R1307) 아름답고 높은 건물이었다.

거기서 파라한(Farāhān)[183]의 차간 나우르로 갔고 며칠간 그곳에 머
문 뒤 니하반드(Nihāvand) 길을 거쳐서 참치말 길로 들어섰다. 비스툰
변경에서 시리아의 아미르들 가운데 한 아미르가 복속해 왔는데, 그들
의 지도자는 알리 시르(ʿAlī Shīr)였다. 이슬람의 제왕은 그들을 위무하
고 은사를 베풀었다.

노루즈가 반란을 일으킨 뒤 그의 형제들과 속료들을 케르만샤한(Kir-
mānshāhān)[184] 부근에서 붙잡았을 때, [가잔 칸은] 어느 날 밤 한 무리
의 근신들과 함께 천막도 없이 황야에 남겨지게 되었다. 어떤 절벽 아래
에서 잠을 자게 되었는데 그 맞은편에는 그림자를 드리운 나무가 한 그
루 있었다. 아직 리그지가 붙잡히지도 않았고 노루즈가 어디에 있는지
도 모르는 상황이었다. 고귀한 그의 마음은 상당히 불안했다. 그는 바로

---

182) 아슈라는 이맘 알리의 손자인 후세인이 680년 카르발라의 전투에서 순교한 것을 기념하기 위한
　　행사로, 그가 사망한 무하람월 제10일을 매년 기일로 한다.
183) Parāhān으로도 표기됨.
184) 케르만샤 시를 가리키는 말로도 사용된다. Cf. E. Bretschneider, *Medieval Researches from Eastern
　　Asiatic Sources: Fragments towards the Knowledge of the Geography and History of Central and
　　Western Asia from the 13th to the 17th century* (New York: Barnes & Noble, 1888, 1967 reprint),
　　pp. 126~127.

거기서 그런 상황에 대해서 생각을 했는데, 보이지 않는 세상에서 상서로운 조짐이 나타난 것이다. 그런데 지금 그곳에 오게 되어, [그 당시] 일이 마음먹은 대로 해결된 것을 생각하며 그 장소와 나무를 기억에 떠올렸다. 그것들을 보기 위하여 모든 카툰들과 아미르들과 함께 갔는데 그는 울음을 터뜨렸다. 당시 거기에서 드렸던 간청과 기도를 기억했고, 그래서 획득한 승리에 대해서 감사를 드렸다. 그는 두 차례의 경배를 드리고 기도를 드렸다. 머리를 땅에 대고 극진한 예의를 갖추어 자신을 지도한 창조주의 앞에서 모든 일에 있어서 승리를 얻게 해달라고 간청했다. 그러고 나서 머리를 들고 거기에 있는 모든 사람들에게 이렇게 훈계했다. "성공할 때건 불행할 때건 위대한 창조주께 도움을 청하고, 어떤 상황에서도 그의 자비심에 대해 절망하지 말라. 어떤 일에 있어서도 오만하거나 자만하지 말라. 그분은 눈 깜짝할 사이조차도 너로부터 숨지 않으신다. 자신의 힘과 능력을 과신하지 말고 신성한 분노를 두려워하라. 너희가 품고 있는 요구를 지고한 창조주께 원하고, 어떤 일이 있든 좋은 의도를 품으라. 특히 정의와 공정이 더욱 강화되기를 희망하라."

거기에 있던 모든 사람들이 그 나무에 징표를 묶었고, 그래서 그것은 마치 (R1308) 순례지처럼 되었다.[185] 그러고 나서 가수들이 무엇인가를 부르기 시작했고 아미르들은 춤을 추었다. 아미르 볼라드 칭상이 있었는데 이렇게 아뢰었다. "이슬람의 제왕의 조상들의 삼촌인 쿠툴라 카안 (Qūtula Qān)은 자기 시대에 여러 종족들의 군주였습니다. 그가 어찌나 용맹했는지 그의 용맹에 관한 일화들이 만들어지고 그에 관한 수많은 시들이 지어질 정도였습니다. 그의 목소리가 어찌나 크고 무시무시했는

---

185) 몽골인들은 이처럼 기념할 만한 지점에 돌을 쌓거나, 아니면 나무에 각종 천과 작은 물건들을 매달아놓는데, 이를 '오보(obo)'라고 부른다. 훌레구 울루스의 몽골인들이 과거 초원에서 했던 것처럼 이란에서도 도처에 오보를 만들었음을 말해주는 대목이다.

지 일곱 개의 언덕을 넘어갈 정도였습니다. 그런데 하루는 그가 메르키트와 전투를 하러 출정했습니다. 도중에 나무 하나를 보게 되었고 거기에 내려서 오래된 신께 청원을 올렸습니다. 그래서 승리를 기원했고 만약 적에게 승리를 거둔다면 이 나무를 자신의 순례지로 만들고 그것을 색색깔의 천으로 아름답게 꾸미겠다는 다짐을 했습니다. 지고한 신은 그로 하여금 적에게 승리를 거두게 하였고, 승리를 거둔 뒤 그는 귀환하여 그 나무가 있는 곳 앞에 왔습니다. 그는 다짐한 대로 그것을 장식하고 위대한 신께 감사를 올렸습니다. 병사들과 함께 그 나무 아래에서 춤을 추었는데 발로 어찌나 세게 밟아댔는지, 그 [나무] 주위가 1가즈 정도의 [깊이로] 땅이 파였습니다."[186] 이슬람의 제왕은 그 이야기를 듣고 아주 기분이 좋아져서, "만약 우리의 조상들이 그렇게 기도와 청원을 드리지 않았다면 지고한 신께서는 그들을 세상의 군주들로 만들지 않았을 것이며, 그들의 일족을 위대하고 지고한 단계로까지 이르게 하지 않았을 것이다."라고 말했다. 그는 그러한 기분으로 그 나무 아래에서 춤을 추기도 하면서 한 시간쯤 머무르다가, 그 후에 오르도들의 뒤를 따라나섰다.

갑자기 아미르 쿠틀룩으로부터 사신들이 도착했는데, 시리아의 아미르들을 함께 데리고 왔다. 그들은 거기서 도망쳐서 복속해 온 자들이었다. 그들의 지휘관은 알라 앗 딘('Ala al-Dīn)이었다. 군주는 그들을 위무

---

186) 이와 관련된 고사는 라시드 앗 딘이 이미 『집사』에서 서술한 바 있는데, 위의 본문은 그의 그 같은 서술이 바로 볼라드 칭상의 설명에 기초한 것임을 확인시켜준다. 관련 기록은 『부족지-라시드 앗 딘의 집사 1』, pp. 66~72; 『칸의 후예들-라시드 앗 딘의 집사 3』, p. 340 참조. 한편 『몽골비사』(유원수 역, 사계절출판사, 2004, 57절)에도 몽골의 지도자 암바가이가 여진족 금나라의 계략에 말려 비참한 죽음을 당한 뒤, 그가 지명한 쿠툴라를 몽골인들이 새로운 지도자로 추대하고, 코로코낙의 사글라가르 모돈('우거진 나무')이라는 곳에 모여 축제를 벌일 때, "갈비까지 도랑이 파이도록, 무릎까지 먼지 흙이 되도록 뛰었다."는 내용이 있다(유원수 역, 『몽골비사』, p. 38).

하고 좋은 약속을 해줌으로써 자신을 신뢰하게 만들었다. 바로 그 부근
에 이스탄불의 군주 바실리우스(Fāsilīūs)의 사신들이 선물을 들고 도착
하여 메시지를 전했다. 즉 바실리우스가 이슬람의 제왕의 그늘 아래에
있기를 원하며, 자신의 딸을 후비(qūmāī)로 어전에 보내겠다는 것이었
다. 군주는 그들을 (A289r) 위로하였다.

거기서 반다니진(Bandanījīn)[187]으로 (R1309) 갔고 사흘 뒤에 카툰들
과 유수영들을 바그다드 방면으로 보냈다. 라비 알 아히르월 제14일 수
요일(1302. 12. 6) 사냥을 위해 반다니진에서 주킨(Jūqīn)으로 말을 타고
갔고, 며칠 동안 십(Shīb)과 와시트와 사이디 아불 와파(Sayyidī Abū al-
Wafā)—알라의 자비가 있기를—의 성묘 부근에서 사냥을 했다. 성묘를
참배하고 거주하는 사람들에게 희사와 은사를 내려주었다. 그리고 유프
라테스 강에서 물이 없는 그 광야로 흘러가는 물줄기들을 굴착하도록
했다. 그런 연유로 그 성묘는 마치 도시처럼 되었고 건물들을 세웠다.

거기서 힐라(Ḥilla)[188]로 와서 오르도들에 숙영하였다. 타브리즈의 마
울라나 카디 나시르 앗 딘과 모술의 카디 카말 앗 딘을 아란 부근에서
에집트에 사신으로 보냈는데, 그들이 거기서 에집트의 사신들과 함께
돌아와서 힐라에 있는 어전에 도착한 것이다. 그들은 [여기서 보낸] 메
시지에 대한 답신을 전했는데 그것은 바라던 내용이 아니었다.

[주치 울루스의 군주] 톡타의 사신들 역시 300명의 기병과 함께 왔
다. 주마디 알 아히르월 초 일요일(1303. 1. 21)은 투르크인들에게는 새

---

187) Le Strange(*Lands of the Eastern Caliphate*, pp. 63~64)에 의하면 반다니진은 바다라야(Bādarāyā)
와 바쿠사야(Bākusāyā) 두 구역의 주요한 도시이며, 현재 남아 있는 Bākusāyā 마을이 이에 해당
할 것이라고 한다. 이 두 구역은 나흐라완(Nahrawān) 운하 동북방에 위치해 있으며 다수의 비옥
한 촌락들을 포함하고 있는데, 반다니진은 그 가운데 중심지이며, 페르시아어로 Wandanīgān 혹
은 Bandanīgān으로도 발음되었다고 한다.
188) 바그다드에서 남쪽으로 쿠파를 향해 약 90킬로미터 가다 보면 나오는 지점.

해의 시작이어서 연회를 열었다. 에집트의 사신들과 톡타[의 사신들]은 그날 고두의 예를 취하였다. 톡타의 사신들에게는 많은 은사를 내린 반면, 에집트 사람들은 타브리즈로 보내서 구금시켰다. 주마디 알 아히르월 제9일 월요일(1. 29)에 시리아 지방으로 갈 목적으로 힐라의 다리[189]를 건넜다. 상술한 달 제16일 월요일(2. 5)에 '신도들의 수장'인 후세인—그에게 평안이 있기를—의 성묘를 참배했다.[190] 그곳을 위하여 특별히 준비하라고 지시했던 휘장을 걸고, 그곳에 거주하는 사람들과 참석한 사람들에게 수많은 희사를 해주었다. 그 부근에서 밖으로 흘러나오고 현재 그 성묘가 있는 곳으로 흐르는 '가잔의 운하(Āb-i Ghāzānī)'에서 생산되는 것 가운데 매일 3,000만(mann)의 빵을 그곳에 거주하는 사이드들에게 지정해 주었다.

그 시기에 아르마니 발라(Armanī Balā)가 후라산에서 와서, 4,000명 가까운 적군이 가까이 나타나 승리의 군대가 그들을 공격하고 그들 모두를 궁지에 몰아넣어 없애버렸다는 소식을 (R1310) 전했다. 군주는 극도로 기분이 좋아졌고, [후라산에 있는] 동생에 대한 그의 애정과 사랑은 더욱 커졌다. 702년 라잡월 제4일 금요일(1303. 2. 22)에 사신이 와서, 주마디 알 아히르월 초(1. 21)에 아미르 노린 아카가 아란의 동영지에서 사망했다는 소식을 전했다. 이슬람의 군주는 비통한 마음을 느꼈다.

그는 유프라테스 강변을 따라 이동했고 하디싸(Ḥadītha)에 이르렀을 때 대부분의 카툰들과 모든 유수영들로 하여금 유프라테스 강을 건너 신자르로 가서 그곳에 자리를 잡으라고 명령했다. 그리고 그 자신은 군대를 데리고 아나(ʿĀna)[191]로 향했다. 불루간 카툰과 몇몇 다른 카툰들

---

189) 힐라에서 서쪽으로 유프라테스 강을 건너는 다리.
190) 이맘 후세인의 성묘가 있는 카르발라(Karbala)는 힐라에서 유프라테스 강을 건너면 바로 만나게 된다.

이 각자 하직을 고하려고 그와 동행하였다.

라잡월 제12일 토요일(1303. 3. 2)에 아나 시에 숙영하였다. 진실로 이 세상에 그곳만큼 구경하기에 멋진 곳은 없을 것이다. 도시는 유프라테스 강 가운데 있는 섬에 위치해 있었고, 양쪽으로 과수원과 정원들에는 1파르상의 폭으로 나무들과 꽃들 및 향초들이 얼마나 가득 들어찼는지 햇빛이 그 주위로는 땅에 비치지 않을 정도였다. 대리석을 깎아서 지은 전각들과 높은 건물들이 세워져 있었는데, 그 기초는 [강의] 바닥 위에 두어졌고 [건물들의] 사방에 두어진 창문들은 유프라테스 강과 천국 같은 정원들을 향해 열려 있었다. 그 정원들과 야자나무밭의 멋진 광경은 말로 표현할 수 없을 정도였고, 90파르상의 거리에 걸쳐 유프라테스 지구에 속한 건물들이 안바르 부근에 있는 시크리 팔루자(Sikri Falūja)에서부터 사루즈(Sarūj)와 하란(Ḥarrān)의 끝에 이르기까지 위에서 설명한 이런 방식으로 뻗쳐 있었다.[192]

상술한 정도의 [90파르상] 길이와 1파르상 정도의 폭을 따라 유프라테스 강 양쪽에 건물들이 얼마나 빼곡하게 들어찼는지 나무들의 그늘이 [중간에] 끊어지지 않을 정도였다. [강의] 양쪽으로는 닫힌 댐들이 연이어져 있고 물레방아들은 밤이고 낮이고 물을 끌어 올리고 있었다. 전각과 높은 건물들은 서로 이어져 있었다.[193]

---

191) 카르발라에서 서북방으로 320킬로미터 떨어진 곳에 있는 교통과 군사의 거점. 위의 본문을 보면 도시 자체는 유프라테스 강 중간에 있는 섬과 양안에 걸쳐 위치해 있었다. 중부 이라크에서 북부 시리아로 갈 때 통상적으로 지나는 루트상에 위치해 있다. 자세한 내용은 S. H. Longrigg, "'Āna," *The Encyclopaedia of Islam* (new edition), vol. 1, Leiden: E. J. Brill, 1986, p. 461 참조.

192) 바그다드 서쪽의 유프라테스 강가에 위치한 팔루자에서부터 강을 따라 북상하면서 아나를 거쳐 멀리 현재 터키 영내에 있는 하란과 사루즈(Sarūj, Suruç)까지 도시와 촌락들이 연이어져 있던 상황을 말하고 있다. 실제로 팔루자에서 강을 따라 사루즈/하란까지는 거의 700킬로미터 거리이니, 위의 본문에서 90파르상(90×5.6킬로미터=약 500킬로미터)이라고 한 것도 크게 틀린 말은 아닌 셈이다.

간단히 말해서 제8일에 불루간 카툰은 이별을 고했고, 강을 건너서 신자르로 향했다. 어기는 승리의 군대와 함께 라흐바트 알 샴(Raḥbat al-Shām)[194]으로 (R1311) 향했다. 어기가 라흐바트 알 샴에 도착하기 전에 시리아 쪽에서 온 적들이 나타났다는 소문이 퍼졌다. 그 소문은 비록 거짓이었지만 군주는 군대를 정비하고 무기와 갑옷을 갖추라는 명령을 (A289v) 내렸다. 라잡월 제28일(3. 18) 라흐바(Raḥba) 변두리까지 갔다. 그곳의 주민들은 투석기와 다른 장비들을 정비해놓았다. 그러나 그는 거기에 관심을 두지 않고 밤중에 천막과 병영을 떠나 성채 가까운 곳으로 이동했다. 아미르 알람 앗 딘 가나미(Amīr ʿAlam al-Dīn Ghanamī)와 라흐바의 주민들은 성채로 들어가 은신하고 있었다.

이슬람의 군주는 라잡월 말(3. 20) 대아미르인 수에타이와 술탄, 그리고 이 책의 저자인 라시드 타빕, 호자 사아드 앗 딘 사힙 디반에게 성채 가까이 가서 그들에게 투항과 복속을 권유하라고 지시했다. 명령에 따라 성채 옆으로 가서 아랍어로 쓴 칙령을 갖고 왔다고 알렸는데, 그 [칙령의] 내용은 다음과 같다. "이렇게 이동해 온 까닭은 에집트인들이 한동안 저질러 왔던 무도함 때문이다. 여러 차례 사신들을 보내어 훈계도 하고 충고도 했으나, 그것을 받아들이지 않고 무례한 대답들만 보내왔다. 그래도 나는 그들이 무지하기 때문에 중요한 업무를 그르친 것이라고 생각하며 인내해왔다. 그러나 그런 식의 태도가 한계를 넘었기 때문

---

193) 몽골의 세계 정복이 농경민의 도시와 촌락에 많은 파괴를 가져온 것은 사실이지만, 위의 본문에서도 알 수 있듯이 유프라테스 강을 따라 운하와 관개 시설이 원활하게 운영되고 도회들은 매우 번영한 모습을 보이고 있다. 몽골의 지배에 대한 부정적인 인상과는 매우 대조적인 장면이라 아니할 수 없다.

194) '시리아의 라흐바트'라는 뜻이며 Qalʿat al-Raḥba(t)('라흐바의 성채')라는 이름으로도 불렸다. 유프라테스 강 서안에 244미터 높이로 솟은 언덕 위에 건설된 성채로 시리아 사막을 조망하는 위치에 있다.

에 하는 수 없이 응징하기 위해서 승리의 군대를 끌고 온 것이며, 다른 방도가 없어서 이 지방을 지나게 된 것이다. 그렇지 않다면 그대 시리아 인들에 대해서는 악의를 품을 이유가 없다. 그러니 그대들도 이러한 정황을 살피고, 자신들의 생명과 재산을 위한 가장 좋은 방책이 무엇인지를 생각해서 복속하러 나오도록 하라. 그대들은 신께서 우리와 함께 하고 있음을 알고 불순종을 택하지 말며 자신을 파멸의 광장으로 내던지지 말라."

이런 내용의 칙령 한 통을 써서 거기에 인장(tamghā)을 찍어서 성채로 들여보냈다. 그들은 다음과 같은 답신을 보내왔다. "칙령의 내용은 지극히 유려하고 풍부합니다. 하룻밤의 말미를 주신다면 (R1312) 그 깊은 의미를 이해하고, 내일 대답을 드리겠습니다." 다음 날 샤반월 초 목요일(3. 21) 자말 앗 딘 이스칸다리(Jamāl al-Dīn Iskandarī)와 사이디 아흐마드 카비르(Sayyidī Aḥmad Kabīr)의 제자들 가운데 셰이흐 샤라프 앗 딘(Shaykh Sharaf al-Dīn)을 밖으로 보내어 그 칙명에 대해서 "이슬람의 제왕의 칙명에 우리는 복종합니다."라는 대답을 아뢰었다. 그는 그들을 위무하고 돌려보냈다. 다음 날 성채의 영주(kūtuwāl)인 알람 앗 딘 가나미(ʾAlam al-Dīn Ghanamī)의 부관인 히삼 앗 딘 라친(Ḥisām al-Dīn Lāchīn)이 내려와서 투항과 복속의 의사를 표현하였고 [가잔 칸의] 위로를 받고 돌아갔다. 다음 날 그와 가나미의 큰아들인 사이프 앗 딘 킬리치(Sayf al-Dīn Qilīch), 카디 나즘 앗 딘(Qāḍī Najm al-Dīn) 및 라흐바의 한 무리의 귀족들이 내려왔다. 복속의 조건들을 모두 다 수행하고 어전에서 폐하를 알현할 영광을 얻었다. 가나미와 왕자들, 부관과 판관들, 그곳에서 직책을 맡고 있는 모든 사람들의 직무에 관해서, 또 도시와 성채와 지방의 주민들의 안전에 관해서 아랍어로 쓴 확고한 칙령들을 축복받은 탐가를 찍어서 그들에게 내려 보내주었다.

샤반월 제6일 화요일(1303. 3. 26)에 라흐바 성채에서 이동하였다. 후라산 방면에서 좋은 소식이 왔는데 카이두의 군대가 패배했고 카이두가 사망했으며 두아는 부상을 입었다는 것이다. 이러는 사이에 쿠틀룩 샤, 추반, 물라이 등의 아미르가 군대와 함께 라카 부근에서 유프라테스 강을 건넜고 알레포의 변경에 도착했다. 이슬람의 군주는 유프라테스 강가의 디르 비시르(Dīr Bīsīr) 위에 숙영하였다. 사흘 동안 그곳에 머무르다가 모든 아미르들에게 군대를 데리고 일제히 출정하여 아미르 쿠틀룩 샤와 다른 사람들과 합류하라고 명령했다.

봄이 되자 [강의] 수량이 불어났고 날씨도 더워졌다. 신자르와 모술 방면으로 향하기 위해 샤반월 제13일(1303. 4. 2)에 유프라테스 강을 건넜고, 마크신(Maksīn) 시에서 하부르(Khābūr) 강을 건넜다. 후라산에서 온 사신들인 사이간(Sāīghān)과 코니치 아크타치(Qōnichī Āqtāchī)를 위로하고 그들에게 돌아가도 좋다는 허락을 내렸다. 튤립과 카모밀로 가득 찬 그 황야에서 관람도 하고 사냥도 하였다. 샤반월 제25일 일요일(4. 14)에 (R1313) 차하르 탁이라는 곳의 신자르 아래에서 마중을 나와 있던 카툰들과 합류하였다. 그곳에 이삼일 머문 뒤 라마단월 초(4. 19)에 탈 아파르(Tall 'Afar)에서 오르도들에 하영하였다.

디야르 바크르와 디야르 라비아의 모든 왕국을 마르딘 출신의 술탄 나즘 앗 딘에게 위임하고 그에게 '승리의 말릭(Al-Malik al-Manṣūr)'이라는 칭호를 주었다. 티그리스 강을 건너서 카샤프(Kashāf) 평원[195)]에 숙영하였다. 모술 사람들은 파흐르 이사 나스라니(Fakhr Īsa Naṣrānī)의 폭정과 압제에서 구원을 달라고 하면서 하늘을 향해 일곱 번째 탄

---

195) 정확한 위치는 단언하기 어렵지만, 위의 본문과 앞에 나왔던 서술을 참고할 때, 신자르 동쪽의 탈 아파르에서 더 동진하여 티그리스 강을 건너면 잠 강을 만나게 되는데 그 부근의 평원이 아닐까 추정된다.

원을 올렸다. 술탄 나즘 앗 딘에게 모술로 가서 그의 일을 끝내라는 칙명을 내렸다. 술탄은 그를 나입으로 임명할 것이라고 속여서 며칠 뒤에 (A290r) 파멸시켰다.

쿠틀룩 샤 노얀이 에집트의 군대가 있는 곳까지 갔다가 거기서 귀환하고, 어기가 거기서 우잔으로 귀환한 이야기

이슬람의 제왕은 시리아에 있던 아미르들과 군대가 도착하기를 기다리면서 카샤프에 머무르고 있었다. 그들은 힘스에 도착하자 대대적인 약탈과 살육을 시작했다.[196] 다마스쿠스에 가까이 갔을 때 적이 가까이 왔다는 소식을 들었다. 라마단월 초 토요일(1303. 4. 19) 새벽에 일제히 말을 타고 출정하여 약 5파르상 정도 진군했는데, 물과 진창을 여러 군데 지나서 마르즈 알 수파르(Marj al-Ṣuffar)[197]라는 곳에서 적과 마주쳤다.

다음 날 즉 라마단월 제2일(4. 20)에 전투가 벌어졌다. 우리 군대의 좌익이 적의 우익을 공격했고, 그들의 중요한 아미르들 가운데 히삼 앗 딘 우스타드 앗 다르(Ḥisām al-Dīn Ustād al-Dār)를 위시하여 13명의 아미르들과 한 무리의 사람들을 모두 죽이거나 상처를 입히고 패주시켰다. 한 무리의 우리 측 용사들이 그들을 추격하여 몇 파르상까지 갔다. 쿠틀룩 샤 노얀은 [우리의] 좌익을 돕기 위해 중군에서 그쪽으로 이동했고, [그래서] (R1314) 우익은 떨어진 채 홀로 남게 되었다. 에집트인들의 좌익이 그들을 공격했고, 병사들의 수가 적었기 때문에 뒤로 물러섰다. 아미르 쿠틀룩 샤가 좌익이 있는 곳에 도착했을 때 그들은 [이미] 전투를

---

196) 이하 전투에 관한 묘사는 시리아 전선에 남겨두었던 몽골군에 관한 이야기이다. 가잔 자신은 그 해(1303) 봄에 더위가 시작되면서 전선에서 철수하여 이미 티그리스 강을 건넌 뒤였다.

197) 다마스쿠스 남쪽 30킬로미터 외곽에 위치한 지점. Shaqhab이라는 이름으로도 알려졌다.

끝낸 상태였고 밤이 되었다.

아미르는 언덕 위로 올라가 주둔했고 우리의 병사들은 그곳으로 갔다. 그날 밤은 새벽이 될 때까지 모두 말을 타고 있었다. 갈증이 사람들과 가축들을 엄습했고, 에집트인들은 밤중에 그 언덕을 포위했다. 낮이되자 그들과 맞서 있던 아미르 불라드 키야(Amīr Būlād Qīyā)의 천호, 아미르 이질의 아들 테케 티무르(Tekā Tīmūr)의 천호, 나시르 앗 딘 야흐야의 천호가 전투에 들어갔다. 아미르 쿠틀룩 샤는 타이탁(Tāītāq)과 타르사(Tarsā)에게 "너희는 어제 전투를 하지 않았으니 오늘 그들을 도우러 나가라."고 명령했다. 두 사람 모두 그들이 있는 곳으로 왔고 전투에참여했다. 시리아인들과 에집트인들은 언덕의 포위를 풀고 일제히 그들에게로 향했다. 오전에 병사들은 전열에서 이탈했고 천호들 역시 서로떨어져서, 어떤 방식으로도 전열을 정비하는 것이 불가능하게 되었다.정오 기도 시간이 될 때까지 버텼지만 그 후에는 퇴각해서 돌아왔다. 도중에 물과 진창이 엄청나게 많아서 많은 수의 말들이 진창에 빠진 채 남았고, 병사들은 흩어지고 말았다. 타이탁과 타르사는 보이지 않았다.

아미르 쿠틀룩 샤와 테케 티무르는 라마단 제19일(1303. 5. 7)에 카샤프의 평원에서 이슬람의 군주의 어전에 도착했다. 다음 날 어기는 이동을 시작하여 아르빌 교외에 있는 정원에 숙영하였다. 그리고 거기서 이동하여 데르벤디 장기(Derbend-i Zangī) 길을 경유하여 쿠르드인들이사는 산지에서 빠져나왔다. 이드 알 피트르(Īd al-Fiṭr; 5.19)[198]는 데르벤디 장기 부근에서 보냈다. 샤발월 제17일 토요일(6. 4) 병사들이 [말도 없이] 도보 상태가 되어 머물러 있자, 아미르 추판은 그들에게 약속과 위로를 한 뒤 서서히 바그다드 길을 거쳐 어전에 도착하여 많은 은사

---

198) 라마단 금식월이 종료되는 날을 기념하여 행하는 축제.

를 입었다. 그들이 (R1315) 마라가의 수르흐 다리(Pūl-i Surkh)에 도착했을 때 카툰들과 유수영들을 세 곰바드(Se Gombad)와 유즈 아가치(Yūz Āghāch) 길을 거쳐서 우잔으로 보내고, 자신은 홀로 사한드(Sahand) 산[199]에 사냥을 하러 가서 일주일 동안 그곳에서 사냥을 하였다. 702년 둘 카다월 제10일 목요일(1303. 6. 26)에 우잔 시에 숙영하였다.

시리아에서 귀환한 아미르들과 병사들을 야르구로써 심문한 것, 우잔에서 쿠릴타이를 개최하고 그들[아미르들]이 고두의 예를 취한 이야기

그 뒤 어기는 이슬람의 도시 우잔에 왔다. 다음 날, 즉 둘 카다월 제12일 (1303. 6. 28)에 야르구를 열어 심문을 했고 세밀한 사항들을 물었다. 야르구 나메(yārghū-nāma, 심문서)를 어전에 들여 보이자, 이슬람의 제왕은 몇 가지 점들에 대해 반대를 표명하였다. 다시 한번 철저하게 심문을 진행했고 그 점들을 살펴보았다. 마침내 둘 히자월 초(7. 17)에 야르구를 종결하고 지빅 타르칸(Jībik Tarkhān)의 아들 (A290v) 아구타이 타르칸 (Āghūtāī Tarkhān)과 망쿠트 종족 출신의 토간 티무르(Ṭōghān Tīmūr) 를 야사에 처하였다. 대야삭(yāsāq-i buzurg)[200]이 요구하는 바는 모두 수행되었다. 그 뒤 둘 히자월 제2일 목요일(7. 18)에 쿠릴타이의 연회 (ṭōī-yi qūrīltāī)[201]를 시작했고 아미르들은 고두의 예를 취하였다.

---

199) 우르미야 호수 동쪽에 위치한 높이 3,707미터의 산. 이 산의 북록에 타브리즈가, 남록에 마라가가 위치해 있다.

200) yāsāq은 물론 몽골어에서 '법령'을 뜻하는 jasaq을 옮긴 말이다. 당시 페르시아어 문헌에는 몽골어 jasaq에서 기원한 yāsā라는 단어가 자주 사용되었는데 대부분 '[자삭 법령에 근거한] 처형'이라는 의미로 사용되었다. 이에 비해 yāsāq은 위의 본문 사례가 보여주듯이 '법령'이라는 본래의 의미에 충실한 셈이다.

201) qūrīltāī는 몽골어의 qurilta를 옮긴 말로 몽골의 왕족, 귀족들이 모여서 국사를 논의하는 '대회(大會)'를 뜻한다. ṭōī는 투르크어로 '연회, 잔치'를 뜻한다. 이 두 단어는 거의 유사한 뜻으로 사용되

(R1316) 이슬람의 제왕에게 갑자기 안질이 생긴 것, 후라산에서 왕자들이 도착한 것, 어기가 바그다드로 향하고 훌란 무렌에 숙영한 이야기

어기는 703년 제25일 목요일(1303. 9. 8)에 도읍 타브리즈에 도착하여 성채에 숙영하였다. 군대와 무기를 정비하라는 지시를 내렸다. 그로부터 며칠 뒤 돌연 안질이 생겨 의사들과 학자들이 진료와 치료에 진력하였다. 그 질환이 오래 지속되자 동영지로 출발할 시간이 촉박해졌다. 사파르월 제4일 월요일(9. 17)에 대카툰인 일투즈미시 카툰이 비스탐(Bisṭām)과 아부 야지드(Abū Yazīd) 등의 왕자들과 함께 후라산에서 왔다. 이슬람의 제왕은 그들의 도착에 크게 고무되고 기뻐했으며, 자기 딸인 울제이 쿠틀룩(Öljāī Qutlugh)을 비스탐 왕자에게 붙여주고, 그들을 항상 자기 앞에 나오게 하여 살펴주고 위무하였다. 타브리즈에 머무는 기간의 마지막 날인 라비 알 아발월 제7일 일요일(10. 19)에 키타이 의사들의 치료로 인하여 고귀한 옥체에 두 군데 [뜸] 자국이 생겼다.

라비 알 아발월 제19일 금요일(10. 31) 타브리즈 시에서 출발하였다. 인도 지방에서 코끼리들을 어전으로 데리고 오자 관례에 따라 보좌를 코끼리의 등에 올려놓았다. 도시에서 처음 밖으로 나올 때 코끼리 위에 앉았고 광장까지 그렇게 갔다. 늦은 오전부터 오후까지 코끼리를 타고 그것들을 몰면서 즐겼다. 도시의 주민들은 남녀를 불문하고 엄청나게 많이 몰려 나와 구경하면서 그의 건강을 위해 기도하였다.[202] 그날 밤

기도 하지만, 후자는 '연회'라는 뉘앙스가 더 강하다. 본문에서 tōī-yi qūrīltāī라고 표현한 것은 쿠릴타이를 개최할 때 본격적으로 국사를 논의하기에 앞서 혹은 중대한 논의를 끝낸 뒤에 벌이는 연회를 특정해서 말하는 것으로 보인다. 몽골제국 시대의 대회(大會)와 연향(宴饗)에 관해서는 설배환, 「몽(蒙)·원(元)제국 쿠릴타이(Quriltai) 연구」(서울대학교 박사학위논문. 2016) 참조.

202) 대칸 울루스의 쿠빌라이가 행행(行幸)할 때 코끼리 위에 얹어서 사용했던 상련(象輦)과 유사한 것이다. 가잔이 코끼리에 가마를 얹어 타고 다닌 것이 쿠빌라이의 전례의 영향을 받은 것인지는 단언하기 어렵지만, 그의 정책과 개혁의 적지 않은 부분이 쿠빌라이 시대의 제도를 본받았다는 점을 생각하면 그렇게 유추해볼 가능성도 충분하다. 물론 이러한 연관성의 배후에는 쿠빌라이의 궁

은 타브리즈의 바기스탄(Bāghistān)에 숙영하였고, 다음 날 출발하여 (A291r) 우잔 길로 나섰다. 옥체의 배가 (R1317) [뜸의] 상처로 인해 너무 고통스러웠고 너무나 허약해진 상태였기 때문에 말 위에서 고삐를 쥘 수도 없었으며 대부분의 시간을 들것에 실려 있었다. 하루에 짧은 여정밖에 갈 수 없었다.

라비 알 아발월 말(11월 초순)에 아미르 쿠틀룩 샤가 유즈 아가치에서 돌아왔는데, 아란의 동영지로 가서 그 방면을 수비하기 위해서였다. 라비 알 아히르월 제14일 월요일(11. 25)에 사라이 주르마(Sarāy Jūrma) 부근에서 쿠레겐(Kūregān)²⁰³⁾이 도착했다. 수구를룩과 하마단 부근에 엄청나게 많은 눈이 내렸고 추위도 혹심했다. 그쪽 방면을 통해서 바그다드로 가는 것은 불가능했다. 그런 연유로 바그다드로 가는 것은 취소하고 훌란 무렌 강가에 숙영하였는데, 그곳 역시 동영지들 가운데 하나였기 때문이다.²⁰⁴⁾ 사실 그곳은 매우 훌륭한 동영지였다. 주위에 먹거리가 충분했고 땔감도 무수히 많았다. 사람들은 각자 자신의 목지에 자리를 잡고 숙영했고, 지극히 여유로운 상태에서 중요한 사무를 처리하는 데에 몰두했다.

이슬람의 군주가 하루는 자신의 작은 죄를 속죄하기 위해서 10명의 가난한 사람에게 음식과 의복을 주는데, 그것을 자신의 고귀한 손으로 직접 주기를 희망했다. 10명의 거지들을 불러오라고 명령했다. [폐하의] 총신이자 근신이었던 미흐타르 나집 앗 딘 파라시(Mihtar Najīb al-

---

정에서 고관을 지낸 볼라드 칭상의 역할, 그와 라시드 앗 딘과의 긴밀한 협조 관계가 있었다. T. T. Allsen, "Biography of a Cultural Broker: Bolad Ch'eng-Hsiang in China and Iran," *Oxford Studies in Islamic Art* 12 (1996), pp. 7~22 참조.

203) '쿠레겐'은 몽골어로 '부마(駙馬)'를 뜻하는 단어이기 때문에, 여기서 구체적으로 누구를 가리키는지는 분명치 않다.

204) 훌란 무렌은 수구를룩(타흐티 술레이만)에서 남쪽으로 50킬로미터 지점에 위치.

Dīn Farrāsh)가 칙명에 따라서 10명의 거지들을 궁정으로 불러들였다. [가잔은] 바로 어전에서 그들에게 음식을 주어 먹도록 했고, 10벌의 의상을 재고에서 갖고 오라고 했다. 그들을 가만히 관찰하고 나서 여덟 명에게는 각각 옷을 하나씩 주었는데, 두 개의 옷은 미흐타르 나집 앗 딘에게 주면서 말하기를, "밖으로 나가서 두 명의 거지를 더 데리고 와서 그들에게 주도록 하라. 이 두 사람은 기독교도이다."라고 하였다. 나집 앗 딘은 "너희들은 무슬림이라고 말하지 않았느냐?"라고 말했고, 이에 그들은 "그렇습니다. 먹을 것 때문에 당신에게 그렇게 말했습니다. 그러나 이슬람의 제왕에게는 거짓을 말할 수 없습니다. 폐하께서는 정확하게 보신 것이고 저희 두 사람은 기독교를 믿고 있습니다."라고 말했다. 이 점은 그가 고귀하신 하나님의 성자들 가운데 한 분이라는 증거이며 확증이다. 알라의 자비가 그에게 풍부하고 넘치게 있기를! 완!

(R1318) 이슬람의 제왕이 훌란 무렌의 동영지에 칩거한 것, 알라 피렝이 나타나 반란을 일으킨 것, 한 무리의 반란자들을 야사에 처한 이야기

이슬람의 제왕은 그 동영지에서 며칠간 머물면서 일종의 은거를 하기를 원했다. 그리고 궁정의 바깥에 천막을 하나 세우도록 했다. 그는 거기에 혼자 머물면서, 궁정 환관(khwāja-i sarāy)[205]과 친위병(kezīktānī)을 제외하고는 어느 누구도 그 앞에 오지 못하도록 했다. 매일 아주 조금의 음식만으로 만족했다.

---

205) khwāja-i sarāy라는 표현은 문자 그대로 번역하면 '궁정(sarāy)의 호자(khwāja)'이다. 원래 호자는 이슬람에서 종교적으로 존경받는 신분의 사람들을 가리킬 때 사용하며, 나중에는 수피 장로들을 그렇게 부르기도 했다. 그러나 여기서는 환관을 가리키는 한자어 화자(火者)라는 음을 그대로 옮긴 것으로 보인다.

그러는 사이에 놀라운 일이 하나 발생하였다. 그것은 다음과 같다. 겉으로는 셰이흐 같지만 실제로는 남의 일에 참견하기 좋아하는 한 무리의 사람들이 있었는데 그 우두머리는 피르 야쿱 바그바니(Pīr Yaʿqūb Bāghbānī)였다. 그들은 지위와 재산에 대한 탐욕을 갖고 있던 알라 피렝 왕자를 타브리즈 시에서 자기들 편으로 끌어들이고, 자신들이 소유하지도 않는 이적의 힘을 보이겠다고 떠벌렸다.

[피르 야쿱은] 그 시기에 마흐무드(Maḥmūd)라는 한 제자를 오르도로 보내어 [알라 피렝의] 한 무리의 근신들을 자기들 편으로 만들었다. 그 사람은 극도로 무지하여 다음과 같은 비밀을 이야기하고 말았다. "키가 40가즈이고 [몸의] 폭이 5가즈인 어떤 사람이 마란드(Marand)[206]와 바이칸(Vāīqān) 산에서 셰이흐 야쿱에게 오고 있다. [셰이흐는] 이 [거인]을 후원하고 이 비밀을 그에게 공개할 것이다. 그[=피르 야쿱]는 지금 제위(帝位)를 알라 피렝에게 주었고, 좋건 싫건 제위는 그[=알라 피렝]의 것이다. 수도자들(darvīshān)이 그에게 [제위를] 허락해주었다." 이 말이 호자 사이드 앗 딘 사힙 디반의 귀에 들어갔다. [호자는] 그[=피르 야쿱]를 붙잡아서 포박하였고, 이 이야기를 이슬람의 제왕에게 아뢰었다. 차비 아크타치(Chābī Akhtāchī)를 타브리즈로 보내어 반란과 소요를 일으킨 자들을 데려오게 하였다. 그는 열흘 뒤에 돌아왔는데, 피르 야쿱, 카안의 사신인 나시르 앗 딘, 라시드 불가리(Rashīd Bulghārī)의 대리인(khalīfa)인 셰이흐 하비브(Shaykh Ḥabīb), 사이드 카말 앗 딘(Sayyid Kamāl al-Dīn) 등을 모두 데리고 왔다. 셰이흐 라시드(Shaykh Rashīd)는 사드르 앗 딘 (R1319) 잔자니의 스승(shaykh)이었고, 사이드 카말 앗 딘 역시 그의 추종자 가운데 하나였다.

---

206) 타브리즈에서 서북방으로 50킬로미터 지점.

놀랍게도 이슬람의 제왕은 그들을 보고 이렇게 말했다. "이 분란자들은 사드르 앗 딘 잔자니에게 속한 사람들이라는 생각이 든다." 조사를 해본즉 과연 그러했다. 그는 "죽은 사람이 아직도 분란을 일으키는구나."라고 말하였다. 그리고 나서 그는 몸소 거기에 앉아서 아미르들과 근신들이 있는 앞에서 심문을 하였다. 그 무지한 무리는 어처구니없는 이야기를 늘어놓았고, 그 바닥까지 철저히 파헤치니 (A291v) 그들의 신앙은 바로 마즈닥(Mazdak)교[207]이고, 그 종교를 사람들 사이에 퍼트리는 것이 그들의 목표였다는 사실이 드러났다. 그들의 죄과가 확정되자 야쿱은 "스승들이 우리를 돌보고 계시다."라고 말했다. 이슬람의 제왕은 "나의 스승은 주님이고 예언자이시며 무르타자(Murtaḍa)[208]이시다. 그분들의 힘이 더 강한지 아니면 너희 스승들의 힘이 더 강한지 보도록 하자."라고 말하고는, 그를 거기 있는 산 꼭대기에서 아래로 던지라고 명령하고, 그의 동료들을 야사에 처하였다.

알라 피렝 왕자의 죄는 용서해주었다. 그는 이렇게 말했다. "군주께서 은사를 베푸셨으니 제가 사태의 진실을 올바로 말하겠습니다. 그것은 이러합니다. 그들은 타브리즈로 사냥을 하러 함께 가자는 구실로 두세 차례 나를 셰이흐 야쿱에게 데리고 갔습니다. 그와 그의 제자들은 춤

---

207) 사산 왕조 페르시아에서 조로아스터교에서 갈라져 나온 종파. 처음에 마니와 동시대 인물인 자르두쉬트(Zardusht)가 3세기에 창건했지만 이후 6세기 초 마즈닥(Mazdak)에 의해 상당한 영향력을 갖게 되었다. 조로아스터교나 마니교와 유사하게 빛과 어둠의 이원론적 우주관을 갖고 있으며, 광명의 신을 숭배한다. D. Morgan에 따르면 마즈닥교가 이슬람이 확고한 우위를 장악한 뒤에도 서아시아에서 잔존했다는 사실이 밝혀지긴 했지만, 과연 몽골 시대까지 존재했는지는 의심스럽다고 하였다. 그러면서 당시 라시드 앗 딘이 사드르 앗 딘 잔자니와 그 추종자들을 '마즈닥교도'라고 비난한 것은 실제로 그들이 그 종교를 믿어서라기보다는, 오늘날 누군가를 '파시스트' 혹은 '공산주의자'라고 부르며 낙인을 찍는 것과 같은 일종의 레토릭에 가까운 것이라고 보았다. David O. Morgan, *The Mongols* (London: Basil Blackwell, 1986), pp. 166-167 (권용철 역, 『몽골족의 역사』, 모노그래프, 2012, pp. 224~225).
208) 제4대 칼리프 이맘 알리(ʿAlī b. Abī Ṭālib).

(samā')과 그와 유사한 다른 의식을 하면서 이적(karāmāt)을 말하고 나에게 제위에 대한 망상을 넣어주었습니다. 그러나 나는 두려움에 어찌할 바를 몰랐고 [그 사실을] 숨기고 있었던 것입니다."

타이탁(Taītāq)의 부관인 이트미시(Ītmīsh)도 야르구에 회부하였는데, 죄를 자백하였기 때문에 그 역시 야사에 처하였다. 타이탁의 아들 악크 부카(Āq Būqā)는 비록 그 모의에 참여했고, 알라 피렝의 말에 따르면 그 불온한 교제는 모두 자신의 죄라고 했지만, 그는 젊고 어린 데다가 부친이 시리아에서의 전투에서 진력(kīchāmīshī)하다가 적에게 포로가 되었기 때문에, 이슬람의 제왕은 그의 죄를 용서하고 그를 구금하라고 명령했다. 완!

(R1320) 일투즈미시 [카툰]의 오르도에서 아부 야지드 왕자의 생일을 맞아 연회를 베풀고, [이슬람의] 군주가 은둔처에서 밖으로 나온 이야기

주마디 알 아히르월 초 일요일(1304. 1. 10) 일투즈미시 카툰의 오르도에서 아부 야지드 왕자의 생일을 맞아 관례에 따라서 연회를 열었다. 이슬람의 군주와 모든 카툰들, 왕자들, 아미르들이 참석하여 축하와 축복의 의례를 치렀고 (A292r) 열락을 나누었다. 이슬람의 제왕은 왕자들과 카툰들 및 그 무리들에게 갖가지 위로와 은사를 베풀어주었다. 그 뒤 이슬람의 제왕은 은둔처에서 밖으로 나와 왕국의 사무를 정비하고 나라의 방책을 확고히 하였다. 그의 신체도 건강을 회복하였고 기쁨과 즐거운 마음으로 나날을 보냈다. 셰이흐와 그 추종자들의 계략과 음모가 분명하게 드러남으로써 그러한 승리를 거두게 된 것에 대해서 나라의 모든 귀족들은 기뻐하고 즐거워했다.

알라 피렝의 사건과 관련하여 호자 사아드 앗 딘 사힙 디반이 진력한 것에 대해 이슬람의 제왕이 은사를 내려준 이야기

호자 사아드 앗 딘 사힙 디반은 피르 야쿱의 사도가 사람들의 마음을 휘어잡기 위해 오르도에 와서 모든 사람들에게 좋은 말로 약속을 하는 것을 보고 즉각 그를 붙잡았고, 그러한 사실을 폐하의 어전에 그대로 보고하였다. 그래서 이슬람의 제왕은 그에게 (R1321) 극도의 신뢰를 갖게 되었고, 모든 방면에서 그를 완전히 신뢰할 수 있다고 확신하였다. 어전에서 그가 갖는 진실함, 봉사를 할 때 품은 올바른 마음을 생각한다면, 그에게 매일 무수한 종류의 은사와 위로를 내려도 적절하다고 할 만하다. 말하자면 그것을 받을 만한 사람이 받은 것이었다. 그런 까닭에 [군주는] 그에게 새로운 은사를 더하여 그의 지위를 더욱 높여주고 그의 권위를 더욱 강화시켜주기를 원했다.

　왕국의 사무를 맺고 푸는 것, 나라의 정무의 고삐를 잡고 놓는 것을 모두 그의 손안에 두고 그의 판단에 맡긴 터라 더 이상 [그의 지위를] 높인다는 것은 상상하기 어려웠다. 그래서 [군주는] 그에게 다음과 같은 방식으로 은사를 내렸다. 즉 1개 몽골 천호를 그에게 위임(tūsāmīshī)하고 그에게 깃발(tūq)과 북(kuhūrga)을 하사하였다. 그리고 모든 아미르들에게 명령하기를 그를 찾아가서 축하의 예를 취하라고 하였다. 사실상 그는 육신의 덕성들의 집합체이자 인간적인 완벽함의 원천으로서 고결함의 소유자이기 때문에, 그는 지체가 높건 낮건 귀족이건 평민이건 불문하고 모든 사람들의 휴식처이자 왕국과 국가와 신앙과 이슬람의 장식이다. 지고한 신께서 그에게 광활한 자리와 은혜로운 영광을 즐길 수 있도록 하시기를! 완!

케레문 카툰이 사망하여 그녀의 유해를 타브리즈로 옮긴 것, 이슬람의 제왕이 [만물의] 창조에 관해 한 몇 가지 현명한 담화에 관한 이야기

703년 주마디 알 아히르월 제12일 화요일(1304. 1. 21) 해 질 녘에 아바타이 노얀의 아들인 쿠틀룩 티무르의 딸 케레문 카툰, 즉 이슬람의 제왕의 부인이 사라이 주르마(Sarāy Jūrma)[209] 부근의 동영지에서 갑작스럽게 사망했다. (R1322) 그의 유해를 모든 의례를 다 갖추어 타브리즈로 옮겼다. 그녀는 [아직] 한창 젊은 나이였고 세상의 맛을 보지도 않았기 때문에 이슬람의 제왕은 그의 죽음을 심히 괴로워했고 매우 비통해했다. 그는 그녀가 사망한 뒤 그의 오르도에 와서 많이 울었고, "그녀에 관해서 필요한 모든 것들을 준비하고 관례에 따라서 온전하게 예를 치르라."고 지시했다. 그녀의 관을 옮긴 다음에도 그녀를 생각할 때마다 그의 고귀한 눈에는 눈물이 맺혔다.

하루는 나라의 기둥들이 모두 참석한 자리에서 그는 "세상에서 (A292v) 가장 어렵고 힘든 것이 무엇인가?"라고 물었다. 아미르들은 "적에게 포로가 되고 적에게 굴복하는 것입니다."라고 대답했다. 또 다른 무리는 "가난함"이라고 말했고, 또 다른 무리는 "죽는 것"이라고 대답했다. 그는 이렇게 말했다. "가장 힘든 것은 태어나는 것 즉 세상에 나오는 것이다. 바로 거기에서부터 모든 고통, 재난, 상처, 고난이 인생에 생겨나기 때문이다. 만약 존재하지 않았다면 어떠한 어려움도 없었을 것이다. 세상에는 사람에게 죽음보다 더 좋은 휴식은 없다. 그 이유는 다음과 같다. 두 사람이 길을 가는데 하나는 뛰고 하나는 걷는다. 누가 더 편안하겠는가?" 그러자 "걷는 사람"이라고 말했다. 그는 "만약 한 사람은 걷고 한 사람은 앉아 있다면 누가 더 편한가?"라고 했고, 사람들은 "앉아 있

---

209) Thackston은 'Joma'라고 옮겼다. 아래의 본문 내용을 보면 훌란 무렌에서 동남방 어느 지점에 있었던 것으로 추정된다.

는 사람"이라고 말했다. 그는 "만약 하나는 앉아 있고 하나는 잠자고 있다면 누가 더 편하겠는가?"라고 묻자, 그들은 "잠자는 사람"이라고 말했다. 그는 "이렇게 올바른 유추와 토대를 놓고 볼 때 죽은 사람은 잠자는 사람보다 더 편할 것이다. 자연이 주는 속박에서 풀려나는 것이야말로 영혼의 해방과 완전한 혜택을 가져온다. 어떠한 구속과 감옥과 지옥과 고문도 세상에 대한 무지와 사랑보다 더 힘들지 않다. 비록 이승은 신을 믿는 사람들의 지옥이고 저승은 그들의 천국일지라도, 또 이를 입증하는 예언자—그에게 가장 고귀한 기도와 가장 완벽한 찬사가 있기를!—의 하디쓰(ḥadīth: '말씀') 즉 '이승은 믿는 자들에게는 감옥이요 이교도에게 는 천국이다.'라는 말이 있을지라도, 무지한 사람들은 이 자연의 감옥에서 해방되기를 결코 원하지 않는다. 그들은 극도의 무지로 인하여 영혼은 죽어도 육신은 산다고 믿지만, (R1323) 실은 그 반대라는 사실을 모르고 있다. 그들은 온갖 무지와 우매함에 자부심을 느끼지만, 죽음은 즐거운 상태이며 정의의 순수함이라는 사실을 모른다. 만약 아버지들이 죽지 않으면 그의 지위와 재산과 위대함과 왕위가 어찌 자식들에게 다다를 수 있겠는가? 아버지들의 죽음이 비록 힘들고 어렵지만 그로 인하여 또 다른 기쁨이 있는 것이다. 만약 자기 인생을 완벽을 향해 가도록 노력하고 자기 영혼을 매일 매일 더 높이 나아가게 하지 않는다면, 그런 사람에게는 수명이 길어도 아무런 효용이 없을 것이다. 신께서 허락하신 분량에 만족하는 것이 가장 좋다. 왜냐하면 만약 사람이 80세 이상의 수명을 갖는다면 그의 사지는 망가지고 감각은 둔하고 변질될 것이다. 다른 사람들의 눈에 그는 무용하고 비천하게 비칠 것이며, 그의 친척이나 낯선 사람들은 그를 미워하게 될 것이다. 인생의 유용함은 완벽함에 있기 때문에 일단 완벽함을 이룩하면 [그다음에는] 무엇이든지 결함이 되는 것이다. 따라서 지나치게 긴 수명은 아무런 소용이 없다." 그는 이런 내용으로 정확한 말들을 하였고 그것은 모두 지혜의 정화이다.

703년 샤반월 말(1304년 3월 말~4월 초) 그는 훌란 무렌의 목지―그것을 울제이투 부이눅(Ōljāītū Būīnūq)이라 이름하였다―에서 이동하였다. 카툰들과 유수영들을 사라이 주르마에서 한 여정 떨어진 곳에 있는 축(Chūq) 성채 부근에 놓아두고, 그 자신은 왕국의 대신들과 어전의 대인들과 함께 마라크(Marāq)[210] 방면으로 향하였다. 며칠간 하라칸(Kharaqān)과 마즈다칸(Mazdaqān)[211] 부근의 산지에서 사냥을 한 뒤 사바(Sāva) 시에 숙영하였다. 사힙 호자 사아드 앗 딘은 일반 연회(tōī-yi ʿām)를 베풀었고, 이슬람의 술탄과 모든 카툰들과 왕자들과 아미르들은 술잔을 바치고 고두의 예를 취하였으며, 폐하의 어전에서 각종 은사를 받았다. 대사드르(ṣadr-i muʿaẓẓam)인 호자 시합 앗 딘 무바락 샤(Shihāb al-Dīn Mubārakshāh)도 마찬가지로 그러했는데, 그는 왕국의 서기(munshī)였고 지엄한 국가의 기둥들 가운데 하나였다. 그의 옛집이 사바에 있었는데, 그의 부친인 호자 샤라프 앗 딘 사아단(Khwāja Sharaf al-Dīn Saʿdan)은 (R1324) 이란의 오랜 귀족이었으며 그곳[=사바]에 살면서 [그곳의] 하킴이었다. 그 역시 일반 연회를 열어서 폐하와 모든 카툰과 왕자들과 아미르들에게 적절한 선물들을 바쳤다. 또한 여러 대인들에게 진수성찬과 성대한 선물들을 보냈고, 나머지 하인들에게도 많은 옷과 금화와 은화를 주었다.

그로부터 사흘 뒤 어기는 거기서 이동하여 라이 방면으로 향했다.[212] 동영지에서 출발할 때부터 옥체는 기력을 완전히 되찾아서 말에 올라

---

210) 훌란 무렌에서 하라칸/마즈다칸 산지를 거치고 사바를 경유하여 동남방으로 이스파한을 향해 내려가면 마라크가 나온다. 사바에서 140킬로미터 지점.

211) 하라칸과 마즈다칸은 사바에서 서북방으로 60~80킬로미터 지점에 위치.

212) 라이는 사바에서 동북쪽 방향에 위치해 있다. 가잔 일행은 훌란 무렌에서 동남쪽으로 이동하다가 사바에서 방향을 틀어 동북방으로 향한 것이다.

타 멀리 떨어진 여정이나 긴 거리도 갈 수 있고 각종 음식도 모두 먹을 정도가 되었다. 그가 사바에서 출발했을 때 도중에 [병이] 재발할 기미가 나타났다. 다시 질병이 그를 엄습했고 음식을 보기도 싫어했다. 그럼에도 불구하고 그는 힘을 다해서 서둘러 갔고 항상 그랬던 것처럼 말을 타고 갔다. 그는 밖으로 나와서 며칠 동안 라이 부근(A293r)에 머물렀다. 그런데 라이 지구에 속한 헤일리 부주르그(Khayl-i Buzurg)에서 병환이 그를 압도하였다. 유수영들과 대카툰인 불루간 카툰에게 사신을 보내서 매우 신속하게 오라고 하였다. 그녀가 도착했을 때 그는 헤일리 부주르그에서 이동하여 매일 조금씩 옮겨서 카즈빈 교외에 있는 피시킬레(Pīshkile)[213]에 도착했다. 라마단월 마지막에 카툰이 도착했을 때에도 여전히 그곳에 머물러 있었다. 카툰이 와서 그런 상태에서 서로 만나게 되자, 그들은 슬피 울었고 눈에서는 눈물이 흘러내렸다.

그 뒤 모든 아미르들, 귀족들, 근신들, 나라의 기둥들, 어전의 대인들을 불러오게 하여, 그들 각자에게 처지에 맞는 절절한 훈계와 충고를 해 주었다. 자신의 큰동생—그의 왕국이 영원하기를!—을 5년 전에 후계자로 임명하였고 여러 다른 자리에서 몇 차례 반복하고 강조한 적이 있었는데, 그 문제에 관해서 지극히 은혜롭고 순수한 유언장을 언급하였다. 그리고 모든 사람들에게 그 점을 잘 지키고 (R1325) 준수할 것을 신신당부하였다. 유언을 끝낸 뒤 그는 대부분의 시간을 조용한 곳에 물러나 있었다. 비록 육신은 병환이 있었으나 여전히 온전한 능력을 유지하고 있었고, 항상 신속한 감각과 유창한 언변을 보여주었다.

지고한 명령에 따라 그의 수명의 기한이 그 끝에 이르렀을 때, "그들의 최후가 오면, 그들은 한 시간도 더 늦추거나 당길 수 없도다."라는

---

213) 카즈빈 서쪽에 있는 지명.

[쿠란의] 구절[214]처럼, 회력 703년 샤발월 제11일 일요일(1304. 5. 17) 오후에 그의 순수한 영혼은 허영의 왕국에서 열락의 왕국으로 이주하였다. 세상에는 커다란 재앙이 된 이 엄청난 죽음으로 인해 하늘은 푸른색으로 옷을 둘렀고 수백 수천의 눈들은 울음을 터뜨렸으며, 지구상에 거주하는 모든 사람들의 눈에서 나오는 피는 나일 강이나 아무다리야처럼 흘렀다. 장례를 치르고 그의 고귀한 시신을 씻고 수의를 입힌 뒤 특별한 말 위에 실었다. 카툰들과 아미르들은 그 뒤를 따라서 타브리즈를 향해서 갔다. 도시들과 마을들에서는 남녀가 모두 모자를 벗고 맨발로 거적때기(palās)만 걸치고 밖으로 나와서 흙을 머리에 뿌리면서 통곡하였다.

詩

그 공정하고 신앙심 깊은 군주의 관에
시간과 공간이 와서 슬피 우는도다
모든 사람들이 아뿔사! 어쩌나!를 외치니
세상의 태양이 구름 뒤로 갔음이로다

이란 땅에 속한 왕국들의 모든 도시에서 미나렛들을 거적때기로 덮었고, 사람들은 시장과 도로와 광장으로 쏟아져 나왔다. 남녀노소를 불문하고 옷을 찢고 거적을 걸친 채 일주일 동안 장례를 올렸다. 그 고귀한 유해를 도읍 타브리즈에서 하루 일정 떨어진 곳으로 옮겼을 때 도시의 주민들은 극도의 절망과 무력감 속에서 남녀노소 없이 모두 상복을 입고 밖으로 나왔다. (R1326)

---

214) 『쿠란』 7:34.

[詩]

모두가 황야로 향했고

부인들은 돌로 가슴을 계속해서 내리쳤다.

병사들과 하속들, 백성과 하인들은 고귀한 유해를 둘러싸고 울면서 갔고, 샴(Shamm)이라는 곳에, 그가 건설하라고 했던 높은 묘지에 묻었다. "그의 얼굴을 제외한 다른 모든 것들은 절멸할 것이다. 너희는 그의 명령과 그에게로 되돌아갈 것이다."[215] 지고한 창조주께서는 그 행복한 술탄을 끝도 없는 자비의 바다에 빠트리소서. 그의 후계자인 이슬람의 왕중왕(Shahinshāh-i Islām) 울제이투 술탄에게 소망의 성취를 이루게 하소서. "그는 응답을 받는 지도자이며, 알라의 축복이 우리의 예언자인 무함마드와 그의 가족과 함께하기를!"[216]

---

215) 『쿠란』 28:88.
216) 원문은 아랍어.

(A293v) (R1327) 【제3장】 이슬람의 제왕 가잔 칸기

그의 왕국과 정의가 영원하기를!

그의 탁월한 행적과 품성, 그의 정의와 은사와 선행과 자선과 학문과 덕성의 흔적들, 엄밀한 조사를 통해 진실을 밝히는 것에 관해서 그가 항상 강조했던 발언들, 모든 백성들의 복리를 위해서 여러 방면에 걸쳐 그가 반포하여 시행케 한 확고한 칙령(ḥukm)과 금령(yāsaq)들, 그리고 앞의 두 장들에 들어가지 않았던 기이한 일화들과 사건들, 그 밖에 다양한 여러 가지 사건과 이야기들. 이는 두 부분으로 되어 있는데, 하나는 40개의 일화(ḥikāyat)로 나뉘어져 서술된 것이고, 다른 하나는 다양한 여러 가지 일화와 사건들에 대한 묘사를 기록한 것이다.

40개로 나뉘어진 일화들은 아래의 목차에 자세히 열거되어 있듯이 매우 적절한 것이다.

제1화. 이슬람의 제왕—그의 왕국이 영원하기를!—의 여러 학문에서의 완벽함과 그의 지식, 그리고 각종 기예에서 그의 탁월한 지식에 관하여[1]

제2화. 이슬람의 제왕—그의 통치가 영원하기를!—의 성품의 악함이

---

[1] 라시드 앗 딘이 여기서 제시한 40개 일화의 제목들은 이하 본문에서 제시된 각 일화들의 제목과 문자 그대로 일치하지 않는 경우가 많은데, 본 역서에서는 그가 쓴 그대로 옮겼다. 독자들의 오해가 없기를 바란다.

없는 순결과 정결에 관하여 (R1328)

제3화. 그가 멀리 혹은 가까이에 있는 사람들 및 투르크인과 타직인들과 문답을 주고받을 때 그의 유창함과 유능함과 미려함에 관하여

제4화. 약속과 계약에 있어 그의 인내와 군건함과 공정함에 관하여

제5화. 그가 말씀하시는 모든 이야기들이 대부분의 경우 그대로 이루어지는 것에 관하여

제6화. 그가 찬양받아 마땅한 은사와 관용을 베푸는 것에 관하여

제7화. 우상숭배를 철폐하고 그들의 사원을 완전히 파괴한 것에 관하여

제8화. 예언자—그에게 기도와 평안이 함께하기를—의 일족을 애호하고 지고한 사이드들을 예우한 것에 관하여

제9화. 그의 용맹함, 전투 시 군대의 정비를 명령한 것, 전투에서 인내심을 발휘한 것에 관한 일화

제10화. 카디, 셰이흐, 고행자, 학자 및 수도자들에게 그가 충고한 것에 관하여

제11화. 병사들 및 기타 다른 사람들이 이교적인 말을 하는 것을 금지한 것에 관하여 (R1329)

제12화. 그가 건물을 짓는 것을 애호하고 또 다른 사람들에게 그렇게 하도록 종용한 것에 관하여

제13화. 그가 타브리즈와 하마단에 세운 혜민구(abwāb al-birr)와 각 지방에 하사한 헌납에 관하여

제14화. 위조와 거짓 주장에 대한 대책, 부정직한 사람들의 위계에 대한 방지책에 관하여

제15화. 불법적인 증서의 작성을 막기 위한 대책과 오래된 문서들의 폐기에 관하여

제16화. [불법적 징발을 위한] 추산과 분배를 폐지하고 각종 징발에 대한 방지책을 마련한 것에 관하여(A294r)

제17화. 농민들을 보호하고 육성하며 그들에게 가해지는 학정과 가해를 막는 대책에 관하여

제18화. 역마를 폐지하고 각 지방을 다니는 무수한 사신들을 막는 대책에 관하여

제19화. 도적과 노상 강도를 막고 그들로부터 각 지방의 도로를 보호하는 것에 관하여

제20화. 이제까지 존재하지 않았던, 그보다 더 훌륭할 수 없는 탁월한 방식으로, 금과 은의 순도를 높인 것에 관하여

제21화. 금[을 다는] 추(awzān), [부피를 재는] 박(bār), [길이를 재는] 자(gaz), [액량(液量)을 재는] 말(paymāna), [건량(乾量)을 재는] 말(qafīz), 곡량(穀量)[을 재는] 섬(taghār)의 기준을 올바로 정한 것에 관하여

제22화. 칙령과 패자의 발부를 정비한 것에 관하여

제23화. 사람들이 갖고 있는 복제된 칙령과 패자들을 회수하는 방책에 관하여(R1330)

제24화. 몽골군에게 지방의 여러 지역들을 이크타(iqtāʿa)로 준 것에 관하여

제25화. 폐하 자신을 위한 별도의 군대를 어떻게 정비했는가에 관한 설명

제26화. 고리를 목적으로 돈을 빌려주는 것과 사악한 협잡으로 거래하는 것을 금한 것에 관하여

제27화. 지나친 혼례대금을 지불하는 것을 금지하고 [그 액수를] 19.5디나르로 확정한 것에 관하여

제28화. 전국 각지의 촌락에 욕탕과 사원을 건설한 것에 관하여

제29화. 사람들이 술을 마시거나 기타 금지된 음료를 마시는 것을 금지한 것에 관하여

제30화. 대오르도에서 사용하는 어선(御饌, āsh-i khāṣṣ)과 음료(sharāb)의 비용을 조달하는 문제에 관하여

제31화. 카툰들과 오르도들에 필요한 음식의 비용을 정비한 것에 관하여

제32화. 작업장을 정비하고 그곳의 사무와 비용을 정비한 것에 관하여

제33화. 무기 제작(kār-i misās[2])과 무기고에 관한 사무를 정비한 것에 관하여

제34화. 카안의 가축들을 정비한 것에 관하여(R1331)

제35화. 매잡이(qūshchī)들과 호랑이 사육사(barschī)들의 사무를 정비한 것에 관하여

제36화. 전국 각지의 징세 사무(awāmil)를 정비한 것에 관하여

제37화. 불모지를 개간하도록 한 조치에 관하여

제38화. 사신들이 머물 숙소를 전국 각지에 건설하도록 하고, 그들 [특히] 감관들(shaḥnagān)이 평민들의 집에 숙박하지 못하도록 금지한 것에 관하여

제39화. 나귀 몰이꾼, 낙타 몰이꾼, 전령들이 사람들에게 피해를 주지 못하게 한 것에 관하여

제40화. 여자 노비들(kanīzkān)을 강제로 사창가로 보내는 것을 금지한 것에 관하여

---

2) misās에 관해서는 Roshan(vol. 3, p. 2411)의 주석 참조.

제1화: 이슬람의 제왕—그의 왕국이 영원하기를!—의 여러 학문에서의 완벽함과 그의 지식, 그리고 각종 기예에서의 탁월한 지식에 관하여

(A294v)제1화: 이슬람의 제왕의 각종 기예와 학문에서의 완벽함에 관하여[3]

이슬람의 제왕—그의 왕국이 영원하기를—이 갓난아기였을 때 그의 조부인 아바카 칸이 그를 자기가 있는 곳으로 데리고 와서 양육하고 보호해주었다는 사실은 세상 사람들에게 모두 다 잘 알려져 있다. 그리고 박시들과 우상숭배자들로 하여금 그를 모시고 교육하게 하였으며, (R1332) 그런 연유로 그 같은 방식이 그의 내면에 확고하게 자리 잡았다. 특히 그의 조상들이 그 종교를 신앙으로 고수했고 그것이 지향하는 길을 따랐기 때문에 더욱 그러했다. 우상숭배의 관습은 이슬람이 전파된 뒤부터 모든 지방에서 완전히 제거되었지만, 그들의 시대에 다시 나타났고 그 교단은 막강한 힘을 갖게 된 것이다. 그리고 우상을 숭배하는 여러 부류의 박시들을 인도, 카쉬미르, 키타이, 위구르 등지에서 극진하게 대접하면서 데리고 왔다. 각지에 불사를 세우고 막대한 재화를 그곳에 퍼부었다. 그들의 교세는 정점에 이르렀으니 동시대 사람들이 모두 목도한 바이다.

　이슬람의 제왕은 항상 박시들과 불사에 함께 있었으며 그 방식을 깊이 관찰하곤 하였다. 시간이 흐르면서 그는 그러한 방향으로 점점 더 기울게 되었고 그것에 관한 믿음도 견고해져갔다. 아바카 칸이 사망한 뒤, 그의 부친 아르군 칸이 그를 후라산의 통치와 군대 통수를 위해 파견했

---

3)　이 제목은 사실 바로 위의 내용과 중복되는 것이지만 원래의 사본에 있는 그대로 옮겨놓았다.

다. 그는 하부샨(Khabūshān)이라는 도시에 커다란 불사를 세우고, 대부분의 시간을 그 불사에서 박시들과 이야기하고 듣고 또 함께 음식을 먹으며 보냈다.[4] 그 교단에 대해 그가 갖고 있던 확고한 믿음과 우상들에 대한 그의 경배는 이루 다 표현하기 어려울 정도였고, 그러던 중 마침내 바이두가 왕국을 수중에 넣었다. [마침내 가잔 칸이] 그것을 다시 장악하게 되었을 때, 지고한 신께서 그에게 충만한 축복을 내려서 [장차] 왕국의 통치권과 제위가 자신의 소유가 되게 하였다. 또한 확고한 도움과 신성한 축복으로 그는 정의와 공정의 징표가 세상에 분명히 나타나게 하고, 나아가 피폐하게 되었던 것들을 올바로 되돌려놓고 황폐하게 된 왕국을 풍요롭게 만들며, 이슬람이라는 종교의 강화와 율법과 법령에 관한 사무의 강화가 자신의 손을 통해서 이루어지도록 하였지만, 그는 물론 세상 사람들도 [신의 그런 계획을] 인지하지 못하고 있었다.

그런데 갑자기 바로 그때 신령한 은총이 그의 정결한 마음에 인도의 빛을 내려주었다. 그는 축복받은 발걸음을 이슬람의 울타리 안으로 들여놓고, 손으로는 견고한 믿음의 밧줄을 붙잡았다. 그리고 무용한 종교들의 강령을 폐기하라고 명령을 내렸다. 대부분의 사람들은 (R1333) 그가 이슬람을 받아들인 것이 몇몇 아미르들과 셰이흐들의 권유와 종용 때문이라고 생각했지만, [내가] 조사를 한 결과 그러한 생각은 잘못되었다는 것이 판명되었다. 그가 이 책의 저자인 보잘것없는 나와 조용한 곳에 같이 있을 때 이렇게 말했기 때문이다.

"지고한 신께서 용서하지 않는 몇 가지 죄가 있으니, 그중에서도 가

---

4) 훌레구 울루스의 불교 및 불사에 관해서는 Warwick Ball, "Two Aspects of Iranian Buddhism," *Bulletin of the Asia Institute* 1, 1-4 (Shiraz, 1976), pp. 103~163; Gianroberto Scarcia, "The 'Vihar' of Qonqor-Ölöng Preliminary Report," *East and West*, 25-1/2 (1975), pp. 99~104, Roxann Prazniak, "Ilkhanid Buddhism: Traces of a Passage in Eurasian History," *Comparative Studies in Society and History*, 56-3 (2014), pp. 650~680 등 참조.

장 중대한 죄는 우상의 앞에서 머리를 땅에 조아리는 것이다. 그것은 결코 용서받지 못할 일이다. 가난한 사람들은 무지의 포로가 되어 우상 앞에서 머리를 땅에 조아리는데, 나 역시 그러했다. 그러나 지고한 신께서 광명과 지식을 내려주어 나는 거기서 해방을 얻을 수 있었고, 신의 어전에서 그 같은 죄를 씻을 수 있게 되었다. 이러한 이야기가 말해주는 요점은 인간을 지옥으로 끌고 가는 것 가운데 무지에 비할 만한 것이 없으며, 아니 차라리 무지 그 자체가 거기서 벗어나올 수 없는 지옥이라고 할 수 있다는 사실이다. 이지를 소유한 사람이 어떻게 무생물 앞에서 머리를 조아릴 수 있다는 말인가. 이러한 행동이야말로 순전한 무지의 징표인 것이다."

"그뿐 아니라 우상숭배자들은 원래 이런 생각을 가지고 있었을 것이다. '[과거에] 어떤 완벽한 인간이 한 사람 있었는데, 그가 타계했기 때문에 이제 그를 기억하기 위해 그의 형상을 만들어 그 위인의 영력(靈力; himmat)에 도움을 구한다. 그래서 그에게 기도를 드리고 그를 숭배하고 그에게 절을 올린다.'[5] 그러나 그 사람은 살아 있을 때 즉 인간의 본성이 그의 육체와 함께 존재하고 있을 때, 누구라도 그의 앞에서 머리를 조아리는 것을 결코 바라지도 (A295r) 또 허락하지도 않았을 것이다. 왜냐하면 그 자신이 교만과 자만에 빠질지도 모르기 때문이었다. 그렇기 때문에 후에 사람들이 그의 영력을 구하기 위해서 숭배하고 절하면서 도움을 청할 때, 그의 영혼은 자기 육신의 형상 앞에서 머리를 조아리면서 그의 영력을 받으려고 욕심을 내는 이러한 사람들에 대해서 어떻게 만족을 느낄 수 있겠는가. 설령 우리가 그러한 영력이 정말 영향력을 남기고 있다고 가정한다고 하더라도, 그것은 사악하고 불쾌한 영력이지 선

---

5) 물론 여기서는 붓다, 즉 인간 싯다르타 석가모니를 가리킨다.

량하고 행복한 영력은 아닐 것이다."

"나아가 인간은 육체에는 아무런 고귀한 것도 존재하지 않으며 자기 육체에 대한 사랑을 잊어야 한다는 사실을 분명히 알고 있다. (R1334) 또한 육체에서 분리되는 것이 바로 [인간의] 핵심이라는 사실을 알아야 한다. 육체에서 분리되는 것이 무엇이며 그것이 어디로 가며 어떻게 계속해서 존속할 것인지를 곰곰 생각해야 할 것이다. 왜냐하면 그 실체와 그 장소와 그 상태를 생각한다면 결과적으로 그것이 무엇인지를 알게 될 것이기 때문이다. 만약 육체와 같은 형상을 만들어 그것을 신봉하고 그 앞에서 절을 한다면, 천국의 핵심이나 다름없는 그 요체를 생각하고 추구하는 것으로부터 멀어져버리고 말 것이다. 오히려 그와는 반대로 순전한 지옥이자 가장 낮은 단계로 기울어진다. 또한 아무리 생각을 해봐도 우상을 유용하게 쓰는 방법은 그것을 문지방으로 만들어 사람들이 출입할 때 발로 그 머리를 밟는 것이다. 그 [타계한] 사람도 자신의 육체와 유사한 형상이 사람들에게 그렇게 취급되는 것에 대해서 만족할 것이다. 왜냐하면 그는 자신이 이 세상에 살아 있는 동안 완벽한 겸양을 이루었고, [영혼과 육체가] 분리된 뒤에 육체의 형상이 바로 이런 상태에 있을 것이라고 상상했을 것이기 때문이다. 나아가 그러한 완벽함을 성취한 사람이 자신의 육체가 흙으로 변하고 육체를 본 딴 형상이 문지방으로 되어 밟히는 것이 적절하다고 생각했다면, [그러한] 완벽함을 소유하지 못한 우리들의 육체는 어떻게 되겠는가. 그렇기 때문에 사람은 자신의 마음을 육체에서 즉시 떨쳐내어서, 저승과 정결한 거처와 성스러운 영혼의 상태가 있는 쪽으로 생각을 모아야 하며, 항상 그러한 상태에 주목해야 할 것이다. 그래서 진실한 것으로부터 그 무엇인가를 확보하여, 이 세상에 태어난 것이 유용한 것이 될 수 있도록 하고 완벽함의 단계에 이르도록 해야 할 것이다. 왜냐하면 우리를 창조한 목적은 암

흑의 세상에서 광명의 세상으로 향하게 하기 위한 것이기 때문이다."

그가 이처럼 훌륭한 표현과 세심한 의미를 통해서 설명을 했기 때문에, 그의 내밀한 빛과 신심과 정결함은 완벽하게 확인된 셈이었다. 그 뒤 그는 항상 이런 종류의 일화들과 신비주의에 관한 심오한 이야기들과 진리를 탐구하는 말들을 하였는데, 어떤 학자나 수도자들에게서도 들어 보지 못한 것들이었다. 왕좌에 오른 지 두세 해가 되었을 때, 그는 이슬람교를 하루가 다르게 (R1335) 강화시켜 나갔고, 종교에 관한 일이라면 무엇이건 진심과 헌신을 다하여 완수하려고 하였다.

그가 이슬람을 받아들인 것은 몇몇 아미르들이나 셰이흐들의 권유가 아니라 바로 창조주의 인도 때문이었음이 세상 사람들 모두에게 알려지고 분명해졌다. 우리는 경험을 통해서 다음과 같은 사실을 알고 있다. 즉 어떤 군주나 고관이 극도로 힘이 없는 어떤 사람을 강제로 무슬림으로 개종시킨다고 하더라도, 그는 필시 자신의 [고유한] 신앙으로 기울어지는 법이다. 만약 기회만 주어진다면 그는 바로 그 지방에서 혹은 다른 지방에서 자신의 종교로 되돌아갈 것이다. 그렇다면 막강한 힘을 지닌 그런 군주가 그렇게 중요한 사항에 대해서 다른 사람의 말에 신경을 쓰거나, 자신의 종교를 버리거나 어떤 의무에 의해서 다른 종교를 택해야 할 필요가 있겠는가. 더군다나 그의 조상들이 이교를 믿고 있던 시절에 세상의 모든 왕국들을 정복하지 않았는가.

이러한 앞선 논의를 통해서 보면 그가 받은 보상은 이브라힘 할릴 (Ibrāhīm Khalīl)[6]—알라의 축원이 그와 함께하기를—의 보상과 비슷하다. 먼저 주님이 인도하는 빛을 통해서 우상숭배자들의 오류를 깨닫고, 자신의 우상을 부수고 양심에 따른 믿음으로 주님의 존재를 알게 되었

---

6) 성경의 아브라함. 할릴(khalīl)은 아랍어로 '친구'를 뜻한다. 즉 '[알라의] 벗 이브라힘'이라는 의미이다.

다. 군주가 이슬람을 받아들인 것은 바로 이런 방식이었으니, 제왕적인 권위와 위력을 갖고 있음에도 불구하고 그는 우상숭배에서 이슬람 신앙으로 왔다. 그는 이란땅의 각 지방에 존재하는 모든 우상들을 파괴하고 우상을 숭배하는 장소들과 율법에 맞지 않는 모든 예배의 장소들을 완전히 파괴하였다. 모래보다 더 많은 수의 우상숭배자들과 이교도들과 몽골인들을 모두 이슬람으로 개종시켰고, 어떤 사람도 죽이지 않아도 되었다. 아무튼 그는 [신으로부터] 많은 보상을 받을 것이다. 이상에서 설명한 내용은 그의 지식과 통찰과 지혜의 완벽함을 보여주는 명백한 증거이다.

또 다른 (A295v) 증거는 다음과 같다. 젊은이들은 오락과 연회와 음주를 즐기기 때문에 놀이나 농담 혹은 각종 승부에 탐닉하곤 한다. 그러나 이슬람의 제왕은 조금이라도 기분이 좋을 때는 대부분의 시간을 현자들과 이야기를 하거나, (R1336) 어떠한 현자나 학자도 이해하지 못하는 심오하고 정교한 일화나 사정들을 탐구하면서 보낸다. 또한 특출한 현자나 학자의 무리들과 담화하는 것을 좋아했다. 만약 지식과 계책과 학식을 가지고 있는 어떤 사람이 [자신의] 지혜를 내세우는 것을 보면, 그는 그런 사람은 좋아하지도 벗으로 삼으려 하지도 않는다.[7] 이런 부류의 사람들 가운데 누구라도 그의 어전에 오면 그는 즉각 그 사람의 수준을 파악한다. 어떠한 사기나 허위도 허용되지 않았기 때문에 그의 근처에서는 사기를 치는 말을 결코 할 수 없다. 설령 그런 말을 한다고 해도 두 번 다시 되풀이되지는 못했다. 왜냐하면 그가 어떤 사람인지를 알아채고 그 뒤로는 그에게 그런 일을 허용하지 않기 때문이다. 설령 어떤 현자가 경솔한 말을 많이 하더라도 그는 즉시 그의 [진실한] 깊이를 알아챈다.

---

7) Thackston(p. 666, note 1)은 원문의 taḥammul을 taḥayyul로, napasandad를 bipasandad로 고쳐서 읽고 다르게 해석하였는데, 굳이 그렇게 하지 않아도 원저자의 의도를 이해할 수 있다.

이러한 점을 보여주기 위해서 한 가지 일화를 소개하도록 하겠다.

투르키스탄 출신으로서 히바트 알라(Hibatt Allāh)라는 사람이 후라 산에 있었다. 그는 좋은 성품과 수려한 용모를 갖추었고 각종 학문에 어 느 정도의 지식을 갖고 있었으며, 시리아어와 투르크어를 할 줄 알았고, 수많은 일화들을 알고 있었다. 그는 마치 셰이흐와 같은 모습을 하면서 말을 잘했다. 군주와 아미르들은 그가 하는 말들을 신뢰했다. 그는 후라 산에서 한동안 군주―그의 왕국이 영원하기를!―의 어전에 머물렀다. 그가 축복을 받아 보위에 앉게 되었을 때 사신을 보내어 그를 불러들였 고, 우대를 하며 그를 폐하의 가까운 곳에 두었다. 황금과 의복과 아주 많은 급여를 내려주었다. 그리고 그를 이 보잘것없는 사람에게 맡기면 서 잘 돌봐주라고 말씀하셨고, 나는 그런 연유로 그를 잘 대우하였다. 그 는 항상 폐하의 어전으로 왔으며, 지혜와 신비한 교의에 관해서 심오한 말들을 하곤 하였다.

그는 식견이 많은 사람이었다. 그러나 그의 말과 이슬람의 군주―그 의 왕국이 영원하기를!―가 하는 말 사이에는 상당한 차이가 있었다. 나 는 군주께서 그의 지식과 자신의 지식 사이에 존재하는 차이를 모른다 는 것은 있을 법한 일이 아니라고 생각하며 의아해했다. 만약 아신다면, 그럼에도 이렇게 극도로 신뢰하는 것은 어째서일까. 그러나 그것에 대 해서 물어보는 것은 매우 존경하는 사람에 대해서는 모욕을 가하는 것 이나 마찬가지이기 때문에 그렇게 할 수도 없는 노릇이었다. 나는 한동 안 그렇게 의아함을 품은 채로 지냈는데, 마침내 어느 날 그는 심오한 내용을 말씀하시고 나서 이렇게 말했다. "어느 누구도 그 안으로 접근해 들어갈 수 없는 그러한 말이 있다. (R1337) 대부분의 사람들은 그 껍데기 와 바깥을 알 뿐 그 진수에는 도달하지 못한다. 마치 어느 누구도 군주 들의 재고 안으로 들어갈 수 없고, 특별한 사람들만이 재고 안에 들어갈 뿐 다른 사람들은 그 밖을 맴도는 것과 같다. 셰이흐 히바트 알라와 같은 사람이 그러하니 그는 재고의 바깥에 앉아서 그 외부에 있는 것을 알 뿐이다. 그러나 그에게는 재고 안으로 들어가서 거기에 있는 각종 물품의 상세한 내용을 확인할 수 있는 방도가 없는 것이다."

그 뒤 나는 이에 관해서 여쭈어보았다. "한동안 저는 이 문제에 관해서 여쭈어보고 싶었지만 그럴 수 없었습니다. 이제는 분명히 알게 되었습니다. 군주께서 주위의 모든 사람들에게 비록 예우를 갖추어 대하시기는 하지만 그들의 수준을 알고 계신다는 사실을." 그러자 그는 이렇게 말씀하셨다. "그나 혹은 다른 사람들이 이와 같은 은밀한 것들과 유사한 것에 대해서 알지 못한다는 사실에 대해서 나는 놀랍게 생각하지 않는다. 다만 나는 그들이 알고 있는 것을 좋아하고 그래서 그들을 귀하게 대우할 뿐이다. 나는 지고한 신께서 내게 내려주신 것에 관해서 그들과 이야기를 하면서 그것에 대해서 기억하기를 바라는 것이다. 비록 숫돌이 쇠보다 무르기는 하지만 그것이 쇠를 날카롭게 하는 것이다. 그 이유는 쇠가 지닌 속성이 돌을 통해서 더욱 증대되기 때문이다. 쇠는 날카로움이라는 속성이 존재하지만 돌의 부드러움을 통해서 날카롭게 되는 것이다."

어전에 모인 각양각색의 무리들은 그가 말씀하시는 질문에 담긴 지식과 지혜에 완전히 경악을 금치 못하였다. 비록 그가 몽골의 표현을 사용하여 말씀하곤 하였고 모두가 신속하게 그것을 이해하지는 못했지만, 그것을 반복해서 자세하게 다시 말씀하시면 일부는 이해하였다. [물론] 다수는 이해하지 못했다. 지혜와 신에 대한 그의 인지는 앞에서 설명한 바와 같았다. 또한 그는 각 종족들의 상이한 종교와 교파의 정황에 대해서도 별도로 대부분 잘 알고 있었다. 그래서 그가 그런 교단의 지도자들과 대화를 할 때 10개의 질문을 던지면 그들은 하나도 제대로 대답을 하지 못한다. 그러나 그는 전부 알고 있고 그것을 설명하곤 한다.

그런데 여러 언어들 가운데 몽골어는 그 자신의 언어이지만, 아랍어와 페르시아어, 인도어와 카쉬미르어, 티베트어와 키타이어와 프랑크어, 기타 다른 (R1338) 언어들에 대해서도 그는 어느 정도는 알고 있다. 그러나 (A296r) 과거와 현재의 술탄들과 말릭들의 의례와 관습과 제도들에 관해서도 자세히 알고 있어서, 그들이 각자 연회나 전투에서 어떠한 관례와 습관을 가지고 있는지, 그들의 건강과 질병, 음식과 의복과 승마와 기타 다른 사정들에 대해서 과거에는 어떠했고 지금은 어떠한지 잘 알고 있다. 이러한 종족에 속한 사람들에게 [그런 내용을] 자세히 말하면 그들은 놀라움을 감추지 못한다.

또한 몽골인들의 연대기와 역사적 일화들에 대한 지식은 그들에게 매우 중요하게 여겨지는데, 그는 조상들 및 일족에 속한 남자와 여자들의 이름은 물론, 여러 왕국에서 과거에 존재했거나 현재 생존해 있는 몽골 아미르들의 이름과 각 사람의 가문의 계보에 대해서도 상세하게 알고 있다. 몽골의 여러 종족을 통틀어 풀라드 아카(Pūlād Āqā)를 제외한 어느 누구도 그렇게 잘 아는 사람이 없어서, 모두 다 그에게서 그것을 배워서 알 정도이다. 여기에 쓰인 이 몽골의 역사서도 대부분 폐하[의 지식]을 이용했기 때문에 가능하였다. 그는 몽골인들의 일화와 비밀들 가운데 상당히 많은 것을 알고 있지만 이 역사서에는 기록되지 않았다. 이란과 투르크와 인도와 카쉬미르와 키타이 그리고 다른 종족들의 군주들의 역사에 대해서도 자세히 알고 있어서, 각각의 종족들에게 그것을 말해주면 그들은 경악하고 만다.

또한 전투 시의 전열과 관습에 대한 그의 지식과 용기는 거의 완벽에 가까운 수준인데, 이에 관해서는 별도로 자세하게 설명할 것이다. 또한 여러 가지 기술들 가운데 금세공, 야철, 소목공예, 회화, 금속주조, 대목공예 및 그 밖의 다른 것들을 자기 손으로 못하는 것이 없고, [그 분야의] 모든 장인들보다 더 훌륭했으며, 그 자신이 만든 것으로 그들을 지도할 정도이다. 장인들이 자신이 갖고 있지 못한 희귀한 도구들에 대해서 알기를 원할 때 그는 그들을 지도하고 가르쳐주기도 한다.

그는 여러 기술들 가운데 가장 난해한 기술인 연금술에 매료되었다. 단기간에 그 기예를 배워 능통하게 되었으며, 어떤 사람도 그 작업을 올바로 할 수 없다는 사실을 깨달은 뒤에 그것을 할 수 있다고 주장하는 (R1339) 사람들을 가까이 불러 모았다. 그는 일반적으로 그들의 말에 따라서 재화를 지출해 주곤 했지만, 이번에는 그들을 위해 아무런 지출도 하지 말라고 지시했다. 그 대신에 그는 그들이 알고 있고 또 손으로 할 수 있는 몇 가지 작업을 하라고 명령했다. 예를 들어 유약(mīnā)을 만들거나, 활석(ṭalq)을 녹이거나, 수정을 녹이거나, 적연(赤鉛; zinjafr)을 만들거나, 승화(昇華: taṣ'īdāt), 금이나 은과 같은 물체를 만드는 일이었다. 그는 이 밖의 다른 기술들도 배우기 위해 그런 것들을 어전에서 실행하도록 했다. 그는 말했다. "내가 그런 것을 배우려고 하는 까닭은 금이나 은을 만들기 위함이 아니다. 그런 일이 불가능하다는 것을 알기 때문이다. 다만 그런 작업을 하는 과정에 담겨 있는 세밀하고 순수한 기예들을 배워서 그것을 행하고자 할 뿐이다. 왜냐하면 지식을 완벽하게 하는 것은 아무 일도 하지 않고 정지해 있는 것이 아니라, 한 가지 일에서 다른 일로 발전해 나아가는 데에 있기 때문이다."

의술에 관한 지식. 그는 타직, 키타이, 몽골, 인도, 카쉬미르에서 행해지는 의학에 대해서 그 하나하나를 완벽하게 알고 있다. 그는 모든 약제를 식별하였고 대부분의 특성들을 알고 있다. 의사들은 그런 것의 대부분을 약제사의 상점에서나 식별하지만, 그는 각 종족이 사용하는 각종 약제들 모두를 들판에서 보고 식별하였다. 지금은 그가 [식물의] 뿌리가 약재인 것을 그 잎을 보고서 알 수 있을 정도인데, 그것을 캐서 보면 정말로 그러했다. 상인들은 투르키스탄, 키타이, 인도 등의 지방에서 나오는 상당수의 약제를 장사하기 위해 들여왔고, 이 지방에서 매우 높은 가격으로 판매하였다. 또한 이 지방에서도 볼 수 있는 [약제들 가운데] 일부는 그가 경험을 통해서 알려주었다. 그는 또한 투르크나 타직 지방에 있던 일부 유명한 약초 전문가들을 불러들였고, 사냥을 가거나 다른 일로 산지와 평원으로 갈 때 그들을 데리고 가서, [그들이 가지고 있는] 지식을 배우기 위해서 탐문을 하곤 하였다. 그래서 현재 어떤 약초사나 의사라 할지라도 그만큼 식견을 갖춘 사람은 없다. 각 종족에게 해독제로 알려지고 입증된 갖가지 약제들 가운데 (R1340) 그는 각각 독립적인 해독제인 24종의 약제를 최상의 해독제(tiryāq-i fārūq)[8]에 추가하였다. 그 해독제들을 실험하도록 했는데 매우 (A296v) 효과가 뛰어났고, 그 해독제들에 대해서 '가잔 [해독제](Ghāzānī)'라는 이름을 붙였다.

광물에 관한 지식. 그는 이 분야의 학자들에게 많은 탐문을 한 결과, 산지나 평원 그 어떤 곳을 보더라도, 그곳에 어떤 광물이 있는지를 단언할 수 있다. 조사를 해보면 그 말이 사실임이 판명된다. 그는 각종 광물들에 대해서 여러 기구와 약제들을 사용하여 어떻게 추출하고 용해하는지 그 방법을 알고 있고, 그런 일을 그 자신이 모두 행하고 시험해보았다.

주문(呪文). 그는 온갖 재앙에 대비할 때 외우는 주문들을 알고 있다.

사람과 가축의 외모의 특성을 인식하고, 그것이 어떤 징표를 나타내는지에 대해서, 서적들에 쓰여 있는 방식에 근거하여 잘 알고 있다.

---

8) Thackston은 이를 'Faruq's antidote'라고 번역했다. Fārūq은 제2대 칼리프인 우마르('Umar)의 별칭이다. 그러나 그가 해독제에 관해 의학적 기여를 한 것은 없기 때문에, 여기서는 '데흐호다 (Dekhhodā) 사전'에서 설명하듯이 '최상의 해독제(bihtarīn tiryāq)'로 이해하는 것이 옳다. 이러한 표현은 라시드 앗 딘의 다른 저작(Āthār va Aḥyā')에도 나오는데, 이에 대해서 Allsen은 'the best theriaca'라고 옮겼다. 그의 *Culture and Conquest*, p. 153 참조.

천문학과 천체학. 그는 여러 차례 마라가의 천문대를 방문하여 그곳의 기구들에 대한 설명을 요청했다. 그러한 탐구를 통해서 [이 학문의] 특징을 알게 되었고 그 모든 것을 인지하게 되었다. 그래서 그는 천문대와 관련한 절차와 건물을 자신이 의도한 대로 만들라고 지시했고, 그것을 천문학자들에게 설명하였다. 그들은 모두 말하기를 비록 그러한 기구를 한 번도 본 적은 없지만 충분히 납득할 만하다고 하였다. 천문대는 타브리즈의 혜민구 부근에 있는데, 그러한 설비들이 들어가 있는 건물의 지붕을 돔 모양으로 만들어 누구나 볼 수 있도록 하였다.

그는 사람들이 상상할 수 있는 모든 학문 분야에서 모르는 것이 없다. 지고한 신께서 어떤 완미한 것도 그에게 부여하는 것을 마다하지 않으셨고 그를 훌륭한 덕성으로 꾸미셨는데, (R1341) 이에 관해서는 [이 책의] 다른 부분에서 언급할 것이다. 그러나 바로 이런 이유로 말미암아 그는 항상 자기 마음속에 자만심이 들지 않도록 하면서 이렇게 말하였다. "학문의 정화는 신학이다. 다른 학문과 기예를 배우는 것은 완벽이라는 이름을 그 [신학의] 분야에 부여하기 위함이다. 알지 못한다는 것은 곧 결함을 뜻한다. 그래서 각 방면에 대해서 무엇인가를 알려고 하는 것은 결함에 빠지지 않기 위해서이다. 그렇지 않다면 우리가 무엇 때문에 이런 고생을 하겠는가?" 현재 그는 항상 가르치고 또 배우는 데에 바쁘다.

이슬람의 제왕 가잔 칸—그의 왕국이 영원하기를!—의 학문과 교양에 관해서 그 약간을 기록하였다. 지금 시대의 사람들은 그것을 잘 알고 있고 또 사실이 그렇다는 것을 목도한 바인데, 이는 미래의 독자들이 [내가] 과장했다고 비난하지 않도록 하기 위함이다. 지고한 신께서는 그에게 매일같이 완벽한 새로운 덕성을 부여해주신다.

제2화: 이슬람의 제왕의 순결과 청정에 대해서

과거에 폐하의 어전에서 측근이었던 사람들이 진술하는 바에 의하면, 이슬람의 제왕—그의 왕국이 영원하기를!—은 금지된 일(ḥarām)을 결코 범한 적이 없었다고 한다. 어쩌다 어떤 사람에게 눈길을 주는 경우가 있더라도, 그저 눈길을 주는 것일 뿐 그 이상 어떤 사특한 생각도 결코 하지 않았다. 그가 한동안 집 밖에 나가 있거나 원정을 가서 승리를 거둘 경우, 약탈되어 끌려온 미모의 처녀들 가운데 아미르들이 적절하다고 판단되는 여자를 선별하여 어전으로 데리고 왔다. 몽골인들의 관습에 의하면 전쟁과 전투에서 좋은 성과를 거둘 경우 그런 여자들을 후궁으로 들여서 데리고 있는 것이 일반적이었다. 그러나 이슬람의 군주는 그런 것에 전혀 마음을 두지 않았으며 "내 자신의 몸을 어떻게 그들로 인해 오염시킬 수 있겠는가. 어떻게 그들과 갑자기 친밀해질 수 있겠는가?"라고 하면서 그들에게 주의를 기울이지도 않고 받아들이지도 않았다.

그 뒤 오늘에 이르기까지 우리가 목도하고 있듯이 그는 한 번도 율법상으로 간음이나 (R1342) 동성애나 방탕에 해당하는 행위를 한 적이 없었고, 다른 사람의 아내에 대해서도 음심을 품은 적이 없었다. 시리아와 다마스쿠스에서 매번 승리를 거둘 때에도, 그곳에 있던 몽골 여자나 기타 다른 여자들을 아무리 권유해도, 비록 상당히 오랫동안 집을 나와 있었음에도 불구하고, 그는 그들에게 관심을 두지 않았으며 스스로를 경계하며 인내하였다. 그 자신이 그런 일을 받아들이지 않았기 때문에 다른 사람들 역시 동성애나 방탕과 간음을 할 수 없었다. 그는 항상 그런 행동을 금지하는 칙령을 강력하게 내렸고, 몇몇 지목된 사람들은 그런 죄를 입어서 율법과 야사에 따라 처형되었다. 그의 고귀한 육체의 정결함은 오염되지 않은 순금과 같다. 지고한 신께서 (A297r) 견줄 데가 없는 그분의 존재를 시대의 재앙에서 구원하고 보호해주시고, 예언자와 그의 가족에 힘입어 사악한 눈('ayn al-kamāl)이 그 고귀한 몸을 상하지 않게 하시기를!

제3화: 그가 멀리 혹은 가까이에 있는 사람들 및 투르크인과 타직인들과 문답을 주고받을 때 그의 유창함과 유능함과 미려함에 관하여

과거에는 국정에 관한 대부분의 중요사나 정책들은 아미르나 재상들이 처리하였고, 재정에 관한 방책이나 제도들도 그들이 시행하였다. 군주는 그런 일들에는 신경을 쓰지 않은 채 대부분의 시간을 사냥과 연회를 즐기며 보냈다. 따라서 아미르들과 재상들의 방책이 서로 상이할 때 어떤 일이 벌어졌을지 충분히 알 수 있다. 또한 멀거나 가까운 군주들로부터 사신이 도착할 때마다, 아미르들이 그에게 상주를 올리고 난 뒤에 그 회답을 [사신에게] 말해주고 하였다.

이슬람의 군주는 여러 해 동안 피폐되어 그 기초들이 무너져버린 재정에 관한 사무에 대해서, 자신의 올바른 판단과 꿰뚫는 견해로써 그 모든 것을 개선하고 정비하였다. 그는 자신의 명령을 강력하게 추진하여, (R1343) 어떤 아미르나 재상이라도 그것에 대해 반대하거나 이의를 제기하는 것을 허용하지 않았고, 어느 누구도 자신의 생각과 의견을 강조하거나 중시하는 것이 불가능해졌다. 모두 다 그의 명령과 지시에 복종하게 되었고 어느 누구도 아무리 사소한 문제일지라도 의문을 제기할 수 없었다. 다만 모두 다 그가 어떤 명령을 내릴지 항상 그의 지시를 기대하고 기다릴 뿐이다. 그래서 지금까지 그 누구도 언제 [캠프] 이동(kūch)을 할 것인지를 묻는 것조차 하지 못한다.

그는 자신의 강력한 권위를 발휘하기 때문에, 늙은이나 젊은이, 배운 사람이나 못 배운 사람 모두가 그의 견해와 결정과 지시에 따라서 실행한다. 이는 어떤 사람에게도 어려운 일은 아니다. 왜냐하면 우리가 목도하였듯이 그 자신이 완벽할 뿐만 아니라 모든 면에서 그의 견해는 정확하기 때문이다. 그의 행동거지는 극도로 체계적이고 적절하기 때문에,

사람들은 하는 수 없이 탁월한 능력을 가진 그에 비해서 자신은 아무것도 아니라고 생각하게 된다. 그는 젊은 나이에도 불구하고 선별된 일화들과 역사와 고상한 이야기들을 적절한 때에 언급하여 듣는 사람들로 하여금 경악을 금치 못하게 한다. 다른 곳에서 사신이 도착할 때마다 그는 국가의 대신들에게 물어보지도 않고 [사신이 제기하는] 문제에 자신의 생각과 방책을 정확한 답변으로 말씀하신다.

권위 있는 군주라면 응당 고도로 현명하고 지혜로운 사신들을 다른 왕국으로 파견하는 법이다. 그들은 식견이 있고 달변이며 경험이 많다. 이제까지 여러 지방에서 이곳에 사신으로 온 사람들이나 현자들 혹은 탁월한 의사들은 모두 [이슬람의 군주의] 유창하고 유능하며 능숙한 대화와 완벽한 성품에 놀라움을 금치 못했다. 그는 그들이 온 지방들에 관한 일화나 사건들에 대해서 이야기해주고, 또 그에게 여러 종족들의 신앙에 대해서도 자세하게 설명한다. 그는 각 왕국과 종족의 관습과 풍속에 대해서도 과거에서부터 현재에 이르기까지 마치 이야기를 하듯이 설명한다. 따라서 친과 마친(Chīn wa Māchīn), 인도, 투르키스탄, 카쉬미르, 킵착 초원과 러시아, 프랑크, 에집트와 시리아 등 모든 나라로까지 그에 관한 소문이 미치고 퍼질 수밖에 없다. 그리고 모두 다 그가 여러 방면에서 발휘하는 (R1344) 권위와 엄정함, 능력과 명민함을 알게 되고, 입을 모아 그를 칭송하고 찬미하는 것이다.

지고한 신께서는 이 이슬람의 군주를 피조물의 정화이자 이 시대 인류 가운데 가장 현명하고 완벽한 존재로서, 세상 사람들의 위에 영원히 계시게 하기를. 진리로써 그의 진리를 [보이시길]! 완!

제4화: 약속과 계약에 있어 이슬람의 군주의 인내와 굳건함과 공정함에 관하여

그의 고귀한 존재에 각인되어 있는 인내심, 지구력, 확고함, 신뢰와 관련하여 몇 가지 예만 들어보도록 하겠다. 왜냐하면 그것에 대해서 아주 자세히 설명하려면 너무 장황해질 것이기 때문이다.

노루즈가 후라산에서 그에게 반란을 일으켰다. 그는 폐하의 종복들 가운데 하나에 불과했지만 오르도들을 범하려고 했다. (A297v) 그는 갑자기 [오르도들을] 포위하였는데, 이에 관해서는 앞의 연대기에서 설명한 바이다. 그는 또다시 몇 차례 반역을 꾀하였고, 그로 인하여 후라산이 파괴되고 오르도들이 혼란에 빠졌다. [이제까지] 어느 누구도 그가 행했던 것과 같은 일을 범한 사람은 없었다. 그 뒤에 그는 카이두의 군대와 합세하였고 오랫동안 나라를 파괴하는 데에 몰두하였다. 그러다가 궁지에 몰리자 어전으로 사람을 보내어 안전과 약조를 원했다. 어떤 사람도 일찍이 할 수 없었던 그런 많은 악행을 범하였지만, [가잔 칸은] 그를 용서하고 은사를 내렸으며 왕국 전체의 통치를 그에게 맡겼다.

노루즈는 특이한 성격을 갖고 있었다. 그의 이마에는 역모의 징표가 분명하게 나타났고 엉뚱한 말들을 하기도 했다. 아미르들은 그가 이처럼 불온한 행동들을 하고 갖가지 악행을 범하고 있으니, 그를 제거해야 한다고 여러 차례 아뢰었다. 그러나 이슬람의 제왕—그의 왕국이 영원하기를!—은 이를 허락하지 않았고 이렇게 말했다. "너희들 말이 맞다. 그런 사정은 분명하고 명백하다. (R1345) 그러나 나는 나 자신의 약속과 맹서를 깰 수 없다." 그가 아무리 나쁜 행동과 조치를 취하더라도 [칸은] 그것을 참고 인내하였다. 마침내 그는 후라산으로 가서 반란을 일으키고, 그곳과 시라즈와 키르만을 자기 손에 넣으려고 하였다. 그러한 상황이 분명하게 드러나자 [칸은] 이를 처리하기 위한 방책을 지시하였다. 아미르들은 "그가 마음속에 이런 의도를 품고 있었음을 저희가 여러 차례 아뢰지 않았습니까."라고 말했다. 그러자 [칸은] "나도 알고 있었다. 그러나 나는 내가 아니라 그가 먼저 시작하기를 바란 것이다."라고 하였다.

이 밖에 [이런 일도 있었다]. 대인들 가운데 일부를 야사에 처하고 일부는 목숨을 살려주었는데, 그들의 이름을 자세히 기록할 여유는 없고 또 그럴 필요도 없다. 그들에 대한 재판(yārghū)이 열리자 그는 아미르들에게 이렇게 말했다. "나는 지난 5년 동안 그들의 은밀하고 추악한 행동들을 눈치채고 또 잘 알고 있었지만 인내하고 있었다. 어떤 자들은 내게 부적절한 말들을 하였는데, 그들이 하는 말 하나하나가 왕국의 파괴를 가져오는 그런 것이었다. 내가 만일 그들이 말하는 각종의 궤휼(詭譎)을 주의를 기울여 들었다면, 상상하기도 힘든 혼란이 생겨났을 것이다. 또 다른 어떤 사람들에 대해서는 내가 언급조차 하고 싶지 않다. 나는 여러 차례 그들과 조용히 이야기를 했다. 그들이 내게 말을 했던 처음부터 나는 그것이 완전한 간계이며 세상의 파괴를 가져오는 것임을 알았다. 그래서 나는 거절했는데 그들은 부끄러운 줄도 모르고 5년 동안 그것을 되풀이했으며, 여러 다른 방식으로 내게 상주를 올려 요청을 했다. 놀라운 것은 내가 그것을 수락하지 않고 행동에 옮기지 않는 것을 보았으면서도, 그들은 극도로 무지하여 계속해서 반복했다는 사실이다. 그들은 무지했고 어리석었으며, 내가 눈치채지 못하는 사이에 나를 올가미에 넣으려고 했던 것이다. 그러나 그들은 한계를 넘어섰고 분명히 반역을 범했기 때문에 자백을 했고, 나는 이제 그것을 명확히 드러낸 것이다." 상황과 사건의 전말을 통해서 세상 사람들은 그가 그렇게 말했다는 사실을 확인하였다. (R1346) 사람들은 한동안 그런 얘기를 했고 모두 다 어떻게 인내할 수 있었는지 놀라워했다. 그런데 그가 [직접 이런] 말들을 하자 그들은 더욱더 놀라워했다.

또한 그의 어전에 있는 어느 누구라도 다른 사람을 해하려고 하거나 기만과 위선을 행하면, [칸은] 즉시 그를 알아보았고 그와의 관계는 나빠졌다. 그러나 그는 인내라는 방식을 통해서 자신의 분노를 드러내는 것을 늦추었고, 그 사람은 군주가 알면서도 참고 있다는 것을 짐작조차 하지 못했다. 만약 그가 그런 일들을 계속해서 할 경우 [칸은] 마지막에 가서야 처형시켰다.

그 같은 사람들은 대단히 많았다. 그러한 무리 가운데 카디 심난(Qāḍī Simnān)이라는 자가 있었는데 '카디 사인(Qāḍī Ṣāīn)'[9]이라고도 불렀다. 그는 신의 피조물 가운데 가장 사악한 자였으며 정말로 사탄(Iblīs)보다도 더 사악했다. 이외에도 사힙 이스파하니(Ṣāḥib Iṣfahānī)를 위시해서 더 자세히 언급할 필요가 없는 다른 몇몇 사람들의 행동에 대해서도 [군주께서는] 잘 알고 계셨다. 한동안 인내하셨지만 마침내 일부는 밀고자와 탄핵인들을 통해서 야사에 처하고 또 다른 일부는 어전에서 쫓아내어버렸다. 따라서 그의 성품을 잘 아는 사람들은 나쁜 말을 하거나 기만과 거짓을 말하고 혹은 혼란을 일으키는 말을 하는 것을 삼가고, 자신들의 성품에 맞는 유익하고 사려 깊은 이야기만 하였다. 그는 그러한 사람들을 자신의 완벽한 이성의 저울로 측량하고 기꺼이 받아들였으며 신뢰하였다. 그의 빛나는 마음은 그들의 상태를 인식했고, 만약 다른 사람들이 그들에 대해서 증오와 반목의 마음을 갖고 비난과 해악의 언사를 가할 경우, (A298r) 그는 귀를 기울이지 않고 인내하였다. 그리고 국사를 책임지고 있는 그들의 손을 강력하게 지원하여 사무들이 원활하

---

9) ṣāīn은 몽골어로 '좋은, 현명한'을 뜻하는 sayin을 옮긴 것이니, 그는 '현명한 판사'라는 별명을 갖고 있었던 셈이다.

고 확고하게 처리되도록 하였고 어떠한 방해도 거기에 끼어들지 못하도록 하였다.

그는 여러 차례 말하기를 "이 세상에서 신뢰할 만한 올바른 마음을 가지고 있는 사람보다 더 고귀하고 보배로운 것은 없다."고 하였다. 그런 까닭에 신뢰할 만한 정직한 사람들은 그의 어전에서 대단히 중시되고 존경을 받았고, 부패하거나 도적질하고 사악한 사람은 모두 죽임을 당했다. 만약 이러한 사정을 잘 아는 사람이 다음과 같은 내용을 두고 맹서를 한다면 그의 맹서는 정당할 뿐만 아니라, [옳지 못하다는 이유로] 배상을 치러야 할 필요가 없을 것이다. (R1347) 즉 이슬람의 제왕— 그의 왕국이 영원하기를!—은 가장 사악한 사람들 혹은 처형하는 것 이외에는 다른 방법이 없는 사람들을 제외하고는 어떠한 사람도 죽인 적이 없다. [그러나 그가 처형시킨 것은] 그들의 존재 자체가 세상 사람들에게 해악이 되기 때문이다. 그 결과 그의 어전에 그와 가까이 있는 사람들 가운데 부패한 사람이 있을 경우, 그가 누구이건 처형을 명했으리라는 것은 분명하다. 왜냐하면 그의 고귀한 성품의 특징을 부패한 사람들의 특성에 비유하자면, 그것은 마치 에메랄드와 뱀독과 같기 때문이다. 부패한 사람이 아직 남아 있다면 그것은 그가 그들을 보지 못했거나 인식하지 못했기 때문이다. 그의 고귀한 품성은 마치 보석상과 같아서 수정과 루비를 구별하였고, 그런 사람들을 즉시 알아내기 때문이다. 이러한 능력에도 불구하고 그는 어떤 일에 있어서도 선행에 관한 것이거나 혹은 생사가 걸린 일을 제외하고는 서두르는 법이 없었다.

그는 아미르와 야르구치와 재상들에게 다음과 같은 충고를 여러 차례 되풀이했다. "어떤 무리가 [지방의] 태수나 행정관들을 비난하는 말을 할 경우 그것을 즉시 받아들이지 말라. 왜냐하면 그러한 무리는 이에 앞서서 칼란세(qalān)를 내지 않고 자신의 짐을 다른 사람에게 넘겼고, 그래서 그 태수가 그들에게 칼란세를 가져오라고 명령했을 가능성이 있기 때문이다. 그런 사람은 필시 불평을 할 것이다. 만약 또 다른 무리가 와서 그들이 했던 말이 사실이라고 나선다면, 그러한 사람들은 과거에 그 주인을 위해 일을 한 적이 있고, 그래서 자기들이 했던 일을 다시 찾기를 바라는 마음에서 그랬을 가능성이 있다. 또한 전부터 그 [태수]와 적이었거나 혹은 태수를 비난하는 사람들 가운데 한 사람과 친구인 자가 나섰을 가능성도 있다. 너희들은 이러한 사정에 유의하고 백성들로부터 칼란세를 걷는 것을 잘 살펴서, 그가 폭군인지 아닌지 혹은 사람들이 그를 좋아하는지를 확인하도록 하라. 그래서 그에 관한 상황을 확인하여 과연 믿을 만한지를 알아야 한다. 사심이 없는 사람의 말은 진실하지만, 사심을 가진 사람이나 그와 유사한 몇몇 사람들의 말은 신뢰할 수 없다. 백성들이 좋아하는 그런 사람, 그리고 그 품성이 정의를 지키는 사람은 드물다. (R1348) 그렇기 때문에 한두 가지 결점이 있지만 많은 장점, 특히 탐욕이 적고 엄정하며 정의로움을 지니고 있는 그런 태수를 직무에서 해임해서는 안 될 것이다."

군주께서는 이처럼 고귀한 마음을 지니면서 항상 주의를 게을리하지 않고 아미르와 재상들도 인도하신다. 어떤 일에 있어서도 그의 지혜와 원대한 안목은 한 치의 어긋남도 없다. 지고한 창조주께서 이슬람의 군주의 수명과 왕국이 오랫동안 지속될 수 있게 하시기를! 예언자와 그의 가족의 가호와 함께!

제5화: 이슬람의 제왕이 하신 고귀한 말씀이 대부분 그대로 이루어지는 것에 관해서

이슬람의 군주—그의 왕국이 영원하기를!—가 어렸을 때부터 그를 모시고 있던 측근 신하들은 군주께서 어떤 사건이나 일화를 말씀하실 때마다 바로 그런 상황의 일이 발생하곤 했다고 말한다. 또한 그가 어떤 말을 진심으로건 혹은 농담으로건 할 경우, 그럴 때마다 실제로 그런 일이 벌어진다는 것도 최근 몇 년 동안의 경험을 통해서 입증되었다. 예를 들어 어떤 사람에게 올해에 어떤 일이 일어날 것이라든지, 어떤 모습을 지닌 사신이 어느 곳에서 올 것이라든지, 이러이러한 모습을 지닌 죄수가 불려올 것이라든지, 어떤 좋은 소식 혹은 나쁜 소식이 도착할 것이라고 말하곤 하였다. 비록 대부분의 군주들은 별들이 회합하는 길조의 소유자이고 지고한 신께서 축복과 행운을 부여하긴 했지만, 그들이 실제로 그러한 [축복과 행운을] 누리는 경우는 거의 없으며, 사람들은 이제까지 어떠한 군주에 대해서도 이러한 이야기를 하거나 그런 것을 목도한 일이 없었다.

또한 그는 모든 종류의 학문에 몰입해 있기 때문에, 모래점(raml)과 [동물의] 견갑골과 말의 치아[를 보고 점을 치는] 학문과, 그 밖에 (A298v) 이미 책에 기록되어 있거나 증험을 통해서 확인된 다른 길조와 흉조의 징표들, 각 종족과 지방에서 행해지고 있는 각종의 점복들에 대해서 연구하고 학습하였고, 이 분야에 관해서도 일가견을 이루고 있다. 또한 그는 점성가들에게나 (R1349) 잘 알려진 행성과 항성들에 대해서도 대부분 알고 있고, 그것들이 뜨고 지는 것과 각각의 특징들도 잘 알고 있어서, 그의 설명을 듣는 사람들은 경악하고 만다. 야생이거나 혹은 길들여진 모든 동물들의 외형적 특징을 각각의 종류와 그 차이에 따라서 알고 있고, 그들의 습관과 행동, 여름과 겨울에 머무는 곳, 그들의 모든 결점에 대해서도 잘 알고 있다. 이 모든 것은 그의 지혜의 힘이 아니라면 불가능한 것이다. 알라만이 가장 잘 아신다!

제6화: 이슬람의 군주가 찬양하기에 마땅한 은사와 관용를 베푸는 것에 관하여

이슬람의 군주—그의 왕국이 영원하기를!—가 술탄의 자리에 앉기 전에 그의 조상들의 재고는 텅 비어 있었다. 각 지방은 극도로 황폐해졌고 질서가 없었으며 국가의 재화는 손실을 입었고 세금의 징수는 불가능하였다. 각 지방의 징세관들은 이전의 재상과 태수들의 무능력으로 인하여 재화를 탐하였다. 그래서 왕국의 질서를 다시 건전하게 확립하기까지 상당한 시간이 필요했고, 그리고 나서야 세금이 재고로 들어오기 시작했다.

처음에 훌레구 칸이 바그다드와 배교자들의 지방과 시리아 및 다른 지방들에서 가지고 와서 탈라와 샤하(Tala wa Shāhā)[10]의 성채 안에 안치해두었던 재물들은 창고지기들이 조금씩 도둑질했고, 순금으로 된 발리시(bālish)[11]들과 보석들은 장사꾼들에게 팔렸다. 모두 다 서로의 얼굴과 마음을 보고 [무슨 짓을 했는지] 알면서도 아무도 한마디 입에 올리지 않았다. 그러다가 우연히 성채의 망루들 가운데 호수 쪽을 향해 있는 망루 하나가 무너졌고, 발리시와 보석들이 호수에 빠졌다는 핑계를 대며 다른 많은 것들을 훔쳤다. 그리고 남아 있던 것들은 아흐마드가 군인들의 환심을 사서 자신이 왕위를 확고히 차지하고 (R1350) 아르군 칸과 전투를 벌이기 위해서, 그 전부를 군인들에게 주고 말았다. 그래서 그

---

10) 샤후 탈라(Shāhū Tala)라고도 하며 우르미야 호수 동쪽에 있는 반도이다. 본문에서는 '섬'이라고 했지만, 실제로는 주변 지대가 낮아 섬처럼 보여서 그렇게 부른 것이다. 이 섬의 정상에 성채가 하나 건설되었고, 훌레구와 그의 후손들의 시신이 묻혔다. 본문에 의하면 바로 그 성채에 창고가 만들어졌고 훌레구가 서아시아 정복 당시에 노획한 상당량의 재물들을 그곳에 보관했다.

11) 당시 중국에서 정(錠)이라 불리던 단위와 동일한 2킬로그램의 중량이다. 1정(錠)은 50량(兩, 貫), 500전(錢)과 동일하다.

밖에는 남은 것이 별로 없었으며, 전하는 말에 의하면 150투만도 되지 않았다고 한다.

아르군 칸은 수구를룩[12]에 온갖 종류의 재화를 축적하였는데, 그것 역시 일부는 도둑맞고 일부는 사라졌다. 그 뒤에 아미르들이 음모를 꾸며 아르군 칸에 대해 반란을 획책했다. 일부 아미르들과 측근 신하들은 그를 살해했고, 일부는 아르군 칸이 자신의 치세 동안에 모아놓은 재화를 나누어 가졌다. 또 다른 일부는 군인들에게 주자고 말하기도 했는데, [이렇게 해서 아르군 칸의 재화는] 사라지고 말았다. 게이하투는 그 자신이 아무것도 모아놓지 못했다. 설령 아르군 칸의 재고에 무엇인가 남아 있었다고 하더라도 그것을 사람들에게 주었을 것이다.

이런 이유들로 인해서 폐하께서 즉위할 때에는 이전의 재고에 아무것도 남아 있지 않았다. 그가 후라산에서 군대를 데리고 온 바로 그때에 반도들은 후라산으로 갔고 [가면서 병사들의] 집과 가축들을 끌고 가버렸다. 이슬람의 군주—그의 왕국이 영원하기를!—는 [약탈당한] 그들에게 무엇인가를 주고자 했지만 재고에는 남아 있는 것이 아무것도 없었고, 지방에서도 재화가 들어오지 않았다. 노루즈는 왕국과 재화에 관한 방책을 세웠지만, 과거의 방식을 [그대로] 시행하였기 때문에 아무것도 들어오는 것이 없었다. 그 뒤에 말릭 샤라프 앗 딘 심나니와 사드르 앗 딘이 방책을 세웠는데 그래도 아무것도 들어오지 않았다. 군대는 재화가 필요했다. 멀고 가까운 각지에서 온 사신은 자신의 지위에 적절한 예우와 하사품을 달라고 요청했으나 재고에는 아무것도 없었다. 사람들은

---

12) 수구를룩(=술타니야)은 아르군 칸의 하영지가 있는 곳으로, 그는 그곳에 성채를 건설하기 시작했다. 그 주변의 둘레는 1만 2,000보에 달했다고 한다. 후일 그의 아들 울제이투가 이것을 더욱 확장하여 3만 보에 달하는 규모가 되었다. '아르군의 도시(Arghuniyya)'라는 이름으로 불리기도 했다. 이에 관한 더 자세한 내용은 S. S. Blair, "The Mongol Capital of Sulṭāniyya, 'The Imperial'," *Iran*, 24(1986), pp. 139~151 참조.

재고가 이렇게까지 텅 비어 있다고는 믿을 수 없었고, 그것을 이슬람의 군주의 소홀과 부실 때문이라고 간주했다. 그래서 이런 문제에 관해서 모든 사람들이 불만을 터트리는 지경에까지 이르렀다.

이런 이야기들이 폐하의 귀에 들어가자 그는 한 무리의 아미르와 측근들에게 여러 차례 이렇게 말했다. "너희들도 생각해보아라. 몇 마리의 낙타와 노새에 실려 있는 물건들을 (R1351) '재고'라고 부를 수 있을지. 과연 그 상자들 안에 무엇이 있겠는가. 나는 각종 기예를 좋아하고 항상 각종 나무를 깎아서 무엇인가를 만드는 데에 몰두해왔다. [낙타와 노새에 실린] 짐들은 대부분 나무거나 각종 기구와 도구이고, 더러는 (A299r) 무기도 포함되어 있다. 그런 사실은 너희들에게 분명히 알려져 있고 창고지기들도 잘 알고 있다. 내게 있지도 않은 것을 어찌 줄 수 있겠는가. 조상들이 내게 남겨준 재고는 없고 각 지방에서도 재화가 들어오지 않는다. 나는 황폐해진 왕국 위에 앉게 되었다. 너희들이 각지에서 재화를 모아서 가지고 와보라. 그렇게 했는데도 내가 나누어 주지 않는다면 그 책임은 내게 있는 것이다." 이 말을 들은 사람들은 모두 그에게 진실이 있다고 생각하게 되었다.

2년이 지난 뒤 왕국의 사무가 정비되고 체제가 제대로 갖추어졌으며, 각 지방과 변경이 튼튼해졌다. 이탈자들과 반란을 일으킨 사람들은 제거되거나 징벌을 받았다. 그는 각 지방의 사무와 여러 가지 일들에 대해서 방책을 세워서 안정시키고, 각종 세금(amwāl wa mutawwajihāt)의 징수에 착수하였다. 그는 매일 새벽부터 밤까지 앉아서, 글로 보고된 초고들을 자신의 펜으로 몸소 수정하였다. 그는 국가의 사무를 정비하였고 법령을 반포하였으며, 모든 일들이 어떤 방식으로 정비되어야 하는지에 대해서 지시하였다. 식읍(muqāṭiʿat)으로 주어진 지방들은 신뢰할 만한 사람들에게 사여하도록 하였고, 3년 동안은 그들로부터 빼앗아 오지 않았다. 걸인이나 무뢰들이 제기하는 참언에는 귀를 기울이지 않았다. 세금을 어떤 방식으로 어떻게 거두어야 할지, 그리고 전국 각지에서 얼마의 세금을 내야 할지를 확정했다. 또한 대부분의 지방에 대해 지출을 확정했는데, 그 방식은 [이 책의] 다른 부분에서 상세히 설명하는 바와 같다.

이런 방식으로 각 지방의 사무는 정비되었고 세금은 매일같이 사방에서 들어왔으며 해가 갈수록 재화는 증대되었다. [궁정] 작업장(kār-khā-na)에서 만드는 의복들도 과거에는 마치 세금이 그러했듯이 [제작되어] 들어오지 않았고 정해진 양의 (R1352) 1/3에도 미치지 못했다. 그런데 지금은 그 총량을 모두 생산하고 있다. 재화가 쌓이니 그는 그것을 나누어 주기에 바빴다. 그는 아미르들과 대신들에게 말하기를 "세상에서 재화를 나누어 주는 것 이상으로 어려운 일은 없다."고 하였다. 또한 말하기를 "칭기스 칸께서는 재물을 주는 것과 주지 않는 것, 둘 중에서 어느 것이 더 나쁜지 말하기 어렵다고 말한 적이 있다. 만약에 주지 않는다면 그가 인색한 것이 분명하니 인색함보다 더 나쁜 것이 어디 있겠는가. 그러나 준다고 해도 만약 누구에게는 조금 주고 누구에게는 많이 준다면, 혹은 한 사람에게는 주고 다른 사람에게는 안 준다면, 혹은 먼저 주어야 할 사람에게 늦게 준다거나 한다면, 그들은 [그런 것을] 죽음보다 더 고통스럽게 여길 것이고 적이 되고 말 것이다. 이러한 세세한 사정들을 살펴보고 생각해보는 사람들의 수는 적고, 사람들이 이러한 사정을 이해하는 것은 불가능하다. 이제 우리가 할 수 있는 한 최대한으로 노력해서 [이러한 사정을] 잘 살펴나가도록 하자."

처음에 재고로 들어온 것들은 260투만에 달했고 그는 그것을 아미르와 부관들에게 분배해 주었다. 그리고 말하기를 "[재고로] 들어오는 것들에 대해서 나는 소유권을 주장하지 않으며 재고에 넣지도 않겠다. 각 지방에서 가져오는 것들은 별도로 관리하여 아미르들에게 나누어 주도록 하겠다.'고 하였다. 그 뒤 그는 각각의 종족과 집단에게 일정한 액수를 정해서 나누어 주라고 명령했다. 아미르들에게도 그런 식으로 정해진 방식대로 사여해 주었다. 그 뒤 최근에 이렇게 말했다. "과거에 나는 아미르들에게 사여해 주었는데, 이제는 내 자신에게도 무엇인가를 주고자 한다." 우잔에서 쿠릴타이를 개최하고 거대한 천막(bārgāh-i buzurg)을 쳤을 때, 왕국 각지에서 가지고 온 재화들을 그곳에 집적하였다. 그는 몇몇 신뢰할 만한 아미르들과 앉아서 과거에 높은 직책을 가졌던 사람들에게 더 많은 [하사품을] 주었고, 훌륭한 업적을 세우거나 찬양받을 만한 공로를 세운 사람들에게 아주 많은 [하사품을] 정해 주었다. 그렇게 많이 하사한 이유에 대해서 그는 "이 사람들에게 이런 식으로 더 많은 하사품을 내린 목적은, 이후로 다른 사람들도 헌신을 다해서 (R1353) 찬양받을 만한 봉사를 하고, 있는 힘을 다해서 노력하라는 뜻에서이다."라고 말했다.

그는 이런 방식으로 그들에게 말을 하고 사여해 주었다. 그다음에는 [그와 마치] 부자(父子)와도 같은 관계에 있던 한 무리의 사람들을 앞으로 나오게 하고 [사여해 주었다]. 그 뒤에는 우익과 좌익의 천호장들에게도 관례에 따라 익숙한 방식으로 사여해 (299v) 주었다. 또한 그는 의복들을 종류와 항목대로 분류하게 하고 황금과 은이 들어 있는 가방을 중량에 따라 별도로 구분하게 하였다. 그리고 그 모든 것들을 내어 오도록 한 뒤, 거기에 [무엇이] 얼마나 들어 있는지 또 어떤 종족에게 주어지는 것인지, 그 능력과 공로에 따라서 [가방의 표면에] 표기하도록 하였다. 그는 그들을 하나하나 불러서 자신이 임석한 그 자리에서 가져가도록 하였다. 열흘에서 보름[13]의 기간에 걸쳐서 이런 방식으로 재물을 나누어 주었고, 모두 300투만의 가치에 달하는 금, 2만 벌의 의복, 보석으로 장식된 50개의 혁대, 300개의 황금 혁대, 황금 100발리시를 나누어 주었다.

그 후로도 그는 계속해서 재고에서 금과 의복을 내어서 나누어 주었다. 그러나 사여라는 명목으로 금 한 조각 혹은 옷 한 벌을 [내라고] 각 지방에 전가한 적은 결코 없었다. 아미르와 재상들이 아무리 [그렇게 하라고] 아뢰어도 그는 전가하지 않은 채 [여전히] 금을 주었고 또 지금도 그렇게 주고 있다. 그러나 그는 업무, 각자 [성취의] 정도와 위상, [사여의] 이유를 유심히 살폈고, 많이 받아야 할 사람들에게 적게 주지 않고, 적게 주어야 할 사람들에게 많이 주지 않도록 하였다. 그의 재고에서 금과 의복이 없어진 적은 한 번도 없었다. 그렇게 많이 나누어 주었는데도 지고한 신께서는 그에게 정의롭고 완미한 방책을 축복으로 내려주어 하나도 부족함이 없도록 하였다. 1만 혹은 2만 디나르의 금, 100벌 혹은 200벌 혹은 300벌의 완비된 의복을 그의 재고에서 내어 주지 않고 지나가는 날은 하루도 없었다. 관대함과 은사는 응당 이렇게 되어야 옳은 것이다.

그 뒤 그는 하루는 어전에서 아미르들과 나라의 대인들에게 이렇게 말했다. "한 사람이 할 수 있는 가장 좋은 일은 주님을 닮는 것이며, 특히 군주들로서는 더욱 그러하다. (R1354) 관용과 관대는 주님의 특성이다. 그런데 관용과 관대란 아무리 내어 주어도 부족해지거나 없어지지 않고 풍성함이 계속되는 그런 것이다. 한 사람이 하는 일은 지고한 신에 비하면 바다 가운데 물 한 방울도 되지 못한다. 그러나 가능한 한 [신을] 닮도록 노력하는 것은 반드시 필요하다."

"군주들이나 모든 사람은 항상 자기 능력에 맞게 재화를 나누어 주어

---

13) 사본에 따라서 '열하루'로 기록된 것들도 있다.

야 한다. 며칠 동안 마음껏 나누어 주었지만 그 뒤에 나누어 줄 것이 없고 [자신이] 먹을 것도 없게 된다면, 그것이 그 사람에게 무슨 소용이 있겠는가. 또한 몇몇 사람에게 모든 것을 주어버리고 다른 사람에게는 아무것도 주지 못한다면, 이 역시 주님의 방식은 아니다. 군주는 모든 사람들에게 똑같이 빛을 비추는 태양과 같은 존재가 되어야 한다. 그의 재고는 모든 사람들의 몫이 되어야 한다. 특히 그것을 받을 자격이 있는 사람, 그것을 필요로 하는 사람, 선행을 한 사람의 것이 되어야 한다. 병사들도 그런 사람들에 속한다. 만약 그것을 몇몇 한정된 사람들에게 주어버려서 그 뒤에 그들이 빈손으로 앉게 된다면 어떻게 되겠는가. 만약 어떤 사람에게 줄 것이 아무것도 없고 또 줄 수도 없게 된다면, 그 사람에게서 어떤 기쁨을 얻을 수 있겠는가. 또 그는 군주의 기쁨과 능력에 대해서 무슨 매력을 느낄 수 있겠는가."

"군주의 관용과 관대는 마치 우물이나 샘의 물과 같이, 물을 길어도 여전히 더 길을 수 있고 줄지도 않는 것이 되어야 한다. 그런데 이러한 경지는 왕국의 방책과 번영, 정의와 엄정함이 이루어지지 않으면 불가능하다. 모든 일에 있어서 중용의 한계를 잘 지키는 사람은 그가 사여해 준 만큼 계속해서 보충을 받게 될 것이다. 그렇지 않다면,

산에서 빼내어 가져온 뒤 그 자리에 [무엇인가를] 놓지 않는다면,
종국에 가서 산은 평지가 되고 말 것이다!

만약 나와 너희가 재화와 관대와 사여가 있기를 원한다면 우리는 공정과 진실을 행해야 할 것이다. 왜냐하면 공정이란 설령 재화가 어디서 오는지 우리가 모른다고 해도 [재화가] 재고에 가득 차고, 우리가 아무리 나누어 준다고 해도 재고가 텅 비지 않게 될 때에 가능해지기 때문이

다. 우리가 항상 그렇게 [나누어 줄] 능력이 있게 된다는 것은 좋은 일이다. 그렇지 못하고 (R1355) 만약 어떤 군주가 하루는 나누어 줄 능력이 있다가 또 하루는 그렇지 못하고, 한때는 부유하다가 다른 때는 빈곤해진다면, 그것이 무슨 소용이 있겠는가. 이러한 것이 군주들의 특성은 아니다. 만약 그렇다고 한다면 군주들은 항상 슬픔과 걱정이 가득해질 것이고, 백성들은 그의 축복을 상실하여 군주로서의 그의 존재를 필요로 하지 않게 될 것이다. 우리는 이러한 규칙을 잘 지켜야 한다. 그래서 무엇이 들어오건 그것을 나누어 주되, 우리 머리 위에 온통 쌓아두는 것도 아니요, 그렇다고 한순간에 빈손으로 파산을 맞는 일도 없어야 한다. 언제나 약간의 종잣돈은 가지고 있어야 한다. 왜냐하면 재화의 특성은 만약 조금이라도 종잣돈을 가지고 있으면 금은 신속하게 들어오는 것이기 때문이다. 그것은 마치 사냥꾼이 덫에 놓아둘 한 마리의 새가 없을 경우, 그것과 같은 종류의 새들이 모여들지 않아서 하나도 잡을 수 없게 되는 것과 같다. 만약 (A300r) 그에게 한 마리의 새가 종잣돈으로 있다면 그것을 매개로 1년에 수천 마리의 새를 잡을 수 있을 것이다.”

아미르들과 나라의 대신들은 이슬람의 군주—그의 왕국이 영원하기를!—의 이 같은 말을 듣고 기도와 찬미를 드리고 모두 기뻐했다. 그때부터 지금까지 언제나 이런 방식으로 마치 샘물에서 물이 흘러나오듯이 이슬람의 군주의 재고에서 금과 의복이 나오고 있다. 과거 어느 시대의 어떤 군주들도 그가 금과 의복을 나누어 주고 또 지금도 나누어 주고 있는 것처럼 했던 적은 없었다. 응당 사람들은 이러한 것에 대해서 과장이라고 여기며, “과거의 군주들을 누가 직접 보았다고, 그들의 재고 상황에 대해서 누가 안다고, 이러한 비교를 할 수 있다는 말인가?”라고 할 것이다. 그러나 [우리의] 이러한 주장에 대한 확실한 증거는 과거에 재화의 수입과 지출을 기록한 장부이다. 이것들은 모두 문서고(daftar-khāna)에 보관되었고 그 일부는 지금도 존재하고 있다. 이 문제에 관해서는 아무런 이해 관계도 없는, [과거에] 작성된 장부보다 더 공정한 증거가 어디에 있겠는가. 그것들을 조사해보면 [우리가 하는] 이 말이 진실인지 거짓인지 확인할 수 있을 것이다. 지고한 신께서 이 관대와 은사가 영원히 계속될 수 있게 하시기를! 완!

(R1356) 제7화: 우상숭배를 철폐하고 그들의 사원을 허물며 모든 우상을 파괴한 것에 관하여

이미 앞에서 설명한 바와 같이 이슬람의 제왕 가잔—그의 왕위가 영원하기를!—이 창조주의 은총과 인도에 의해 무슬림의 회중 안에 들어오게 되었을 때, 모든 우상들을 부수고 불교 사원과 배화 신전들 및 율법에 따라 그 존재가 이슬람의 땅에서는 금지되어 있는 다른 모든 사원들을 허물어버리라고 명령했다. 그리고 우상숭배자였던 박시들 대부분을 무슬림으로 만들었다. 지고한 신께서 은총을 내려주지 않아 올바른 신앙을 갖지 않는 사람들은 하는 수 없이 겉으로는 무슬림인 척하였지만, 그들의 이마에는 이교와 오류의 표징이 역력하였다.

얼마 후 이슬람의 제왕—그의 왕국이 영원하기를!—은 그들의 위선을 알아차리고 이렇게 말했다. "너희들 가운데 희망하는 자가 있으면 인도, 카쉬미르, 티베트 지방, 혹은 자기의 원래 고향으로 가도록 하라. 이곳에 남을 자들은 위선을 행해서는 안 된다. 마음과 가슴에 있는 것에 따라서 행하도록 하고, 위선으로 이슬람이라는 순결한 종교를 더럽히지 않도록 해야 한다. 그러나 배화 신전이나 불교 사원을 짓는 것을 알게 된다면, 나는 그들을 가차 없이 칼로 베어버릴 것이다." 일부는 전처럼 위선을 유지했고 또 일부는 옳지 못한 생각에 몰두하였다.

그는 이렇게 명령했다. "나의 부친은 우상숭배자였고 그것을 믿은 채 타계하였다. 자신을 위하여 불교 사원을 짓고 그 무리의 명의로 와크프를 주기도 하였다. 나는 그 불교 사원을 파괴하였는데, 너희들은 그곳으로 가서 거기에 머물면서 보시를 받고 있다." 그때 카툰들과 아미르들이 아뢰었다. "당신의 아버지는 사원을 건설하였고 자신의 초상을 그 건물의 벽들에 그려놓았습니다. (R1357) 지금은 그것들이 부서졌고, 눈과 비는 당신 아버지의 초상 위를 덮고 있습니다. 그는 우상숭배자였습니다. 만약 그곳을 다시 번영하게 만들고 당신의 아버지가 쉴 만한 곳으로 만들어 그의 좋은 이름이 보존될 수 있도록 할 수 있다면 어떻겠습니까?" 그러나 그는 그 말을 달가워하지 않았고 경청하지 않았다. 그 뒤 그들은 [그곳을] 궁전과 같은 모양으로 만들자고 했으나, 그것 역시 동의하지 않았다. 그는 "비록 나의 의도가 궁전을 짓는 것이라 할지라도, 초상을 그려놓으면 그곳은 사원이나 우상숭배소가 될 것이니 있을 수 없는 일이다. 궁전을 짓기로 한다면 다른 곳에 지어야 할 것이다."라고 말했다.

이런 종류의 일화와 사건들은 수없이 많고 그것을 설명하려면 장황해질 것이다. 그는 무엇보다도 박시들에게 이렇게 말했다. "너희들이 아무런 지식도 없다는 것을 나는 알고 있다. 그러나 군주들은 단합을 위해서는 온갖 종류의 사람들을 자기 백성으로 여겨야 하며, 그런 이유로 그모두를 보호하고 간수해야 하는 것이다. 군주들이나 이슬람을 믿는 사람들, 혹은 [그렇지 않은] 일반 사람들이나 심지어 아무런 사려 분별도 없는 짐승들조차도 자신의 안녕과 필요를 위해서 걱정하며 [자신의 안위를] 돌본다. 너희들도 역시 이런 존재이다. 그러나 너희들에게서 우상숭배나 광신이나 부정함의 징표가 머리카락 하나만큼이라도 나타난다면 너희를 칼에 먹이로 줄 것이다."

(A300v) 현재 그들 가운데 소수는 이곳에 남아 있기는 하지만, 그들에게는 마니교(Mugh)나 배교도들과 같이 예전부터 이 지방에 존재해왔던 종교나 종파를 드러내놓고 신봉할 수 있는 기회가 없어졌다. 그러나 그들은 자기 신앙을 감추고 은밀하게 유지하고 있다. 지고한 신께서 이 이슬람의 제왕에게 영원무궁함을 주시기를! 그의 은혜와 은총과 관대함으로!

(R1358) 제8화: 이슬람의 제왕께서 예언자—그에게 평안이 함께하기를!—의 일족을 우애로써 대한 것에 관하여

이슬람의 제왕—그의 왕위가 영원하기를!—은 두 차례에 걸쳐서 우주의 주인의 아름다운 자태—그에게 최상의 기도와 지고의 축복을 바치며—를 꿈에서 보았다. 또한 예언자—그에게 축복이 있기를!—는 그에게 좋은 약속을 해주었고, 그들은 많은 대화를 나누었다. [그때] 신도들의 수장이신 알리, 하산, 후세인—그들에게 평안이 있기를!—은 사도 [무함마드]—그에게 알라의 축복이 있기를!—와 함께 있었는데, [사도는] 그들을 소개하면서 "너희들은 형제가 되어야 한다."고 말했다. 그리고 이슬람의 제왕에게 그들을 껴안으라고 하였고, 양쪽은 모두 형제임을 받아들였다. 그때 이후로 이슬람의 제왕에게는 수많은 성공과 승리가 주어졌다. 그 가운데에서도 가장 중요한 것은 선행과 질서, 엄정과 정의의 구현 등이 이 세상에 퍼진 것이다. 그는 좋은 이름을 얻는 축복을 갖게 되었고, 피조물들의 안녕을 위한 많은 기도들로 가득 찬 창고를 쌓았다. 이보다 더 큰 축복과 은총이 어디 있겠는가.

그때 이후로 예언자의 가문에 속하는 사람들—그들에게 평안이 있기를! —에 대한 그의 우애는 더욱 깊어졌고, 항상 [메카] 순례를 지원하고 그 가문의 성묘들을 참배하며 헌물을 보내주었다. 그는 사이드들을 고귀하게 여겨 예우를 갖추며, 그들에게 보시를 주고 경비를 지급한다. 수도장(khānqāh)과 신학교와 사원, 기타 여러 혜민구를 각지에 세우고 정해진 와크프를 주었다. 또한 각 집단에게 주어지는 경비와 급여를 살펴본 뒤 "빈자들이나 수피들 및 다른 집단에게는 [그런 급여가] 있는데, 사이드들에게는 없을 수 있는가? 알리의 후손들('Alawiyān)도 가져야 할 것이다."라고 말했다. 그리고 타브리즈를 위시하여 전국의 (R1359)

다른 큰 지방, 즉 이스파한, 시라즈, 바그다드 및 이와 유사한 중요한 도시들에 '사이드들의 숙소(dār al-siyāda)'를 지어서 그곳에 머물 수 있도록 하였다. 또한 그들을 위해서 대책을 세울 필요가 있다고 생각하고, [지출이 필요한 경비의 내역을 기록한] 와크프 문서(waqf-nāma)들을 발급해주었다. 그래서 그들도 역시 그가 베푸는 선행의 수혜를 입을 수 있도록 하였다.

그는 항상 다음과 같은 말을 하였다. "나는 어느 누구도 거절하지 않는다. 나는 [예언자의] '벗들(ṣaḥāba)'을 인정한다. 그러나 나는 사도 [무함마드]—그에게 축복과 평화가 있기를!—를 꿈에서 보았는데, 그는 그분의 자식들과 나 사이에 형제애와 우애를 심어주었다. 이렇듯이 나는 그의 집안사람들과 깊은 우애를 갖게 되었다. 그렇다고 내가 '벗들'을 부정하는 것—알라께서 금하소서!—은 결코 아니다." 그는 또한 후세인—그에게 평안이 있기를!—의 성묘에 운하를 하나 흐르게 하였는데, 이에 관한 설명은 나올 것이다. 그는 항상 [예언자의] 가문을 찬양하지만 광신에 빠지지 않고—신의 영광과 자비가 그에게 있기를!—지혜롭고 완벽하다. 지고한 신께서는 세상 사람들을 위해 이 완벽하고 정의로운 군주를 오래 지켜주시기를!

제9화: 이슬람의 군주의 용맹함, 전투 시 군대의 정비를 명령한 것, 전투에서 인내심을 발휘한 것에 관하여

이슬람의 군주—그의 왕국이 영원하기를!—는 어렸을 때부터 가장 험난한 변경인 후라산 경계에 보내졌는데, 그곳은 예전부터 지금까지 항상 외적들이 침입해 오는 방면이었다. 매년 한두 차례 군대를 동원하지 않은 적이 한 번도 없었다. 그런 연유로 그는 여러 차례 적과 싸워 격렬한 전쟁을 했으며 수많은 상처와 고난을 겪었다. 그런 일에 관해서는 자세한 사정까지 잘 알고 있었고 (A301r) 대단히 많은 경험을 지니고 있었다. 그의 강인한 마음은 어떠한 큰일이 벌어져도 당황하지 않을 정도이고, (R1360) 그의 고귀한 마음에는 하등의 주저함도 찾을 수 없다. 그는 상황이 어렵고 적의 세력이 강하다는 것을 알아도 인내와 용맹을 보였으며, 그러한 우려가 그에게서 드러나 보이지 않도록 하였다. 그리고 "두려움에서 얻을 것은 아무것도 없다. 그 같은 [두려움의] 결과는 방책을 세우지 못하고 적의 처지를 도와주는 것일 뿐이다."라고 말했다. 폐하의 측근들은 후라산에서 이미 여러 차례 이러한 상황을 목격했는데, 그것을 다 설명하려면 장황해질 것이다.

그런데 그와 바이두 사이에 벌어진 사건도 이 지방에서 일어난 것 가운데 하나이다. 처음에 그는 후라산에서 마치 번개처럼 [바이두를] 치고 소수의 병력으로 그들을 공격하며 끈질기게 버티었다. 그 뒤 해결책을 찾기 위해서 몇몇 누케르들만을 대동하고 [바이두와] 함께 은밀한 곳에서 회합을 가지기로 결정했다. 그들이 만났을 때 그는 일종의 장난으로 [바이두의] 등을 주먹으로 내리쳤는데, 그것이 어찌나 아팠는지 [바이두는 가잔이] 자신에 대해 별다른 걱정을 하지 않는다는 것을 알게 되었고, 그의 마음에는 두려움이 자리 잡게 되었다. 그 뒤 그는 준비를 마치고 소수의 군대와 함께 기회를 보아 [바이두를] 덮치고 그를 붙잡았다. [가잔의] 왕국과 군대는 아무런 피해와 상처를 입지 않았다. 그의 부친과 숙부의 시대에 활동하다가 그때 반란을 일으킨 아미르들을 붙잡았다. 비록 그들은 강력한 후원자들을 갖고 있었지만, 그는 강인한 마음과 공정한 판단을 유지했고, 그들 누구에게도 자비를 보이지 않은 채 모두를 제거해버렸다. 그래서 그는 왕국을 정비(yāsāmīshī)하였다.

또 다른 일화. 수케(Sūkāī)가 반란을 일으키고 아르슬란(Arslān)이 군대를 정비하여 되돌아와서 [가잔을] 공격하였다. 그는 이 소식을 계속해서 들었고, 그[=아르슬란]가 도착할 경우 자신에게는 군대가 없기 때문에 대항할 수 없으리라는 사실을 깨달았다. 그러나 그는 결코 굴복하지 않았고 매일같이 평소에 하던 방식대로 행동하였다. 아르슬란이 가까이 왔을 때 그는 자신이 갖고 있던 군대를 마치 사냥을 하는 것처럼 파견하였지만 자신은 움직이지 않았다. 어느 누구도 그러한 상황에 대해서 알지 못했고, 그는 여전히 웃음과 장난과 (R1361) 각종의 이야기를 하면서 보냈다. 그는 의사와 점성가들을 불러서 "하제(下劑)를 먹고 싶다. 약을 준비하고 날짜를 잡으시오!"라고 말했다. 그리고 그는 적들에 대해서 짐짓 겉으로는 아무 관심도 보이지 않았다. 이런 까닭에 그의 고귀한 마음은 말할 수 없이 평온하였다. 바로 그런 용기와 인내로 인하여 혼란은 일어나지 않았고, 그래서 [나쁜] 소문도 퍼지지 않았으며 사람들은 안정할 수 있었다. 만약 그에게서 조금이라도 동요하는 빛이 보였다면 모든 일은 불안에 흔들렸을 것이다. 특히 그의 왕국과 군대는 아직 초기의 상태여서 단합이나 안정이 되지 않았던 터였기 때문이다. 전에 반란을 일으켰고 또 그런 식으로 약탈을 하려는 욕심을 갖고 있던 군인들에게 그는 한갓 놀잇감처럼 보였다. 그러나 그 같은 상황은 지고한 창조주의 도움과 이슬람의 군주—그의 왕국이 영원하기를!—의 인내와 용기에 힘입어 올바로 해결되었으며, 어떤 사악한 눈도 해악을 끼치지 못하게 된 것이다.

또 다른 일화. 그가 에집트와 시리아에 원정을 갔을 때 사람들은 [대부분의] 군주들이 그러하듯이 그도 다른 사람이 모르는 어떤 곳에 있으리라고 생각했다. 그러나 이와는 반대로 그는 대담하게 나서서 전군을 스스로 정비하고 군대의 앞에 섰으며, 마치 분노한 사자처럼 계속해서 적을 향해 공격을 가했다. 사람들이 그의 말고삐를 붙잡지 않았다면 그는 결코 전투에서 물러서지 않았을 것이다. 측근들의 만류에도 불구하고 그는 여러 차례 적군 속으로 들어가 돌진하며 추격하였고 몇 사람을 죽인 뒤에야 돌아왔다. 갑자기 그의 근처에 있던 군대가 패배를 당했다. 그 부근에 [있던 군대의] 일부는 전투 상황에 관해 아무런 소식도 듣지 못했고, 또 다른 일부는 아직 도착하지도 않은 상태였다. 이슬람의 군주의 좌익과 우익에는 아무도 없었다. 그는 자신이 직접 불과 몇 명을 데리고 [맘루크의] 술탄과 적군에 대항하였다. [적의] 최초의 공격은 [아군의] 중군을 향해서 왔기 때문에 병사들은 멀찌감치 물러나 버티면서 미동도 하지 않았다. 그들은 적군이 공격을 가해올 때 [아군에게는] 아무런 지원이 없으리라고 생각했기 때문이다. (R1362) [적군은] 조금씩 조금씩 격렬한 공격을 가해왔다. 군주는 마치 포효하는 사자처럼 정오부터 오후까지 견디어내면서 홀로 그들의 공격을 물리쳤다. 그는 훌륭한 방책과 (A301v) 탁월한 계책으로 그렇게 많은 수의 적들과 맞섰고 전투를 치렀다. 아무리 사자 같은 기개를 지녔다고 해도 어느 누가 이 같은 힘과 용기를 낼 수 있겠는가. 마침내 먼 곳에 머무르면서 퇴각을 기다리고 있던 좌익 군대가 그 같은 상황을 목격하였고 적군이 있는 쪽으로 향하였다. 우익 군대에서도 일부가 그들의 뒤를 따라 도착했다. 적들은 이슬람의 군주—그의 왕국이 영원하기를!—의 인내와 전투로 인해

지쳐버렸고, 마침내 패배를 당했다. 이와 유사한 일화들은 무수히 많지만 이 정도의 예를 드는 것으로 그치겠다.

그는 항상 승승장구하는 [자신의] 군대를 가르치고 지도하고 충고하면서 이렇게 말한다. "어느 누구라도 최후의 순간에 이르면, 집에서건 길 위에서건 전투 중에서건 혹은 사냥터에서건, 그 어느 곳이라 할지라도 죽을 수밖에 없다. 그러니 무엇 때문에 두려워하겠는가. 맞서 싸우고 있는 적에 대해 두려움을 느낄지라도, 죽음을 피할 수 없고 어찌할 수 없다면, 자신의 피를 보는 편이 더 나을 것이다. 왜냐하면 몸속에 있는 보이지 않는 피는 [그 사람이 죽으면] 부패할 것이고 악취를 제외하고는 아무런 [좋은] 결과도 내지 않을 것이기 때문이다. 장밋빛 [화장]이 여자에게는 장식이 되는 것처럼 피는 사나이의 장식이다. 그런 사람들은 좋은 이름을 세상에 남길 것이고 궁극적으로는 천국에 이를 것이다. 집 안에서 죽는 사람은 누구나 처자식들이 그를 돌보느라 애를 먹고 지치게 될 것이니, 그들 자신이나 혹은 그를 사랑하던 다른 사람들의 눈에 그는 비참하고 불쌍한 사람이 되는 것이다. 만약 전투에서 사망한다면 이러한 문제에서는 해방되는 셈이고, 사랑하는 사람들은 그를 위하여 탄식하고 가슴 아파하지만, 당대의 군주는 그가 남겨둔 사람들을 귀하게 돌보며 위로하고 그의 자식들을 양육하니, 그들의 처지는 더 좋아지게 되는 셈이다."

그는 또 이렇게 말했다. "군대가 원정을 나서서 공격을 하면, [그 같은] 소식이 새어나가지 않도록 노력하고 (R1363) 말들을 무장(yārāq)[14] 시켜야 한다. 그래서 밤낮으로 [말을] 달려 적군을 기습하여, 그들이 다

---

14) Clauson(p. 962)은 yaraq이 투르크어로 '기회, 적절' 등의 뜻을 지니고 있다고 한다. Doerfer(vol. 4, pp. 143~147)는 '완전히 준비된, 적절한, 장비, 마구' 등의 뜻이라고 설명했다. 여기서는 '무기, 장비'의 뜻으로 보는 것이 적절할 듯하다.

시 집결하여 정비하고 퇴각하지 않도록 해야 한다. 만약 매년 원정을 나간다면 서로 다른 시점에 원정을 하려고 노력해야 한다. 그래서 예정된 시간이 되어 적이 미리 정비를 하고 대책을 세우지 못하도록 해야 한다. 또한 매번 다른 루트를 취해서 적이 [우리가 어디로 공격할지를] 알지 못하게 해야 한다. 그러나 척후(qalāūūz)들을 배치하고 길을 잘 숙지할 수 있어야 한다."

"만약 많은 군대가 진군한다면 더 요란한 소문을 내는 편이 낫다. 전투를 할 때에는 천천히 하는 것이 좋은데, 많은 군대는 신속하게 움직일 수 없기 때문이다. 그러나 종국에는 적이 알게 될 것이고 방책을 세우고 군대를 정비한 뒤에 [우리와] 맞서기 위해 기다릴 것이다. 그럴 경우에는 우리 군대의 수가 많고 적음에 의존하지 말라. 왜냐하면 [만약 우리가 군대를] 신속하게 움직인다면 승리와 패배는 알 수 없는 것이기 때문이다. [우리는] 자세히 살피고 [요란한] 소문을 냈기 때문에, 적은 그런 소문으로 인하여 당황하고 내부에서 혼란과 불화가 일어날 가능성이 있다. 어쩌면 어느 다른 지점에서 [또 다른] 적이 그들을 치려고 할지도 모르며, 혹은 새로운 소문이 들리고 사료와 식량이 없어서 궁지에 몰리고 지쳐버릴지도 모른다."

"그러한 원정을 감행할 때 군대는 소문을 퍼뜨리기 전에 미리 물과 사료와 사냥감이 어디에 있는지 주의 깊게 살펴서 그런 지점들에 머물 수 있어야 한다. 척박한 지점에 머물 것에 대비하여 준비해놓은 사료는 소비하지 않아야 한다. 항상 정탐을 파견하여 적의 동태를 파악해야 하며, 그런 정보를 확보한 뒤에는 어떠한 계획이나 행동도 그것을 토대로 해야 한다. 아무런 정보도 없이 하는 행동은 깜깜한 어둠 속에서 주먹을 휘두르는 것과 같기 때문이다. 그렇게 치밀한 준비를 한 뒤에, 전투를 할 것인지 안 할 것인지는 적이 아니라 바로 너희가 선택할 일이다. 왜냐하면 너희가 선택의 여지가 없고 [어느 한 곳에] 머무르지 않은 채 서두르고 있을 때 적이 도착한다면, 서 있는 지점이 나쁜데도 할 수 없이 적과 전투를 할 수밖에 없게 되고, 적은 (R1364) 좋은 지점에 위치하게 될 것이기 때문이다."

"결론적으로 말해 문제의 핵심은 군대의 정비(yāsāmīshī)에 있다. 어떤 병사도 허가 없이는 다른 곳으로 가지 못하도록 하라. 왜냐하면 경험을 통해서 [우리는] 적이 그런 상황을 이용하여 시간을 벌고 도움을 받는다는 사실을 알기 때문이다. [이보다] 더 중요한 전제는 어느 누구도 자기 마음대로 촌락들이나 어떤 곳으로 가서 무엇인가를 강탈하는 일이 없어야 한다는 것이다. 그들이 그런 것을 배우면 많은 수의 병사들이 그렇게 하는 것을 막을 수 없으며, [군대의] 정비는 불가능해지기 (A302r) 때문이다. 또한 그런 식으로 전투 시에 노략(ōljā)하거나 전리품을 노획하는 데에 정신이 팔린다면 그들을 통제할 수 없을 것이다. 병사들에게 일어나는 모든 나쁜 것들은 대부분 전리품을 노획하는 데에서 생긴다. 전투가 끝나고 나면 노략과 전리품이 [완전히] 없어지겠는가. [그렇지 않다.] [따라서] 법령(yāsāq)을 [집행하기] 위하여 [위법자들을] 측은하게 여겨서는 안 되며 그들을 처형하는 것을 주저해서는 안 된다. 만약 두세 사람이 법령[의 처벌]을 모면한다면 1만 명, 20만 명이 그것으로 인하여 파멸할 것이며, 왕국도 멸망할 것이다."

"그리고 집을 떠나 원정을 나선 순간부터는 항상 좋은 생각을 하고 지고한 신과 함께하기를 힘써야 한다. 자신을 깨끗하게 유지하고 나쁜 일을 하지 않도록 해야 한다. 자신의 부민(il)과 나라(mulk)[15]를 사랑하

---

15) 여기서 il과 mulk를 동어반복으로 이해할 수도 있을 것이다. 왜냐하면 il이라는 투르크어는 ulus라는 몽골어를 옮긴 것이고, il/ulus라는 단어는 '부민(部民), 백성, 나라'라는 뜻을 모두 가지고 있기 때문이다.

고 다른 사람을 강박해서는 안 된다. 그래서 백성들이 그들에 대해서 좋은 생각을 하고 그들을 위해 응답받기에 합당한 축복의 기도를 드리도록 해야 한다. 병사들에게는 축복의 기도와 좋은 생각 이상으로 더 훌륭한 후위(後衛, gejīge)는 없다."

"거창한 말을 하지 않도록 하고 오만과 자만이 자신에게 들어오지 않도록 하라. 적을 얕보지 말고 적에 대해서도 두려움을 가지라. 자신을 하찮게 여기고 지고한 신을 높여라. 주님을 두려워하고 올바른 생각을 가지고 [옳은] 일을 하도록 하라. 거창한 말을 하고 그렇게 [거창하게] 생각하는 사람은 지고한 신의 분노를 가져온다는 사실을 분명히 알라. 왜냐하면 위대함은 [오로지] 주님에게만 적합한 것인데, 그가 주님과 동등하게 맞서는 셈이 되기 때문이다. 어느 누구건 주님과 맞서는 자는 주님께서 (R1365) [다른] 편에 서서 다른 사람들을 도와 그를 징벌할 것이다. 신의 힘으로는 이러한 일을 하기 쉽다. [주님은] 아무리 뛰어난 지성을 가진 용사라 할지라도, 그가 생각지도 못한 방식으로 분노를 표출하실 것이다."

그는 항상 이러한 방식으로 아미르와 병사들에게 충고를 주었고 또 주고 있다. 그는 이보다 더 세밀한 말들을 했지만, [나는 모두 다] 기억을 하지 못하며 또 만약 그것을 설명하기 시작하면 길어질 것이다. [위와 같은] 이야기들을 인용한 목적은 예화를 드는 것이기 때문에 이 정도로도 충분할 것이다. 그 나머지 [다른 이야기들]은 모든 사람들에게 잘 알려져 있고 확인된다. 지고한 신께서 열락의 수호자이며 백성과 군대의 보호자이신 [가잔 칸을] 영원토록 보호해주시기를!

제10화: 이슬람의 제왕이 판관(quḍāt), 장로(mushāikh), 고행자(zuh-hād), 학자(ahl-i 'ilm) 및 수도자들(taqwá)에게 충고한 것에 관하여

[이슬람의 제왕은] 위에서 언급한 집단의 사람들이 어전에 올 때마다 갖가지 충고를 해주었다. 그런데 이런 집단의 대인과 중요 인사들이 쿠릴타이 참석차 어전의 한 모임에 왔을 때, 그는 다음과 같은 충고를 하였다. "너희들은 [종교적인] '주장(da'wa)'[16]이라는 옷을 입고 있다. 그 것은 매우 중요한 일이다. 이 주장을 백성들에게 하지 말고 주님을 향해서 하도록 하라. 사람들은 너희들의 주장에 대해서 그 진실이 무엇인지도 깨닫지 못하면서 며칠 동안은 잘 받아들인다. 그러나 지고한 신께서는 너희들 마음을 완전히 장악하고 있기 때문에, 그에게는 계략과 기만이 통하지 않는다. 그것은 오히려 그의 분노를 부를 것이고, 이 세상에서 처벌과 보복을 받을 것이며, 그 후에 [저승에서도] 분명히 그렇게 될 것이다. 누군가가 기만을 자기 주장의 옷으로 입는다면 신은 그를 사람들 가운데에서 불명예스럽게 만들 것이다. 그의 외피와 이름은 아무것도 아니게 될 것이며 사람들에게 수치를 당할 것이다. 그들의 눈에 (R1366) 그는 비루하고 천박하게 될 것이며, 항상 귀족과 평민들에게 웃음거리가 될 것이다."

"이러한 주장의 옷을 입지 않는 사람들은 다른 사람과 같은 색[의 옷]을 입으며 다른 사람으로부터 구별되지 않는다. 그들은 권력과 지위, 수행과 은밀함 같은 것을 내세우지 않는다. 아무도 그들을 반대하지 않으

---

16) 여기서 다와(da'wa)는 자신이 어떠한 사람이라거나 혹은 어떠한 목표를 이루고자 한다는 '주장', 즉 자기를 과시하는 행위를 가리킨다. Thackston은 이를 advocacy라고 옮겼다. 한국어로 적절한 역어를 찾기 어려워 여기서는 '주장'이라고 했지만, 독자들에게 의미가 명료하게 전달되기는 어려울 듯하다. '다와'에 대한 더 자세한 내용은 The Encyclopaedia of Islam (new edition; vol. 2, Leiden: E. J. Brill, 1991), pp. 168~170 참조.

며, 그들이 자기 옷에 걸맞은 인생을 살아갈 것이라고 기대한다. 너희들이 자기 주장의 옷을 입었다고 내가 지적한 것의 의미는, 너희가 다른 사람들과 다르지 않음에도 불구하고 [그런] 옷을 입었다는 사실 때문에 [카디, 셰이흐 등과 같이] 거창한 이름을 갖게 되었다는 것이며, 너희는 다른 사람들에게는 없는 몇몇 특별한 것들을 그러한 이름 때문에 누리게 되었다는 사실이다. 그러니 너희는 그러한 이름과 의미를 자신을 위하여 받아들였고 그 의무를 수행할 것을 약속했다."

"그리고 너희는 '우리는 이러이러한 사람이다' 혹은 '우리는 이러이러한 것을 바란다'고 말하고 있다. 이제 너희는 잘 생각하라! 이러한 약속과 계약과 주장을 지키는 의무는 그 같은 옷을 입은 사람에게는 필수적인 것인데, 만약 그러한 의무를 이행할 수 있고 또 자신의 말을 실행할 수 있다면 매우 좋고 칭찬받아 마땅한 일이다. 그렇지 않다면 신과 사람들에게서 수치를 당할 것이다. 너희는 (A302v) 별수 없이 스스로 선택해서 그 같은 고통과 고난을 짊어진 것이다."

"또한 너희는 알아야 할 것이니, 지고한 신께서 나에게 군주의 자리를 주어 사람들의 머리 위에 앉힌 까닭은 내가 그들에 관한 방책을 잘 세우고 그들 가운데에 정의와 형평을 이루게 하려 함이다. 또한 진실을 말하고 진실을 행해야 한다는 의무를 내게 지워주셨으며, 범죄자들을 그 죗값에 따라 징벌하게 하였다. 주님의 지고한 명령은 귀족들에게 가하는 징벌이 더 커야 한다는 것이니, 이런 연유로 짐승들은 죄를 범해도 그 대가를 치르지 않는 것이다. 이와 마찬가지로 군주들은 대인들과 각 종족의 우두머리들에게 더 많은 징벌을 가하는 것이며, 그 점을 규례로 정하여 왕국의 제도(yāsāmīshī)로 만드는 것이다. 그렇기 때문에 나 역시 먼저 너희들의 죄를 (R1367) 조사하여 징벌하며, 너희들의 체면을 봐주지 않는 것이다. 내가 너희의 옷을 보리라고 생각하지 말라. 나는 너희의 행동과 일을 보기 때문이다."

"너희는 사도—그에게 평안이 있기를!—가 [걸었던] 모든 길과 관례를 본받도록 하라. 너희에게 부여된 모든 의무를 지키도록 하고, 다른 사람들에게 올바른 길을 보여주며, 부패와 간섭을 피하도록 하라. 애초에 율법에 없는 것에 관하여 [왜곡된] 해석을 가하지 말라. 신실과 정결을 지키도록 노력하고, 지혜와 사려를 잘 갖추도록 하라. 그래서 세상 사람들과 우리가 그 축복을 통해 보호를 받을 수 있도록 하자. 서로에 대해서 광신적으로 행동하지 말며, 다른 집단에 대해서도 광신적으로 행동하지 말라. 주님과 사도가 [그렇게] 명하지 않았으니 행하지도 말라. 왜냐하면 지나치게 광신적으로 행동하거나, 혹은 주님과 사도가 사람들에게 부과해놓은 것 이상으로 지나치게 엄격하거나 지나치게 관대한 것은, 자신의 좋은 이름에 해로울 뿐만 아니라 아무런 효용도 없기 때문이다. 내가 만일 율법과 이성에 반하는 행동을 한다면 나를 징책(懲責)하고 지적하라. 너희의 말이 때로는 내게 영향을 미치며, 너희들의 주장과 의도가 합치하고 부합될 때에는 내가 그것을 경청하고 받아들인다는 사실을 분명히 알라. 왜냐하면 그런 경우야말로 너희가 자신이 가지고 있는 지고의 진실과 정결과 노력으로 말하는 것이어서 반드시 [내게] 영향을 미치게 되고, 또 너희들의 말에 담긴 진실을 따르는 것이 나에게나 너희에게나 모두 찬양과 보응을 받을 만한 것이며, 그로 인해 세상 사람들에게도 평안을 가져다줄 것이기 때문이다. 만약 그렇지 않다면 너희의 말은 내게 아무런 영향도 주지 못하며 오히려 나의 불같은 분노가 너희를 태울 것이다. 그렇게 되면 나와 너희와 모든 사람들에게 손해가 될 것이다."

"이 밖에도 이와 관련해서 너희에게 내가 하고 싶은 다른 이야기나 세미한 점들이 많지만, 지금은 이 정도로 충분할 것이다. 만약 너희들이 [내 말에] 동의하고 받아들인다면 그것은 나나 너희에게 유익할 것이며, 내 말이 너희에게 좋게 여겨지고, 나의 우애는 너희 마음속에 굳건하게 새겨질 것이다. 그렇지 않고 내 말을 너희가 받아들이기 어렵고 또 나에 대한 반감이 너희 마음에 자리잡게 된다면, 나는 내심으로 너희의 마음을 알게 될 것이고 너희도 역시 나를 증오하게 될 것이다. [그렇다면] 그로 인해 (R1368) 세상과 종교가 입는 피해가 커질 것이다. 오늘은 이 정도로 줄이도록 하자. 만약 이후에 더 기회가 생긴다면 세밀한 영적인 이야기들을 하도록 하자."

이런 식으로 그는 당시 어전에 있던 대인들과 대표적인 카디들과 셰이흐들과 학자들에게 충고와 권고를 해주었다. [이에] 그들 모두는 경악을 금치 못했고, 왕위의 은신처인 궁정을 향해서 기도와 찬양을 올렸다. 그는 [이 밖에] 여러 다른 때에도 상이한 집단들에 대해서 이와 같은 충고를 하였고 세세한 이야기들을 했는데, 그것을 일일이 설명하자면 너무 길어질 것이다. 지고한 창조주께서 온갖 완벽함으로 장식된 이 이슬람의 군주의 축복과 정의의 그림자가 이 세상의 각종 부류의 사람들의 머리 위에 영원토록 지속되게 하시기를! "진정 그분께서는 필요한 것을 채워주신다!"

제11화: 이슬람의 제왕이 병사들 및 다른 사람들이 이교적인 말을 하는 것을 금지한 것에 관하여

이슬람의 제왕—그의 왕국이 영원하기를!—은 어떤 병사들 혹은 다른 사람들이 전쟁터에 나가서 승리를 거두었다고 하면서 허풍을 떠는 것을 들었다. "우리는 이런 일을 혹은 저런 일을 했다."라든가, "이러저러한 전략을 세워서 대승을 거둘 수 있었다." 혹은 "이런 사람이 용맹함을 보였다."라든가 "온 힘을 기울인 덕분에 이러저러한 적을 (A303r) 패배시켰다."는 등의 이야기였다. 이런 식으로 그들은 성공을 거둔 것이 자신의 능력이나 남자다움 혹은 용맹함 등에 기인한다고 하면서, 거창한 말을 하거나 자만심을 내보이곤 했다. 그런데 때때로 이와는 반대로 목적을 달성하지 못한 채 돌아오면, "그것은 신의 뜻이다. 우리가 노력을 다하고 있는 힘껏 애썼는데도 그렇게 되었으니 말이다."라고 하였다. 이런 종류의 말은 사람들의 입에 많이 회자되었고, 아무리 하찮은 일일지라도 몽골인과 타직인들은 똑같은 방식으로 [이렇게] 말하곤 했다.

(R1369) 이런 이야기가 여러 차례 고귀한 [군주의] 귀에 들어갔다. 그는 이를 탐탁하지 않게 여겼고 분노하면서 이렇게 말했다. "이런 이야기는 이교도에게나 적합한 것이다. 우리와 군대와 일반 백성들의 일이 실패하는 경우 그 대부분은 이러한 말들이 지닌 불길함 때문에 생겨난다. 우리와 군대와 다른 사람들이 얻는 모든 좋은 일들은 지고한 신의 자비와 사랑에서 비롯된 것임을 알아야 할 것이다. 그리고 우리에게 닥치는 모든 악함과 절망은 우리 자신의 죄와 악함에서 비롯된다는 것도 알아야 한다. 자만과 자고(自高)에 해당하는 모든 말들은 어떤 종류이건 입밖에 내서는 안 될 것이다."

그는 이러한 문제에 관해서 강력한 칙령(yarlīq-i balīgh)을 작성하여,

각 지역에 있는 모든 몽골인과 타직인들에게 보내어, 이후로는 어느 누구라도 선조들이 했던 방식의 말을 믿거나 그런 식으로 말을 하면 처벌을 받을 것이며 저세상에서는 지옥에 떨어질 것이라고 하면서 이렇게 선언하였다. "사람은 신의 은총에서 나오는 선함을 보아야 하고, 자신의 악행에서 비롯되는 악함을 알아야 한다. 또한 그들은 어떤 사람이 자기들 집 문 앞에 오면, 자신들이 가지고 있거나 비축하고 있던 것을 많건 적건 그에게 양식으로 주어야 한다. 관용의 길을 걷도록 노력하고 모든 사람들을 겸손하게 대하며 살도록 하라. 그러나 내가 지시한 이러한 명령을 악용하여 누군가가 어떤 사람의 집에 가서 [마음대로] 무엇인가를 달라고 요구하면 안 된다. 또한 [집주인이] 관대함으로 내어주는 것을 제외하고는, 자신에게 어떤 것을 주었으면 하고 바라거나 또 주어야 마땅하다고 생각해서는 안 된다."

그는 이런 방식으로 칙령을 작성하여 전국 방방곡곡에 선포하도록 했다. 그 축복은 폐하의 치세에 모든 종류의 상황에 두루 미쳤다. 지고한 알라의 도움으로, 그의 은사와 축복이 날로 증대하기를!

제12화: 이슬람의 제왕이 건물 짓는 것을 애호하고 또 그렇게 하도록 사람들에게 권유한 이야기

과거에 몽골의 군주들, 그리고 이슬람의 제왕—그의 통치가 영원하기를—의 조상들 가운데 어떤 이들은 건물 짓는 것을 좋아했고 그런 일에 착수하기도 하였다. 그러나 (R1370) 우리가 목도하다시피 그것은 거의 결말을 보지 못했다. 어디에서 [건축을 위한] 기초 공사를 시작했건 간에 엄청난 경비를 들여야 했고, 각 지방에서 타프쿠르세(wujūh-i tāpqūr),[17] 가축과 장비들, 고용 일꾼들을 필요로 했으며, [이는 결국] 사람들에게 해를 끼치게 되어 [그들] 대부분이 사라져(talaf)버렸다. 그 [작업]을 책임지던 사람들은 '밤이 다 찼다(al-laylat ḥubla)'[18]고 말하곤 했다. 재화는 그러는 도중에 없어져버리고 건물들은 대부분 지을 수 없게 되었다. 설령 지었다고 하더라도 [견고한] 기초 위에 세워지지 않았기 때문에 단기간에 무너져버리고 말았다.

이슬람의 제왕은 건축을 함에 있어 더 좋은 방책이 있을 수 없을 정도로 훌륭한 규제와 과정과 방식을 도입하였다. 그는 신뢰와 존경과 명예

---

17) 이는 다양한 목적을 위한 특별세이다. Doerfer, *Türkische und mongolische Elemente im neupersischen*, vol. 2, pp. 429~431는 이를 "Schichtsteuer(層稅)"라고 해석하였다. 몽골어의 dabqur(투르크어에서는 tapqur)는 '이중(二重), 층(層), 열(列)' 등을 의미하며, '군대, 부대'를 뜻하기도 하고, '특수세'라는 의미를 갖기도 한다. B. Spuler(*Mongolen in Iran*, Berlin: Akademie-Verlag, 1985, p. 258, note 29)에 의하면 이 세금은 건물을 지을 때 '층(層, Schicht)'에 대해서 매기는 세금이라는 의미로 생겨난 것이지만, 일반적으로는 일종의 특별세를 의미했다고 한다. 가잔의 군대가 시리아에서 패배한 뒤 군사적 경비를 충당하기 위해, 1305년 파르스(Fars) 지방에서 지세(地稅, kharāj)의 1/10 혹은 1/20을 타프쿠르세로 징수했다고 한다. V. Minorsky, "Tapqur/Tabur," *Acta Orientalia Hungarica*, 12-1/3, p. 28f 참조. *Tārīkh-i Ūljāītū* (M. Hambly ed., *Tehran: Bungāh-i targuma wa našr-i kitāb*, 1969, 10b; M. Parvisi-Berger ed., *Die Chronik des Qāšānī über den Ilchan Ölgäitü*, unpublished Diss. Göttingen, p. 31)에도 타프쿠르세가 언급되어 있다.

18) '밤이 깊었다'는 의미로, 더는 일을 할 수 없다는 뜻.

를 지닌 환관(khwāja)[19]을 골라서 건축 책임자로 임명하고 [필요한] 경비를 그에게 위탁하였다. 그리고 믿을 만한 환관들, 정직한 기록자들, 건축가와 기술자들을 임명하고, 모든 장비들을 최고의 가격으로 구매하여 작업에 투입하였는데, 그것은 작업에 결손이 생길 경우 그 결함이나 손해의 책임을 그들에게 지우기 위함이다.

신뢰할 만한 사람들과 감사관(muqūm)들은 항상 작업에 투입된 장비들의 숫자를 헤아려서, 그런 방식으로 각 집단의 수령에게서 계산[의 결과]를 받아낸다. 얼마나 확실한 방식으로 진행했는지 설령 100년이 지난 뒤에라도 다시 그 정당성과 신빙성을 확인한다면, 그래서 서기(bītik-chī)들의 계산과 작업에 투입된 장비들을 서로 대조해본다면 즉각 진위가 가려질 것이며, [사용한 비용이] 결코 부족하거나 초과하지 않음이 확인될 것이다. 또한 어떠한 밀고자(aīghāqī)도 그 장로들과 건축가들의 작업에 관해서 비방하는 일을 할 수 없을 것이다. 모든 작업에 대해서 믿을 만한 관리인들을 지정함으로써, 불량한 장비들을 작업에 사용하거나 석고나 석회를 줄이고 거기에 흙을 섞지 못하도록 한다. 이와 같은 규제와 주의는 그들이 [지켜야 할] 의무이다.

(A303v) 그뿐 아니라 나무와 쇠로 된 모든 장비들의 가격을 계약(muqāṭiʿa)으로 정하고, 각종 장비들에 대해서도 [그러한 가격을] 정하였다. [가잔 칸은] 모든 도시와 (R1371) 지방에 건물을 짓도록 명령하고, 수로(nahr)들과 지하수로(kahrīz)들을 굴착하여 흐르도록 한다. 그러한 [공사들] 가운데 가장 규모가 크고 유용성이 아주 많은 것은 힐라

---

19) khwāja는 일반적으로 종교 지도자나 장로들을 지칭할 때 쓰는 말이지만, 여기서는 '환관(eunuch)'을 가리키는 것으로 보인다. F. J. Steingass, *A Comprehensive Persian-English Dictionary* (New York: Routledge, 1988 repr.), p. 479 참조. 제13화에서도 가잔 칸은 와크프 기금을 관리하는 khwāja-sarā 1인을 임명했다는 기사가 보이는데, 여기서 khwāja-sarā 역시 '환관'을 뜻한다.

(Ḥilla)[20] 지방을 흐르는 매우 커다란 수로인데, 그 이름은 '가잔의 윗수로(Nahr-i Ghāzānī-yi A'lī)'이다. 그 물을 '신도들의 수장'인 후세인—그에게 평화가 있기를!—의 성묘[21]까지 대어, 물이 없는 황야였던 카르발라 초원의 황무지 전체에, 그리고 마실 만한 좋은 물이라고는 찾아볼 수 없던 성묘에, 맑은 유프라테스 강물을 흐르게 한 것이다. 그래서 지금처럼 성묘 주변 전체가 경작지가 되고 정원과 화원이 세워진 것이다. 바그다드와 다른 도시들에서 온 배들이 유프라테스 강과 티그리스 강 연안에 도착하여 성묘까지 갈 수 있게 되었다. 거기서 생산되는 곡물이 거의 10만 타가르(taghār)[22]이다. 그곳에서 나는 곡식들과 각종 채소는 바그다드 주변 어느 곳에서 난 것보다 더 좋다. 성묘에 거주하는 사이드들은 그로 인해서 매우 부유해졌는데, 그들은 [과거에는] 빈한한 사람들이었고 그 수도 많았기 때문에, [가잔 칸은] 그들이 필요로 하는 모든 것을 곡물로 주라고 지시하여 매년 그들에게 지급하고 있다.

그 부근에 사이디 아부 알 와파(Sayyidī Abū al-Wafā)[23]—알라의 자

---

20) 유프라테스 강변에 위치한 이라크 중부의 도시. 바그다드에서 100킬로미터 남쪽에 위치.

21) 이맘 후세인의 성묘는 카르발라(바그다드에서 서남쪽으로 100킬로미터)에 위치해 있다. 힐라에서 서북쪽으로 47킬로미터를 가면 카르발라에 도착한다.

22) taghar는 원래 투르크어에서 'bag' 'sack'을 의미하는 단어. 여기서 건조한 곡식과 같은 것의 칭량 단위로 사용. 1타가르(taghār)는 100타브리즈 몬드(Tabriz maunds)와 같다. 松井太의 연구에 따르면 몽골제국 시대에 칭량 단위가 통일되어 중국의 단위 석(石, 84리터)-두(斗, 8.4리터)-승(升, 0.84리터)은 몽골의 taghar - sim - singsi에, 위구르의 šïg/taghar - küri -šing에, 페르시아의 taghar - kīla - mann에 조응한다고 한다. 이렇게 볼 때 10만 타가르는 1,000석인 셈이다. 그런데 '타가르'라는 표현은 몽골제국 시대에는 현물에 대한 일종의 특별세로 사용되기도 하였다. 이에 관해서는 Matsui Dai, "Unification of Weights and Measures by the Mongol Empire as Seen in the Uigur and Mongol Documents," *Turfan Revisted: The First Century of Research into the Arts and Cultures of the Silk Road* (ed. D. Durkin-Meisterernst et. al. Berlin: Dietlich Reimer Verlag, 2004), p. 20; Allsen, *Mongol Imperialism: The Policies of the Grand Qan Möngke in China, Russia, and the Islamic Lands, 1251-1259* (Berkeley: University of California Press, 1987), pp. 186~188; V. Minorsky, "A Soyurghal of Qasim b. Jahangir Aq-qoyunlu (903/1498)," *Bulletin of the School of Oriental and African Studies*, 9-4(1939), pp. 948~949 참조.

비가 그에게!—의 성묘가 있는데, 그곳 역시 물이 없는 황야였고 성묘
에는 마실 만한 깨끗한 물이 없었다. 어느 해인가 이슬람의 제왕—그의
통치가 영원하기를!—이 그 평원으로 사냥을 나갔는데 [데리고 간] 가
축들이 마실 물을 찾지 못하였다. 나귀와 사슴들도 물과 풀이 없어 무
척 수척하고 힘이 없는 상태였다. 그래서 그가 유프라테스 강에서 수로
를 하나 굴착하여 그곳으로 끌어와 그 성묘에 물을 대니, 경작이 풍족
해지고 나아가 황야의 동물들도 편안해졌다. 또 [사람들이] 그 황야를
지나갈 때 물이 없어서 가축들이 해를 입지 않도록 하고, 보리와 건초
로 된 사료를 먹을 수 있도록 하였다. 짧은 시간 안에 거대한 규모의 수
로 하나가 그곳에 굴착되었는데, 그 이름은 '가잔의 아랫수로(Nahr-i
saflī-yi Ghāzānī)'라고 붙였다. 그 뒤 [그곳의] 서쪽에서 그 황야의 가장
자리까지 또 하나의 수로를 굴착하게 하였는데, 그 이름을 '가잔의 수로
(Nahr-i Ghāzānī)'라고 하였다. 그 물과 땅에서 약간의 토지(feddān)[24]
를 그 성묘에 와크프로 정해주었다. 건물이 세워지고 경작지가 된 나머
지 모든 지역은 (R1372) 자신이 직접 구입하여, 그 모두를 타브리즈에 세
워진 '혜민구(惠民區, Abwāb al-Birr)'[25]에 기진지로 주었다. 현재 사이
디 아부 알 와파의 성묘에는 정원과 화원이 세워지고, 이제까지 결코 존
재한 적 없는 맑은 물과 각종 채소가 풍성하게 되었다. 그 성묘가 사람
들 사는 곳에서 멀리 떨어져 있어서 그 주민들에 대해서 아랍의 반도들

---

23) Abū al-Wafā Būzjānī(940~998). 바그다드에서 활동했던 페르시아 출신의 수학자이자 천문학자.

24) feddan은 토지의 면적을 나타내는 단위. 1 feddan = 60×70meter.

25) Abwāb al-Birr는 '자선(구휼, 정의)의 문들'이라는 뜻으로, 가잔 칸이 타브리즈의 샴(Shamb, Shamm)에 세운 희사·자선 목적의 건물들을 가리킨다. 한편 울제이투 역시 새로운 수도로 건설한 술타니야에 '혜민구'를 세웠다(G. Lane, "Persian Notables and the Families Who Underpinned the Ilkhanate," *Nomads as Agents of Cultural Change: The Mongols and Their Eurasian Predecessors* (ed. R. Amitai and M. Biran, Honolulu: University of Hawai'i Press, 2015, p. 200).

이 위해를 가하자, [가잔 칸은] 그곳에 성벽을 쌓아서 도시처럼 만들도록 하였다. 그 안에 욕탕과 새로운 건물들을 지어 단기간에 도시가 되도록 하였다.

그는 여러 지방에 수도 없이 많은 건물을 지었고 또 짓고 있으며, 수로와 지하수로들을 굴착하고 있다. 그것에 대해서 설명하면 너무 장황해질 것이다. 그가 칙령의 형식으로 왕실 재무청의 대리인들과 계약하여 회생시키고 건축한 것들을 말한다면 끝이 없을 것이다. 그의 축복받은 치세에 모든 것을 포괄하는 공정한 통치를 통해서 수많은 사람들이 그들[=재무청의 대리인들]과 계약을 맺고 건축에 종사하게 되었으며, 또 그들이 자신들[의 이익]을 위해서 스스로 그렇게 한 것 역시 그 백 배는 되었다. 과거에는 100디나르였던 집과 정원들이 지금은 1,000디나르[의 값어치]가 되었다. 과거에는 오늘날 건축에 종사하는 사람들의 수만큼이나 파괴가 자행되었다. 현재 각지에서 세워지는 건축들은 호스로우[26] 이후 어느 제왕의 치세에도 없었던 일이다. 호스로우의 시대에도 지금처럼 많은 사람들이 건축에 몰두했다면 정말로 놀랄 일이라고 할 수 있다. 비록 그 당시에 각 지방에 많은 건축을 한 것은 사실이지만, 그 것은 매우 오랜 기간에 걸쳐서 이룩한 것이었으며, 그 당시에는 지금처럼 건축에 전념해야 할 정도의 파괴가 없었기 때문이다.

현재 도읍인 타브리즈는 허술한 성벽 하나로 둘러싸여 있었는데, [지금은] 그것마저 허물어져버렸고 도시의 외곽에는 가옥과 건물들이 무척 많이 있다. [가잔 칸은] "수천 명의 사람들이 살고 있고 나라의 도읍

---

26) 호스로우(Khosrow) 1세(501~579). 일명 아누시르반(Anushirwan). 사산 왕조의 군주로서 치세는 531~579년. 페르시아 역사상 가장 공정한 군주로 유명하다. 또한 많은 건축물을 남긴 것으로도 잘 알려져 있는데, 각 지방에 적의 침입을 막기 위해 세운 거대한 방벽들도 있지만, 가장 대표적인 것은 수도 크테시폰에 세운 궁전으로 Tāq-i Kasra라는 이름으로 알려져 있고 지금도 그 유적을 볼 수 있다.

인 도시에 어떻게 성벽 하나를 [제대로] 쌓지 못한단 말인가?"라고 말했다. (R1373) 그리고 어디에 어떤 방식으로 [성벽을] 쌓을 수 있을지 조사해보라고 지시했다. 정원과 화원들이 도시의 건축물들과 연접해 있었기 때문에, 성벽은 사람들의 사유지들 사이를 지날 수밖에 없는 실정이었다. 또한 [사람들은 가잔 칸에게] 타브리즈 안에는 외래인과 (A304r) 원주민이 수도 없이 많고 대부분 부유한 사람들이기 때문에, 성벽을 [부분으로] 나누어 각 집단이 한 부분씩 자기들 경비로 2~3년 안으로 건축하게 하면 어떤가 하고 말했다.

이슬람의 제왕—그의 통치가 영원하기를!—은 원대한 사려와 완벽한 자비심을 갖고 이렇게 말했다. "우리가 선행을 하겠다고 하면서 어떻게 사람들의 건물을 허물고 해를 끼칠 수 있단 말인가. 타브리즈 시가 건설될 때 이렇게 수천 채의 가옥들이 성벽 외부에 세워져서 이런 상태에 이르리라고 그들 중 누가 생각이나 했겠는가. 우리가 목도한 이 짧은 기간에도 사람들의 수가 이렇게 크게 늘어서 [성벽의] 외부에 건물을 지었다. 만약 이와 유사한 방식으로 [사람과 건물이] 늘어난다면 이 도시의 주민들은 엄청나게 많아질 것이다. [우리는] 원대한 생각을 품어야 한다. 그래서 사람들이 가지고 있는 모든 정원들과 가옥들을 그 안에 포함할 수 있도록 성벽을 지어서 정원들이 파괴되지 않도록 해야 할 것이다. [그러면] 그 모두 가격이 올라갈 것이고 우리들에게는 선행이 될 것이다."

"또한 지고한 신의 축복에 힘입어, 세월이 지난 뒤 주민과 군중의 수가 더욱 늘어나 이곳 부근에 가옥들이 세워지고 그것들이 서로 연접하더라도, 사람들이 지낼 장소가 협소해지지는 않을 것이다. 지고한 신께서 축복을 내려서 풍요로워진 일부 도시들이 사람들의 수가 너무 많아져서 [땅이] 협소해지면, 2~3층으로 된 건물들을 지어 골목들은 좁아지고, 담장은 높아져서 악취가 나게 된다. 그런 까닭으로 역병이 발생하고 각종 피해가 창궐하여 [결국] 호레즘 시가 그랬던 것처럼, [타브리즈 역시] 다시 한번 파괴될지도 모른다는 것을 우리는 익히 알고 있지 않은가?"

이에 따라 그는 (R1374) 정원들의 외부에 성벽을 쌓으라는 명령을 내렸다. 도시에 살고 있는 사람들이 경비를 내도록 하자는 견해에 대해서는 [다음과 같이 말했다]. "비록 이러한 건축의 혜택이 그들에게 돌아가는 것은 사실이지만, 농민과 평민들은 앞을 보는 눈이 짧고 사태의 종말과 상황의 결말을 판단할 수 없기 때문에, 경비를 내기는 어려울 것이다. 이것은 선행을 베푸는 일이니 왕실 재고에서 경비를 내어서 짓도록 하자. 그러면 그 보상과 좋은 이름이 우리에게 돌아올 것이고, 백성과 민중들은 평안을 얻을 것이다. 이러한 경비를 요구할 사람을 아무도 그들에게 보내지 않도록 하라." 이러한 방식으로 그는 명령을 내렸고 건축이 시작된 지 2년이 되었는데, 신께서 허락하신다면 금년에 골격은 완성될 것이다.

그는 구 타브리즈 [시의] 둘레보다 규모가 더 큰 또 다른 도시를 샴(Shamb)이라는 곳에 지었는데, 샴(Shamm)이라고 부르기도 한다.[27) '혜

---

27) 페르시아어에서 shanb/shamb은 'cupola, dome'을 의미한다(Steingass, *A Comprehensive Persian-English Dictionary*, p. 762). 타브리즈의 서남쪽 교외에 샴(Shamb)을 처음 건설한 것은 아르군 칸이었고 1290년경에 시작했다. 건축 계획은 2개의 궁전(궁전 하나는 Adiliyya라고 불림)과 불교 사원 한 곳, 그리고 다른 사람들로 하여금 그 부근에 건물을 짓도록 수로를 하나 건설하는 것이었다. 이 지역은 아르구니야(Arghūniyya)라 불렸고, 일 칸의 귀족들이 건물을 짓는 데 하나의 단초가 되었다. 아르군의 아들 가잔은 아르구니야에 있던 궁전에 거주했으며, 1297년에는 샴 구역에 자신의 묘지를 세우고 그 부근에 새로운 건물들을 지었다. 이것은 가자니야(Ghāzāniyya)라는 새로운 소도시(shahrcha)로 발전해갔으며, Shamb-i Ghāzān이라고도 불린다. 그곳의 건축으로는 도시의 중앙에 위치한 그의 묘지(quba-yi alī. '높은 돔'이라 불리며, 높이가 135미터에 이른다)를 중심으로, 자선 사업을 위해서 12개의 건물을 짓도록 하였다. 즉 모스크 하나, 마드라사(하나피 및 샤피이 학파) 2곳, 숙사(*dār al-siyāda*) 1곳, 관측소 1곳, 병원 1곳, 도서관 1곳, 재무청 건물 1곳 그리고 여러 개의 욕탕이 있었다. 이븐 바투타는 아부 사이드의 치세에 샴의 교외에 거주했으며, 그곳의 마드라사와 여행객들에게 음식을 제공하던 자위야(zāwiya)에 대해서 묘사한 바 있다. 이에 관해

민구'를 세우라고 지시했다. [그 도시는] '혜민구'와 그곳의 대부분의 정원들을 둘러쌌으며, 그것을 '가자니야(Ghāzāniyya)'라고 이름하였다. 그는 룸과 프랑크의 상인들이 그곳에 와서 짐을 풀도록 지시했다. 그러나 그곳에 주재하는 탐가치(tamghāchī, 상세를 징수하는 세리)와 타브리즈 시에서 파견된 [탐가치가] [짐의 검사를 담당하여] 분쟁이 생기지 않도록 하였다. 그는 타브리즈에 새로 세워진 성문들 가운데 각각의 성문에서 도시의 내부와 연접한 지점에 커다란 대상관과 사거리 시장(chahār bāzār)과 욕탕을 건설하도록 했고, 또한 작업장과 가축들이 머물 곳을 짓도록 하였다. 각지에서 도착하는 모든 상인들은 자신이 속한 종족에 따라 자기들이 오는 방향에 있는 성문으로 와서 그곳의 대상관에 머물도록 하였다. 탐가치가 그들이 가지고 온 직물들을 확보하면, 그들은 욕탕에 갔다가 시내로 들어간다. [그리고 각자에게 맞는 지점을 정해주는데, 만약 본인이 원한다면 [다른 곳으로] 옮길 수 있다.][28] 그들이 그곳에 머무는 동안 탐가치는 화물들을 검사하고, [그것이 끝나면 그들을] 그곳에서 떠날 수 있게 한다.

[가잔 칸은] 각종의 건물을 각 지방에 수없이 짓도록 명령했고 또 명령하고 있다. 또한 그는 타브리즈에는 존재하지 않고 누구도 그곳에서 보지 못한 여러 종류의 과실수와 화초와 곡식들을 전국 곳곳에 심으라고 명령했다. [사람들은] 묘목을 심고 가지를 접붙였다. 그 씨앗들을 가져와 (R1375) 열심히 키워서, 지금은 그 모든 것들이 타브리즈에서 열매를 맺는다. [그런 것들이] 매일매일 도착하는데 얼마나 많은지 이루 말로 다 할 수 없을 정도이다. 사람들은 그로 인해 혜택을 입고, 지고한 알라께서 강고하고 승리하는 나라를 만들어주시도록 기도를 올린다. 인

─
서는 『일 칸들의 역사-라시드 앗 딘의 집사 4』 아르군 칸기 제3장을 참조.
28) [ ] 사이의 문장은 일부 후대의 사본에만 보인다.

도와 키타이와 기타 먼 곳에 있는 모든 왕국들에 사신들을 파견하여, 그 지방들에서 특별하게 나오는 것들의 씨앗을 가지고 오도록 하였다. 지고한 신께서 그에게 장수와 통치의 복을 누릴 수 있도록 하시기를!

제13화: 이슬람의 제왕이 타브리즈와 하마단과 기타 여러 지방에 창건하고 건설을 지시한 혜민구 및 그것들을 위한 와크프 기금과 제도적 정비에 관한 일화

(A304v) 칭기스 칸의 일족에서 나온 몽골의 군주들이 오늘날까지 지키고 있는 관습과 규범은, 그들의 매장지가 사람들이 사는 곳이나 건물들이 있는 곳에서 멀리 떨어져 알려지지 않도록 하고, 어떠한 피조물도 그것에 관한 소식을 모르게 하며, 그 주위를 금지(禁地, ghorūq)로 만들어서 믿을 만한 사람들에게 [그것을 지키라고] 위임하여 어느 누구도 그 가까이에 가지 못하도록 하는 것이었다. [그런데 이슬람의] 군주는 무슬림이 되었고 종교적인 규범을 하늘처럼 여기게 되었다. 그리고 말씀하시기를 "아무리 우리 조상들의 관습이 그러하고, 또 무슬림이 자신의 무덤이 [있는 곳이] 알려지기를 바라지 않는다고 해서 그로 인해 종교적으로 손실이 초래되는 것은 아니지만, 거기에는 유용함이 없게 될 것이다. [이제] 우리는 무슬림이 되었기 때문에 우리들의 관습도 이슬람을 믿는 사람들의 방식에 따라야 할 것이다. 특히 이슬람의 관습이 이제까지 해오던 것에 비해 훨씬 더 낫기 때문이다."라고 하였다.

처음에 그는 투스에 있는 성묘—그곳에 묻힌 분께 평화가 있기를!—를 참배하러 후라산에 갔고,[29] 그곳에 있는 술탄 바야지드(Sulṭān Bayazīd)의 묘지,[30] 아불 하산 하라카니(Abū'l Ḥasan Kharaqānī),[31] 셰이

---

29) 마쉬하드에 위치한 시어파 8대 이맘인 알리 알 레자(ʿAlī al-Riḍā, 818년 사망)의 성묘를 가리킨다. 이맘 레자는 칼리프 알 마문에 의해 독살된 것으로 여겨지며, 순교하여 묻힌 곳이라는 뜻의 '마쉬하드'라는 이름이 현재의 지명이 되었다.

30) 유명한 수피 성자인 바야지드 비스타미(Bayaīd Bisṭāmī, 874년 사망)의 무덤을 가리키며, 후라산 지방의 비스탐이라는 곳에 위치해 있다.

31) 아불 하산 하라카니(1033년 사망)는 후라산 지방의 하라칸 출신의 유명한 수피이며, 그의 무덤은

흐 아부 사이드 아불 헤이르(Shaykh Abū Saʿīd Abūʾl Khayr)[32] 및 다른 성자들—알라께서 그들의 묘지를 되살리시기를!—의 묘지들도 찾아갔으며, (R1376) 그 성묘들의 정비 상태와 거기 사는 사람들의 상황을 목도하였다. 그 뒤 그가 무슬림이 되고 나서 '신도들의 수장'이신 알리—그분께 평화가 있기를!—의 성묘와 바그다드에 있는 다른 성묘들—알라께서 그들의 영혼을 성스럽게 하시기를!—을 방문했다.

하루는 그가 이렇게 말했다. "이런 방식으로 사망하고 또 이런 성묘를 가지고 있는 분을 [우리가] 어떻게 죽은 사람들 중의 하나라고 여길 수 있겠는가? 이러한 죽음은 다른 사람들의 삶보다 더 낫다. 비록 우리가 정결한 사람들의 단계에 이른 것은 아니지만, 그들을 닮기 위해서 그들을 위해 '혜민구'를 만들어서 그곳을 우리가 [사후에도] 영구히 지닐 곳으로 삼자.[33] 그리고 그것을 통해서 선행과 덕을 쌓아서 그 축복으로 지고한 신의 자비를 받아내고 영속적인 보상을 축적한다면 대단히 좋은 일이 될 것이다. 지금 이 시간 지고한 신께서 힘을 주셨으니, 우리가 이제 시작을 해서 신이 주시는 은총의 축복으로 [이 건축을] 끝내도록 하자." 그는 타브리즈가 왕국의 수도이기 때문에 그곳을 선택하였다. 도시의 외곽, 즉 서쪽 방향에 샴이라는 곳을 자신이 직접 설계하고 그 공사를 시작하였다. [그로부터] 오늘날까지 몇 년이 지났으며 [아직도] 그것을 건설하는 데에 열중하고 있다. 메르브에 있는 셀죽크 왕조의 술탄 산자르(Sulṭān Sanjar, 1085-1157)의 묘지가 세상의 건물들 가운데 가장 큰

비스탐 부근에 있는 칼라이 노우(Qalʿa-i Naw)라는 곳에 있다.

32) 아부 사이드 아불 헤이르(967~1049)는 후라산 지방의 미흐나(Mihna)—아비바르드(Abivard)와 사락스(Sarakhs) 중간에 위치—에서 출생했지만 생애의 대부분을 후라산의 니샤푸르에서 지냈다. 유명한 수피이자 시인인 그의 무덤은 고향인 미흐나에 위치해 있다.

33) 가잔은 자신의 무덤을 지으면서 거기에 자선을 행할 수 있는 여러 건물들을 부속으로 건설할 계획을 세운 것이다.

데 [가잔 칸은] 그것을 보았고, 그는 그것보다 더 큰 건물을 짓도록 하였다. 그 고귀한 무덤의 설계는 아래에서 설명하는 방식으로 되어 있다.

(A305r) (R1377) 전술한 혜민구 및 그곳에 선행의 목적으로 세워진 다른 부속 건물들[의 운영]을 위한 와크프 기금의 지출은 기금의 출연자인 가잔 칸—알라께서 그를 받아주소서!—이 고귀한 와크프 문서에 상세하게 기록한 바에 따라 이루어지는데, 그 개략적인 내용[은 다음과 같다].

[가잔 칸의] 지고한 묘지 및 거기에 부속된 다른 혜민구에 관한 내용

지고한 묘지

부대 비용(iẓāfa): 카펫, 양탄자, 양초, 수지(獸脂), 향료의 비용, 금요일 밤 쿠란 낭송자들이 먹는 달콤한 간식(ḥalāva)[34]에 필요한 비용

급료(mawājib): 쿠란 낭송자들과 작업인들을 위한 급료

금요 모스크(masjid-i jāmi')

부대 비용: 카펫, 양탄자, 양초, 수지, 향료의 비용

급료: 설교자(khaṭīb), 이맘, 무에진, 무카비르(mukabbir),[35] 작업인들을 위한 급료

---

34) ḥalvā(복수형 ḥalāva)는 부드러운 고기와 설탕을 반죽해서 만든 달콤한 맛의 과자이다. 오늘날 식후에 먹는 달콤한 맛의 디저트를 가리키기도 한다.

35) 무에진이 평일에 기도 시간을 알리는 사람이라면, 무카비르는 금요일에 기도 시간을 알리는 사람을 가리킨다.

(R1378) 샤피이파와 하나피파의 마드라사들

부대 비용: 카펫, 양탄자, 조명, 향료, 도자기로 된 집기 및 기타 물건들에 필요한 비용

급료: 교사들과 훈련 조교[36]들, 법률가(faqīh)들과 작업인들을 위한 급료

수도장(khānqāh)

부대 비용: 카펫, 양탄자, 부엌 집기들, 조명, 향료의 비용

경비: 새벽과 밤에 먹는 음식, 한 달에 두 차례 열리는 대중 사마(samā')[37] [집회에 필요한 경비]

급료: 셰이흐, 이맘, 수피들, 낭송자(qawwāl)들[38], 하인들 및 기타 작업인들[을 위한 급료]

보시(布施, ṣadaqa): 빈자들의 구제를 위한 비용, 무명천, 신발, 가죽옷(pūstīn-i kawal)[39]의 구입에 필요한 비용

사이드들을 위한 숙소(dār al-sīyāda)

부대 비용: 카펫, 양탄자, 양초, 수지, 향료의 비용

생활비: 그곳에 거주하는 주지(住持) 사이드들 및 왕래하는 사이드들[이 필요로 하는 비용]

필요 경비: 사이드 시설에 관한 중요한 사무를 처리하고, 와크프 희사자 [즉 가잔 칸]이 규정한 방식에 따라 사이드들에게 봉사하기 위해 필

---

36) mu'id. 학생들을 위해서 교재를 반복해서 가르치는 사람을 가리킨다.
37) 사마(samā')는 원래 '듣다'를 뜻하는 아랍어로, 이슬람 종교의식에서 여러 사람들이 모여 소리를 내어 기도를 하거나 노래를 부르거나 춤을 추면서 영적인 고양을 체험하는 집회를 가리킨다.
38) 집회에서 고사(古事)나 시와 노래 등을 낭송하는 사람을 가리킨다.
39) 어깨에 걸치는 동물의 가죽.

요한 정해진 액수

경비: 하인들과 요리사와 그곳에서 일하는 다른 작업인들[을 위한 경비]

(R1379) 천문대(raṣad)

부대 비용: 카펫, 양탄자, 수지와 등잔기름, 향료의 비용

필요 경비: 각 교과목의 교사들, 훈련 조교들, 학생들, 재고 관리인들, 공급자들 및 기타 작업인들[을 위한 경비]

수리비: 천문대와 장비들과 시계의 수리에 들어가는 비용

병원(dār al-shafā)

부대 비용: 카펫, 양탄자, 수지와 등잔 기름과 향료와 도자기 집기들의 구입비

경비: 의약품, 시럽, 연고, 고약, 안약, 죽(粥), 병자들을 위한 잠옷과 의복들

경비: 의사, 안과 의사, 접골사, 재고 관리인, 하인들 및 기타 작업인들을 위한 경비

준비비: 그곳에서 사망한 사람들[을 위한 경비]

도서관(bayt al-kutub)

부대 비용: 카펫, 양탄자, 수지 구입비

경비: 책의 수리와 보수, 필수 도서[의 구매] 비용

(R1380) 세무 기록관(bayt al-qānūn)

부대 비용: 카펫, 양탄자, 수지와 등잔 기름 구입비

경비: 세무 기록책의 [관리], 필사 및 개수에 필요한 비용. [서기, 재고 관리인, 서책을 새로 필사할 때 필요한 비용][40]

(A305v) 관리인 건물(bayt al-mutawallī)
나입(naʾib)이라 불리는 1인을 위해 필요한 경비

수조(水槽, ḥawḍ khāna)
경비: 수지, 등잔 기름, 향료, 물항아리, 주전자, 물통, 물병 [구입비]
급료: 관리인 1인

사빌 욕탕(garm-āba-i Sabīl)
경비: 머릿수건, 물통, 진흙(gil),[41] 등잔, 삽, 나무 삽, 화로에 넣을 장작과 짚
급료: 욕탕 근무자들, 이발사, 옷 보관인, 화로 관리인

상술한 '혜민구'에 부속된 것에 관한 내용

경비
밖에 있는 아딜리야 전각(Kūshk-i ʿAdiliyya)을 찾아오는 몽골과 타직의 아미르들 및 그곳을 방문하는 사람들이 먹는 음식. 그들은 그 전각을 참배하러 오기 때문에 그곳에서 음식을 먹는다. (R1381)
필요 경비: 매일 먹는 음식, 카펫과 양탄자와 취사도구를 위한 부대

---

40) [ ] 부분은 B본에서 보충.
41) Rawshan은 gil, Thackston은 gul('rose[-water]'를 의미로 읽었다. 과거 이슬람권의 욕탕에서는 영적인 세정의 의미로 진흙을 몸에 바르는 관습이 있었던 점을 고려하여, 여기서는 전자를 따랐다.

비용, 약국(sharbat-khāna)의 비용과 수지(獸脂) 구매에 필요한 경비

경비: 주방에서 일하는 사람들, 필수품과 시럽, 창고 관리인 및 그에 부속된 다른 작업인들[에게 지급되는 경비]

경비

와크프를 희사한 분—알라께서 그의 노력에 축복을 주시기를!—이 지고한 신의 곁으로 떠나가신 그날이 되어 매년 성대한 식사를 준비할 때 [필요한 비용]. 규정에 따르면 그곳에 계속해서 거주하는 상술했던 사람들, 타브리즈의 이맘들과 귀족들과 빈곤한 사람들 및 그곳으로 모여든 다른 사람들[을 위해 소요되는 경비], 쿠란 독경을 끝내고 음식을 먹고, 그날 주기로 정해진 자선품들[에 필요한 경비]

필요품: 상술한 음식

자선품: 이날 줄 것들

경비

금요일 밤에 관례에 따라 모스크와 수도장에 있는 사람들, 학생들과 고아들 및 다른 무리들에게 나누어 줄 달콤한 식품. 단 지고한 묘지[와 관련하여] 별도로 지정되어 장부에 자세하게 기록된 대로 지급되는 것들은 제외한다.

2회의 명절에 필요한 경비

아슈라('Āshūra)와 바라트(Barāt) 밤 및 기타 다른 명절의 낮과 밤[에 필요한 경비].

소학교(maktab)

항상 100명을 헤아리는 고아들에게 쿠란을 가르친다. (R1382)

생활비: 쿠란을 배우는 100명의 어린이들에게 주는 연급(sāliyāna)과 명절 용돈(īdī). 일정한 액수의 명절 용돈을 그들에게 주고 할례를 행하면, 그들[을 내보내고] 대신 다른 아이들을 데리고 온다.

헌물: 매년 100부의 쿠란을 새로 구입한다.

경비: 아이들을 돌볼 다섯 명의 교사와 다섯 명의 관리인, 그들의 고통을 보살펴줄 다섯 명의 보모들.

부대 비용: 소학교에 쓸 카펫과 양탄자 및 그곳에서 사용하는 것들.

곤궁한 사람들을 위하여

양의 가죽으로 만든 가죽옷을 매년 2,000벌 구매하여 분배한다.

교육

길거리에 버려진 어린아이들을 데리고 와서, 그들에게 필요한 보모들과 필요한 것들을 주어, 사리 분별을 할 나이가 될 때까지 돌본다.

준비(tajhīz)

타브리즈에서 사망한 이방인들로서 별다른 것을 갖고 있지 못한 사람들을 매장해준다. (R1383)

사료(chīna)

춥고 눈이 내리는 겨울 6개월 동안 각종 새들[에게 필요한 경비]. 같은 양의 알곡과 기장을 지붕 위에 뿌려서 먹게 한다. 어느 누구도 그 새들을 잡아서는 안 되며, 그들을 노리는 누구라도 지고한 신의 저주와 분노를 입을 것이다. 관리인과 영구 거주자들은 그것을 금하고 막아야 한다. 그러지 않으면 죄를 짓게 될 것이다. (A306r)

가난한 과부들을 위해서
매년 무명을 [일종의] 자본금으로 준다. 500명의 과부들 각각에게 4만(mann)의 무명솜을 준다.

교체
남녀 노예들과 어린아이들이 깨트린 항아리와 물병의 교체[에 필요한 비용]. 신뢰할 만한 관리인을 타브리즈 시내에 임명하여, 그런 무리들이 물을 길어오다가 항아리를 깨트려 겁을 집어먹으면, [그 상황을] 조사해서 그것들을 교체하도록 한다.

도로상에서
돌들을 치우고, 또 하거(河渠, jūī)들 위에 다리를 놓기 위해 [필요한 경비]. 타브리즈 시에서 8파르상에 이르는 그 주변과 외곽 지역을 [청소하는데], 장부에 자세히 적힌 그대로 한다.

임금(marsūmāt)
왕실 와크프라고 명명된 전술한 '혜민구'의 와크프를 관리하는 디반에서 일하는 부관들과 작업인들이 와크프 희사인이 규정한 바에 따라 각 지방과 지역에서의 업무와는 별도로 [받는 임금]. (R1384)

경비(wajih)
[가잔 칸의] 지고한 능묘의 건물과 12개의 측면을 가지고 있는 혜민

구, 아르군 칸이 건축한 아딜리야 전각 등을 와크프 희사자가 축복받은 와크프 문서에 기록한 내용에 따라 [보수하는 경비].

건물들의 [관리] 경비

왕국의 어느 지방에 있든지, 소유물과 부동산의 형태로 된 와크프로 기부된 재산들과 희사된 재산, 전술한 혜민구에 속하는 부동산은 와크프 희사자가 규정한 바에 따라서 [관리한다].

폐하의 생각은 이러한 선행과 혜민구로 인해서 백성들 대부분이 혜택을 받도록 하는 것이기 때문에, [위에서] 설명한 바와 같이 명령하셨다. [그래서] 왕국 안에서 법적으로 그가 완전한 소유권을 보유하거나 그에게 속한 재산을 와크프로 지정하셨고, 어느 비방자도 그것에 대해서 이의를 제기할 수 없는 방식으로 하셨다. 모든 무프티들, 탁월하고 신뢰할 만한 학자들, 이슬람 판관들은 그 정당성에 대해서 법적 의견서를 내고 판결을 내렸다. [가잔 칸은] 와크프 문서를 7통 필사하고 그 모든 것들을 등록하라고 명령했다. 그래서 하나는 관리인의 손에, 하나는 성스러운 카아바에, 하나는 도읍 타브리즈의 법원에, 하나는 '평안의 도시' 바그다드의 법원에, 하나는 …에, 하나는 …에, 하나는 …[42]에 두도록 하였다. 바그다드와 타브리즈의 판관들은 그 증거들을 다시 확인하고, 판결의 업무를 담당하는 판관은 그 자리에 앉는 즉시로 제일 먼저 그것을 등록하도록 하였다. 그는 전술한 이 혜민구에 이 시대의 가장 탁월하고 완벽한 사람들이 자리 잡고 살면서 항상 [그것을] 돌보도록 하라고 지시했다.

---

42) 원문 결락.

[가잔 칸은] 하마단 지방의 사피드 쿠흐(Safīd Kūh) 부근에 있는 부진자르드(Būzīnjard)라는 마을 안에 훌륭한 수도장(khānqāh) 하나를 (R1385) 건설하고, 그곳을 위해 많은 재산을 와크프로 주었다. 왕래하는 사람들이 이 선행을 통해서 휴식을 얻고 있는데, 이는 [오늘날] 모든 사람들이 목도하는 바이다.

그뿐 아니라 그는 어느 지방에 가든지 매번 사건과 상황을 지고한 신의 전당에 가서 아뢰고, 은밀하게 소망과 비밀과 희구를 말했다. 그는 맹서와 헌물을 바칠 것을 약속했고 그 모든 것을 실천에 옮겼다. 그는 에집트의 군대를 패배시키고 시리아에서 왕좌에 앉았을 때, 그곳으로 출정할 때 자신이 했던 몇 가지 맹서들, 더러는 여기에서 또 더러는 그곳에서 했던 맹서들을 실행하였다. 그 하나는 전투가 벌어진 지역의 부근에 있던 사이프 알라 할리드 이븐 알 왈리드(Sayf Allāh Khālid b. al-Walīd, 592~642)[43]의 성묘를 위해 황금 램프와 카펫과 양탄자를 기부하겠다고 한 것이었다. 또 하나는 다마스쿠스 지역에 있는 몇몇 촌락들을 예루살렘과 이브라힘 할릴—알라께서 그에게 축복을 내리시길!—의 성묘에 와크프로 지정하는 것이었다. 그는 또한 다음과 같은 맹서도 하였다. "과거에는 에집트와 시리아의 술탄들이 '두 개의 성도(메카와 메디나)'의 와크프와 성지 순례의 도로[에서 얻는 비용의 일부]를 군대와 디반의 경비로 사용해왔다. 그들은 이러한 내용에 대해 법적 해석을 내리기도 했지만 진실된 것이라고 할 수는 없다. 지고한 신께서 이 지방을 내게 하사하셨으나, 나는 [메카와 메디나를 위해 할당된] 그 와크프와

---

43) 무함마드 및 그의 후계자인 아부 바크르, 우마르의 시대에 활약한 유명한 장군. 메카의 쿠레이시 부족 출신인 그는 비잔티움 및 사산 왕조와의 전투를 승리로 이끌어 초기 이슬람 세력을 확장하는 데 크게 기여했다. '사이프 알라'는 '알라의 칼'이라는 뜻으로 그의 별명이다. 그의 무덤은 서부 시리아 지방의 홈스에 있다.

성지 순례길을 모두 그것 자체를 위해서 사용하도록 하고, 절대로 군대나 디반의 경비로 사용하지 못하도록 한다." 그는 또한 이렇게 명령했다. "이 왕국은 현재 짐의 (A306v) 수중에 있다. 내가 돌아갈 때 [이 지방의] 방어를 위해 강력한 군대를 남겨두도록 하겠다. 그래서 내가 선행을 하려고 작정한 의도가 서명이 되고 실행에 옮겨지도록 하겠다."

그는 이 혜민구에 관해서 와크프 문서의 칙령을 발부하였다. 그리고 이 [시리아] 왕국에 대해서 맹서하기를 왕국의 왕실령(īnjūhā-i mamā-lik)에서 걷는 총 20투만 [디나르]의 세금을, 연금, 와크프, 보시, 은사 등의 명목으로, 또 매년 쿠릴타이에 모여드는 아미르들, 천민과 귀족, 부자와 빈자, 군인들을 위해 사용하도록 했다. 그가 돌아갈 때 그 맹서를 실행에 옮기도록 했다. 또한 각 종족들에 대해서는 (R1386) 종족마다 별도로 그들의 서열에 따라 장식이 있거나 아니면 장식이 없는 혁대, 각종 의복들을 하사해주었다. 그가 연금과 보시의 명목으로 맹서했던 20투만 [디나르]의 황금은 지금도 각각의 지방에 정해져 매년 지출된다.

이 밖에도 그는 다음과 같은 명령을 내렸다. "재고로 들어오는 모든 세금에 대해서 10디나르마다 1디나르를, 10벌의 옷마다 1벌의 옷을, 그리고 다른 종류의 것들에 대해서도 십일조('ushr)를 따로 떼어내도록 했다. [그것을] 이러한 목적을 위해 특별히 지정해둔 한 명의 궁정 환관(khwāja-sarāī)[44]에게 위임하고, 이 경비의 관리자가 되어 항상 그것을 빈곤한 사람들과 마땅히 받아야 할 사람들에게 주도록 했다. 마땅히 받아야 할 사람 이외에는 어느 누구에게도 그 비용을 주지 않고, [그들의 경우는 십일조로 걷은 돈에서가 아니라] '본래의 재고(khazāna-i aṣl)'에서 지출하도록 했다. 축복받은 모든 성묘들에 대해 매년 그 기금에서

---

44) 노역본은 '재물 관리인'으로 번역했다.

휘장, 촛대, 램프 등을 [구입하여] 보낸다.

[가잔 칸은] 항상 지고한 신에게 은밀하게 서원을 하고, 또한 자신의 소망이 [신의] 궁정에서 선행과 보시와 은사를 통해서 의심의 여지 없이 성취되고 실현되며, 그 보상이 소실되지 않으리라는 것을 확실하게 알고 있다. 어느 시대의 그 어떤 피조물도 이와 같은 선행과 자선과 은사와 연금과 보시를 했던 군주를 본 적이 없었을 것이다. 지고한 영광의 신께서 공정과 관용을 갖춘 이 군주에게 충만한 은총을 내려주시고, 그의 축복과 보상을 이 군주의 시대에 보내주시기를!

제14화: 위조(tazwīrāt)와 거짓 주장에 대한 대책, 부정직한 사람들과 믿음 없이 행동하는 자들에 대한 방지책

이슬람의 제왕—그의 통치가 영원하기를!—은 완벽한 정의를 통해서 각종 위조와 거짓 주장에 대한 대책을 강구하였으니, (R1387) 율법이라는 학문 분야에 정통하지 못한 판관과 설교자(khaṭīb)의 무리들이 증빙서(qabālāt)나 문서(thāyiq)들을 발부하는 것을 금하였다. 그리고 모든 판관들에게 명하기를 증빙서들을 한 가지 양식으로, 즉 율법의 여러 가지 세세한 사항들이 잘 지켜져서 백성들 사이에 분쟁의 소지가 발생하지 않도록 [그런 방식으로 작성하여] 발부하라고 하였다. 그에 관한 내용은 명령문과 문서들에 완벽하게 잘 드러나기 때문에, 내용을 확인할 수 있도록 그 칙령들을 [아래에] 제시할 것이다. 그래서 설명을 반복하는 일이 없도록 할 것이다. 그 명령(aḥkām)과 지령(dastūr)들은 다음과 같은 내용에 관한 것들이다.

[1] 판관들에게 판결권을 위임해준 문제에 관한 칙령

[2] 30년이 경과한 [권리의] 주장은 무효라는 것에 관한 칙령

[3] 판매 이전에 판매자의 소유권을 확인하는 문제에 관한 칙령

[4] 과거의 명령에 대한 재확인 및 그에 수반되는 제 규정에 관한 칙령

이에 관해서 모든 이맘들이 합의를 이루었다. 상술한 이들 각각의 명령문의 초본(sawād)은 다음과 같은 방식으로 되어 있다.

[1] 판결권의 위임에 관한 칙령(yarlīgh)의 초본

자애롭고 자비로운 알라의 이름으로

지고한 알라의 힘에 의지하여, 무슬림 공동체의 가호를 위해,
술탄 마흐무드 가잔의 명령문(farmān)

(A307r) 바스칵(bāsqāq)과 말릭(malik) 그리고 짐을 대신하여 모모(某某) 지방에서 장관(ḥākim)을 하고 있는 사람들은 [다음과 같은 사실을] 알지어다. 모모를 그곳과 거기에 부속된 [지역의] 판관으로 임명하노니, 이 지방에서 벌어지는 모든 사건과 사무들 가운데 율법에 속하는 것들은 그에게 고하여 그가 판결과 결정을 내리게 하라. 또한 고아와 부재자들의 재산을 잘 보호하도록 하라. 그를 제외하고는 어느 누구도 그의 사무에 간섭하지 말라. 그가 율법에 의거하여 투옥시킨 사람은 (R1388) 어느 누구도 감옥에서 꺼내서는 안 된다. 율법과 관련된 사무를 다루는 사람들은 그와 대립해서는 안 될 것이다. 칭기스 칸의 대칙령(yarlīgh-i buzurg)이 명한 바에 의하면 판관들과 학자들과 알리파는 칼란(qalān)세와 쿱추르(qūbchūr)세를 내지 않도록 되어 있는데, 바로 그런 방식으로 면세를 받도록 하라고 짐도 명하는 바이니, [그들에게서] 세금(māl)과 쿱추르를 받지 말고, 역마(ūlāgh)와 양식(shūsūn)을 취하지 말라. 그들의 집에 머물러서는 안 되며 사신도 머물러서는 안 된다. 명령에 의해 그리고 장부에 기록된 방식대로, 급여를 매년 모자람이 없이 지급하도록 한다. 누구든지 판관의 면전에서 혹은 그에 대해서 비방하는 말이나 대꾸를 한다면, 또 그에게 존경을 표하지 않는다면, 그 지방의 감관(shaḥna)은 그를 처벌해야 할 것이다.

또한 어느 누구도 판관을 자기 앞으로 불러오게 해서는 안 된다. 판관 역시 율법의 사무에 대해서 결정을 내리되, 문서와 서약(mōchelgā)으로 [맹서를] 했던 것처럼 어떤 이유나 구실로든 어느 누구에게서 그 무엇도 받아서는 안 된다. 또한 새로운 문서를 쓸 때에는 별도의 칙명을 통

해서 지시했던 것처럼 옛 문서들을 정의의 세반(洗盤, ṭās-i ʿadl)⁴⁵⁾으로 가지고 와서 그곳에 넣어 세척한다. 30년 이상 제기되지 않았던 소송과 그 작성 연도가 30년 이상이 된 옛 문서들은 칙명이 확정한 바에 따라서, 또 그 문제에 관해서 별도로 지시한 규정에 따라서 받아들이지 않도록 한다. 만약 그렇게 오래된 서류들을 그 [판관]의 앞으로 가지고 온다면, 그는 그것을 대립자나 소송자들에게 주지 않고 정의의 세반에 넣어 세척하도록 한다.

또한 기만에 근거한 소송은 허락하지 아니하며, 기만을 행하는 사람이 있다면 그의 수염을 밀어버리고 소에 태워 시내를 돌아다니게 하여, 심한 모욕을 당하도록 한다.

또한 판관 앞으로 나온 두 소송자가 만약 누군가의 비호 아래 그렇게 하거나, 혹은 폭도들을 법정에 데리고 나와서 도움을 받거나 한다면, 판관은 그들이 법정 밖으로 나갈 때까지 (R1389) 사건이나 소송을 심의하지 않는다. 보호자의 무리가 [그곳에] 있는 한 법적인 소송을 진행해서는 결코 안 된다.

또한 2인의 몽골인들 사이의 소송, 혹은 1인의 몽골인과 1인의 무슬림 사이의 소송, 혹은 판결을 내리기 어려운 기타 송사들에 관해서 짐은 다음과 같은 명령을 내렸다. 매월 이틀은 감관들과 말릭들과 서기들과 판관들과 알리의 후예들과 학자들이 대모스크의 심의청(diwān al-muṭāliʿa)에 모여 소송을 집단으로(bi-jamiʿyat) 진행하여 그 [사건의] 실체를 확인하도록 한다. 그리고 율법이 정한 바에 따라 결정을 내리고 그것을 글로 써서 문서(sajjal)를 만들고 자신의 친필로 서명을 한다. 그래서 그 후에 어느 누구도 그것을 비판하거나 무효로 만들 수 없

---

45) Thackston은 이를 ʾthe court basinʾ이라고 옮겼다.

도록 한다.[46)]

또한 어떤 재산이 쟁의나 소송이나 분쟁의 대상이 되고 있을 때, [칸의] 모친들, 자손들,[47)] 카툰들, 자식들, 딸들, 사위들, 만호·천호·백호·십호의 아미르들, 다수의 몽골인들, 대디반의 서기들, 판관들, 알리의 후예들, 학자들, 감관들, 순경(raʾīs)들은 개입해서도 매수되어서도 안 된다. 칙명이 정한 바에 따라 이 모모 판관은 극도의 신중을 기해야 하며, 분쟁의 대상이 되고 있는 어떠한 재산과 거래에 관해서도 상술한 이들 집단의 이름으로 증빙서를 써주어서는 안 된다. 만약 누군가가 다른 사람이 그렇게 쓰는 것을 본다면 그것을 못 하게 막아야 할 것이다.

또한 신부대(mahr)를 지불할 때에는 이전에 칙명으로 정한 바에 따라서 19.5디나르로 해야 할 것이며, 그 이상을 지불해서는 안 된다.

또한 ...[48)]에 속하는 지방 안에서 [소송이 벌어지거나], 혹은 [판관이] 결정해야 할 소송들이 발생했을 때, [그러한 소송들이] 도시에서 멀리 떨어져 있어서 한 명의 판관을 임명해야 할 필요가 있을 경우에는, [도시 안에 있는 판관들 가운데] 믿을 만한 판관 한 명을 선정하고, 상술한 방식에 따라서 그로부터 문서(ḥujjat)를 받도록 한다. 그는 매월 칙명이 정한 바에 따라 [먼 지역에 있는 사람들에] 관한 사무를 신중하게 돌보며, 율법과 정의의 길을 보호하고 그러한 일을 게을리하지 않도록 한다. 그는 (R1390) 그들이 증빙 서류를 쓰고 율법적인 결정을 내릴 수 있도록

---

46) 카안 울루스에서의 법령을 보면, 이러한 방식의 재판은 종족적 배경이 다른 사람들 사이에 분쟁이 생겼을 때, 담당관과 각 집단의 대표들이 모여서 함께 논의하여 처결하는 방식, 즉 '원좌(圓坐)'와 매우 흡사하다고 할 수 있다.

47) 사본에 따라 TRKANAN으로 되어 있는 것도 있으며, Thackston은 이를 *tärkäns*라고 옮겼다. 노역본은 이를 *BYRGAN*으로 읽어서 '며느리들'로 해석했다. 여기서는 *Rawshan*에 따라 *nabīragān*으로 읽었다.

48) 원문 결락.

허가증을 발부하며, 그들은 매월 [그 내용을] 그에게 문서로 작성하여 보내도록 한다. 한 사람의 판관이 배당되어 있는 촌락들의 경우, (A307v) 그들이 소송과 사건들을 심의하거나 판결을 내려서는 안 되며, 부동산 (amlak) 증명서를 발급해서도 안 된다. 소송 문서(khuṭba)[49]를 읽으면 안 되며, 채무 문서와 혼인 문서(ṣadāq-nāma)를 제외한 다른 문서는 일체 써서는 안 된다. 만약 어려운 판결이나 중대한 소송을 해야 한다면, 도시로 와서 도시의 [그] 판관에게 고하여 그로 하여금 결정을 내리도록 한다.

또한 종교적으로 신뢰할 만한 사람을 임명하여 문서들의 연도를 기록하고 일지(rūz-nāma)를 쓰도록 한다. 그는 극도로 신중해야 할 것이며, 누군가가 [어떤 형태의] 재산을 구매하거나 저당을 잡을 때, 그것이 이중으로 팔거나 저당을 잡히는 것인지 아닌지 분명히 해야 할 것이다. 이제 극도로 신중을 기하여 만약 그러한 짓을 하는 사람이 있다면 그 사람의 수염을 밀어버리고 시내를 돌게 해야 할 것이다. 연도를 기재하는 사람이 만일 이러한 안건에 관해서 무엇인가를 알고 있으면서 숨기거나 은폐한다면, 그는 죄를 범하는 것이고 사형에 처해져야 할 것이다. 완!

[2] 30년의 연한(quyūd)이 지난 소송은 심의하지 않는다는 것에 관한 칙령의 초본

자애롭고 자비로운 알라의 이름으로

지고한 알라의 힘에 의지하여, 무슬림 공동체의 가호를 위해,

---

49) 일반적으로 khuṭba는 금요일 사원에서 행해지는 설교를 뜻하지만, '소송, 혼인소송' 등을 뜻하기도 한다. 여기서는 물론 후자의 뜻으로 사용된 것이다.

왕국 각지의 판관들은 알지어다. 나의 모든 생각은 어떻게 하면 폭력과 학정과 강압과 거짓 소송과 분쟁을 백성들 사이에서 없애서, 세상과 세상 사람들이 편한 마음과 평온한 상태로 생활할 수 있도록 할 수 있을까 하는 데에 집중되어 있다. 짐은 짐의 공정한 통치의 영향이 귀족과 평민, 먼 곳과 가까운 곳에 미쳐서 그들 모두를 (R1391) 포괄하고, 대립과 분쟁의 근원이 민중들 사이에서 사라져서 법도가 그들의 중심에 자리 잡고, 강압과 기만과 교활함의 문들이 완전히 닫히도록 하고자 한다. 이런 까닭에 짐은 율법의 사무와 종교적 업무를 담당하는 판관과 학자들에게 여러 차례에 걸쳐 칙령을 내려서, 율법의 규정들과 공정한 법률에 의거하여 백성들 사이에서 분쟁의 해결과 소송의 종식이 이루어지도록 했던 것이다. 어떠한 강압이나 위조나 편향의 의혹들로부터도 자유로울 수 있도록 하였다.

그러한 일들 가운데 가장 중요한 사무는 위조된 문서 혹은 날조된 판결문이나 증빙 서류들을 자세히 관찰하여 사태의 근원을 추궁하는 것이다. 외양이 오래되어 보이는 증빙서들을 다룰 때는, [그것을 작성했을 것으로 추정되는] 과거의 판관들과 장관들에 대해서 선의를 갖고, 규정과 관행들에 대해서 추호의 소홀함도 없도록 주의를 기해야 한다. 30년의 기간 동안 소송을 제기하지 않았던 문서들에 대해서 위조자나 날조자가 그러한 [위조물을] 만들고 폭력배들의 비호를 받아 사람들의 재산을 비난하고 교란하여 백성들에게 피해를 입히는데도, 판관들은 그것에 대해서 마땅히 내려야 할 판결을 내리지 못했었다. 오늘날에 이르기까지 과거의 술탄들의 시대[50]에는 모든 명령과 칙령들에서 30년이 지난 소송은 무효라고 기록되었지만, 지금까지 사태의 핵심을 정당하게 꿰뚫지 못하고 그에 대한 처리를 전혀 하지 못했다. 지금에 와서 짐은 이슬람의 판관들에게 이러한 사태에 대해서 조사하라고 명령했고, 그들은 마땅히 그들의 직분에 따라 짐에게 보고하였다.[51] 짐은 소송자들 측이나 판관들 측이나 모두 그 문제에 대해서 확실한 결정을 갖게 되기를 희망했기 때문에, 어느 누구도 허위에 바탕을 둔 주장을 할 수 없고, 30년 이상의 오래된 허위 증빙서를 만들지 못하도록 하였다. 또한 율법과 진실에 적합한 증빙서를 이슬람의 판관들에게서 받으라고 명령했다. 그래서 어느 누구도 [권력자의] 눈치를 보지 (R1392) 않도록, 또 폭력을 쓰는 무리들도 그들에게 강제력을 발휘하여 무도하거나 불법적인 질의들을 하지 못하도록, 그래서 판관들과 이맘들에게 피해를 주지 못하도록 하였다.

짐은 고인이 된 헤라트의 판관 파흐르 앗 딘(Qāḍī Fakhr al-Dīn)에게 명령하여 증빙서 형식의 초안을 만들도록 하였다. 그것을 이 칙령의 뒷면에 기재하여 바로 그와 같은 방식으로, 더 보태지도 줄이지도 말고, 그와 동일한 형식으로 증빙서를 그들에게서 받아서 재고(財庫)로 갖고 오도록 하였다. 이 칙령과 그 이면에 묘사된 증빙서는 [현재] 그들에게 있을 터이니, 귀족이나 평민이나 [칙령]을 두려워하고, 폭력을 쓰는 사람들은 이것[=칙령]을 의식하여 그들에게 폭력을 휘두르지 못하도록 하였으며, 허위의 소송이나 분쟁을 일으키지 못하도록 하였다. [판관들은] 이 칙명과 그 이면[에 적힌] 증빙서의 범위를 넘는 어떤 행위도 해서는 안 될 것이다. 이를 위반한 자들은 판관직에서 해임하고, 그들에게 그 보응을 받도록 죄를 물을 것이다. 짐은 그들로부터 어떤 변명도 (A308r) 듣지 않을 것이다. 만약 폭력을 쓰는 자가 그들에게 위력을 행사

---

50) 일부 사본에는 '술탄들과 칭기스 칸의 시대'라고 되어 있으며, Rawshan은 이를 받아들이고 있다.
51) Rawshan은 "보고하지 않았다"라고 번역. 본 역자는 러시아 교감본을 따랐다.

하고 [무도한] 주장을 한다면, 혹은 [칙명의] 이면에 적힌 증빙서의 의미에 귀를 기울이지 않고 그것에 의거한 결정을 내리지 않는다면, 그런 사람들의 이름을 적어서 짐의 어전으로 보내도록 하라. 그래서 세상 사람들에게 경고가 될 수 있도록 그들의 죄를 물을 것이다.

699년 라잡월 제3일(1300. 3. 25) 카샤프(Kashāf)에서 썼다.[52]

상술한 칙령의 이면에 기재된 증빙서의 초본
온 세상과 만민의 군주이자 이슬람과 무슬림의 제왕이시며, 자비로운 신의 은총을 입어 특별히 선택받으신 가잔 칸―그의 통치가 영원하고 더욱 강화되며 끝이 없이 지속되기를!―은 그의 치세가 시작될 때부터 자신의 드높은 이상과 탁월한 식견을, (R1393) 어떻게 하면 자기가 통치하는 시대에 온 세상과 만민이 평안한 마음을 갖고 복락의 시간을 보낼 수 있게 사용할 수 있을까 하는 문제에 집중하였다. 그래서 그의 완벽하고 공정한 통치의 영향과 그의 자비롭고 은혜로운 지배의 징표들이 어떻게 하면 귀족과 천민은 물론 원근 각지에 있는 사람들, 투르크와 타직을 포괄할 수 있을까, 또 백성들 가운데에서 이루어지는 일체의 거래에서 대립과 분쟁의 근원을 어떻게 하면 제거할 수 있을까, 정당한 권리를 어떻게 하면 그 마땅한 자리에 찾아줄 수 있을까, 강압과 기만과 위계를 어떻게 하면 완벽하게 막을 수 있을까 하는 문제에 몰두하였다.

이러한 연유로 지엄한 칙령들과 축복받은 주인(朱印, āl tamghā)이 찍힌 문서들―그 영향력이 지상의 동쪽과 서쪽에까지 미치기를!―을 통

---

52) 앞의 연대기 부분을 보면 가잔은 이때 시리아 원정을 하고 있었다. 그는 1300년 3월 8일 모술(Moṣūl)에 도착했고 이어 4월 22일에는 티그리스 강을 건너 서진하였다. 따라서 위의 칙령은 그가 모술에 도착한 뒤 티그리스 강을 건너기 전까지 모술 인근에 있는 카샤프 평원에 머물 때 쓴 것이 분명하다.

해 율법의 사무와 종교의 업무를 담당하고 있는 판관들과 학자들 무리에게 권고하시기를, 백성들 사이에서 일어나는 분쟁과 소송을 해결함에 있어서 율법의 규정과 법률의 규범을 엄수하여 공정함이 실현될 수 있도록 하라고 하였다. 강압, 위조, 협잡, 아첨의 오염으로부터 보호되고 자유로울 수 있도록 하라고 하였다. 특히 위조된 문서나 증빙을 관찰하고 조사할 때 가능한 한 근본까지 탐색하여, 그 문서들이 오래전 시대의 외양을 가졌을지라도, 과거의 판관들과 장관들에 대한 선의를 가지고, 경계와 추궁과 주의의 관례에 따라서 추호의 소홀함도 남기지 않고, 그것에 관해 탄원하는 일이 없도록 하였다.

왜냐하면 [다음과 같은 상황들이 생기기 때문이다]. 어떤 사람이 재산을 가지고 있을 경우, 그것이 그 자신이 직접 노력하여 이룩한 것이거나 혹은 다른 사람으로부터 취한 것이거나, 그는 자신의 재산과 권리에 대한 법적인 증빙과 문서를 작성하고 판관과 장관들로부터 그것을 확인받는다. 그 뒤 오랜 시간이 흘러서 그 재산은 합법적인 명의 이전을 통해서 다른 사람으로 옮겨지고, 그 다른 사람으로부터 또 다른 사람으로 동일한 방식으로 전해진다. [그러나] 그 증빙서는 최초의 소유자의 집안에 남게 되고, 그것은 몇 명의 상속자들의 손을 거치면서 [거기에 남게] 된다. (R1394) 상당한 시간이 지난 뒤 그 상속자들 가운데 한 사람이 그 증빙서들을 찾아내어, "그것은 모모 연도에 나의 조부의 재산이었으니 오늘 상속의 원칙에 따라 내게로 넘어왔다."는 주장을 펴는 것이다. 어떤 사람들은 자신의 권리의 정당성을 상속이라는 점을 통해 입증하기 위해서 다른 사람들[의 증언]을 이용하기도 한다. 그래서 그들 사이에 소송과 분쟁이 계속되는 것이다.

어떤 지방에서는 판관들 가운데 일부가 신앙심과 경건함이 부족하거나 법률적 지식과 과거의 판례 등을 숙지하지 못하기 때문에, 문제의 핵심을 파악하지 못하고 진실과 허위를 구분하지 못하여, 정당한 권리를 지닌 사람의 권리를 박탈하는 판결을 내릴 가능성도 있다. 이러한 전제 위에서 과거의 술탄과 칼리프들—알라께서 그들의 유해를 깨끗하게 하시고 그들이 머무는 곳을 천국으로 하소서!—은 이와 유사한 판결을 내릴 가능성을 피하기 위해서, 관습법(ūrf)상으로 한 세대(qarn)라고 부르는 30년이 지난 뒤에는 (A308v) 부동산(amlāk)과 동산(asbāb)에 관한 소송들은 심의하거나 신뢰하지 않도록 하였다. 또한 문서를 검사하여 그 위조나 날조 여부를 판단하기 전까지는 판결을 내리지 못하도록 하였다. 그 [통치자들] 이후에 위대한 일 칸(īlkhān-i buzurg)인 아르군 칸의 칙령이 그러한 명령들에 첨가되었다.

이 문제에 관해 이맘들의 진술과 학자들의 해석을 참고하면 다음과 같은 사실을 확인할 수 있다. 즉 지위가 높고 낮은 오늘날의 여러 이맘과 학자들은 다음 사항에 대해서 합의되고 일치된 견해를 가지고 있다. 즉 만약 두 사람이 한 곳에 있었는데 [그중] 한 사람이 [다른 사람의] 재산을 취했을 경우, 만약 그곳에 정의로운 장관과 공정한 판관이 있었음에도 불구하고 [빼앗긴 사람이] 그러한 행위를 저지하기 위해 다른 소송이나 조사를 공개적으로 제기하지 않았다면, 또 만 30년이 다 지나도록 그들 가운데 한 사람이 [그 재산을] 취한 다른 사람에 대해서 소송을 제기하지 않았다면, 그 후에는 그곳에 거주하는 사람은 소송을 제기해서는 안 되며, 판관도 그 소송을 들어주거나 수락하거나 주의를 기울여서는 안 된다는 것이다.

(R1395) 이제 모모 지방에서 율법의 판결을 담당하는 판관인 나 모모는 이 서명(khaṭṭ)을 하고, 이 시간 이후 [여기에] 적혀 있는 것은 모두 실행에 옮길 것임을 다짐한다. 그리고 소송의 청취와 판결의 시행과 분쟁의 해결에 있어 이슬람의 율법에 위배되거나 일탈되는 것이라면 행하

지 않을 것이다. 나의 능력과 힘이 닿는 한 소송과 분쟁, 법적인 증빙서와 문서의 확인을 위해서 최대한의 노력을 기울일 것이다. 30년이 경과한 소송에 대해서는 앞에서 설명한 규정에 따라 청취하거나 주의를 기울이지 않을 것이다. 만약 내가 이러한 사항들 가운데 하나라도 어긴다면 비난과 질책과 매질과 파직을 당해도 마땅할 것이다. 나는 정직하고 신뢰할 만한 사람들 앞에서 이러한 모든 것들에 대해서 맹서하노라.

이는 모모 연도에 작성했다.

[3] 판매를 하기 전에 판매자의 재산권을 확인하는 문제에 관한 칙령의 초본

자애롭고 자비로운 알라의 이름으로
지고한 알라의 힘에 의지하여, 무슬림 공동체의 가호를 위해,
술탄 마흐무드 가잔의 명령문

[이] 지방의 바스칵, 말릭, 판관, [서기,] 부관, 이맘, 귀족, 중요 인사, 수령 및 모든 평민은 "다윗이여! 나는 너를 대리인으로 지상에 내려보냈노니, 너는 사람들 사이에서 정의를 베풀지니라!"라는 [쿠란의] 본문에 따라, 그리고 "한 시간의 정의로운 통치가 40년의 경배보다 더 낫다."라는 예언자—자비로운 주님의 평화가 그에게 있기를!—의 말씀에 따라, 짐의 제왕다운 예지와 의도와 관심이 모든 백성들의 번영에 집중되어 있다는 사실을 알지어다. 또한 짐의 정의와 공정이 세상에 널리 퍼져서 어떠한 폭력자도 약자들에게 강압과 무리를 범하지 못하도록 하고, 어떤 사람일지라도 기만과 각종 허위와 사기의 방법을 통해서 (R1396)

그의 정당한 권리가 무용하게 되지 않도록 하며, 온갖 분쟁이 사람들 사이에서 사라지도록 하려는 데에 있다.

짐이 정비와 정돈 및 각종 사무의 규정들에 대해서 상고해본즉, 중요한 사무들 중에서 세상 사람들 사이에서 벌어지는 분쟁과 적대들 가운데 하나가 각자의 수중에 보관되어 있는 오래된 증서와 문건과 소유권증서의 복사본(mukarar)을 근거로 한 거짓 소송임을 알게 되었다. 그렇게 된 데에는 다음과 같은 사정이 있다. 어떤 사람이 재산을 보유하고 있을 경우, 자신을 위한 최선책으로서 그 증서의 사본을 두 개 만들거나, 혹은 재산이 많을 경우에는 소유권 증서를 만들고 그것을 다시 두 부 복사해두기도 한다. 그 후에 그 사람의 상속자들 가운데 [재산의] 분배가 일어나고 그 재산은 판매와 상속을 통해서 여러 다른 사람들에게 이전된다. [그러나] 그 증빙서와 문서와 소유권 증서들은 모두 혹은 그 일부가 [그것을] 판 사람이나 그의 상속자들의 손에 [여전히] 남는 경우가 생긴다. 얼마간 시간이 흐른 뒤 판매자는 뻔뻔스럽게 소송을 제기한다. 그는 의심할 나위 없이 상당 기간 그 문제에 대해서 생각을 했을 것이고, 어떤 방식으로 소송을 제기할지, 증거들을 어떻게 끌어들여 확증시킬지 생각했을 것이다. [따라서] 그는 그 문제에 관해서는 능숙하고 확고한 셈이다. 그는 천 가지의 계교와 사기를 만들어내서 증인들을 호도하고 주의를 흐리게 한다. 혹은 신뢰도 신앙도 없는 한 무리의 사람들을 증인으로 내세우기도 한다. [최초의] 판매자가 그러한 소송을 제기하지 않는다고 하더라도, 그의 상속자들이 (A309r) 그의 집에 있는 문서들을 찾아내고 [재산권이] 이전되었다는 사실을 알아채지 못하는 경우도 있다. 혹 [그러한 사실을] 안다고 하더라도 앞에서 언급한 방식대로 소송을 제기하는 경우도 있다. [그러니] 생존해 있는 증인들이 판관 앞에 출두하여 그 효력을 확인하고 판관이 그 유효함을 판결한다고 하더라도,

판결에 의해서 입증된 문서들이 합법적인 방식을 통해서 다른 사람에게 [소유권이] 이전된 것인지 아닌지 어떻게 알 수 있겠는가.

판관은 2인의 증인이 있을 경우 다른 도리가 없다는 사실은 잘 알려져 있다. 만약 과거의 존경할 만한 몇 사람의 판관들이 그 문서의 효력을 확인했고 (R1397) 또 현재 생존해서 출두해 있는 공정한 증인들이 존재하며 후일 판매가 이루어져 그 재산이 이전되었다는 사실이 알려지지 않은 상태에서 그 복사본의 증서 혹은 다른 복사본이 판매자의 손에 남아 있는 채 구매자에게 넘겨지지 않았다면, [판매자나 그의 상속자는] 필시 증인을 내세울 것이고 판관은 그것을 확인한 뒤 그러한 [주장의] 신빙성을 인정하는 판결을 내릴 것이다. 소송인은 [재산이 있는 곳으로] 가서 폭력배의 도움을 받고 또 새롭게 판결을 받았다는 증서의 효력을 내세우며 [그 재산을] 손에 넣거나 아니면 폭력배들에게 팔아넘길 것이다. [그 재산의] 구매자는 그런 까닭으로 손해를 입게 되고 분쟁과 적대가 그들 사이에서 계속 일어나는 것이다. 이제 증서와 재산 문서는 합당한 증거로 인정되고, 재산의 소유는 완전히 합법적인 것이 되는 셈이다. 그러한 복제 문서 혹은 위조문서는 여러 사람들의 수중에 매우 많기 때문에 그런 것에 근거한 주장들은 의심스럽다.

일부 사악한 사람들은 폭력에 기대어 그런 방법을 쓰는 경향이 흔히 있기 때문에 최상의 방책은 다음과 같다. 재산을 판매할 때에 판매자와 구매자가 판관 앞에 출두하여 공정한 증인들과 증빙서를 갖추고 판매자는 공정한 증인들을 통해서, 그 재산이 판매자 자신의 것이며 그의 소유하에 있다는 증거를 제시하며, 어느 누구도 그것에 대해서 법적인 소송을 제기했다는 사실을 듣지도 알지도 못한다는 사실을 입증함으로써, 그것이 자신의 재산임을 확증해야 한다. 그리고 [판매자가 기왕에 소유하고 있던] 문서들은 물에 씻어버린다. 만약 [그런] 문서들을 갖고 있지 않을 경우에는 증인들이 상술한 방식에 따라서 증언을 한다. 판매자는 오래전 혹은 근자에 들어와 그것이 그의 소유가 되었음을 설명하고, 그것을 [입증하는] 문서는 갖고 있지 않으며 만약 [그런 것이] 나오게 되면 그것은 무효라고 진술한다. 그다음에 그의 소유권을 기록으로 남기고 증인들은 증언을 기록하며 판관은 그것을 문서로 기록하여 그 신빙성을 확증하는 것이다. 그러고 난 뒤에 판매 문서를 재산권을 확증한 그 부분 아래에 기록한다. 만약 누군가의 권리에 대해서 [이같이] 진술하고 합법적인 진술이 이런 방식으로 이루어진다면, 그 후에 그 재산에 대한 어떤 문서들이나 소유권 증서나 (R1398) 분배 증서 등이 판매자 혹은 그의 자손들이나 친족들이나 다른 사람들—그것이 누구일지라도—의 손에 있을지라도, 이슬람의 판관들 가운데 어떤 판관도 그것을 인정해서는 안 되며 그것을 보는 순간 권유나 강제의 방법을 통해서 그것을 빼앗아 씻어버리도록 한다. 만약 폭력배가 그것을 소유하거나 누군가의 비호를 받으며 판관들의 말을 듣지 않을 경우, 그 도시의 감관에게 말해서 강제와 강압의 방법으로 그것을 빼앗아서 법정에서 씻도록 한다. 만약 그들이 범죄를 행한다면 죄를 물어야 할 것이다.

또한 재산의 판매에 관한 증서와 문서를 기록하는 사람은 법정에 속한 서기가 되어야 하며 다른 사람이 기록해서는 안 된다. 판관이 법정에 앉아서 판결을 내릴 때에는 물이 가득 찬 세반(ṭās) 하나를 대령시켜 탁자 위에 올려놓아야 하는데 짐은 그 대야를 '정의의 세반'이라고 부르도록 하였다. 결정이 내려진 모든 판매와 소송은 그와 관련된 문서들을 내놓게 하여 그 물로 씻게 한다. 만약 판매자가 자신의 합법적인 재산 가운데 일부분을 팔거나 혹은 그것을 자신의 소유권으로 남겨둔다면, [다른 사람에게] 판매한 그 부분은 그의 문서의 이면에 판관들과 공정한 사람들의 면전에서 "문서 안에 언급된 이 재산 가운데 이 부분은 모모 연도에 모모라는 사람에게 팔았다."라고 기록하여야 하며, 그 문서는 판매자의 수중에 남겨져 있어야 한다. 그리고 구매자의 문서에는 "판매자에게 이러한 재산이 있었는데 그 전체 가운데 이만큼을 이 사람에게 팔았고 다른 이만큼을 [자신의] 재산으로 보유한다."라고 기록한다. 그렇기 때문에 씻기지 않은 문서가 판매자의 손에 남게 되는 것이다.

또한 만약 어떤 사람이 자신이 판매 혹은 저당을 잡힌 사실을 말이나 문서로 확인해주었는데, 확인한 바로 그 사람이 나중에 그 구매자나 저당인에게 [그런 사실이 없었다고 주장하며] 소송을 제기하는 것은 허락해서는 안 되며 그의 수염을 밀어버리고 나귀의 등에 앉혀서 시내를 돌아다니도록 한다. 만약 어떤 사람이 (A309v) 이전에 저당을 잡혔거나 다른 사람의 몫이라고 인정했거나 혹은 팔았던 재산을 다른 사람에게 [다시] 판매하겠다고 약정을 한다면, 이러한 방식의 사기나 주장은 청취하지 말며, 소송자의 수염을 밀어버리고 나귀의 등에 태워 시내를 돌아다니게 한다. 만약 (R1399) 어떤 사람이 재산을 다른 사람에게 판매하거나 저당을 잡혔는데, 그 동일한 사람이 또다시 다른 사람에게 판매를 하거나 저당을 잡힐 경우, 그런 사람들은 야사에 처한다는 사실을 분명히 알도록 하라.

또한 짐은 다음과 같이 명령하노라. 판관들은 문서나 소송을 이유로 관습적으로 그래왔던 것처럼 한 푼(dāngī)도 받아서는 안 된다. 그들은 짐이 지시했던 급여에 만족해야 할 것이다. 문서를 기록하는 서기는 100디나르의 가치에 상당하는 문서 한 건에 1디르함을 받도록 한다. 100디나르를 상회하는 것들에 대해서는 1디나르를 취하고 그 이상을 받아서는 안 된다. 증인의 역할을 담당하는 [법정의] 집행관(mudīr)은 증언을 모두 마친 문서 하나에 현행의 반 디나르를 취한다. 동일한 소송이 아무리 여러 번 되풀이되어도 그 액수에 만족해야 한다. 양측에서 무엇인가를 취하는 대리인(wakīl)이 있다면 징치하고 그의 수염을 밀고 대리인 자격을 박탈한다.

또한 30년이 지난 소송에 대해서는 짐이 별도의 칙령을 기록하였으며 그 규정들은 확정되었으니 그런 방식으로 진행하도록 하라. 짐이 기록한 이 칙령과 명령을 위반하는 판관이 있다면 그것을 추궁하여 판관직에서 해임시키도록 한다. 전국의 모든 도시에 있는 바스칵과 말릭들은 그곳의 판관들을 불러서, 짐이 그 초안을 써서 보냈던 방식대로 증빙서를 그들로부터 받아서 [이곳으로] 보내도록 하라. 지금 모모와 모모는 그곳의 판관들을 불러서 [짐이] 보낸 초본에 작성된 방식에 의거해서 그들로부터 증빙서를 받아서, 이 전령들과 함께 [짐에게] 보내도록 하라. 모모 연도 모모 도시에서 썼노라. 완!

(R1400) [4] 과거의 명령에 대한 재확인 및 그것에 수반되는 제규정에 관한 칙령

자애롭고 자비로운 알라의 이름으로
지고한 알라의 힘에 의지하여, 무슬림 공동체의 가호를 위해,
술탄 마흐무드 가잔의 명령문

전국의 판관들은 알지어다. 짐은 세상과 백성들의 안정 여부는 법적인 사무의 정돈에 달려 있다는 사실을 알고 있기 때문에, 사법적인 결정에서 벌어지는 위법들을 어떻게 처리해야 하는가 하는 문제에 관해서, 왕국의 모든 방면과 지역에, 아무다리야에서부터 에집트의 변경에 이르기까지, 이전에 칙령을 보낸 바 있다. 그리고 판관들에게 [법적인] 판

결을 심사하고 조사함에 있어서 최대한 면밀과 신중을 기할 것을 지시했다. 증빙서와 문서와 확인서와 증서들을 조사할 때 관련 사항과 규정들을 잘 준수할 필요가 있다고 충고한 바 있다. 그리고 위계나 사기, 강압(talji'h)[53]이나 위임, 혹은 기타 여러 종류의 사기가 개재된 의혹이 있는 사안에 대해서 결정을 내리는 것에 대해서 경고를 한 바 있다. 또한 옛날 문서들에 대해서도, 그것이 단지 오래되었다거나 혹은 과거의 판관들이 판결을 내렸다는 사실만을 근거로 더 특별히 중시할 필요는 없다. 왜냐하면 그런 것들이라고 해서 경솔과 편견이 없었다고 단언할 수 없기 때문이다. 그래서 종교의 건전성과 내세의 구원 및 명예의 보호를 위해서는, 미세하고 세밀한 것들을 잘 살피는 관례를 따라야 한다는 점을 강조했다. 전국 모든 곳에서 한 달에 한 번 대중 앞에서('ala al-rū's al-ashhād) 소리 내어 읽어서 반복을 통해 그들의 머릿속에 굳게 새겨질 수 있도록 하였다. 그리하여 허위 주장을 하는 장본인은 자신의 영혼 안에서 괴로움을 받아 올바른 길로 나아가며, 권세 있는 자들은 판관들을 억압하여 정도에서 벗어난 판결을 내리도록 하려는 탐심이 사라질 것이다.

특히 우리가 이 명령을 강조하여 이렇게 명령했기 때문이다. 즉 모든 판관들로부터 증서를 받아내어서 이후로는 어떤 사람의 얼굴이나 마음을 (R1401) 보지 아니하고, 오로지 지고하신 주님의 편에서 벗어난 어떠한 편에 대해서도 관심을 두지 않을 것이며, 소송을 조사하고 문서와 증빙서를 심사할 때 최대의 노력을 기울여 허위와 사기의 위험으로부터 구원을 얻을 수 있어야 한다. 어떠한 소송일지라도 30년이 지나는 동안, 소송자가 살아 있었음에도 불구하고, 또 어려움을 해소하는 데에 아무

---

53) 강압에 의해 자신의 의지에 위배되는 행동을 하는 것을 의미한다.

런 방해가 없었음에도 불구하고, 만약 그 [30년의] 기한이 (A310r) 만료된 뒤에 소송을 제기한다면, 그것을 받아주거나 혹은 어떠한 결정을 내려서도 안 될 것이다. 왜냐하면 그러한 소송이 훼손되었음은 명백하고 그런 것을 청취한다는 것은 부적절하기 때문이다. 과거에 셀죽크의 술탄들은 그러한 상황을 마주하면 당대 이맘들의 해석(ijtihād)의 도움을 받아, 그 같은 [소송을] 청취하지 못하게 하였다. 그 뒤 이슬람의 이맘, 판관, 학자들은 이 사안에 대해서 독자적으로 서한들을 작성했고 그 같은 결정을 확인시켜준 바이니, 그 사본은 각지에 널리 퍼져 있다. 짐의 조상들의 칙령도 역시 이 점에 관해서 선포된 바 있다.

이 칙령은 두 가지 목적을 염두에 두고 있다. 하나는 그러한 칙령을 확인함으로써, 종교에 관한 사무들이 올바로 집행되는 것에 짐의 마음과 관심이 얼마나 큰지 모든 사람들이 알 수 있도록 하는 데에 있다. 또한 율법에 관한 사무에 있어서 소홀과 위법의 악행을 사람들의 마음에서 제거하고, 그 자리를 견고함과 확고함의 탁월성이 차지할 수 있도록 하는 데에 있다. 그래서 어느 누구라도 거기서 벗어나면, 아르다빌의 한 판관이 받았던 징책을 받으리라는 것을 분명히 알도록 하는 것이다. 그는 위계(僞計)의 소송의 처리를 기피하지 않았기 때문에, 가장 끔찍하고 혐오스러운 방식으로 칼로 처형되고 말았다.

또 다른 [목적은] 짐의 생각은 세상의 사무를 올바로 세우고 정비하는 데에 집중되어 있고, 그것을 위해 필요한 것들을 어떻게 확보하고 완벽하게 하는가에 쏠려 있기 때문에, 건전한 이성의 직감과 율법의 규정들의 자취를 따라서, 과거의 칙령들에 [보완할 점들을] 덧붙이기를 원했다. 또한 전국의 판관들이 [이런 점을] 이해하고 그것을 따라야 할 필요성을 말하고, 그렇게 함으로써 그 [칙령]에 따라 행하고 어긋남이 없도록 해야 한다는 점을 강조하고자 했던 것이다. (R1402) 무엇보다도 먼저 대부분의 소송에서 핵심적인 중요성을 지닌 증언의 청취라는 문제에 대해서 주의를 기울여야 한다는 점을 재확인하였다. 왜냐하면 판관들이 바로 그 점에 대해서 태만하고 그것을 조사하는 데에 힘을 기울이지 않는다는 사실이 잘 알려져 있기 때문이다. 즉 증언에 대한 확신과 평정 혹은 그것의 신빙성과 올바름에 대한 압도적인 신념이 없는 상태에서 판결을 내리곤 한다. 그러면 그들은 "두 명의 증인이 있다면 판관은 어쩔 수 없다."고 호소하면서, 이러한 부주의가 가져올 재앙에 대해서는 두려워하지 않는다. 때로는 우연히 어떤 사건이 그 자체로 중대한 것일 경우도 있는데, 상황의 진실을 알지도 못하고 또 주의를 기울이지도 않은 채 판결을 내려버리는 것이다. 신뢰할 만하고 재력도 있는 한 무리의 사람들이 그러한 연유로 불행에 떨어지기도 한다. 율법적인 확정이 비록 두 명의 증인에 달려 있는 것은 사실이지만, 결국은 정의가 어디에 있는가에 따라 달라지는 것이다. 정의는 매우 중대한 일이며, 소수의 사람들이나 희소한 방법이 아니라면 실현되지 않는다. 자신의 이익을 추구하려는 것이 대부분의 사람들의 마음을 지배하는 법이다.

태수는 항상 자이드(Zayd)라는 사람의 증언과 우마르('Umar)[54]라는 사람의 증언에 자신의 이익이나 어떤 상상 혹은 어느 편을 옹호하려는 의도가 과연 없는가 하는 점에 대해서 심사숙고해야 한다. 단지 증언을 제시했다거나 좋은 사람의 특성을 지닌 것 같다고 해서, 혹은 자신의 외모나 언어의 수사를 잘 꾸민다고 해서, 그런 것에 현혹되어서는 안 될 것이다. 상황의 진실을 확인하고 사건의 내면을 드러내기 위해서는 생각의 너그러움과 이지(理智)의 순수성이 동원되어야 한다. 이것은 문제의 본질이 명확하게 드러나고 나아가 모호함과 곤란함이 제거되는 과정

---

54) 여기서 '자이드'와 '우마르'는 불특정 인물을 나타낸 것으로, 우리 식으로 표현하자면 '김씨', '이씨'라고 하는 것이나 마찬가지이다.

과 긴밀하게 연관되어 있다. 세상을 만드신 창조주—그의 이름에 영광이 있기를!—의 지혜는, 아무리 은밀하게 숨겨진 거짓이라 할지라도 화자(話者)의 말 가운데 그 흔적이 드러나도록 하기 때문이다. 이는 마치 신도들의 수령이신 알리—그의 가족에 평화가 있기를!—가 "마음속에 어떤 생각을 가지고 있든지, 그의 실언(faltāt-i zafān)을 통해서 드러난다."고 말씀하신 바와 같다. 그러므로 어느 누구라도 올바른 마음을 가지고 다른 누군가의 내면의 진실을 알아내고자 한다면, 그의 말을 통해서 찾아낼 수 있는 것이다.

(R1403) 앞에서 논한 바에 따라 짐은 다음과 같이 명하노라. 어떠한 증언이라 할지라도 조금이라도 의심의 여지가 있다면 그것을 받아들이는 데에 신중을 기해야 할 것이다. [증인] 각 사람에 대해서 그 증언들을 개별적으로 심문해야 하며, 그래서 그들의 말 사이에 존재하는 차이를 알아내도록 해야 한다. 사태의 진실을 확인하는 요체는 증인들의 말 사이에 존재하는 차이이기 때문이다. 또한 그들 각각을 여러 번 서로 다른 모임을 통해서 심문하고, 그래서 부가적인 언사 속에서 사태의 진실을 찾는다. 질문할 때에는 몇 가지 요점을 활용해야 하는데, 예를 들어 시간과 장소에 대한 심문, 양의 다과와 질의 특징, 본 사건의 진실을 규명하는 데에 필요한 기묘한 질문들을 제기해야 한다. 그래서 이러한 노력을 통해서 두 가지 목표 가운데 한 가지가 모습을 드러내는데, 그것은 우선 신뢰를 바탕으로 판결을 내릴 수 있는 근거가 되는 진실이냐, 아니면 (310v) 판결이 [초래할 고통의] 심연에 빠지지 않고 구원을 받게 하는, 즉 판결의 중단으로 이르게 하는 의심이냐이다. 왜냐하면 소송에서 생겨나는 많은 피해는 증인이 되어서는 안 될 사람이 증인이 되어 증언(tazkīya)을 하는 것에서 비롯된다. 그러므로 이 점에 관해서는 지대한 주의가 필요하다. 증언에 관해서는 별도로 설명한 장(章)을 참고하도록

하라.

또한 인장을 찍는 명령서에 관한 사무를 처리할 때에는 천천히 그리고 주의 깊게 해야 한다. 왜냐하면 그 사안에 관해서는 많은 의문들이 생길 수 있고, 또한 [사람들은] 자신의 지역과 구역 안에서 효력을 발휘하는 소송들의 대부분을 다른 지역의 판관들에게 가져가서 확인을 받기 때문이다. 이방의 구역에서는 이 소송의 연유와 정황들이 잘 알려져 있지 않기 때문에, 그것의 진실과 허위가 그 판관에게는 은폐되어 있는 것이다. [진실을] 확인하지도 않은 채 봉인한 문서를 다른 [지역의] 판관들에게 보내서 개봉하게 하며, [그러면 그들은] 그것을 근거로 명령을 내리는 것이다. 거짓이 진실의 모습을 한 채 통용된다. 이 심연에서 벗어나는 길은 판관들이 그 소송의 상황을 실제 그대로 확인하고 완전히 꿰뚫어 알 때까지는 확인서를 써주거나 (R1404) 인장을 찍어주지 않는 것이다. [확인서를] 개봉하는 사람은 인장을 찍어준 판관의 면전에서 사태의 진실을 확인할 때까지는, 진실이 자신의 편에 있다고 상상하지 말 것이며, [확인서를] 조급하게 개봉하거나 명령을 내려서는 안 될 것이다.

또한 문서나 증빙서, 각종 서한, 각종 명령서, 증명서 등과 관련된 사무에 대해서는 주의를 기울일 필요가 있다. 문서로 쓰는 사안들의 대부분은 위법과 무관한 것이 드물기 때문이다. 그렇게 해서 생기는 폐해의 후과는 거짓을 확정 짓고 진실을 폐기하는 것이 되기 마련이다. 그러한 폐해는 문서 작성자가 작성의 필요와 조건 혹은 사람의 외모와 마음을 읽는 것에 대해서 무지하거나 편파적인 태도를 취함으로써 생겨난다. 이 문제에 관해서도 전면적인 조치가 필요했기 때문에, 짐은 예리한 관찰력을 지닌 것으로 정평이 난 일군의 판관과 이맘과 학자들에게 다음과 같이 명령하였다. 즉 법정에서 전반적인 사항들을 처리하는 데에 몇 가지 종류의 문서들이 필요한지 서로 합의를 통해서 [그 수를] 정하고,

각각의 종류[의 문서]에 대해서 모든 조건과 각종 세부 사항들을 포함하면서도 반대자들이 감히 비난하거나 비판할 수 없을 정도로 [완벽한] 양식(sawādī)을 준비하고, 또 [그 문서에] 적절한 권면의 언사를 넣되 거기서 많은 덕목을 배울 수 있도록 하라고 명령하였다. 그들은 그것을 글로 써서 한 권의 책으로 집성하였다. 학자들 가운데 존경받고 높은 지위에 있는 사람들이 손수 자신의 글씨로 그 책 위에 서명을 해서 그 목표의 건실함을 증빙하였다.

이 같은 목표가 이루어져 [어전에] 제출되자, 그 책자를 근거로 사본들을 필사하여 전국 각지로 보냈고, 그래서 필사할 필요가 있는 문서가 있다면 그것이 어떤 것일지라도 필사하라는 판관의 명령과 지시에 따라, 관련 문서의 양식대로 필사를 하도록 했다. 전국의 판관들은 먼저 그것을 주의 깊게 관찰해야 하고, 만약 그것이 자신이 의도하는 바와 잘 부합하고 또 신성한 율법의 길에 정당한 것이라면, 그 [양식] 위에 자신의 글씨로 서명하도록 했다. 또한 서기들(shurūṭiyān)로 하여금 이후로는 모든 면에서 그것에 위배되지 않도록 하고 글자 하나하나 그대로 필사하도록 하였으며, 이러한 내용은 이미 그전에 (R1405) 그것을 필사하라는 판관의 명령에 따라 필사할 때에 확인된 바이기 때문에, 그들은 이에 관해서 문제를 일으키면 안 된다. 그들이 할 수 있는 유일한 좋은 일은 그 같은 사무를 확실하게 인지하는 것이다.

또한 주지하듯이 일부 판관들의 태만과 일탈과 부정이 얼마나 심했는지, 하나의 소송에서 두 명의 소송인이 서로 다른 두 통의 문서를 받아와서는 서로를 상대로 내놓는데, 그 둘 다 확증된 문서였다. 그 같은 상황의 추잡함을 걱정하거나 회피하려고도 하지 않았다. 그래서 짐은 이후로 어떤 이유나 구실로든 그런 행동을 해서는 안 되며, 이미 발생한 사안에 대해서는 정정하기 위해 노력을 해야 한다고 명령했다. 어떠한 판관의 집회에서 그처럼 두 통의 문서가 제시될 경우, 사안의 진실을 구명하기 위해 주의를 기울여야 할 것이다. 만약 이맘들의 도움이 필요하다면 집회를 열어서 올바른 법률(qānūn)에 근거하여 그것을 명백하게 밝히고, 진실이 어느 편에 속하게 되건 간에 그 [문서]를 유효한 것으로 받아들이고, 다른 문서는 정의의 대야에 세척하도록 한다.

만약 그 소송이 즉각적으로 해결되지 못할 경우, 두 통의 문서를 모두 신뢰할 만한 판관에게 신탁물로 맡긴다. 그리고 사건이 해결될 때까지 소송인들에게는 절대로 다시 주지 않고 보관하도록 한다. 그러한 문건들이 소송인의 손에 들어간다면, 분란과 분쟁과 피해 이외의 그 어떤 결과도 가져오지 못할 것이기 때문이다. 어떤 소송인이건 (A311r) 혹은 어떤 상속자이건 때때로 과실이나 혼란의 구실을 발견하여, 그 문서를 밖으로 내놓고는 그것에 근거한 주장을 할 것이 틀림없다. 판관이 그때 [올바른] 증거들을 가지고 있지 않고 또 그 소송과 관련된 증인들도 나타나지 않는다면, 잘못된 판결을 내릴 수도 있다. 만약 두 통의 문서를 [별도로] 보관하고, 소송인들이 그것이 자신들에게 다시 주어지지 않으리라고 확신한다면, 그들은 할 수 없이 [법정에] 출두하게 되고 올바른 판결이 내려질 수 있는 것이다. [그렇게 되면 앞에서] 설명한 것처럼 심문이라는 방식을 통해서 그 결말에 이르게 되고, 진실은 본래의 확정된 자리를 잡게 되는 것이다.

또한 술탄 말릭 샤가 당대 이맘들의 합의와 해석과 동의에 (R1406) 근거하여 명령을 내렸다. 그는 세상 사람들 모두의 이익을 위하여 다음과 같은 내용을 법제화하였다. 즉 어느 누구라도 기부지(waqfī)를 숨기거나 혹은 사유지(milkī)에 대한 권리를 은밀하게 써서 숨겨두었다가, 후일 그 사람이나 혹은 그의 상속자가 기부문서(waqfiyya)나 권리문서(iqrār-nāma)에 기재된 그 사유지를 팔고, 얼마의 시간이 흐른 뒤 그 사람이나 그의 상속자가 그 기부문서나 권리문서를 밖으로 내놓고 그 판매한 사유지에 대한 권리를 주장한다면, 전국의 판관들은 그러한 주장을 듣지 말아야 할 것이고 그 기부문서나 권리문서를 무효화시키고 소송인을 징책하고 징벌할 의무가 있으며 그 사유지를 구매자에게 내놓을 수 있게 해야 할 것이다.

일군의 저명한 이맘들은 카즈빈에서 몇 차례 집회를 열고 백성들의 복지와 관련된 긴요한 사안들에 대한 의견을 내고, 판관들이 그것에 따라 사안을 처리해야 한다는 점을 글로 써서 남겼다. 그[러한 의견]들 가운데 하나는 법적으로 소유자의 수중에 있는 어떠한 사유지든 간에, 그러한 소유권에 배치되는 계약서가 나타났다는 이유로 그로부터 그 [사유지]를 빼앗아서는 안 되며, 그의 소유로 그대로 남겨두어야 한다는 것이었다. 짐도 역시 명령하노니 전국의 판관들은 그러한 규정에 따라 행동해야 할 것이며, [학자들이] 합의하여 권리를 천명한 그러한 규정에 위배되는 일이 없도록 하라.

또한 다음과 같은 내용에 대해서 들었다. 기부재산의 관리권을 위임받은 어떤 분별력 없는 사람들은 일부 탐욕스러운 사람들에게 속아서 자신의 관리권을 다른 사람에게 팔거나 위탁해버린다고 한다. 그로 인해서 그 기부재산은 황폐해지고 큰 손해를 입게 된다. 짐은 다음과 같이 명령한다. 어느 누구라도 양도의 의심이 있는 기부재산을 소유하고 있을 경우, 그 기부재산의 조건들에 대해 조사를 해야 한다. 만약 위임을 허락하는 조항이 그 안에 포함되어 있다면 그것에 대해서 문제를 제기해서는 안 된다. 그렇지 않을 경우에는 그 위임을 무효화시키고, 위임문서를 정의의 대야에 세척하도록 하라. 금후로는 등기증(jawāz)에 기재된 기부재산의 조건 속에 위임권이 포함되어 있지 않은 경우에는 어떤 사람도 그 위임권을 [다른 사람에게] 양도해서는 안 된다. 이를 위배하고 위임권을 양도하거나 수령하거나 (R1407) 기재하는 사람이 있다면 누구라도 벌금을 물리고 처벌하도록 하라.

또한 모든 사람들에게 다음과 같은 사실이 명백하게 드러날 것이다. 즉 현재 시행 중인 이러한 명령들이 의도하는 바는 오로지 지고하신 주님이 후원하시는 것을 더욱더 육성하고 무함마드의 율법—영원히 성공하기를!—을 강화하며 백성들의 정의와 안락을 펼치는 것이라는 사실이다. 또한 판관들에게 정의의 길을 걸으라고 징책하고, 거듭해서 언급했던 충고와 설명을 하면서 압박을 가하는 [짐의] 목적은, 그들의 힘을 꺾으려는 것이 아니라 강화시키려는 것이요, 위축시키려는 것이 아니라 드높이려는 것이며, 모욕하려는 데에 있는 것이 아니다. 이러한 의도를 흔쾌히 받아들여 잘 듣고 거기에서 교훈을 얻으라. 누구라도 그 같은 일을 하는 사람은 주님의 편에 서서 신성한 율법의 직무를 수행하는 자이니, [그가 하는 일은] 위선의 불명예를 벗고 신성함을 확보하는 것이요, 소송의 처리에 있어서 극도의 주의를 기울여 사무를 처리하는 사람은 풍성한 보응과 아름다운 찬사를 받게 되리라는 사실을 분명히 알아야 할 것이다. 그러나 이 같은 훈령과 설명과 강조와 역설에도 불구하고 아무런 영향을 받지 않는다면, 이후로는 이 사안에 대해서 새로운 칙령을 내놓지 않을 것이다. 다만 "칼이 글보다 더 믿을 만하다."는 말에 따라 처리할 것이다. 그러니 분명히 알지어다. "이 안에 그가 배워야 할 교훈은 충분하다."는 것을!

모모 아미르와 태수는 이 칙령 및 그 사본이 도착하면 그것을 판관들에게 위탁하고, 그들이 그것을 받았다는 영수증을 받도록 하라. 모두 함께 그 [칙령]들의 사본을 하나씩 다 필사하고, [원본과] 대조하여 정확한지를 확인하도록 하라. 그리고 그 모든 것을 각 지방의 직임자와 대인들과 판관들에게 보내고 위탁해서 그 내용을 숙지하게 하라. 범죄를

(A311v) 뿌리 뽑을 것이며 이후 이런 방식으로 사무를 처리할 것이라는 서약을 하게 하라. 이러한 내용이 모든 사람에게 확인되고 분명하게 되도록 하라.

(R1408) 〔제15화: 불법적인 증서의 작성을 막기 위한 대책과 오래된 문서들의 폐기에 관하여〕[55]

과거 칼리프와 술탄들—그들[이 세운] 증거 위에 알라의 빛이 함께하기를!—이 [지배하던] 시대에 그들은 재판에 관한 사무와 율법의 명성을 발전시키기 위하여 자신들의 힘이 닿는 한 노력을 경주했고 매우 각별한 주의를 기울였다. 존경할 만한 사람들 중에서 완벽한 지식을 가지고 있는 종교인들을 선별하여 판관의 직무를 수행하도록 했다. 그들은 또한 유명한 학자들 가운데 신앙이 독실한 사람들로 하여금 법정에서 봉사하도록 하였다. 이에 따라 율법과 종교에 관한 사무는 지고한 신과 사도—그에게 평안이 있기를!—가 명령하신 바에 따라 처리되었다. 사람들의 권리는 각자의 중심에 확고히 자리 잡게 되었고 폭정과 학정의 문들은 완전히 닫히게 되었다. 신앙심도 없는 욕심 많은 사람이나 참견하기 좋아하는 사람, 혹은 위선적이거나 거만한 사람들이 이처럼 중대한 사무와 관련해서 각종 사기와 기만과 특혜를 어떤 방법으로도 행할 수 없게 되었다. 아니 차라리 그러한 사람들은 단체나 집회에 감히 출입을 할 수도 없게 되었고, 어느 누구도 그들에게 주의를 기울이지 않게 되었다.

그러한 규율과 제도가 있었음에도 불구하고 술탄 사이드 말릭 샤 (Sulṭān Saʿīd Malik Shah)[56]—그의 무덤이 향기롭게 되기를!—의 치세에는, 지금도 그러하듯이 오래된 문서와 복제된 소유권 증서들이 사람들의 손에 수도 없이 많이 있었다. 그들은 그것을 판사들에게 가지고 와서

---

55) [ ] 부분은 A본에 보이지 않는다. 러시아 교감본(p. 446)과 Rawshan본에 의거해서 보충했다.
56) 셀죽크 왕조의 군주 알프 아르슬란(재위 1063~1072)의 아들이자 후계자이며 치세는 1072~1092년이다.

판사로서는 들을 수밖에 없는 온갖 궤휼들을 늘어놓고, 마침내 그 [문서]들을 적법한 것으로 만들었던 것이다. 간사한 사람들은 구실만 생기면 가짜를 진짜 같은 모양으로 만들어 통용시킬 수 있다. 이런 방식으로 사람들은 피해를 입게 되었다. 그 뒤에 그러한 주장과 문서 및 복제 소유증서가 허위라는 사실이 밝혀져도, 소유권은 [이미] 다른 사람에게 넘어간 상태였다. 여러 차례 그 같은 분쟁과 다툼이 술탄 말릭 샤와 (R1409) 그의 재상인 니잠 알 물크(Niẓām al-Mulk)의 귀에 들렸다. 그들은 이 같은 사기꾼의 수단이 바로 재산이 [다른 사람에게] 이전된 뒤에도 [처음의] 소유자나 그의 상속자의 손에 남아 있는 오래된 문서 혹은 복제 소유권 증서라는 사실을 알게 되었다. 오랜 세월이 흘러 아무도 실제의 상황을 알지 못하는 상태에서 갑자기 [원] 소유자의 후손들 가운데 한 사람이 그 문서를 꺼내어 와서 [소유권을] 주장하는 것이다. 그 재산을 구매한 사람이나 그의 상속자는 그 같은 문서를 보지 못했거나 분실했거나 아니면 혼란한 시기에 약탈당했을 가능성도 있다. 혹은 그의 조상들이 누군가에게 도둑을 맞았거나 팔았을 수도 있다. 그들은 [소유권] 이전의 증서가 [새로운 소유주의] 손에 없다는 점을 확신하고, [자신들이 갖고 있던] 오래된 문서를 가지고 [소유권을] 주장하고 적법함을 인정하도록 한 것이다. 이러한 사례들은 무척 많다.

간단히 말해서 말릭 샤와 니잠 알 물크는 이러한 사정에 대해서 알게 된 뒤, 율법에 적절한 방식으로 명령서를 만들었다. 그리고 30년 이상 [권리를] 주장하지 않은 오래된 문서에 대해서는 그러한 주장을 하지 못하며 또 [주장을 해도] 들어주지 못하게 명령했다. 그러한 명령서를 후라산과 이라크와 바그다드에 있는 모든 법학자들에게 주어서, 율법의 취지에 맞게 법적 의견서를 내도록 하였다. 그리고 나서 그들은 그것을 칼리프의 수도로 보내서 [칼리프의] 서명을 받도록 했다. 그 명령서는 아직도 존재하고 있으며 그 복사본은 여러 지방에 배포되어 있다. 당시 판관들이나 법정의 주도자들은 [위에서] 설명한 것과 같은 처지였고, 그렇게 신앙심이 깊고 신뢰할 만한 판관들과 술탄과 재상이 협잡꾼들의 사기에 대처하기가 매우 어려웠기 때문에, 결국 할 수 없이 그러한 명령서를 만든 것이다.

몽골의 시대가 되자 사람들은 [몽골인들이] 판관이나 학자를 오로지 터번과 외투로만 식별할 수 있을 뿐, 그들의 학식을 결코 제대로 알지는 못한다는 사실을 점차 알게 되었다. 그런 까닭에 무식하거나 우매한 사람들이 파렴치하게 터번과 외투를 걸치고 몽골의 신하가 되기 위해서 달려갔다. 그리고 갖가지 아부와 봉사와 뇌물로 자신을 드러내었고, 판관이나 율법과 관련된 직책을 차지했으며 그런 취지의 칙령을 받아냈다. (R1410) 이런 식으로 어느 정도의 시간이 흐르자, 신심이 깊고 지체가 높고 고결한 학자들은 점차 그러한 사무와 직무에서 손을 떼게 되었다. 명망 있는 사람이 무엇 때문에 그러한 [비천한] 사람들에게 수모를 당하겠는가. 그러나 [당시] 매우 유명하고 고결한 대인들의 일부, 즉 타직 출신의 재상과 태수들은 그들에 대해서 관심을 기울이며 항상 그들[의 존재]를 알리려고 노력했다. 만약 어떤 선동자가 (A312r) 그들을 험담하려고 하면 그것을 막아내었다. 그런 연유로 일부 명망 있고 지체 높은 판관들은 전처럼 그대로 남아 있을 수 있었다. 물론 대부분은 위에서 설명한 것과 같이 [손을 뗀] 상태였다.

[이처럼] 학자의 외피를 쓴 무식꾼들과 선동가들이 왕국 안에 많았다. 자신들과 비슷한 자들이 큰 직책을 손에 넣는 것을 보자 내분이 일어나 자기들끼리 헐뜯었다. 그들 사이에 벌어진 분쟁과 다툼이 얼마나 많았는지 몽골인들은 그들의 비열함과 몰염치를 전부 알게 되었고, 학자들 모두가 다 그러리라고 생각하게 되었다. 고귀한 사람들, 아니 이슬

람 공동체 전체의 명예와 위엄이 이런 무지한 사람들 때문에 사라지고, 그 명성은 땅에 떨어져 비천하고 보잘것없는 것이 되어버렸다. 아미르와 대인들은 각자 그런 자들 가운데 하나를 후원하였고, 누군가 한 사람이 판관이 되면 다른 사람이 거기서 해직되는 일이 빈번히 일어났다. 심지어 때로는 판관이라는 직책을 보증금을 내고 차지하는 지경에까지 이르렀다. 판관이라면 마땅히 공정함과 강직함으로 판결을 내어야 하며 다른 사람으로부터 아무것도 받아서는 안 될 것이다. 그런데 판관직을 보증금과 청부금을 내고 취했다면, 일이 어떤 식으로 처리될지 알 만한 노릇이다.

이러한 상황은 게이하투 칸의 시대에 극에 이르렀다. [당시] 재상은 사드르 앗 딘이었고 자신을 '사드리 자한(Ṣadr-i Jahān)'[57]이라고 칭하였다. 그의 형제는 대판관(qāḍī al-quḍḍāt)이었고 '쿠트비 자한(Quṭb-i Jahān)'[58]이라는 별칭을 갖고 있었다. 셰이흐 마흐무드 역시 대셰이흐(shaykh al-mashāīkh)였으며 종교적인 사무들 가운데 일부는 그에게 속해 있었다. 율법과 관련된 직책들은 [사람들에게] 분봉되어 나뉘었다. 이런 까닭에 지난 여러 해 동안 거짓 주장들이 쏟아지기 시작하였고, 상황이 얼마나 악화되었는지 (R1411) 재산을 소유하고 있는 사람은 마치 백 명의 적에게 둘러싸인 것보다 더 나쁜 처지에 빠진 것같이 되었던 것이다. 왜냐하면 탐욕에 찬 간교한 선동가들이 항상 오래된 문서와 위조된 문서를 만들고 각종 사기와 궤휼을 끝도 없이 벌여서, 마침내 고결하고 명망 있는 대인들에게 피해를 입히고 비난을 가했기 때문이다.

판관직이 보증금과 청부금으로 [팔렸기] 때문에, [위에서 말한] 이 같은 상황은 판관이나 법정의 담당자들에게 잘 부합하는 것이었다. 그래

---

57) '천하의 사드르'라는 뜻이다.
58) '세상의 기둥'이라는 뜻이다.

서 그들은 소송자들을 부추기며 [헛된] 약속으로 비위를 맞추었고, 재판을 소홀히 하거나 중단한 채로 몇 달, 심지어 몇 년을 끌기도 하였다. 그러는 사이에 [그들은] 얻을 수 있는 것은 다 빼앗고, 소송과 분쟁이 여전히 해결되지 않은 상태에서 매년 양측으로부터 자신의 사리사욕을 채웠다. 많은 재산이 여러 해에 걸쳐 소송에 걸리게 되었고, 매년 그것보다 더 많은 [액수가] 법정에서 지출되었다. 어떤 사람은 희망을 가지고 "내 소송은 아직 끝나지 않았다. 누군가가 내가 이길 수 있도록 중재를 하면 무엇인가를 더 주겠다."고 한다. 이러는 사이에 거지들이 뇌물을 챙기고 명성을 얻곤 하였다. 그 비슷한 [부류의] 사람들은 그들이 허황된 주장을 하면서 지체 높은 사람들에게 접근하고, 그런 지체 높은 사람들은 자신의 명망을 보호하고 법정에 가지 않기 위해서 그들에게 무엇인가를 준다는 사실을 목격하게 되었다. 그리고 [법정으로] 간 일부 부류의 사람들 역시 법정의 판결을 받는 것이 아니라 자기들끼리 해결을 하고는 부대 서류(lāḥiq)를 주고 무엇인가를 받는다. [이런 것을 보고] 그들은 "우리는 매일같이 수많은 계략을 짜내면서 고생을 해도 1디르함도 벌지 못하는데, 이보다 더 나은 [돈벌이가] 없을 것이다."라고 하면서, 모두 이런 방식으로 나섰던 것이다.

어떤 자들은 자신의 오래된 문서를 소유하였고, 어떤 자들은 모욕과 험담을 하면서 다른 사람의 일에 개입하기도 하였다. 또 어떤 자들은 다른 [문서의] 글자들과 비슷한 글자를 쓸 수 있는 어떤 사람을 구해서 확증된 문서들을 [베껴] 쓰곤 하였다. 이들은 서로를 도왔다. 또 어떤 부류의 사람들은 과거 술탄들의 명령서나 오래된 문서들을, (R1412) [지워져서] 알아보기 힘든 문자들을 사용하여 [마치] 150년 전의 것인 양 복제하였다. [그러한] 문서들은 확인할 수 없는 것이어서 신뢰하기 어렵지만, 그런 무리에 속하는 사람들은 각자 몽골인이나 권세가들의 보호를 받으며 사람들과 분쟁을 벌이는 것이다. [뇌물로] 판관직을 산 사람들은 비록 그 [분쟁]에 대해서 판결을 내리지는 않는다고 해도 자신의 이해를 보호하기 위해서 그런 분쟁에서 침묵을 지키고 진실을 말하지 않았다. 그들은 법정에서 일하는 부관들의 입을 통해서 은밀하게 그 [소송자]들에게 "이 사람들은 권력이 강하기 때문에 나는 분명한 답변을 할 수가 없다."고 말하였다. 이런 방식으로 날짜를 보냈고, 그러는 도중에도 무엇인가를 [뇌물로] 받았다. 이러한 소송들은 마치 물방아와 같아서 많아질수록 더 빨리 돌았던 것이다.

그 같은 허구의 소송들이 나라 안에 어찌나 많이 생겨났는지 마침내 이루 말로 다 할 수 없는 지경에 이르렀다. 허구의 소송을 제기한 사람은 권세가의 보호를 받기 때문에, 토지의 소유권을 실제로 가지고 있는 (A312v) 불쌍한 피소인도 토지를 잃을까 두려워서 하는 수 없이 다른 사람의 보호를 구할 수밖에 없다. 이런 연유로 두 명의 권세가들의 대립도 불가피하게 되었다. 토지를 위해서는 칼을 휘두르는 것도 마다하지 않았는데, 이는 아주 오래전부터 있어온 당시의 관례였다. 그러한 무리들에게 덧붙여 따라오는 흉한 일은, 대부분의 권세가들이 상호 간에 분쟁을 시작하고 적대하여, 결국 칼을 휘두르는 지경에까지 이르는 것이다. 특히 그 대부분의 경우는 허구의 소송을 제기하는 사람이, 적법한 소유주에게 있을 때는 1,000디나르의 가치가 있는 한 마을을, 불과 말 한 마리나 100디나르의 금을 받고 권력자에게 팔아버린다. [그 권력자는] 마음속으로 '이 마을은 그의 소유였지만 이제는 나의 소유이다.'라고 생각한다. 또한 촌락이나 기타 다른 곳에 있는 설교자들은 무지하거나 양심 없이 그에게 가르치듯이 이렇게 말한다. "이 거래는 정당하며 마을은 전적으로 당신의 소유이다." 또한 몽골인들이 과거와는 달리 토지에 대한 욕심을 갖게 되자 이와 관련해서 모든 노력을 기울이기 시작했고, 토지는 일거에 매우 (R1413) 중요한 문제가 되었다. 일반 평민들은 자신의 토지와 명예와 생명에 대해서 안심할 수 없게 되었다. 신심 깊은 판사들은 그러한 위선적인 악인들의 손아귀에 붙잡혀 어찌할 힘도 없었고, 이 같은 혼란에서 구원을 얻을 방법을 찾게 해달라고 항상 지고한 신의 어전에 빌었다.

이슬람의 제왕—그의 왕위가 영원하기를!—의 장엄한 치세가 도래하자, 그는 이러한 수치스러운 관행을 목격하고 이를 해결하기 위해 고심한 결과 다음과 같은 명령을 내렸다. 즉 그는 신뢰할 만한 밀정들을 선발해서, 어떤 지방에서건 그러한 위선을 행하는 악인이 존재하는 것이 분명할 경우 그것을 [칸에게] 은밀히 보고하여, 다른 사람들이 [그런 악인을] 숨기거나 보호하지 못하도록 한 것이다. 만약 그러한 상황이 포착된 사람들이 있으면 즉시 소환해서 그들의 범죄를 확인한 뒤에 야사에 처했다. 이런 방식으로 [과거에] 작성되었던 수많은 사기와 허위 문서들이 드러났고, 그 같은 사기꾼들은 세상의 군주인 가잔 칸—그의 왕위가 영원하기를!—의 정의와 공정에 힘입어 야사에 처해졌다.

술탄 말릭 샤가 30년이 지난 주장은 무효라고 기록했고, 홀레구 칸의 치세에 타직인 재상들이 상주해서 그런 취지로 엄정한 칙령을 내렸으며, 그 뒤 아바카 칸과 아르군 칸과 게이하투 칸의 치세에 그런 것을 추인했던 일이 있었다. 그러나 그것을 실행한 결과의 흔적은 잘 드러나지 않았는데, 두 가지 이유가 있었다. 하나는 몇 가지 중요한 율법, 합리적 내용, [세속적] 관행 등에 관한 규정이 그 칙령들 안에 언급되지 않은채, 30년이 지난 옛 문서들을 근거로 하는 주장은 무효라는 식으로 총괄적인 명령만 내려졌기 때문에, 그것은 법적으로 뒷받침되지 못하고 쓸모없어지고 말았다. 두 번째 이유는 다음과 같다. [그러한] 칙령은 장관들과 지도자들이 집행해야 하는데, 그들 대부분이 많은 토지를 적은 비용으로 구입하고 싶어하니, 그 같은 방법이 아니라면 가능하지 않았다. 그러니 그들이 무엇 때문에 그러한 내용의 금령을 적극적으로 시행하겠는가. 결국 그들 자신이 [그런 내용의] 상주를 했지만 그것을 소홀히 할 수밖에 없게 된 것이다. (R1414)

　이슬람의 제왕—그의 왕국이 영원하기를!—이 그 같은 칙령을 추인하고자 원했을 때, 당시 유능하고 완벽한 대판관들과 상의하고 합의해서 명령문(yarlīq)의 초안을 만들라고 지시했다. 그래서 당대의 학자들 가운데에서도 가장 고명했고 각종 학문과 분야에서 탁월했던 헤라트 출신의 고(故) 마울라나 파흐르 앗 딘 카디(Mawlānā Fakhr al-Dīn Qāḍī), 그리고 앞에서 언급했던 당대의 수석 판관이자 문장의 작성에서도 비할 인물이 없었던 [쿠트비 자한] 등이, 이 문제와 관련하여 중요한 조항과 규정들을 담은 칙령의 초안을 작성하였다. 그리고 그런 방식에 따라서 칙령은 강력하게 시행되었고, 왕국 전역에서 천민이나 귀족이나 모두의 합의하에서 사법과 관련된 사무를 담당하는 사람들은 그 같은 사무를 엄정하게 다루라는 명령이 내려졌다. 그리고 그들의 봉급을 정해주어 그것으로 만족하도록 하고, 어떤 이유로건 여하한 물건을 다른 사람으로부터 탈취하지 못하도록 하였다. 각종 예비적인 사항에 대해서도 칙령을 선포했다. 또한 여러 명령들 역시 이맘들이 그 적법성에 대해 합의를 한 뒤에 선포하였다. 그 모든 명령과 전술한 칙령의 초안들은 모두 앞서 설명한 바이기 때문에 반복하지 않겠다.

제16화: 〔불법적 징발을 위한 추산(ḥazr)과 분배(muqāsamāt)의 폐지와 각종 징발(muṣādirāt)에 대한 방지책에 관하여〕.[59] 각 지방에서 징세자들의 폭행과 억압이 자행되는 것에 관한 일화

(A313r) 각 지방에서 여러 세금(amwāl)과 디반의 부세(ḥuqūq-i dīwānī)들을 어떻게 징수하는지, 또한 그러한 부세들로는 어떠한 것들이 있는지에 대해서, 그리고 사악한 방책을 꾸미는 재상들과 각종 술책을 부리는 포학자들이 여러 가지 이유와 구실로 어떻게 각 지방을 황폐하게 하고 백성들을 가난하게 하고 흩어지게 만들었는지에 대해서, 앞에서 몇 가지 예화를 통해서 간략한 방식으로 언급한 바 있다. 이 점에 관해서 우리는 과장을 하지 않는다. 지금의 독자들은 비록 그 같은 학정이 (R1415) [앞서] 언급되었던 것보다 몇 배나 더했다는 사실을 알고 있지만, 그 후로는 이슬람의 군주—그의 통치가 영원하기를!—의 정의와 공정에 힘입어 백성들은 치유되고 편안해져서 그 같은 고통도 잊어버리게 되었다. 지금 이후로 태어나는 아이들이나 사람들은 그러한 학정과 강압을 보지 못할 것이고, 그래서 필시 그 같은 기록이 과장된 것이라고 생각할 것이다. 그런 까닭에 우리는 [다음과 같이] 간략한 설명을 덧붙이려고 한다.

세상의 군주가 이라키 아잠과 아제르바이잔, 그리고 디반의 세금과 부세인 쿱추르(qūbchūr)세와 탐가(tamghā)세[60]를 내는 지방들의 상황

---

59) [ ] 부분은 A본에 보이지 않는다. 러시아 교감본과 Rawshan본에 의거하여 보충했다.

60) tamgha는 원래 '낙인, 인장'을 뜻하는 투르크-몽골어이다. 즉 동물의 신체에 소유주를 표시하기 위해 찍는 낙인이나, 공사(公私)의 문서에 그 신빙성을 나타내기 위해 찍는 인장이 모두 이에 해당한다. 본문에 자주 등장하는 āl tamgha(āl은 '붉은색'을 의미)는 붉은 인주를 묻혀서 찍는 도장 즉 '주인(朱印)'을 가리키며, 그러한 도장이 찍힌 문서를 지칭하기도 한다. 한편 동물뿐만 아니라 상품에도 주인을 나타내기 위해 tamgha를 찍는데, 그러한 상품에 대해서는 일정한 비율로 세금을

에 대해서 [어떠한 조치를 취했고], 또 이전에 [이들 지방이] 어떻게 황폐해졌고 [그가] 그 뒤에 어떠한 대책을 취했는지에 대해서 설명하자면 다음과 같다. 이 지방들은 식읍(muqāṭaʿa)으로 태수들(ḥukkām)에게 주어졌고, 그들 각자에게 확정된 액수가 부과되었다. 경상비(ikhrājāt-i muqarrarī)는 그 [태수]가 집행하였다. 그 태수는 매년 10회에 걸쳐 쿱추르를, [다른] 일부 지역에서는 20회나 30회에 걸쳐 쿱추르를 농민들에게서 징수하였다. 일정한 액수의 쿱추르를 징수하여 그 목표를 달성한 태수는 다음과 같은 관행을 일삼는다. 즉 사신이 어떤 중요한 사무가 있거나 지세 혹은 필요한 물자를 걷기 위해서 지방에 올 경우, 태수는 그것을 구실로 삼아서 [농민들에게] 쿱추르를 할당하였다. 설령 많은 수의 사신들이 와서 그들이 필요로 하는 비용과 요구가 끝도 없이 많아진다고 해도, 태수는 그들의 도착을 [오히려] 반겼다. 한 번은 중요한 사무를 위한 비용이라는 명목으로, 또 한 번은 [사신들의] 음식과 비용이라는 명목으로, 또 한 번은 계약과 요청이라는 명목으로 [쿱추르를] 분배하는 것이다. [그렇게 징수한 것들 가운데] 일부는 그러한 목적으로 지출되지만, 또 다른 일부는 감관이나 비틱치들에게 주어서 그와 공모자가 되거나 부정의 동참자가 되도록 하였다.

농민들로부터 아무리 많은 세금을 거두어도 국고로 들어가는 것은 한 수레 분량도 되지 않았다. 각 지방의 세금들은 각종 경상비와 [중앙 정부가 요구하는] 할당액(ḥawālātī)으로 지출되어버렸다. 후라산에서는

매기기 때문에 '상세(商稅)'를 tamgha라고 부르기도 했다. 이러한 상세를 징수하는 관리를 '탐가치(tamghachi)'라 불렀고, 그들이 앉아서 근무하는 세관(稅關)을 '탐가'라고 부르기도 했다. 몽골 지배기 서아시아에서 징수되는 정규세의 종류는 크게 세 가지로, 생산물에 대한 지조(地租)인 칼란(qālān)세, 일종의 인두세 성격을 지닌 쿱추르(qūbchūr)세, 상세인 탐가(tamghā)세로 이루어졌다. 이에 관해서는 John M. Smith, Jr., "Mongol and Nomadic Taxation," *Harvard Journal of Asiatic Studies*, 30 (1970), pp. 46-85 참조.

그러한 할당액 가운데 8/10이 [미지불 상태로] 있었다. 사신들과 지불 위임증(ḥawālāt-i barawāt)의 소유자들이 디반(재무청)으로 와서 [돈을 달라고 요구하면], (R1416) 디반은 "세금이 아직 [걷히지 않은 채] 지방에 남아 있는데, [지방은] 왜 지불하지 않고 있는가?"라고 대답하였다. 그리고 알 탐가가 찍힌 [증서를] 다시 써주어서, [지방으로 하여금] 그들에게 신속하게 비용을 지불하게 하였다. 태수는 그것을 구실로 삼아 농민들에게 [세금을] 분배해서 몫을 나누어 주면서 말하기를, "너희들은 이 사신들이 머물러 있는 것을 보지 못하는가. 만약 그들에게 필요한 비용과 약속한 것을 지불하지 않으면, 그들의 요구를 해결하기 어렵다."고 하였다.

그러나 어느 누구도 "당신이 그들의 경비를 지불해야 한다. 당신이 연초에 세금의 몇 배나 되는 액수를 거두어 간 뒤에 탕진해버렸기 때문이다."라고 말하지 못한다. 할당되어 [거두어진 액수] 가운데 2/3는 자기들끼리 나누어 갖고, 나머지 1/3은 사신들의 경비로 쓰곤 했다. 결국 [사신들은 지정된] 세금을 다 걷지 못한 채 되돌아갔다. 바로 이런 식으로 그들은 오고 가기를 거듭했고, 그들 손에 있는 지불 청구증(barawāt)은 낡아버리고 그들은 [그것으로 필요한 경비를 걷으리라는] 희망을 포기하고 만다. 그것은 여러 해 동안 그들의 가죽 가방(qabṭūrqa wa kharīṭa) 안에 머물러 있을 뿐이다. 디반은 각 지방의 세금 원액(aṣl-i māl)이 얼마인지, 또 어느 곳에 지불 청구증을 발부하여 징수할지를 파악하고 관리하는 것이 관례이긴 하지만, 어느 누구도 그러한 사실을 제대로 파악하지 못하고, [디반은] 요구가 들어오는 대로 지불 청구증들을 여러 지방에 거듭해서 발부하곤 하였다. 부관과 재상들은 [필요한] 경비를 충당할 수 없다는 것을 알기 때문에 시간을 끌기 위해 교묘한 방법을 사용한다. 즉 [상대방의] 마음을 달래기 위해 특혜를 베푸는 듯 "당신의 입장을 생각해서 이 지불 청구증을 써주는 것입니다."라고 말하는 것이다. 이런 장난질을 함으로써 그들을 기분 좋게 해서 내보내곤 하였지만, 지방의 황폐화를 초래할 뿐이었다.

그러는 와중에 부관과 재상들은 이를 구실로 삼아 폐하의 어전에 상주를 올리기를 "지방에는 징세리(mu'āmil)들이 무척 많습니다. 그들이 일정액의 경비를 [중앙] 재고로 가져와야 합니다."라고 하였다. 그러자 즉시 모든 징세리와 지불 청구증 소유자들에게 모모 항목을 제외하고는 [다른 일체의] 경비를 지불하는 것을 중지하라는 칙령을 작성했다. 그리고 그 경비가 얼마가 (A313v) 되었건 재상과 (R1417) 부관들의 지출과 예물을 위해 쓰도록 했다. 태수들에게는 담보를 요구하는 다음과 같은 서한을 써 보냈다. "징세리들에게 [너희들이 경비를 주는 것을] 우리가 중지시켰으므로, [그만큼 남게 된] 경비를 지방에서 즉각 [중앙] 재고로 보내도록 하라." 이러한 술책을 통해서 그 같은 현금의 담보를 확보했다. 또한 재상과 지방의 태수들 사이에는 [사전에] 합의했던 표시 (nishānī)가 존재했기 때문에, 지불 청구증이나 서한에 그러한 표시들이 보이지 않으면 경비를 내어주지 않았다. 그러면 사신과 징세리들은 아무런 방책이 없어서 돌아가곤 하였다. 그리고 그들은 또다시 그 [태수]들에게 또 아미르들에게 새로운 서한을 부탁하는데, 이러는 사이에 재상은 [자신에게 좋게] 문제를 해결하고 그의 목표도 달성하는 것이다.

지방의 태수들은 재상과 맺었던 합의라든가 그의 편을 들어 지지했던 점에 기대어 겁도 없이 대담해져서, 갖가지 포학과 전횡을 행하곤 하였다. 매년 두세 차례 [걷는] 쿱추르세와 도시 상세(tamghā-i shahr)가 사신들의 지출과 직무 수행에 드는 경비로 소모되었다. 사람들은 이 태수가 도대체 무엇 때문에 현금[으로 징수된] 상세를 아끼지 않고 그렇게 어처구니없는 일에 지출하는지 어리둥절할 뿐이다. 그들은 태수가 부정한 일을 위해서 그런 방식으로 일을 처리하고 그렇게 함으로써 소모한 경비의 몇 배를 자기 몫으로 챙긴다는 사실을 알지 못하는 것이다. 그리고 [최종] 회계를 할 때는 사신들의 경비로 두세 배를 [더] 쓴 것처럼 제시하고, 그것을 구실로 디반에 [지불해야 할] 의무를 기피하는 것이다.

사실상 그 지방들에서는 한 푼의 금화도 [중앙] 재고에 들어온 적이 없었고, [거두어질] 세금의 원액 가운데에서 [미리] 지불 위임증(ḥawāla)의 형태로 책정된 지출 경비의 경우에는 10디나르 중에서 2디나르도 지급된 적이 없었다. 어느 누구도 탐가치(tamghāchī)가 세관(tamghā)에 앉아 있는 것을 본 적이 없다. 그 까닭은 그들이 이미 모두 도망쳐버렸거나 아니면 징세리들에게 붙잡혀서 곤장을 맞았기 때문이다. 그리고 할 수만 있다면 상세(wajh-i tamghā)를 징수하기 위해서 어떤 사람들을 몰래 임명해서, 마치 복면한 강도처럼 밤중에 집에 들이닥치게 하곤 하였다. 그래도 달리 방도가 없을 경우에는 거래인들에게 상세로 걷어야 할 액수를 반으로 깎아주는 대신 자신은 뇌물을 받는 것으로 만족하기도 했다. 이런 연유로 상세는 감소하였고 걷은 것은 (R1418) [겨우] 사신들의 식비를 충당할 정도였다. 그들의 부하들(nūkerān)은 [거래인들의] 바로 코앞에 머물면서 [상세를] 거두곤 하였다. [그렇게 거둔 것이] 모든 사람들에게 충분하지 않을 때에는 서로 싸움을 벌이기 일쑤였고, 세력이 더 강한 쪽이 가져갔다. 여러 지방에는 정해진 급료와 봉급(idrārāt wa marsūmāt), 임금과 경비(āmilat wa ikhrājāt)가 있는데, 그 지방의 발전은 바로 그것에 달려 있기 때문에 그것이 없으면 재정적인 사업은 어느 것 하나 제대로 이루어질 수가 없다. 그럼에도 불구하고 태수의 승인 아래 [다른 많은 비용들이] 가장 먼저 세금의 원액에서 지출되기 때문에, [급료 등을 받아야 할] 사람들에게 지급되는 돈은 한 푼도 없다.

[태수들은] 한 해가 시작될 때, 재고에 돈[을 확보하는 것]이 무엇보

다도 우선이라는 핑계를 대면서, 수확을 하면 그때 [디반에] 납부하겠다고 말하곤 하였다. 많은 수의 사신들과 징세리들이 맡은 임무는 수행하지 않으면서도 항상 그의 옆에 붙어 있었기 때문에, 태수는 그것을 구실로 삼아 "이렇게 한 무리의 사신들[61]이 내 머리 꼭대기에 앉아 있으니, 그들의 사무를 먼저 처리하지 않으면 안 된다."고 말하였다. 급료, 봉급, 희사 및 기타 다른 것들은 연초에서 연말로 [지급이] 연기되어 사람들은 오늘내일 하루하루를 헐벗고 배고픈 상황에서 지내고 있다. 조금 대담한 사람들은 태수의 부관들에게 수없이 탄원하고 사정을 해서, [자신들의 물품을] 반값으로라도 처달라고 부탁하기도 하였다. 그러면 그 [부관]들은 이 물품들을 [싸게 구입한 뒤] 두 배의 값으로 되팔았다. 이런 식으로 온갖 방법을 동원해도 [제값의] 1/4밖에 갖지 못했다. 이렇게 해서라도 [무엇인가를] 손에 넣은 사람들은 스스로 다행이고 운이 좋다고 여기며, 그런 기회조차 박탈당한 다른 사람들은 그들을 시기하였다.

  이렇게 박탈당한 사람들 가운데 어떤 이가 수많은 피해와 고생을 겪다가 오르도에 와서 탄원을 올리기라도 하면, 대디반으로부터 "[그가 받아야 할] 경비를 다른 무엇보다도 먼저 처리하라고 우리가 지시했는데, 어째서 지출하지 않는 건가?"라며 [태수를 추궁하는] 서한을 받아내곤 하였다. 그러면 태수는 다음과 같은 핑계를 댄다. "지방에서 거두어야 할 세금이 아직 [걷히지 않은 채] 남아 있습니다. 그래서 제가 [그에게] 주지 못한 것이니, 지불 청구증(barāt)을 그에게 써주어서 받을 수 있도록 하겠습니다." 그러면 그 불쌍한 사람은 하는 수 없이 [아직 징수되지 않은 세금의] 잔여분(baqāyā)에 대한 지불 청구증을 받을 수밖에 없게 된다. [그러나] 태수가 앞서 언급한 그 같은 세금들을 [이미] 과도

---

61) 원문은 AWYMAQ-Y AYLČY. ōīmāq은 원래 투르크-몽골어에서 '부족, 씨족, 부락' 등을 의미하지만, 여기서는 '한 무리' 정도의 뜻으로 이해하는 것이 옳을 듯하다.

하게 징수했으니 (R1419) 잔여분이라는 게 어찌 있을 수 있겠는가. 만약 잔여분이 있다면 과도하게 많은 쿱추르세를 할당했기 때문에 생겨난 것이다. 따라서 일부 농민들은 거듭해서 세금을 내는 것을 견딜 방도가 없어서 [자신의] 마을과 집을 버리고 도망쳤다. 혹은 [태수는 그러한 쿱추르세의] 할당을 저지할 정도로 힘이 있는 권세가들의 환심을 얻기 위해, "이번에 행하는 최후의 할당은 당신들에게는 부과하지 않을 것입니다."라고 하거나 "[액수의] 절반을 감해주겠습니다."라고 말하곤 하였다. 징세리와 서기의 장부에는 [각자에게] 할당된 세금의 총액이 기재되었는데, (A314r) 쿱추르세를 한 차례밖에 징수하지 않았음에도 불구하고, 그것을 내는 사람도 있고 내지 않거나 적게 내는 사람도 있었기 때문에, 그렇게 [일차로] 할당된 액수 가운데 끝까지 걷히지 않고 남게 된 부분을 '잔여분'이라고 이름하는 것이다. 징세리와 서기들은 여러 차례 그러한 할당을 했고 또 도적질의 공범이기 때문에, "모모 촌락에 이만큼 잔액이 있다."고 하면서 애매한 문서를 주곤 하였다. 만약 어떤 부관이나 재상이 "이 잔액은 세금의 원액에서 나온 것인가, 아니면 추가로 할당한 추가분에서 나온 것인가"라고 묻곤 하지만, 사태의 진실은 분명하고 부관이나 재상은 이 같은 사정을 알고 있다. 왜냐하면 태수들로부터 그 같은 추가분의 일부를 뇌물로 받았기 때문이다.

위에서 설명한 이러한 행위들은 과거의 모든 재상들이 행했던 것이지만, 이런 방식의 거래와 술책에 관해서는 사드르 앗 딘 차비(Ṣadr al-Dīn Chāwī)가 특히 가장 탁월해서, 이러한 부패와 불공정을 극단에 이르게 하였다. 그래서 국가와 지방의 행정이 치명적인 피해를 입는다. 그의 임기 동안에 어느 누구도 지불 청구증에 기재된 금액을 지방에서 얻어낼 수 없었고, 급료를 받아야 할 어떤 사람도 자신의 몫을 받지 못했다. 왜냐하면 그가 발부한 지불 청구증(barawāt)과 지불 위임증(ḥawālāt)과 모두 순전한 눈속임이나 사기에 불과했기 때문이다. 많은 수의 가난하고 궁핍한 사람들 혹은 수도사들이 와서 도움을 청하거나 하면, 그는 그런 사람들에게 500디나르의 지불 청구증을 써주곤 했는데, 그들은 그것으로 100악차(aqcha, 은화)[62] 이상을 [받아]본 적이 없었다. 그런데도 그는 그것을 '관대함'이라고 칭하였던 것이다. 그런 빈자들은 아주 기분이 좋아져서 그 [증서에 기재된] 액수를 받으러 떠나면서, (R1420) "500디나르를 받으면 100디나르로는 [말, 노새 등] 탈것과 물건들과 필수품들을 구하느라 진 빚을 갚아야지. 빚을 갚은 다음에도 400디나르가 남을 거야."라고 말하곤 하였다. 그는 그런 희망을 품고 그 액수를 받아내기 위해 동분서주하는데, [그러는 동안] 그는 자신이 일개 수도사라는 사실을 망각하고, 스스로를 마치 급행 사신(paykī)이나 징세리 혹은 어떤 직함을 가진 사람으로 여기게 된다. 그러나 그것은 아무런 소용도 없게 되고, 그는 마침내 빚만 잔뜩 진 채 이 나라에서 도망을 칠 수밖에 없게 된다.

이와 같은 방식의 황폐한 행정과 파탄으로 인하여 지방에 사는 대부분의 농민들은 고향을 떠날 수밖에 없어 낯선 지방에서 가정을 꾸리게 되니, 도시와 농촌은 황폐해지는 것이다. 사라진 사람들을 불러오기 위해 여러 차례 사신을 파견하였는데, 사신은 그들에게 많은 해악을 가하고 정해진 쿱추르세의 액수보다 몇 배나 더 많이 그들로부터 거두곤 하였다. 그들은 자신의 고향으로 돌아갈 생각이 없었고, [오히려] 그 큰 나라에 대해서 증오심을 갖게 된 것이다. 비록 수많은 사신들이 사라진 사람들을 불러 모으기 위해 여러 차례에 걸쳐 각 방면으로 갔지만, 한 사람의 농민도 자신의 거처로 되돌아오게 하지 못했다. 도시에 머물러 사

---

62) aqcha는 투르크어로 '흰색의 동전'이라는 뜻으로 은화를 가리킨다. 아랍어로 은화를 뜻하는 dirham과 동의어이며, 금화를 의미하는 dinar에 대칭되는 용어이다.

는 사람들은 대부분 돌을 쌓아 올려 가옥의 문을 막아버리고, 지붕을 통해서 집 안을 드나들었다. 그들은 징세리가 두려워서 도망치기도 하였다. 징세리들은 [도시의] 구역들에 가면 가옥들의 사정을 잘 아는 깡패(ḥarāmzāda)를 찾아내, 그의 안내를 받아 사람들을 구석이나 지하 혹은 정원이나 폐허 등지에서 끌어내었다. 남자들을 손에 넣지 못할 경우에는 그들의 부인을 잡아내서, 마치 양 떼와 같이 몰아서 [도시의] 구역에서 구역으로 끌고 다니며 징세리 앞으로 데리고 나온다. 그들의 발을 밧줄에 묶어 매달아 몽둥이질을 하기 때문에, 부인들의 비명과 울부짖는 소리가 하늘을 찔렀다. 우리는 다음과 같은 경우도 자주 목격했다. 징세리가 지붕 위로 올라가서 어떤 농민을 발견하고 그를 잡으려고 쫓아가는데, 그 농민은 다른 방법이 없자 하는 수 없이 도망치다가 마침내 지붕 아래로 (R1421) 몸을 던지려고 하였다. 그러자 징세리는 그를 쫓아와 그의 옷자락을 잡고 동정심을 갖고 자비를 베푸는 듯 "지붕 아래로 몸을 던지면 안 돼! 그러다 죽어!"라고 말했다. 그러나 그는 다른 선택의 여지가 없었기 때문에 아래로 뛰어내려 다리가 부러지고 말았다.

여러 지방들 가운데 야즈드의 상황은 특히 더 나빴다. 어떤 사람이 여러 마을들을 돌다가 그곳에 가게 되더라도, 거기서는 그에게 말을 건다거나 도로의 사정이 어떤지 물어보는 사람조차 볼 수 없을 정도였다. 그나마 몇몇 남아 있던 사람들도 망보는 사람을 세워두고, 멀리서 누군가가 보인다는 신호를 받으면 모두 지하수로(kahrīzhā)나 모래 속에 (A314v) 은신하였다. 대인들 가운데 누군가가 야즈드에 사유지가 있어서 그 땅이 어떤지 보기 위해 그곳에 간다면, 어느 마을에 가건 자신[의 땅에서 일하는] 농부를 한 사람도 만날 수 없고 자신의 농장이 어느 곳에 있고 상황은 어떤지 물어볼 수조차 없었다. 또한 대부분의 도시에서는 사신들이 자기 집에 와서 머무를까 두려워 집의 땅 밑을 파서 좁은 통로를 만들었는데, 이는 사신들이 그러한 통로를 사용하기를 원하지 않아서 결국 그곳에 머무르지 않게 하려는 것이었다. 왜냐하면 누군가의 집에 머무는 사신들은 모두 집 안에 있는 카펫, 잠옷, 각종 기구들을 부수고 낡게 만들 뿐만 아니라, 자기들이 원하는 것은 모조리 다 빼앗거나, 아니면 그들의 마부들(kūtalchīyān)이 도둑질해 가기 때문이나. 만약 조금이라도 여력과 경비나 땔감이 있으면 그것을 몽땅 빼앗았고, 집의 대문도 땔감으로 태워서 망가뜨리고 말았다.

그러한 사례들 가운데 내가 들은 한 가지는 다음과 같다. 야즈드의 이맘들 가운데 한 사람이 야즈드에 집이 있었다. 노루즈의 권세가 한창이던 시절인 695년(1296)에 노루즈의 아들 술탄 샤(Sulṭān Shāh)와 그의 모친이 한 무리의 사신들을 그곳에 보내어 머무르게 하였다. 그들은 그곳에 4개월간 머물렀는데, [그들이 떠난] 뒤에 보니, 집 안에 귀중품이 하나도 남아나지 않았다. 그들이 떠나간 뒤 (R1422) 도시의 감정사(muqawwim)들이 와서 관찰하고는, 5만 디나르 가까운 가치를 지니고 있던 집이 2,000디나르도 되지 않을 정도가 되어버렸다는 것을 알게 되었다. 매우 정교하고 아름다웠던 문들은 불타버렸고 다른 것들도 폐허가 되어버렸다. 도시의 무프티이자 판관이라는 호칭까지 들으며 머리에 터번을 두르고 살던 사람의 집이 이러한 지경에 이르렀다면, 보통 사람들과 농민들의 집은 어떻게 되었을지 유추할 수 있을 것이다. 지주나 대인들 혹은 농민들에게 이보다 더 혹독하고 힘든 상황은 없을 것이다.

[이렇게 해서] 체르비(cherbī)[63]들은 마침내 '사신'이라는 명분을 내세워 매일 100채에 달하는 집들을 팔아치우고 심지어 그 [사신]들을 그

---

63) 몽골어로 cherbi는 원래 주군의 옆에서 시중을 드는 사람에게 붙여진 직명인데, 이들 가운데 민정과 군사의 다양한 분야에서 임무를 맡아 수행하는 사람들이 이 직함을 그대로 유지하며 불리는 경우가 많았다.

곳에 머물게 할 수 있다는 것을 알게 되었다. 그들은 매년 사신이라는 명목으로 사람들이 소유하고 있는 수천 점의 카펫, 잠옷, 냄비, 집기와 도구들을 빼앗고, [자신들의] 가축을 다른 사람의 정원에 풀어놓곤 하였다. 그래서 십 년 동안 수도 없는 고생 끝에 일구어놓은 정원을 하루 아침에 황폐하게 만들었다. 만약 그 정원에 지하수로가 하나 있는데 어떤 가축이 그곳으로 떨어지기라도 하면, 그 정원의 주인을 붙들어 가축의 가격보다 몇 배나 많은 돈을 빼앗곤 하였다. 만약 [담에] 구멍이라도 나서 그곳으로 가축이 나갈 경우에도 마찬가지였다. 사신들의 조수, 부관, 마부들은 정원의 담을 부수어버리고, 겨울에는 땔감을 위해서 나무들을 잘라버린다. 정원 안에 곧바로 선 나무가 보이면 태수나 권력자들은 병사들의 창으로 쓸 만하다면서 자르거나 징발하여 빼앗아 갔다. 어떤 마을들에는 그들이 부리는 징세리나 하인이나 부관들이 어찌나 많은지 실제로 농민 한 명에 두 명꼴로 있을 정도였다.

691년(1292) 우마르 샤 사마르칸디(ʿUmar Shāh Samarqandī)의 아들 알리 호자(ʿAlī Khwāja)가 야즈드의 태수였을 당시에 다음과 같은 일이 있었다고 한다. 한 지주가 피루즈아바드(Fīrūzābād)라 불리는 마을에 갔는데, 그 부근에 있는 마을들 가운데에서는 [상당히] 큰 편이었다. 그는 자신의 땅에서 수확된 것 가운데 어떤 것이든 받으려고 했지만, 아무리 (R1423) 애를 써도 사흘 밤낮 동안 촌장(kadkhudā)들 가운데 어느 누구도 만날 수 없었다. 다만 지불 청구증와 지불 위임증을 들고 있는 징세리 일곱 명이 마을 한가운데에 앉아 있었는데, 그들은 밭을 지키는 사람 한 명과 농민 두 명을 들에서 붙잡아 마을로 데리고 와서는, 그들을 묶어 매달아놓고 매질을 하고 있었다. 다른 사람들을 찾아내고 자신들이 먹을 것을 구하기 위해서 그렇게 한 것이지만, 이 역시 결코 성공을 거두지 못했다. 이들 징세리와 그 부하들은 모두 다 식량과 사료와 음료와 볼거리를 필요로 했다.

이 일화를 통해 우리는 다른 각종의 억압이 어떠했을지 능히 추측할 수 있다. 또한 오랜 시간에 걸쳐서 이처럼 사악한 사람들에게 고착된 나쁜 방법과 관행들을 단시간 내에 어떻게 처리할 수 있을지 생각해보라. 심지어 군주들은 매번 수 차례 칙령을 선포하여 농민들의 환심을 사고 이 같은 악행을 방지하려 했지만 한 번도 성공을 거둔 적이 없었다. 백성들도 대부분 절망하고 있었다.

이제 이슬람의 제왕 (A315r) 가잔 칸—알라께서 그의 왕위에 축복을 내리시고 그의 정의와 선행이 지속되기를! —의 영광된 치세가 도래하여, 그의 성스러운 생각은 어떻게 하면 순수한 선행과 공정을 널리 퍼뜨릴까 하는 문제에 집중되고 있다. 또한 그의 사려는 어떻게 하면 국사를 그르치고 있는 폐해들을 해결하고 편법과 부패를 완전히 뿌리 뽑을까 하는 데에 항상 맞추어져 있으며, 그의 노력은 어떻게 하면 세상 사람들을 항상 편안히 살게 할 수 있을까 하는 데에 기울어 있다. 그는 "인간이 생애 가운데 할 수 있는 가치 있는 일은 바로 여기에 있다."고 하면서, 이런 방면에 대해서 노력과 헌신을 다하고, 촌락에서 쿱추르세를 걷을 때 전술한 바와 같은 폐단을 없애도록 하라고 지시했다.

그는 다음과 같이 명령하였다. "야삭과 형법의 사무에 폐단이 생겨나고 커다란 폐해가 발생하면, 먼저 조그만 일에서부터 그런 폐단을 정비해야 한다. 그래서 세상 사람들이 사소한 일로 인해서 징계를 받고 구속을 당하며 형벌을 받는다는 것을 알게 되면, 보다 큰 일에 대해서는 (R1424) 그보다 몇 배 더 중한 처벌을 받을 것이라는 사실을 깨달을 것이다. 그렇게 되면 사람들은 별 수 없이 그런 일에서 손을 떼게 될 것이다." 그는 또한 이렇게 말했다. "여러 사무들의 원칙과 사항들의 기본만 잘 지켜진다면, 모든 세부 사항들은 그 속에 잘 포함될 것이다. 만약 그

세부적인 것들을 하나하나 처리하려고 한다면, 즉 하나를 올바로 해놓고 나서 다른 것을 고치려고 주의를 돌리면, 그 올바로 된 것이 다시 망가질 것이니, 사태를 바로잡을 수가 없게 된다."

그는 말했다. "어떤 종족이 오랫동안 한 가지 관습에 젖어 그것이 그들의 천성이 되면, 그런 것을 금지하고 그들의 천성에서 그 같은 관습을 없애는 것은 매우 어려운 일일 것이다. 오랜 세월 농민들을 억압하고 재산을 거듭해서 갈취하면서도 디반에는 아무것도 주지 않는 것에 익숙해져 있는 이 같은 무뢰배와 태수들도 마찬가지이다. 그들은 매년 법정으로 달려가 뇌물을 주고 이러저러한 이야기를 지어내 풀려나곤 하였다. 그들 가운데 일부 사람들이 처형을 당하면, 다른 사람들은 그 같은 일은 우연에 불과한 것이라며 교훈으로 삼지 않는다. 그러면서 말하기를 '모모는 그들 눈 밖에 났어.'라든가 혹은 '만약 세금이나 행정을 잘못해서 그런 것이라면, 더 많은 사람들이 징계를 받았어야 했어.'라고 하였다. 결국 내가 이런 무리들 가운데 절반을 처형시킨다고 해도, 다른 절반은 악습을 버리고 억압과 강제의 손길을 거두지 않을 것이다. 농민들은 여전히 같은 고통을 받을 것이고 세금은 국고나 군대로 하나도 들어오지 않을 것이다. 해결책은 다음과 같다. 즉 향촌 태수들이 세금 징수에서 완전히 손을 떼게 해서 어떤 구실로도 억압을 가할 수 없도록 하는 방법을 고안해내는 것이다. 그것은 마치 한 마리 여우가 다음과 같이 말하는 것과 같다. '나는 온갖 꾀를 다 내어서 개의 손아귀에서 벗어날 수 있었지만, 앞으로는 서로 만나지 않도록 하는 것이 가장 상책일 것이다.' 이 경우에도 마찬가지로 향촌의 징세리들이 한 푼의 지불 청구증도 농민들을 대상으로 발부하지 않는 것이 나을 것이다." 그는 또 이렇게 말했다. "촌락마다 유능한 비틱치를 파견하여 그러한 촌락들 전체를 대상으로 촌락 하나하나를 (R1425) 기록한 뒤, 과거에 호구수(shumārhā)에 따라 했던 것처럼 공평하게 쿱추르를 정하도록 하여, 과도하지도 부족하지도 않도록 한다. 그렇게 해서 농민들이 편안하고 행복하게 살 수 있도록 해야 한다."

그는 또 이렇게 말했다. "왕령지(王領地, īnchū)와 기부지(寄附地, waqf)에 속하는 모든 토지, 또 지난 30년간 소유권 분쟁이 일어나지 않았던 사유지에 대해서 조사를 행하라. 그 소유주들의 이름을 토지 대장(dafātir-i qānūn)에 기록해서, 만약 누군가 문서를 잃어버리거나 다른 사람이 그 토지를 차지하려고 한다면, 그 대장을 조회하여 거기에 기록된 내용에 따라 처리하도록 한다. 그러면 어느 누구도 사기를 치거나 강압을 가하지 못할 것이다."

비틱치들은 명령한 바에 따라 향촌으로 내려갔다. 비록 완전히 신뢰할 만한 사람과 정직하게 기록하는 사람이 적기는 했지만, 힘닿는 대로 노력하여 각 촌락의 대장들을 기록해서 가지고 왔다. 그 뒤에 그는 "어떤 말릭이나 바스칵이나 비틱치라 할지라도 지불 청구증이나 지불 위임증을 발행해서는 안 될 것이다. 만약 지불 청구증을 발부한다면 그것을 서명(parvāna)해준 태수는 처형을 당할 것이며, 그것을 쓴 비틱치는 손을 잘라서 다른 비틱치들에게 교훈 삼도록 해야 할 것이다."라고 말했다. 또한 각각의 촌락을 담당할 비틱치를 한 명씩 임명하여 그들이 이곳의 대디반에서 근무하도록 하였다. [비틱치는] 첫해에 각각의 마을에 대해서 대장에 등재된 그대로 이름과 내용을 기재하여 징세 지불 청구증(barāt-i mutavvajiḥāt)을 작성하였다. (A315v) 대디반에서 일하는 부관들은 [그 문서에] 서명을 하고 [나아가] 금인(金印, altūn tamghā)을 날인한 뒤 각 향촌으로 보냈다. 그래서 농민들에게는 각각의 촌락에 배당된 징세리에게 국고에 납입해야 할 세금과 5퍼센트 [수수료]를 두 번에 걸쳐서 나누어 내도록 하였다. [징세리는] 금인이 찍힌 지불 청구증을 소유하고 있는 사람에게 [세금의] 일부를 현금으로 주고, 나머지는 국고로 보내는데, 국고에서 거두는 수수료(ḥaqq-i khazāna)와 함께 국고 관리인에게 납부한다. 예외적이긴 하지만 만약 징세리나 어떤 수령이 그 징세 담당관(ṣāḥib-i jamiʿ)에게 (R1426) 가지고 온다면, 10디나르에 1/2당(dāng)[64], 혹은 100디나르에 1/2디나르를 관행에 따라 국고에 납입한다. 그렇지 않으면 그 징세리들은 세금을 현금으로 가지고 와서 관행에 따라 국고 관리인에게 넘겨준다.

그는 다음과 같이 명령했다. "향촌에서는 농민들로부터 현금으로 거두기 때문에, 1디나르 가치의 물건이라 할지라도 현물로 국고에 납입해서는 안 된다. 만약 누군가가 현물을 가지고 온다면 그것을 시장에 내다팔아 현금을 구한 뒤에 [국고에] 납입해야 한다. 어느 곳에서나 존재하는 봉급, 경비, 경상비 등도 모두 현금으로 지급하고 1당(dāng)일지라도 모자라서는 안 된다. 그래서 모든 사람들이 나라의 행운이 날로 더 커지기를 더욱 힘써 기도해야 한다. 금인이 찍히고 상세한 내역이 적힌 지불 증서를 여기서 각 지방으로 보냄으로써 모든 농민들은 자신들이 지불해야 할 세금이 얼마인지 깨닫고, 그 [액수]보다 1당(dāng)이라도 더 많이 내서는 안 된다는 사실을 알게 될 것이다. 또한 [농민들은] 징세 대장의 관리자가 쓴 기록도 갖게 됨으로써 자신들의 세금이 어떻게 얼마가 되는지를 알 수 있다."

지방의 태수들에게 이처럼 지불 청구증을 쓰지 말라는 지엄한 명령이 내려지자, 하마단에 속한 루드라바르(Rūdrāvar)의 말릭은 그것이 과거의 명령들이나 다를 것이 없다고 여기고, 비틱치에게 몇 통의 지불 청구증을 촌락들을 대상으로 쓰도록 허락해주었다. 그러자 그를 야사에 처

---

64) dāng은 동전(copper coin)을 가리킨다. 본문의 내용을 볼 때 당시 1 dāng은 1/100 dinar의 가치를 지녔던 것으로 보인다.

하고 비틱치에게는 자신의 손을 자르라는 명령이 내려졌다. 그는 이를 시행하기 위해 사신이 간다는 소식을 듣고 도망쳤지만, 도망쳤던 곳에서 3년 뒤 사망하고 말았다. 비틱치는 얼마 후 니하반드에서 붙잡혀 손이 잘렸다.

하마단에서는 구역장들(kadkhudāyān) 가운데 식료품점을 하는 한 사람이 자기 동업자에게 호의를 보여주기 위해서 [촌민들에게서] 2만(mann)의 수막(sumāq)[65]을 가져도 좋다는 지불 위임증을 써주었는데, 그를 체포해서 야사에 처하라는 명령이 내려졌다. 수없이 탄원한 끝에 그는 120대 곤장형에 처해졌고 1,000디나르를 벌금으로 물었다.

근자에 인도에서 코끼리들을 데리고 왔는데 (R1427) 하마단에 도착했을 때가 마침 겨울이어서 사료를 찾을 수 없었다. 그곳의 태수는 [농민들의] 텃밭에서 [사료를] 징발해야 할 것이라고 말했다. 이 소식이 폐하의 귀에 들어가자 그는 이렇게 말했다. "우리는 코끼리들에게 먹일 사료와 식량을 위해 비용을 준비해놓았는데, 어찌해서 그들은 사람들의 텃밭에서 그것을 빼앗으려고 하느냐? 만약 [사료를] 찾을 수 있다면 그것을 구매하도록 하라. 만약 텃밭에서 그것을 찾지 못한다면 어찌하려고 하느냐. 이번에는 눈감아주겠지만, 만약 이후에 이러한 행위를 다시 저지른다면 그들을 야사에 처하리라." 한마디로 말해서 요즈음에는 모든 지방에서 어느 누구라도 1만(mann)의 지푸라기나 한 조각의 금일지라도 지불 청구증을 발행할 수 없게 되었고, 지불 청구증을 발부하는 길은 완전히 차단되고 말았다.

작년에는 다음과 같은 일이 알려졌다. 태수들이 정해진 세액보다 더 많이 증액할 수 없게 되자, 촌락들에 있는 촌장(rūʾasā)과 구역장들이 자

---

65) sumāq 혹은 sumāgh은 옻나무과에 속하는 식물의 열매를 가리킨다. 이것은 분말로 만들어져 향료, 염료, 약재 등으로 사용된다.

기 마음대로 더 많이 나누어 가져갔다. 그러자 다음과 같은 지엄한 명령이 내려졌다. 촌장들이 대장에 나와 있는 그대로 정해진 세금의 액수를 자세하게 농민들의 이름과 함께 기재해서 그 사본 하나를 디반에 제출하도록 해서, 이후에는 더 많은 액수를 [거두어] 나누지 못하도록 하라는 것이었다. 농민들은 각자 자신에게 지정된 [세금의] 액수를 알기 때문에 더 많이 내지 않게 되고, 장부에 이름이 기재되지 않은 이방인이나 기타 다른 사람들로부터 징수할 수 없게 된 것이다. 이런 연유로 모든 농민들은 이슬람의 제왕—그의 왕위가 영원하기를!—의 행운을 위해서 열심히 기도한다. 은신했던 사람들은 누군가가 그들을 찾을 것이라는 걱정 없이 자기 처소로 가게 되었고, 가격이 100디나르로 알려진 집을 이제는 1,000디나르를 주어도 팔지 않게 되었다. 전체 지방의 재화는 조폐소에서 찍어내는 현금보다 더 많아졌고, 어떤 구실을 대거나 불평을 하는 일이 없이 [그 재화는] 매년 두세 차례 국고로 들어오고 있다. 이는 세상 사람들이 모두 목도하고 있는 바이다.

최근 몇 년간 한 조각의 금, 한 타가르[의 식량], 한 짐의 짚, 한 마리의 양, 한 동이의 포도주, 한 마리의 닭을 대상으로, 부가세(zavā'id), 추가세(namārī), 역참세(yām), (R1428) 증여(sāvurī), 공궤(tuzghū), 양식('alafa), 사료('ulūfa) 혹은 다른 어떤 명목으로도 촌락에 대해서 지불 청구증을 발급하지 말고 징발하지 못하도록 하였다. 지고한 신께서는 국가의 세금에 (A316r) 축복을 내리셔서 최근에는 군대에 그렇게 많이 지급해 주고, 또 청원이나 은사, 혹은 온갖 집단에 대한 지출을 지시하셨다. 모두 국고에서 현금으로 지불했음에도 불구하고, 국고에 금이나 옷감이 부족했던 적이 한 번도 없었다.

과거나 현재의 어떠한 장부를 보아도, 어느 누구의 치세에서도 [이슬람의] 제왕—그의 왕위가 영원하기를!—처럼 한 해에 이렇게 많은 황금과 옷감을 나누어 준 것을 찾아볼 수 없으며, 다른 사람들은 5년 동안에도 그렇게 지출하지 못했다. 그럼에도 불구하고 국고는 여전히 금과 옷으로 가득 차 있다. 과거에는 징세관들이 지방의 세금에서 누군가에게 지출할 수 있는 것이 아무것도 없었음에도 불구하고 지불 청구증이나 지불 위임증을 발행했고, [그러다 보니] 연말이 되어 *그것을* 계산해 보면 전체가 다 결손이 되었다. 징세관들은 그 밖에 다른 것들도 발행했다. 그런데 지금은 [이슬람의] 제왕—그의 왕위가 영원하기를!—의 관용과 미덕에 힘입어 나라가 풍요로워지고 지방에서 수확되는 양이 징세관들이 요구하는 것보다 더 많아졌다. 작년에 거둔 곡식의 상당 부분이 창고에 남아 있어서, 사람들에게 구태여 분배할 필요도 없다. 매년 곡식이 익으면 서둘러 판매할 필요도 없다. 전에는 곡식이 익기도 전에 선불 (taqdima)로 내놓아야 했는데, 디반은 이제 항상 창고에 1년분의 수확이 있고 재고에는 세금이 있기 때문에 [그럴 필요가 없게 되었다].

이슬람의 제왕은 다음과 같은 명령을 내렸다. "짐이 이러한 정책을 지시했으니 태수들은 지불 청구증을 발부하는 데에서 손을 떼도록 하라. 농민들에게는 자신에게 정해진 세금을 자세히 알게 하라. 그러한 관행이 확정되고 익숙해졌으니 백성들이 확정된 세금을 내는 것은 극히 용이하고, 또 아주 기꺼이 세금을 낸다. 그리고 우리가 생각해야 할 점은 여기서 한 걸음 더 나아가 어떻게 하면 이러한 관습을 확고히 정비하고 지속적인 것으로 만들어서, 세상에서 일어나는 격동과 수많은 사건들과 각종 문제들에도 불구하고 흔들림이 없도록 하느냐 하는 것이다. (R1429) 그래서 어떤 경우일지라도 상세한 내용이 기재된 이러한 모든 지불 청구증을 대디반에서 발행하여 지방에서 세금을 서둘러 징발하려고 하지 않게 되었다. 또한 이 시대의 부관이나 재상들이 행정에서 게으름을 피우거나 태수들이 지불 청구증을 발행하는 것을 허락하는 일이 없게 되었다. 또다시 사법관들이 찾아와 억압의 손길을 뻗쳐서 농민들이 불안에 떨거나 심문을 받는 일이 없어졌다. 그렇게 많은 폐단이 발생한 뒤에 확립된 이러한 제도가 또다시 취소되어서는 안 되며, 세상이 다시 황폐해지고 재고의 세금과 군인들의 봉급이 소진되어버리는 일이 있어서는 안 될 것이다. 짐에게 행운이 찾아오고 은혜가 주어졌으며, 또한 지고한 신께서 나라의 사무를 내게 맡겨서 권력과 위세를 부여하셨으니, 노력과 헌신을 다해야 할 것이며 게으름과 부주의에 정신이 팔려서는 안 될 것이다. 우리는 이 제도와 규범을 확고하고 견실하게 다져서 어떠한 형태의 변화나 개변도 발생하지 않도록 해야 할 것이다."

그는 전국의 모든 지방에 대해서 한 가지 표현으로 단일한 칙령을 선포했다. 그리고 각 지방들에서는 그 [칙령의] 사본을 문서와 대장들에 확실하게 기록하도록 했다. 그래서 그 칙명이 당대의 모든 사람들에게, 귀족이건 평민이건 불문하고, 분명하고 확고해지도록 하였다. 그 사본[의 내용]은 다음과 같다.

(R1430) 대디반에 상세하게 기록되어 전달된 각 지방의 세금들, 지방 태수들의 지불 청구증 발급을 완전히 금지하는 칙령(yarlīgh)의 사본

자비롭고 자애로운 알라의 이름으로
술탄 마흐무드 가잔의 명령(farmān)

아무다리야에서부터 시리아와 프랑크의 국경 사이에 있는 여러 도시와 지방에 있는 바스칵, 말릭, 부관, 징세관, 판관, 사이드, 이맘, 사드르, 지주, 귀족, 수령, 촌장,[66] 그리고 일반 농민과 평민들은 알지어다. 나의 생각과 걱정과 관심은 항상 다음과 같은 점에 맞추어져 있었다. 즉 영광된 치세의 최근 여러 날 동안 "알라는 정의와 선행을 명하셨다."[67]는 [쿠란의] 말씀에 따라, 그리고 "정의로써 사람들을 심판하신다."[68]는 명령에 따라, 통치자와 폭군들이 행하는 온갖 학정과 억압과 강폭과 착취를 어떻게 하면 막을 것인가 하는 것이었다. 이들은 (A316v) "우리는 우리 선조들의 신앙을 찾아냈고, 우리는 그들의 발자취를 따른다."[69]는 요지에 따라 시간이 흐르는 가운데 [그런 악행이] 습관이 되었고 무슬림들의 피와 재산을 자신의 양식과 음식으로 만들었다.

짐은 말했노라. 이후로는 어느 누구도 자신의 탐욕과 불의를 반복하지 못하도록 그런 방식으로 나라의 제도와 질서를 잡고 국사의 방책을 정하여, 그 효용성이 즉시 그리고 영속적으로 지고한 신께서 창조하신 인간들에게 돌아감으로써 그들이 휴식과 안락을 누릴 수 있도록 칙명을 내렸다. 그래서 "좋은 모범을 보인 사람은 [알라로부터] 보답을 얻을 것이며 그 [모범]을 따르는 사람들의 보답까지도 받을 것이다."라는 말씀에 따라, 짐은 이승과 저승에서 좋은 이름을 얻게 될 것이다. 왜냐하면 짐은 이 세상에서 "한 시간의 정의가 70년간의 경배보다 더 낫다."는 말씀처럼, 이 같은 효용성보다 (R1431) 더 나은 것을 생각할 수 없으며, 저

---

66) 칙령의 모두에 기재된 이들 관직명 즉 바스칵(bāsqāqān), 말릭(mulūk), 부관(nawāb), 징세관(mu-taṣarrifān), 판관(quḍāt), 사이드(sādāt), 이맘(a'imma), 사드르(ṣudūr), 지주(arbāb), 귀족(a'yān), 수령(mu'tabarān), 촌장(rū'asā) 등은 훌레구 울루스에서 작성된 칙령들에 자주 등장한다. 군주가 칙령을 내릴 때 그것을 수령하는 사람들(inscriptio)에 해당한다. 몽골제국 당시 명령문의 구성 부분과 그 특징에 대해서는 김호동, 「몽골제국기 문화의 교류와 통합: '명령문(命令文)'의 특징과 기원을 중심으로」, 『문화: 수용과 발전』(서울: 새미, 2010); 김석환, 「13~14세기 몽골제국 칙령제도 연구」(서울대학교 박사학위논문, 2019) 참조.

67) 『쿠란』 16:90.

68) 『쿠란』 38:26.

69) 『쿠란』 43:22.

승을 위한 양식으로서 이보다 더 적절한 것은 있을 수 없기 때문이다.

　이제 세상 사람들은 다음과 같은 사실을 분명히 알 것이다. 지고한 신의 은총에 힘입어, "지고한 알라께 가장 사랑을 받고 가장 가까운 자는 정의로운 군주이며, 그에게 가장 미움을 받고 가장 멀리 떨어진 자는 포학한 군주이다."라는 예언자의 지시를 받든다. 그동안 계속되어온 그러한 폭정과 강압들 가운데 일부에 대해서는 힘이 닿는 범위 안에서 가능한 방법을 동원하여 제거하였다. 그에 관한 자세한 설명은 별도로 이루어질 것이다. 그 가운데 하나가 바로 나라 안의 실태를 파악하고 세금을 확정하는 것, 과도한 추산과 액외(額外) 세금('avāriḍ)[70]과 각종 공적인 부과금을 막는 것, 세금을 걷기 위해 각 지방으로 계속해서 파견하는 징세관과 사신들을 위한 역마와 사료를 징발하는 것, 나아가 각종 피해와 파괴와 재화의 낭비 등을 근절하는 것이었다. 이러한 연유로 짐은 전국으로 비틱치들을 파견하여 각 성(vilāyat)과 구역(nāḥiyyat)과 촌락(dīh)을 상세하게 기록하고, 평민 백성들이 편안하고 감사하며 안락할 수 있도록 세금과 경비를 확정하게 하였다.

　왜냐하면 과거에는 무뢰배나 포학자들이 그러한 세금 이외에 임시비(ikhrājāt)나 액외 세금, 혹은 일일이 기록하기도 번거로울 정도로 수많은 것들을 갖가지 이유와 구실을 대고 착취하였다. 그 대부분은 자신들이나 대리인들 혹은 악인이나 두령들이 빼앗아 갔기 때문에, 거기서 나오는 재화는 디반이나 국고로 들어가지도 못하고, 오히려 나라에 해를 끼치고 나라를 황폐하게 했으며 재화의 손실을 초래했다. 사람들이 디반의 세금을 식읍(muqāti')이나 청부(ḍamān)의 형식으로 받은 목적은 그것을 장악하여 자기가 하고 싶은 대로 하는 데에 있었다. 식읍으

---

70)　'액외 세금'이란 합법적으로 규정된 세목 이외에 임의로 부과하는 잡다한 세금을 지칭한다.

로 정해진 세금의 몇 배를 징수했고 규정된 의무는 하나도 수행하지 않았다. 그런 까닭에 군대를 징발하거나 변경을 방위하거나 국가의 경비를 필요로 할 때, 국고에는 아무런 재화도 존재하지 않게 된 것이다. 그래서 불가피하게 강제수용(muṣādara), 추가세(nimārī), 세금 사전 징수(musāʾada) 등의 방식을 백성들에게 강요하였다. 그렇기 때문에 항상 국가와 (R1432) 지방과 농민들은 동요하고 피해를 받으며 곤경에 처하게 되었으며, 군대는 장비도 없이 허약해진 것이다.

그런데 이제 지고한 신의 도움으로, 과거 어느 시대에도 기록되지 않았고 그에 관한 대장이나 사본들이 수집되지도 않았던 나라 안 대부분의 지역들에 대한 상세한 정보가 각 촌락 단위로 [조세] 대장에 상세하게 기재됨으로써, 각 지점들의 세금이 확정되었다. 어느 누구도 항상 공정과 공평을 기할 수는 없는 법이다. 물론 응당 그렇게 해야 마땅하겠지만 때로는 인식의 결여로 인하여, 때로는 자신의 의도와 탐욕으로 인하여 [그런 결과가 초래된다]. 이러한 도덕적 결함과 특성을 지니지 않는 사람은 아마 드물 것이다. 그러나 힘이 닿는 한 최대의 노력을 다하여 대장을 작성하였다. [그 대장을] 짐의 어전으로 가지고 왔을 때, 만약 명백한 차이가 있거나 어느 누군가에 대해 과오가 저질러진 경우에는 보고를 올리게 하여, 대디반의 부관들에게 그것을 처리하도록 하였다. 디반에서 관리하는 대부분의 지역들은 상황을 잘 판단해서, 판관[71]과 농민과 지주들 가운데 뽑힌 징세리들에게 맡기고, 지속적인 효력을 지닌 것으로 확정된 조항들은 디반의 서명과 표시를 하고 금인(金印, altūn tamghā)[72]을 날인하여 짐에게 제출하도록 하였다. 그래서 그들에

---

71) Rawshan은 T?AH라고 하였으나 여기서는 Jahn(p. 259)에 따라 QDAH로 읽었다. Thackston도 Jahn을 따랐다.

72) 여기서 '금인'이란 인장의 재료가 금(altūn)이기 때문에 그렇게 불린 것이며, 몽골제국 시대에는

게 징세관(mutaṣrrif)이 되어 매년 디반에게 납부해야 할 액수를 보내도록 하였다. 과거에 존재했던 각종 억압과 강제와 액외세와 비정규 과세(kulaf-i dīvānī)는 이제 사라졌다. 설령 과거에 비해 공평이라는 점에서 약간의 차별이나 실수가 생긴다고 하더라도, 과거에 있었던 억압이나 과도함과 비교해본다면 (A317r) 아무것도 아니며, [그런 문제를 가지고] 사람들이 서로 다툴 일은 아니다. 모든 사람들이 감사하고 기뻐하며 찬미하고 편안함을 느끼게 되었다. 이제까지 상당한 액수에 달하던 예상 수확액(ḥarz),[73] 예상 수확액의 할당(muqāsamāt), 액외 세금, 비정규 과세 등으로부터 자유롭게 된 것이다.

신을 두려워하지 않는 사람들, 무신론자, 최후 심판에 신경 쓰지 않는 사람들이 지불 위임증나 지불 청구증 혹은 무익한 강권력, 비난받아 마땅한 생각들, 갖가지 계략을 써서 사람들의 재산과 피를 빨아먹고 있기 때문에 짐은 다음과 같은 명령을 내렸다. 각 지역마다 만들어진 대장에 상세하고 확실하게 기록된 세금들에 대해서 (R1433) 지방의 태수와 관리들은 지불 청구증을 발부해서는 안 되며, 그렇게 함으로써 [앞서 언급된] 사람들로 하여금 지불 청구증이나 지불 위임증에서 완전히 손을 떼게 만들어야 한다. 이런 연유로 무뢰나 두령들, 즉 세금을 내는 농민들보다도 숫자가 더 많았고 생활과 양식이 농민의 고혈로 이루어진 사람들은 더 이상 어찌할 수 없게 되었다. "파리가 그들에게서 무엇인가를 빼앗아 갈지라도 그것을 되찾는 것은 불가능하다."[74] 그들은 궁지에 몰렸고 그러한 불법적 착취는 아무 소용이 없어졌다. 그들은 합법적인 생

최고위 제왕(諸王)들만이 사용할 수 있었다.
73) 이것은 추수할 곡물의 양을 미리 예상하고 그에 따라서 산정한, 납부해야 할 세금의 총액을 가리킨다.
74) 『쿠란』 22:73.

계를 위해서 교역, 농사, 화훼, 각종 작업에 종사하게 되었다. 사악한 습관을 버리고 선한 직업과 합법적인 생계를 위해 일하게 되었다. 그래서 2~3년 사이에 나쁜 일에서 손을 떼고 좋은 일에 종사하게 되었고, 비난받아 마땅한 습관이나 횡포나 행동을 잊게 되었으며, 세상에는 새로운 관행과 규정이 분명해졌다. "익숙한 깃을 그만두는 것[은 어렵다.]"는 말이 있듯이, 칼이나 매, 고문이나 감옥으로는 불가능하고 오직 이런 방법으로만 풀 수 있다고 생각했기 때문이었다.

또한 지방의 징세관과 무뢰배들은 당대의 군주가 누군가에게 어떤 마을이나 지점을 은급(恩給, musāmaḥa), 식읍(食邑, iqṭā'), 사여(賜與, bakhshish), 혹은 은사(恩賜, an'ām)로 주었을 경우, 혹은 누군가가 카툰이나 왕자나 아미르들의 보호를 받는 경우, 만약 [그러한 사람들이] 디반에게 바쳐야 할 몫을 납부하지 않거나 어쩌다가 마을이 황폐해지면, 그들은 그것을 구실로 삼아서 그곳의 세금을 몇 배로 매겨서 대디반에 보고를 하고, 장부에 그렇게 기재하고 자신들의 이익을 위해 행동한다. 디반의 부관들은 각 지점의 원래 세액을 상세하게 알지 못하는데, 그 액수가 얼마나 많은 것인지 어찌 알겠는가. 그러니 [부관들은] 그 징세관이나 혹은 그와 같은 편을 들면서 거짓 증거를 제시하고 사라져버리는 사람들의 말을 믿을 수밖에 없다. 또 이러한 방식으로 엄청난 현금을 가져가는 것이다. 현재는 각 지방[의 세액]이 징세 대장의 형태로 상세하고 분명하게 대디반에게 알려져 있기 때문에, 이후로는 어느 누구도 그와 같은 (R1434) 사기를 치지 못할 것이다.

또한 당대의 제왕(帝王)들과 그 부관들에게는 상술한 이와 같은 일이나 다른 사무들을 처리하는 것이 수월하고 분명해졌다. 그들의 치세에는 어느 누구도 상대방에게 폭정이나 억압을 행할 수 없게 되었다. 세금이 상세하고 확정적으로 기재된 대장의 효용성이 어느 정도인지는 명철

하고 지식이 많은 사람들에게 명백할 것이므로 더 이상 장황하게 설명할 필요는 없을 것이다. 이제 성과가 거두어지고 경험도 축적되었으며 각 지방의 세금 대장도 완전하게 구비되어, 그것을 토대로 최근 몇 년간은 금인이 찍힌 상세한 지불 청구증을 대디반에서 발급하고 있다. 그 성과가 분명하여 농민들이 편안해지고 지방들이 번영을 누리게 되었으니, 다음과 같은 구절의 대의와도 일치한다. "너는 대지가 말라서 황폐해지는 것을 볼 것이다. 그러나 우리가 거기에 비를 내리면 그것은 약동하며 팽창할 것이다. 모든 식물이 아름다운 싹을 틔울 것이다."[75] 무뢰배들은 금전 한 닢, 곡식 한 톨도 강제로 빼앗을 수 없게 되었다. 각 촌락과 마을의 농민들은 정해진 세금이 얼마나 되는지를 알게 되었고, 어느 누구라도 그들로부터 그보다 더 많은 액수를 빼앗는다면 그것은 불법적이고 무도한 것이며, 칙령을 위배하고 디반의 원래의 규정에 반하는 것이 될 것이다. 그러한 불법적이고 과도한 수탈은 디반에게도 아무런 이익도 도움도 되지 않는다. 농민들도 역시 포학자들의 명령에 따르지 않고 지불 청구증과 금인의 인증으로 확정된 액수만을 납부하고, 그렇게 거두어진 모든 것은 국고나 군대나 공적 기금(bayt al-māl)에 귀속된다.

지금 짐은 이러한 방책과 제도의 목적이 (A317v) 백성들에게 안식을 주고 덕업을 쌓기 위한 것이라고 생각한다. 짐이 노력하면 할수록 그만큼 기초는 더욱 견고해지고, 덕업과 그 생명력은 더욱 장구해질 것이다. 비록 각 지방에 대해서 상세한 지불 청구증을 작성하도록 대디반 안에 각각의 비틱치를 임명했지만, 부관들은 디반의 표시를 첨부하고 금인을 찍는다. 그러나 표시를 (R1435) 첨가하고 인장을 찍는 일은 많은 시간과 여유를 필요로 한다. 또한 [현재의 상황을 살펴보면, 상당한] 시간의 지

---

75) 『쿠란』 22:5.

체, 왕국 내에서 불가피한 사무의 발생과 변화, 변경과 격변, 혼란한 세상이 피할 수 없는 피해들이 불가피하게 발생할 수 있기 때문에, 그러한 상세한 지불 청구증을 써서 [디반의] 표시를 첨부하고 인장을 날인하지 못하는 경우가 생길 수도 있다. [그럴 경우] 이러한 과정에서 지체와 소홀이 불가피하게 발생하기 때문에 각 지방에 대해서 총괄적인 지불 청구증을 작성할 수밖에 없어지고 그러면 다시 한번 무뢰배들이 지불 청구증의 발부를 허가받아 대담한 손길을 뻗치는 것이다. 바로 이런 방식과 오랜 관행으로 인하여 세상은 황폐해지고 국고와 공적 기금은 과거와 마찬가지로 줄어들고 사라져버린다.

각 지방의 고정된 지출, 예를 들어 건설, 봉급, 연금, 은급, 기부 및 기타 모든 경비들은 재화가 국고로 결코 들어오지 않았다는 이유로, 혹은 관행적으로 제시해왔던 다른 구실이나 꾸며낸 이야기로 인해서 지체되는 것이다. 그들은 매년 이러한 구실을 대면서 살아왔고 모든 사람들이 그 피해를 입게 되는 것이다. [그러면 짐이 오랫동안 많은 노력을 기울여 준비해서, 세상 사람들에게 휴식을 가져다주려고 했던 이 제도는 무용한 것이 되고 만다.][76] 그들은 탐욕스럽고 대담한 폭정으로 무력한 농민들을 지배할 것이며, 사태는 다시 한번 손을 쓸 수 없게 되어 모든 재화와 거래는 감소하고 파탄을 맞을 것이며, 지금까지 그랬던 것처럼 정의는 사라져버리고 말 것이다. 이러한 상황은 당대의 군주나 군대나 백성들에게 받아들여질 수 없는 것이다.

이러한 상황을 개선하기 위해서 짐은 다음과 같은 생각을 했다. 각 촌락과 지역의 세금 대장이 상세하고 분명하게 작성되었기 때문에, 각 지방에 관한 그러한 책자들을 모두 다 타브리즈에 세워진 능묘, 수도장,

---

76) [ ] 부분은 러시아 교감본과 Rawshan본에 의거하여 보충했다.

혜민구 등의 건물 옆에 부속된 도서관에 집적하여, 믿을 만한 인물들에게 위탁하고 그들에게 봉급을 주어 보관하도록 하는 것이다. 그리고 기부 문서(waqfiyya)에 기록된 바에 따라 [그들에게] 희사금을 제공하고, 또한 저주 문서(la'nat-nāma)[77]를 작성해서 (R1436) 어느 누구도 그것을 무효로 만들지 못하도록 한다. 이후에 문제가 발생할 때마다 그곳을 조사해보도록 하고, 만약 어느 누구라도 교부된 계약서(sharṭ-nāma)나 [내용이 기재된] 목판(lūḥī)을 손괴하는 일이 발생하면, 그곳에 보관된 것의 부본을 주어서 확인하도록 한다.

[짐은 이러한 생각에 따라] 그것[=세금 대장]의 부본은 대디반에 하나, 그리고 각 지방에 하나씩 비치하였다. 자작농(tunnāt), 지주(arbāb), 농민들에게는 계약서를 주었다. 그리고 규정에 명시된 바에 따라서 각각의 촌락과 지역에서는 누구나 원한다면 널빤지(takhta)나 돌 혹은 동이나 철로 된 판에 새기거나 석고에 새겨 넣도록 했다. 그리고 그것을 마을 안의 모스크나 미나렛 [혹은 그들이 선택하는 다른 장소]에 비치하도록 했다. 유대인이나 기독교도의 마을에서는 예배당의 문이나 마을의 대문, 혹은 그들이 원하는 장소에 비치하도록 했다. 유목민들이 사는 곳에서는 합당하다고 생각되는 지점에 표석(mīl)을 세우도록 했다.

각 성의 경우에는 금인이 찍혀서 확정된 세금 대장의 사본을, [세액을] 늘리지도 줄이지도 않고, 도시의 판관과 사이드들과 이맘들과 공정한 사람들('udūl)과 대인들이 참석한 자리에서 건네준다. 세금의 내역이 규정된 각 마을과 지방의 농민들 및 각 직종의 사람들은 가능하면 신속하게 20일 이내로, 상술한 세금 대장의 내용을 석고나 못을 사용해서 여

---

77) 여기서 '저주 문서'란 누군가가 좋은 목적을 갖고 기부금을 희사할 때, 어떤 다른 사람이 악의를 갖고 그러한 목적을 훼손·방해하는 일을 하려고 할 경우, 그 사람이 그런 일을 하지 못하도록 경고하는 의미에서 '저주'의 내용을 미리 써놓은 문서를 가리키는 것으로 보인다.

러 지점에 확실하게 표기해두어, 여러 해가 지나도 어느 누구도 바꾸지 못하도록 해야 한다. 현금세(vujūh al-ʿayn)가 확정된 지점은 규정대로 현금을 내고, 현물세(ajnās)가 확정된 지점은 현물을 내도록 한다. [지불] 방식이 확정된 지점들은 규정된 바에 따라서 지불해야 할 것이다. 상세(tamghā)의 징수 역시 이와 마찬가지 방식으로 확정하여 목판에 분명히 새겨놓는다.

이 칙명의 이면에 쓰인 바에 따라 목판에 각각의 세목을 기재하여 다음과 같은 사실을 알리도록 했다. 즉 (A318r) 여러 지방에서 확정되고 기재된 각종 다양한 세금들 가운데 각각의 세목들이 어떤 방식으로 (R1437) 기재되고 어느 때에 납부되어야 하는지, 또 각각의 세금들이 어떤 방식으로 청구되고 납부되는지를 알도록 했다. 사본에 언급된 각각의 세목은 목판에 기재되어서, 각 촌락과 지역의 수령과 농민들이 현금세를 정해진 일시에 수집하여 광장으로 가져올 수 있도록 한다. 징세관들은 도시 중앙에 천막을 치고, 약속 기일의 시작 때부터 [납부의] 말미를 준 날까지 매일 다섯 차례에 걸쳐 [북을 치며], 이자를 포함한 세금 전액을 우리가 각 지방에 임명한 바 있는 재무관(khazānadārī)에게 와서 납부하도록 규정하였다. 징세관들은 어느 지역에서도 [세금 이외의] 다른 것을 식량이나 수고료 혹은 기타 명목으로 받아서는 절대 안 된다. 디반에서는 어떠한 형태건 지불 청구증을 발부해서는 안 되며, 어떠한 징세관도 여하한 지점과 지방으로 파견해서는 안 된다.

만약 수령과 농민이 지체하거나 게으름을 피울 경우, 혹은 약속한 기일에 세금을 내지 않을 경우, 징세관은 그들을 붙잡아서 원래의 세액 100디나르에 1디나르의 벌금을 물린다. 이를 수행하지 못할 경우에는 70대의 곤장을 쳐서, 이러한 규정과 제도가 확고하게 시행되도록 한다. 왜냐하면 [이 제도의] 이점은 귀족과 평민 모두에게 미치는 것이며, 게으름이나 소홀함 그리고 몇몇 사람들의 무지로 인하여 세상 사람들이 다시 한번 무뢰배들과 신앙이 없는 자들 혹은 주를 두려워하지 않는 자들의 강압의 손아귀에 들어가는 일이 없어야 하기 때문이다.

앞에서 설명한 것처럼 현재 항구적인 세금 대장의 형태로 확정된 현금세와 수확물의 납부 기일은 다음과 같은 방식으로 정해졌다.

다양한 세목으로 이루어진 각 지방의 현금세의 납부 기일
각 촌락마다 세금 대장이 만들어져 있고 그 세목을 목판에 기재하였다. 그런 방식에 근거하여 납부하도록 한다. (R1438)

[농민들의] 쿱추르세와 국세(mutavajjihāt). 촌락에 거주하는 농민들이 납부하는 것으로, 매년 두 차례에 걸쳐서 납부하는 것이 관례이다.

* 각 지역에 확정된 1년분의 국세 전액 가운데 반을 태양력(Jalālī)으로 노루즈 날로부터 20일 이내에 모두 납부해야 한다.

* 나머지 반은 태양이 천칭좌에 들어간 시점부터 20일 이내에 모두 납부해야 한다.

유목민의 쿱추르세와 국세는 관례에 따라 매년 초에 납부한다.

지세(kharāj)와 재산세(mālī)는 옛날부터 현금으로 납부하는 것으로 정해졌기 때문에, 매년 초 태양력으로 노루즈 날부터 20일 이내에 한 번에 납부해야 한다.

일부 지역의 지세와 현금세는 규정에 따라 여름 추수 때 납부하는데, 바그다드나 기타 지방이 그러하다.

상세의 납입은 각 지방의 사정에 맞게 각각 [칙령의] 이면에 기재하였는데, 그것을 목판에 써서 상세를 물어야 하는 그 지방의 [성]문에 내걸어서 분납을 하도록 한다. 어느 누구도 개변하거나 새로운 관례를 만들어서는 안 된다. 식읍의 소유자는 상세가 증가했다는 것을 구실로 삼

아 더 많이 [세를] 받거나 새로운 관례를 만들어서는 안 된다. (R1439)

열대(garmshīr)와 한대(sardsīr)의 수확물
즉 하작물(夏作物, ṣayfī)과 동작물(冬作物, shatavī)의 납부·징발의 기일
과 방식, 또 하작물이 나오지 않는 일부 지역에서 걷는 방법은 아래에서
기술하고 설명하는 방식대로 한다. (A318v)

열대 지방에서 나오는 동작물과 하작물에 대한 규정
동작물. 특별히 지정한 것을 제외하고, 각 지역에 대해서 [징수분으
로] 확정된 바 있는 밀과 보리 등의 동작물은 ...[78)월 1일부터 자신의 가
축을 이용하여 지정된 변경에 위치한 창고로 운반하여 수령 담당자
(qābiḍ)에게 납부한다. [납부의] 말미는 최장 20일이다.
하작물. 특별히 지정한 것을 제외하고, 세금 대장에 확정된 각종 하작
물은... 월에 자신의 가축을 이용하여 지정된 변경에 위치한 창고로 운반
하여 수령 담당자에게 납부한다. [납부의] 말미는 최장 20일이다.

한대 지방에서 하작물이 나는 곳과 하작물이 나지 않는 곳에 관한 규정
동작물. 특별히 지정한 것을 제외하고, 세금 대장에 규정된 바에 따라
...[79)월에 자신의 가축을 이용하여 지정된 변경에 위치한 창고로 운반하
여 모두 납부한다. [말미는 최장 20일이다.] (R1440)
하작물. 특별히 지정된 것을 제외하고, 세금 대장에 규정된 바에 따라
...[80)월에 자신의 가축을 이용하여 지정된 변경에 위치한 창고로 운반하

———
78) 원문 결락.
79) 『쿠란』 22:5.
80) 『쿠란』 22:5.

여 모두 납부한다. 말미는 최장 20일이다.

마찬가지로 카툰과 왕자들과 아미르들에게 사여했거나 군대에 식읍으로 위임한 것, 혹은 서한·봉급·은급·식읍·은사·급료·구휼·기부[81] 등의 형식으로 누군가에게 소유권을 부여한 것들은, 세금 대장에 기재된 바에 의거해서 동일한 방식으로 목판에 새겨서 각지에 게시한다. 그래서 상술한 [토지] 소유자들이 디반에서 정한 세액보다 더 많이 걷을 수 없다는 사실을 마음속에 새기고, 그 지역의 주민들 역시 피해를 받지 않도록 한다. 왜냐하면 군주의 공정함은 마치 태양과 같아서 모든 지역에, 세상 사람들의 모든 상황에 맞게 골고루 비추는 것이기 때문이다.

하늘의 심장 속에서 타고 있는 태양처럼
그 빛이 동방에서 서방까지 온 누리에 비춘다

[폐하의] 성스러운 치세의 목표는 이처럼 백성들의 휴식, 군대의 정비, 변경의 방어, 국고와 공적 기금의 증대, 악행자와 도적과 무뢰배들의 근절 등에 있기 때문에, 농민들이 만족하고 휴식하고 감사하는 마음을 갖도록 하기 위해서 앞에서 설명한 것처럼 그런 방식으로 처리했던 것이다. 재화는 과거 우리 조상들의 국고에 들어왔던 것에 비해 여러 배 늘어나 [추가로] 징발할 필요도 없어졌다. 상술한 이러한 방식이 모든 정의로운 군주들에게 적합한 것이고, 나아가 모든 시대와 세대의 아미르들과 나라의 기둥들과 재상, 자비와 평화의 마음을 지닌 부관들의 생각과 방책에 부합하는 것이라는 사실은 분명하다.

---

81) 서한(nāmahā), 봉급(marsūmāt), 은급(musāmaḥāt), 식읍(iḥtisābiyat), 은사(in ʿāmāt), 급료(idrārāt), 구휼(ṣadaqāt), 기부(awqāf).

지고하신 신께서는 이렇게 말씀하셨다. (R1441) "진실로 그들의 이야기 가운데에는 사려 깊은 사람들에 대한 교훈이 있다. 이것은 지어진 일이 아니라 이전에 있었던 것의 확증이며, 모든 사태의 상세한 해명이고, 또 신앙 있는 자들을 향한 인도와 자비이기도 하다."[82] (A319r) 만약 이것을 어긴다면 이는 그들의 오명과 징벌이 될 것이다. "이것을 넘어서 구하는 자, 그들은 위반자가 될 것이다."[83] 왜냐하면 이것은 공공의 복을 위한 것이며 그래야 질서가 잡히기 때문이다. 농민과 일반 백성들은 그로 인하여 안식을 얻었고, 재화는 확정되고 확고해졌다. 만약 포학자들이 다시 기승을 부리며 변화와 개변을 행한다면, 그들은 사람들의 저주와 비난을 두려워해야 할 것이다. 왜냐하면 그들의 최후는 상상할 수 있는 것보다 훨씬 더 가혹하며 지옥은 훨씬 더 고통스럽기 때문이다. "폭정을 행하는 자는 장차 어떤 일을 당할지 알게 될 것이다."[84] 세상 사람들도 이러한 일에 굴복해서는 안 된다. "진리에 거짓의 옷을 입히지 말며, 진리를 너의 지식으로 덮으려 하지 말라."[85] 따라서 개변과 변화를 꾀하는 모든 사람은 창조주와 피조물의 저주와 비난을 받을 것이다. "들은 뒤에 바꾸려는 자, 그에게 죄가 내릴 것이니, 알라께서 그것을 듣고 아시기 때문이다."[86]

이러한 내용의 칙령을 전국 각지에 선포했노라. 이 칙령을 …성[87]으로 보내니 그 성이 납부하는 국세와 거래세의 모든 세목들은 이미 확정되고 규정된 바에 따라 그 각각을 이 칙령의 이면에 분명히 기재하였으니,

---

82) 『쿠란』 12:111.
83) 『쿠란』 23:7.
84) 『쿠란』 26:227.
85) 『쿠란』 2:42.
86) 『쿠란』 2:281.
87) 원문 결락.

그 지방이 납부해야 할 세목을 앞에서 설명한 바대로 목판에 써서 게시하도록 하라. 누구라도 이를 어길 시에는 벌을 받을 것이다.

703년 라잡월 중순(1304. 2. 22), 훌란 무렌(Hūlān Mūrān)에 있는 울제이투 부이눅(Ūljāītū Būīnūq)[88]이라는 곳에 있을 때 썼노라.

두 세상의 주님께 찬양! 최고의 피조물인 무함마드와 그 일족을 위해 기도와 평안을!

그러나 디반에게 국세를 납부해야 할 성들 가운데 수확물과 (R1442) 현금세로 내야 하는 경우, 그것의 대부분은 추산(ḥazr)과 할부(muqāsama)[의 방식으]로 걷었다. 그렇기 때문에 태수와 관리와 징세리들이 제멋대로 걷기 일쑤였다. 그들은 시대마다 관례와 규정을 새로 만들고 많은 수의 실무자들을 각종 명목으로 파견했다. 거의 모든 해에 세금을 미리 납부하라고 했다. 세금을 [현금으로] 환산(tasʿīr)해서 납부할 경우에는 엄청난 증액을 농민과 경작자에게 부담시켰다. 그들이 행하는 폭정의 종류와 내역은 이루 헤아릴 수도 없다. 그러한 상황이 커다란 왕국인 바그다드와 시라즈에서는 극에 달했기 때문에, 이를 해결하는 조치를 취하여 세금을 대장에 규정된 바에 따라 거두라는 명령을 내렸다. 자작농이나 식읍 소유자들에게 영구적인 방식으로 사여한 지역에서는, 과거에는 명목상으로만 있을 뿐 아무런 세금도 들어오지 않던 것이, 이제는 몇 배의 세금이 들어온다. 대다수의 지주와 소유주와 농민들은 편안하고 기뻐한다. 태수들의 손길이 규정에 없는 것을 징발하는 데로 뻗치는 일은 완전히 사라졌다. 무뢰배들의 폭행도 일거에 사라졌다. 그 나라 안에 존재하던 각종 폐해들의 내용과, 그것들을 어떻게 처리했는지에

---

88) Rawshan은 Ūljāītū와 Būīnūq 사이에 wa를 넣어서 두 개의 지명인 것처럼 표기하였으나, 여기서는 러시아 교감본을 따랐다.

관한 이야기들은, 그러한 지방을 위해 내려진 칙령들 안에 상세하게 기록되었다. 이런 사실이 사람들에게 분명하게 알려지게 되었으니 간략하게만 언급하였다. 지고한 신께서는 정의를 펼치고 공정을 실행하는 이 군주께 생명의 장수와 유익한 복락을 주시기를! 다리우스(Dārā)[89]나 아르다반(Ardavān)[90]이나 행운의 아르다시르(Ardashīr)[91]나 아누시르반(Anūshīrvān)[92]이 질투할 만한 그의 영광된 치세에 이러한 선행들에 대한 보응이 내려지기를. 완!

---

89) 아케메네스 왕조의 다리우스 대제(재위 BC 522~BC 486).
90) 파르티아 왕조의 마지막 왕 아르타바누스 4세(재위 213~224).
91) 사산 왕조의 건국자 아르다시르 1세(재위 224~242).
92) 사산 왕조의 왕 호스로우 1세(재위 531~579)의 별칭.

제17화: 농민들을 보호하고 육성하며 그들에게 가해지는 학정을 막기 위한 명령

(A319v) 앞에서 나온 장들에서 농민들에게 가해지는 각종 학정과 강압과 폭압, 그리고 그들이 받는 여러 종류의 피해들에 대해서 설명을 했기 때문에, (R1443) [여기서는] 더 이상 되풀이하지 않도록 하겠다. 그러한 일화들을 통해서 유추할 수 있는 사실은, 태수들이나 다른 이들의 눈에는 흙덩이나 나뭇조각이 농민들보다 더 중요했고, 큰 길에 있는 먼지는 고통을 받지 않아도 농민들은 받는다는 점이다. 이슬람의 제왕 가잔 칸—그의 왕위가 영원하기를!—은 완벽한 정의를 가지고 사태의 본질을 인식하고 그 해결책을 명령하셨다. 그의 정의에 힘입어 전술한 바와 같이 모든 사람들은 편안함을 얻었다. 이 장과 특별히 관계된 것은 그가 자신의 측근이나 병사들이 농민들에게 피해를 입히거나 성가심을 끼치고 무언가를 갈취했다는 보고를 받거나 혹은 그런 것을 목도할 때마다, 즉시 그들을 곤장이나 몽둥이로 쳐서 그 고통을 되갚아주라고 명령했다는 사실이다. 이런 방식으로 그는 세상 사람들의 교훈이 되었다.

그는 친히 사냥을 나갈 때마다 어떤 마을의 경계에 이르면, 양과 닭및 자신이 필요로 하는 것들을 현금을 주고 사라는 지시를 내린다. 마찬가지로 몽골인들의 천막과 가축 가운데에서 필요한 것이 있으면 1디나르의 값어치가 있는 것은 3디나르의 값을 쳐서 주곤 한다. 그[가 이렇게하는] 의도는 다른 사람들이 그런 것을 보고 자신의 한계를 깨달아서 강압과 과도함을 자제하고, [자신이 보인] 그러한 길을 따라가도록 격려하기 위함이다. 그의 고매한 생각이 아미르들이나 병사들 가운데 누군가가 어떤 지방에서 강압을 행사하여 과도한 행동을 할지도 모른다는데에 미치면, 그는 하급 아미르를 불러 그 죄를 묻고 곤장을 친다. [이런 방법을 써서] 그는 고관들을 훈계하고 견책하는 것이다.

하루는 그가 이렇게 말했다. "나는 타직인 농민의 편이 아니다. 만약 [그렇게 하는 것이] 최상의 방책이라면 나는 그들을 모두 약탈하겠다. 이런 일을 나보다 더 잘할 수 있는 사람은 없다. 우리 모두 함께 약탈하도록 하자. 그렇지만 만약 이후에도 [내게] 곡식과 음식을 요구하고 청하려고 한다면, 나는 너희들을 준엄하게 질책할 것이다. 너희들이 농민들에게 과도하게 행동하여 그들의 소와 종자와 곡식을 먹어 치운다면, 그 뒤에는 무엇을 먹을 수 있을지 생각을 해야 할 것이다. 너희는 그들의 부인과 아이들을 때리고 괴롭히려 할 때, (R1444) 우리의 부인과 자식들이 얼마나 소중하고 귀한지를 생각해야 한다. 그들의 처자식도 마찬가지이며 그들도 우리와 같은 인간이다. 지고한 신께서 그들을 우리에게 위탁하셨으니, 우리의 선과 악을 물으실 텐데 어떻게 대답하려는가. 그들을 괴롭히면서도 우리는 모두 배부르고 아무런 재난도 당하지 않는다. 어째서 자신의 농민들을 괴롭히는가. 또 거기에 무슨 대범함과 용기가 있겠는가. 재앙 이외에 아무것도 아니며, 어떤 일을 하려고 해도 이루지 못할 것이다. 복속한(īl) 농민들과 적(yāghī)은 구별되어야 한다. 그 차이는 복속한 농민은 믿을 수 있지만 적은 믿을 수 없다는 데에 있다. 그런데 어떻게 복속한 사람들을 믿지 않고, 그들에게 고통과 상처를 입힐 수 있단 말인가. 그들에 대한 저주와 기도는 응답을 받을 것이니 그 점을 잘 생각해야 한다. 나는 항상 너희들에게 이러한 충고를 하는데 너희는 조심하지 않는다."

이와 같은 충고를 함으로써 과거에 가해졌던 피해들은 천에 하나로 줄어들었고, 나라 안의 모든 농민들은 [가잔 칸의] 성공을 위해서 더욱 열심히 기도를 올린다. "진실로 진리와 그의 영광"이 응답받기를!

제18화: 역마(ūlāgh)의 폐지와 사신(īlchī)들이 백성들에 주는 피해에 대한 방지책[93]

비록 군주들이 [왕국의] 여러 방면으로 사절과 사신들을 파견하는 것이 불가피하고, 나라의 사무가 그것을 통해서 안정되고 질서가 잡힐 수 있는 것은 사실이다. 안부를 전하거나 선물을 보낼 때, 혹은 변방의 중대사나 군대에 관한 일, 국가의 기밀들을 위해서 그들을 파견하는 것이 일반적이다. 1년에도 여러 차례 그러한 사무를 위해서 (R1445) 사신들을 파견할 필요가 생긴다.

(A320r) [그러다 보니] 과거에는 모든 카툰, 제왕(諸王), 오르도의 아미르, 만호·천호·백호·십호의 아미르, 지방의 샤흐나, 쿠슈치(qūshchī, 매잡이), 바르스치(bārschī, 호랑이 사육사), 아흐타치(akhtāchī, 거세마 사육사), 코르치(qorchī, 활잡이), 이데치(idāchī, 식량관) 및 각종 업무를 처리하는 여러 다른 종류의 사람들이 크고 작은 사무를 처리하기 위해 사신을 지방으로 파견하는 일이 점차 빈번해졌던 것이다. 몽골인들의 천막에도 각종 사무를 위해서 [사신을] 파견하곤 하였다.

지방의 사람들은 자기 아들들을 카툰과 제왕과 아미르들에게 사속민(īnchūī)이나 오르탁(ōrtāqī)[94]으로 주고 그 대가로 약간의 무언가를 받

---

93) 홀레구 울루스의 역참제에 관해서는 A. J. Silverstein, *Postal Systems in the Pre-Modern Islamic World* (Cambridge: Cambridge University Press, 2007); 김호동, 「몽골 지배기 서아시아의 역참제와 가잔 칸(*Ghazan Khan*)의 개혁」, 『역사문화연구』 35 (2010), pp. 391~444 참조.

94) ortaq(혹은 ortoq)은 원래 투르크어로 '동업, 협동'의 뜻을 지니는 말인데, 몽골의 귀족과 제휴하거나 혹은 그들에게 고용되어 상업 활동에 종사하는 사람들을 칭하는 표현으로 사용되었다. 이들은 몽골 귀족으로부터 자본을 위탁받아 고리대금이나 기타 다른 방식으로 경제 활동을 하여 이윤을 내고 그것을 상납하며 그 일부를 자신이 취하였다. 몽골 시대의 오르탁에 관해서는 T. T. Allsen, "Mongolian Princes and Their Merchant Partners, 1200-1260," *Asia Major*, *3rd series*, 2-2, pp. 83~126; E. Endicott-West, "Merchant Associations in Yüan China: The Ortoy," *Asia Major*, *3rd*

곤 하였다. 그들에게 수많은 재산과 물자와 거래와 소송이 생기니, 그들 각자는 한 명의 사신을 고용하고 합법적이건 불법적이건 자신의 사무를 처리하기 위해서 활용했던 것이다. 그들과 채무 관계에 있는 사람들은 많은 피해를 입고 비용을 쓰고 절박한 상황에 몰려서, 하는 수 없이 다른 사람의 보호를 받으러 가야 했고 [이를 위해] 사신을 고용했으며, 그런 무리에 대해서 보복과 복수를 가했다. [그러면] 그들은 또다시 사신을 불러들였다. 이런 부류의 사람들로 인하여 사신들의 왕래가 잦아졌고, [자신의 이익을] 보호하려는 사람들은 광분하면서 있는 힘을 다해서 사신들을 연이어서 보냈던 것이다.

또 다른 부류의 사람들이 있었다. 즉 누군가가 사망하고 그의 상속자가 다른 사람들과 잘 지내지 못하면, 각자 더 많은 유산을 탐내면서 비호자(ḥimāyat)에게 달려가고, 사신들을 보내서 상대방을 서로 공격하는 것이다. [그 사신들은] 평생 동안 그런 일에 종사하니, 다른 사람들은 그들을 모방하게 되고 그것이 일반 대중들에게도 직업이 된 것이다.

또 다른 부류는 촌락의 촌장들이었다. 그들은 각자 서로 다른 비호자를 찾아내어 촌장직을 놓고 다투면서 사신들을 지방으로 끌어들였던 것이다. 또 이런 부류도 있다. 그들은 어떤 지방에서 진귀한 물품들을 거둘 수 있다는 것을 구실로 삼아서 사신들을 파견하는데, [실제로] 거두어 들이는 것의 몇 배로 비용을 지출하였다. 이데치들은 (R1446) 타가르와 식량과 공물(sā'ūrīn)을 걷는다는 명분으로 얼마나 많은 사신들을 지방으로 보내는지, 도시의 디반들은 그들로 꽉 차 있었다. 무기와 거세마와 매와 기타의 것들[을 걷는] 경우도 마찬가지였다.

그 결과 도로상에 있는 사신들[의 수]는 대상이나 모든 여행자들보다

---

series, 2-2, pp. 127~154; 森安孝夫, 「オルトク(斡脱)とウイグル商人」, 『近世·近代中國および周邊地域における諸民族の移動と地域開發』(1997), pp. 1~48 참조.

도 더 많아지는 지경에 이르렀다. 만약 각각의 역참에 5,000마리의 말을 매어둔다고 하더라도 그들을 위한 역마로는 충분치 않을 것이다. 하는 수 없이 하영지와 동영지에 있는 몽골인들의 모든 가축을 끌고 와서 타고 다니게 되었다. 그들[=사신들]은 키타이와 인도 방면 혹은 기타 원근 각지에서 오는 대상과 여행자들, 아미르들과 바스칵들, 말릭과 서기들, 판관과 사이드와 이맘들, 오르도를 왕래하는 탄원자들을 말에서 내리게 하고 그들의 말을 탈취하였다. 그리고 그들을 노상에 내버려두기도 하고, 더러는 위험한 곳에 소지품과 함께 남겨두기도 하였다. 이런 행동을 하는 사신들 가운데 다수는 도적이나 강도들이 사신의 겉모양을 하는 경우가 많았다. 그들은 길에 나타나서 '나는 사신이다'라고 말하고는, 그들의 말들을 역마라고 하면서 그들로부터 탈취하고 소지품들을 약탈하곤 하였다.

또한 사신들이 [다른] 사신들의 역마를 다시 빼앗는 경우도 많았는데, '우리의 지위가 더 높다'는 것을 빙자했다. 그래서 부하(tab')[95]와 세력이 많은 사람이라면 누구나 다른 사람의 역마를 빼앗는 지경에 이르렀다. 도적들은 이러한 사정을 알게 되자 [다른] 사신들에게는 '우리는 사신이다'라는 말은 거의 하지 않은 채, 강제로 그들의 역마를 빼앗고 그들을 약탈하고, 그들이 갖고 있던 칙령과 패자들도 탈취하곤 하였다. 그래서 다수의 도적들이 패자와 칙령을 갖고 선두마(kūtel)[96]를 묶고 노상에서 강도 짓을 했다. 거짓과 사기의 방법으로 사신인 것처럼 행세하면서 대상들과 사신들을 공격하고 가축과 소지품을 빼앗았다.

또한 (R1447) 사신들은 [제공되는] 역마와 사료에 만족하지 않고 그

---

95) Thackston은 tīgh로 읽어서 'sword'라고 번역했다.
96) Steingass, *A Comprehensive Persian-English Dictionary*, p. 1058에는 'a led horse'라고 풀이되었다. 이는 몽골어의 kötel과 관련된 뜻으로 보인다.

들이 가는 곳의 모든 사람들을 각종 구실을 대면서 늑탈하고 그들에게 각종 피해를 입히며 재산을 빼앗았다. 그들의 마부들(kūtālchīyān)은 사람들의 의복과 터번 및 눈에 띄는 모든 것을 빼앗았다. 그들은 고의적으로 역마를 많이 빼앗아 되팔았다. (A320v) 그들은 촌락들에서 어떤 것이라도 찾아내면 강제로 가지고 갔다. 만약 하루에 열 군데의 농촌과 목촌(牧村, khayl-khāna)에 도착하면, 그 모든 곳으로부터 관습과 법률에 정해진 것보다 몇 배 많은 양식을 빼앗았다. 그것은 그들이 먹을 수 있는 것보다 더 많았기 때문에 [나머지는] 내다 팔았다. 그들은 항상 이런 식으로 행동하여 판매라는 방식으로 [역참용] 양식을 팔았고, 그래서 키타이와 인도의 상인들이 [더 이상] 왕래하지 않을 정도가 되었다.

이상의 설명을 통해서 일 년에 얼마나 많은 사신들이 왕래를 하고, 얼마나 많은 역마와 사료를 취했으며, 얼마나 많은 사람들을 때리고 매달고 고통을 주었는지 알 수 있을 것이다. 농민들은 언제나 그들의 손아귀에 있으며 사료를 달라는 그들의 요구에 시달렸고, 밤에는 그들의 가축과 물품들을 살피는 일로 바빴다. 사람들이 도대체 무슨 수로 그 정도라도 농사를 지어 생산을 했는지 놀라울 뿐이다. 지고한 신께서 이적의 축복을 베푸시어 그 종들이 일용할 양식을 잃지 않도록 하셨을 것이라는 것을 빼놓고는 생각할 수 없는 일이다.

그 사신들은 다수가 어중이떠중이이고 무도하고 근본도 없었으며, 어디를 가든 자기가 모모 노얀의 아들이나 형제이며, 어떤 은밀하고 중대한 일로 가는 것이라고 말하곤 하였기 때문에, 역참지기(yāmchī)와 태수와 유지와 농민들은 그들 모두가 새빨갛고 쓸데없는 거짓말을 하고 있다는 사실을 알았다. 그러니 어쩌다가 지체 높은 사신이 중요한 사무로 가면, [거짓말을 한] 다른 사람들과 마찬가지로 여겨져서, 사람들은 마음에 별다른 존경심이 없었고 그를 중요하게 여기지도 않았을 것이다. 이런 이유로 사신들은 어떤 예우도 받지 못하게 되었고, 모든 사람들의 눈에는 가장 저질의 부류로 여겨지게 된 것이다. (R1448) 진짜 사신들도 오인하여 예우를 하지 않았기 때문에, 그들은 역참에 있는 역마도 구하지 못하고 지치게 되었다. 여행자들과 초원민들은 [가짜 사신들의 늑탈을] 두려워하게 되었고, [정상적인] 길이 아닌 곳을 거쳐서 [여행]하거나 [초원이 아닌] 산속에 유숙하게 되었다.

이런 연유로 어떤 사신 한 사람이 나라의 중요한 사무로 올 때마다, 도착하는 데에 필요한 기간보다 두세 배가 걸렸고, 그로 인하여 손실이 발생하는 것은 불가피했다. 그[=사신]는 역참에 있는 말들이 수척한 것에 대해서 역참지기들을 질책하기 일쑤였다. 역참 한 곳에 5,000마리의 말들이 묶여 있다고 하더라도 급행 사신(īlchī yārāltū)이 탈 수 있는 살찐 말은 두 마리도 찾을 수 없었다. 각 도시마다 수만 금의 재화가 역참의 비용과 사신들의 경비로 지출되었는데도, 바로 이런 이유로 지방의 태수들은 또 추가의 비용을 농민들로부터 갈취하여, 그중 일부는 지출하고 또 일부는 [자기가] 갖는다. 국가가 걷는 세금들 가운데 가장 많은 현금을 보장하는 것이 상세이며 모든 지방에서 그것은 항상 사신들을 위한 경비로 제공되지만, 그것은 그들을 이동시키는 데에도 충분치 않게 되었다. 태수들은 양식[의 조달을 위해] 지불 위임증을 상세리에게 발부하고 [자신들은] 도망쳐버렸다. 아무런 방법도 없을 때에는 상세리도 숨어버리곤 하였다. 사신들 사이에서 다툼이 일어나 마침내 승리한 쪽이 경비를 가져갔다. 수행원이 많은 쪽이 유리했기 때문에 많은 수의 누케르들을 자기 주변에 끌어모으려고 노력하였다. 그래서 자기 일족이나 친구들 중에서 [수행원들을] 모집했고, 도로상에서 온갖 종류의 사람들을 불러 모았으니, 부랑배와 무뢰배들이 그들의 뒤를 따랐다.

그 결과 군주나 대아미르와는 면식도 없는 어떤 사신이 단지 사소한 사무를 처리하기 위해서 떠나는데 200명 혹은 300명의 기병을 데리고 가는 일이 벌어졌다. 이보다 더 지체 높고 유명한 사람들이라면 500명에서 1,000명의 기병을 데리고 가기도 하였다. 그래서 한 도시 안의 디반에 거의 200개의 의자를 (R1449) 사신들이 사용하는 용도로 내어놓을 지경이 되었다. 태수들은 '어느 누구건 더 급한 쪽을 먼저 처리하겠다.'고 말하곤 하였다. 이런 이유로 사신들은 서로 다툼을 벌였고 거기서 어느 한쪽이 우세하면, 태수들은 우세한 쪽의 도움을 받아 다른 사람들의 손아귀에서 해방될 수 있었던 것이다. 그들은 그 [사신]에게 [머물 수 있는] 약간의 말미를 주고, 그를 위해 봉사하면서 시간을 보냈다. 그러다가 (A321r) 연말이 되면, 그 사신들 모두 아무런 일도 처리하지 못하고 엄청난 비용만 소비한 채 돌아가고 말았다. 사신들로 인하여 발생하는 각종의 피해와 손실은 글로 다 설명하기 어려울 정도이다.

이슬람의 제왕—그의 통치가 영원하기를!—은 완벽한 공정함을 갖고 이 문제를 처리해야 할 필요성이 있다는 것을 알고 다음과 같은 명령을 내렸다. "피해가 점차 이렇게까지 커지고 일반 백성들이 그것에 익숙해진 이 사태를 단번에 해결하는 것은 불가능하니 천천히 처리해야 할 것이다." [개혁의] 조치들을 시작한 그 첫해에 그는 "짐에게는 급행 사신들이 왕국의 중대사와 변경의 중요한 사무를 위해 이용할 별도의 역참이 필요하다. 그 외에는 다른 어떤 사람도 그곳의 말들을 타서는 안 된다. 그 사신들은 다른 사람들과 구별되어 대우를 받아야 하며 목적지까지 신속하게 도착할 수 있도록 해야 한다."고 지시했다.

그리고 칙령이 내려졌다. "큰 도로 위에는 반드시 3파르상마다 1개소의 역참을 설치하고 50마리의 살진 말을 매어두도록 하라. 그렇게까지 할 필요성이 없는 일부 지역에서는 [그보다] 적은 수를 준비하도록 하라." 또한 "군주의 친필로 된 서명(nishān)[이 있는 문서][97]와 어보금인

(御寶金印)이 없으면 그 역마를 어느 누구에게도 주지 말라."고 명령했다. 각각의 역참은 1인의 대아미르에게 맡기고, 그것을 [운용하는 데에] 필요한 경비를 마련하도록 정해진 지방을 그의 관할하에 두도록 하였다. 그래서 필요한 것 이상으로 경비를 거두지 못하도록 하였다. 그리고 "너에게 많은 양의 경비를 주어 부족함이 발생하지 않도록 했으니, 잉여분은 너 자신의 필요 경비로 사용하라. 매일같이 고발자들이 들고 일어나 '경비가 필요한 것 이상이다'라든가, '그 일을 혼란스럽게 만들었다'라든가, '다른 사람에게 [그 일을] 주어야 한다'라든가, '역참은 유지할 필요가 없다'는 등의 주장을 할 것이다. 너는 (R1450) 대아미르이기 때문에 많은 양의 경비를 지급받는 데에 제약이 없겠지만, 너 역시 그 중요한 사무를 올바로 정비해야 한다."고 명령했다.

변경에 있는 아미르들은 상황을 알리기 위해 사신을 그 역참을 이용하여 파견할 필요가 있기 때문에, [군주는] 그들 각자에게 늘 사용하는 서명과 자신의 금인이 찍힌 몇 통의 서한(maktūb)을 주었다. 그 가운데 일부는 2필의 말, 일부는 3~4필의 말을 사신들에게 주도록 하라[고 적혀 있다]. 역참지기들에게는 그 서명[이 있는 문서]가 아니라면 역마를 제공해서는 안 된다고 분명히 정해주었다. 그러고 난 뒤에 "사신의 목적은 신속하게 가는 것이니, [그가] 설령 노얀의 자식이라고 할지라도 4필 이상의 역마를 타서는 안 된다."고 명령했다. 또한 "사무가 정말로 신속을 요하는 것이라면 편지를 쓰고 인장(muhr)을 찍어서 그 역참의 역부(ūlāghchī)들로 하여금 달리게 하라. 편지의 상단에는 '모모 지점에서

---

97) Busse의 연구에 따르면, 당시 farmān, ḥukm, nishān, parwānacha 등의 표현은 서로 큰 차이 없이 사용되었다고 한다. H. Busse, *Untersuchungen zum islamischen Kanzleiwesen* (Kairo: Kommissionsverlag Sirović Bookshop, 1959), p. 67. 本田實信은 nishan을 '부첩(附牒), 인(印)'으로 옮겼다 (『モンゴル時代史研究』, pp. 212, 276, 278, 340).

모모 지점까지'라고 적도록 하라. 변경의 모든 아미르들 각자에게 복제 탐가(tamghāī sawādī)를 하나씩 주어서 편지에 날인하도록 하였다.

역참지기들은 이전부터 달렸던 길을 잘 알고 있기 때문에, 그리고 3 파르상(약 17킬로미터)에 역참이 하나씩 두어졌기 때문에, [한 명의 사신이 가는 것이 아니라] 여러 명의 역부들이 달릴 수 있고, 하루 밤낮에 60 파르상(약 350킬로미터)을 주파할 수 있다. 그래서 긴급한 소식들은 3~4 일에 후라산에서 타브리즈까지 도달할 수 있다. 만약 사신이 온다면 6 일 이상이 걸려도 도착할 수 없을 것이다. 또한 역참 하나마다 두 명의 급사(急使, payk)도 준비시키도록 명령했다. 그래서 만일 지방에서 중요한 사무들이 생기면 편지의 상단을 급사인(急使印, tamghā-i paykī)으로 봉인하고, "모모 지점에서 모모 지점까지 간다."고 쓰고 [그들로 하여금] 가게 한다. 시험을 해본 결과 급사들은 하루 밤낮을 연속해서(ūlām bi-ūlām)[98] [달려] 30파르상(약 170킬로미터)을 달릴 수 있었고, 어떠한 소식도 짧은 시간 안에 도착할 수 있게 되었다.

얼마 지난 뒤에 [칸은 이렇게 명령했다]. "짐의 어전에서 밤이나 낮이나 더우나 추우나 사냥터에서나 전쟁터에서나 봉사하고 있는 케식들과 근시들은 자신의 말과 양식을 가지고 다닌다. [그런데] 사무를 처리하기 위해 이동하는 사람들이 무엇 때문에 국비로(bi-dawlatī)[99] 가면서 양식을 취하고, 지방에 도착하면 (R1451) 추가비(far')[100]와 향응비(ta'ah-

---

98) Cleaves는 "The Sino-Mongolian Inscription of 1346," p. 69, p. 90에서 'in succession'으로 번역하였다. 『몽골비사』에도 동일한 표현이 보이며, Rachewiltz는 The Secret History of the Mongols, p. 673에서 "successively. one after another"를 뜻한다고 하였다.

99) 러시아 교감본은 bi-dawlī로 읽었고, Rawshan 역시 bi-dawlī(?)라고 하였다. 그럴 경우 '천천히, 지체하면서'의 뜻이 된다. Thackston은 이를 'at state expense'라고 옮겼는데, 이 단어를 bi-dawlatī로 읽었기 때문이다. 본 역자 역시 앞의 문장과 대비하여 볼 때 그렇게 읽는 것이 더 자연스러워 보인다.

100) Thackston은 far'를 "surtax"라고 번역하였다.

huāt)를 지출 경비에 넣는 것인가?"

[이러한 조치들은] 합리적이기 때문에 그것에 관한 칙명은 시행에 옮겨졌고 얼마의 기간 동안 이러한 방식으로 추진되었다. 만호의 역참들이 폐지되고 그 비용으로 지출되던 돈들이 국고로 들어왔다. 군주께서 파견하는 사신들에게 역마가 없는데 다른 사람들이 그것을 어찌 취하겠는가. 또한 명령하기를 "어전에서 일하는 사람들을 제외한 어느 누구도 사신을 파견해서는 안 된다."고 하였고, 그런 까닭으로 다른 사람들의 사신은 금지되었다. 또한 "만약 누군가가 자신의 사무를 위하여 지방이나 어떤 지점으로 사신을 보낸다면, 그에게는 식량을 주지 말라. 그곳의 태수는 그 (A321v) 사람을 체포하고 포박하여 구금하라."는 명령을 내렸다. 이렇게 되니 자신의 사무를 위해서 사신을 활용하던 사람들은 그러한 [행태를] 그만두게 되었다.

그 뒤에 [칸은] 이렇게 명령했다. "지방으로 가는 사신들에게는 도상에서 필요한 양식의 비용을 왕복에 필요한 액수만큼 짐이 국고에서 줄 것이며, 그래서 어느 곳에서도 [비용을] 취하지 못하게 할 것이다. 그 지점에 도착하면 정해진 추가비(farʿ-i muʿayyan)를 받도록 한다. 어떤 지방에 [가도록] 임명받은 사신들 각자에게는 국고에서 양식비를 현금으로 주도록 한다." 이러한 내용은 모든 지방과 지역들에 알려졌다. 군주—그의 왕국이 영원하기를!—의 명령으로 이동하는 사신들도 도중에 양식을 취할 수 없는데, [그렇지 않은] 다른 사람들에게 그것을 왜 주겠는가. 이런 연유로 최근 2년간 왕국의 전역에서 사신들이 필요로 하는 역마와 양식의 비용이 도시와 농촌과 목촌에서 사라졌고, 필시 왕국에서는 한 사람의 사신도 볼 수 없게 되었을 것이다. 왜냐하면 기마 역참[101]을 통해 가는 사신들은 밤이나 낮이나 장거리를 주파해야 하고, 그들은 약간의 음식을 먹을 여유도 없기 때문이다. 그 지방들에서는 1년에 적어도 30명의 사신을 파견하는데, 그들은 도중에 양식을 취할 권리가 없기 때문에 다른 여행자들과 다른 점이 없어 보인다. 이러한 정의로운 통치 덕분에 일반 백성들은 안식을 얻게 되었다.

(R1452) 몽골인들과 초원민들은 [자신들의] 목지에서 안식을 취하고, 상인들과 왕래하는 사람들은 도로상에서 안전을 즐기며, 도시와 농촌에 거주하는 사람들은 아주 편안하게 건설과 농경에 몰두하고, 모든 부녀자들은 마음과 충심을 다하여 군주의 행운을 위하여 기도를 올리니, 신이여 그들의 기도가 응답받게 하소서. [칸은] 명령하기를 "만약 불가피한 상황이 생겨서 몇 필의 역마나 나귀를 한 무리의 사람들에게 주어 한 지방에서 다른 지방으로 가도록 해야 한다면, 그 비용을 그들에게 주어서 그들의 재산이 되도록 하라. 결코 역마라는 이름이 그 사이에 나와서는 안 된다." 이전에 쿠슈치와 바르스치들은 역마를 이용하여 지방에서 매와 표범을 갖고 왔다. 그래서 명령하기를 "왕래하는 사람들이 필요로 하는 가축과 사료와 양식의 가격을 그들에게 주어서, 노상에서는 아무것도 취하지 못하도록 하라. 그들이 도착한 뒤에 모든 가축들은 그대로 남겨져 그들의 소유가 되도록 하라."고 하였다.

이러한 조치들로 인하여 왕국은 번영하게 되었고 새로운 양식과 관습이 자리 잡았다. 역참의 경비로 또는 사신들의 비용으로 정해졌거나 혹은 [온갖 명분으로] 엄청난 액수로 취해졌던 재화들이 국고로 들어왔다. 그것을 구실로 백성들로부터 [거두어] 허비했던 것이 그 주인들의 것으로 남게 되었다. 지고한 창조주께서 "그 자신에게 있는 자비심과 그

---

101) 원문은 BYNCK yām. 특히 여러 사본에 보이는 앞 단어의 다양한 표기에 대해서는 러시아 교감본 p. 485, note 35 참조. Rawshan(vol. 3, p. 2331)에서 bin-을 '(말을) 타다'라는 뜻의 투르크어와 연관하여 이해하고 있는데 수긍이 가는 해석이다.

속에 가려진 은혜와 관용으로써"[102] 이러한 정의의 축복이 폐하의 치세
에 성취되게 하시기를!

---

102) 원문은 아랍어.

제19화: 도적과 노상강도를 막고 그들로부터 도로를 보호하는 것에 관하여

과거에 노상강도와 도적들의 횡포와 강압이 어느 정도로 심했는지에 대해서 세상 사람들은 모두 알고 있다. 그들은 몽골, 타직, 배교자, 쿠르드, 루르(Lūr),[103] 슐(Shūl),[104] 시리아인 등 온갖 종류로 이루어져 있었고, 도망친 노예들이 그들과 합류하기도 한다. 도시의 불량배와 무뢰배들도 그들에게 갔고, 시골이나 여러 지방에 사는 사람들도 그들과 하나가 되어 길 안내(qulāūzī) 노릇을 하기도 한다. 그들은 모든 도시 안에 (R1453) 정탐꾼을 갖고 있어서, 여러 부류의 사람들이 그들에 대해서 세우는 계획을 알려준다. 일부 도적들은 오랫동안 노상에서 도적질을 했고 그런 일로 유명해졌다. 만약 그들이 붙잡히는 일이 생겨도, 어떤 집단이 [나서서] "이런 용사를 어떻게 죽일 수 있다는 말인가. 그를 후원해 주어야 한다."면서 비호하곤 하였다. 이런 연유로 다른 도적들은 건방지고 대담해진 것이다.

과거에 내려진 법령에 의하면 도적이 침입해 올 때마다 대상과 사신과 여행자들은 모두 합심하여 그들을 막아내야 했다. 그런데 지금은 도적들이 길에 나타나면, [상술한] 무리들은 서로 도움을 주지 않고, 대부분의 경우 도적들이 상술한 그 무리들의 상황을 잘 인지하여, "우리는 아무것도 소유하지 않거나 조금밖에 없는 사람들과는 관계가 없다."고 소리를 치면서, 그 무리들을 떨어뜨려놓는다. [그런 다음에] 도적들은 다른 사람들을 습격하고 죽였던 것이다. (A322r) 그들이 목장이나 촌락이나 도시 부근의 노상에서 도적질을 할 때, 설령 누군가가 가까이에

---

103) 이란 서부의 산지 및 그곳의 주민.
104) 이란 남부 파르스 지방에 사는 주민.

있고 그것을 막을 수 있더라도 나서지 않는다. 심지어 도적들은 초원의 주민이나 농촌의 주민들 각 집단 사이에 친구들과 동업자들을 두는 지경에 이르렀고, 많은 사람들이 그런 사실을 알고 있지만 드러내지 않았다. 어쩌다가 드러난다고 하더라도 어전에 보고하지는 않았다. [도적들은 자신을] 잘 알고 그들을 잘 알고 친분이 있는 촌장과 수령들의 도움을 받아, 1년 중 여러 계절에 자신들이 필요로 하는 것들을 모두 세금에서 충당하였다. 그들 중 상당수는 손님이라는 명분으로 그런 무리의 집에 가기도 하고, 두려워할 만한 때가 되면 그들[=촌장이나 수령]에게로 도망쳤다. 그들은 도시 안에도 친한 사람들이 있어서 그들이 가지고 있는 옷감을 팔아주며, 때때로 한 달 혹은 두 달 동안 함께 술을 마시고, 돈을 훔쳐서 함께 탕진하는 것이다. 도적들은 어찌나 포학한지, 밤중에 갑자기 아미르의 집을 습격하여 약탈을 하기까지 했다.

투트가울(tutghāūl)[105]들과 도로 경비인들은 (R1454) 대로를 지나가는 사람들로부터 자기들이 원하는 것을 빼앗는 것 이외에는 아무 일도 하지 않았다. 그들은 대상단을 만나면 "너희들 중에 도적과 유실물(bulārghū)이 있다."고 하면서 멈춰 세우고는, 도적들이 [그 소식을] 듣고 대로로 나올 때까지 붙잡아둔다. 그들은 한 번도 도적들의 뒤를 추격한 적이 없으며, 왕래하는 사람들은 도적들을 투트가울이나 도로 경비인들보다 더 두려워하지 않는다. 왜냐하면 도적들의 습격은 어쩌다가 벌어지는 일이지만, 그들의 손에 의해 이루어지는 약탈은 한 곳에서 두 차례나 벌어지기 때문이다. 오, 대상단들은 투트가울과 도로 경비인들의 약탈에서 벗어나기 위해 얼마나 자주 큰길에서 멀리 떨어져 여행을 했는가.

---

105) 투르크어에서 '붙잡다'를 뜻하는 tut- 동사의 파생어. 관직명으로 도로상의 질서와 안전을 책임지고 감시하며, 대상들을 호위하고 도적들을 단속하는 임무를 수행했다.

이슬람의 제왕—그의 왕국이 영원하기를!—은 이러한 상황을 해결할 필요가 있다고 생각하고 먼저 다음과 같은 명령을 내렸다. "도적들이 습격을 할 때 동료들로부터 떨어져서, 다른 사람들과 함께 방어를 열심히 하지 않는 사람은 누구라도 죄를 물을 것이며, 그의 동료들의 피와 재산에 대한 책임을 지울 것이다."

그는 또 이렇게 명령했다. "농촌이건 목촌이건 불문하고, 그곳이 습격을 받는 대로에서 가까운 곳에 위치해 있을 경우, 도적들을 추격하고 체포하는 책임을 그들에게 지울 것이다. 특히 그러한 소식을 접하면, 밤이건 낮이건 말을 타건 도보로 가건, 그들을 체포할 때까지 추격해야 한다."

그는 또 이렇게 명령했다. "몽골이건 무슬림이건 어느 누구라도, 목촌이건 농촌이건 도시건 불문하고, 도적들과 한패가 되었다가 발각되면 가차 없이 야사에 처할 것이다." 이러한 중요한 사무를 처리하기 위해 폐하의 측근인 아미르 이트쿨(Ītqūl)[106]을 임명했는데, 그는 [처벌할 때] 안면을 몰수하고 결코 동정심을 보이지 않는 것으로 유명했다. 그는 몇몇을 목쇄(木鎖, dū-shākh)에 채워서 끌고 왔고, (A322v) 아미르 이트쿨에게 정보를 알려준 제보자는 그 공로를 인정받아 타르칸[의 직책]에 임명되었다. [칸은] 칙명을 내려 그에게 색출에 더욱 매진하라고 하였다. 또한 그는 (R1455) 아미르 이트쿨이 그런 무리들을 야사에 처한 것을 기쁘게 생각하며, 그들이 갖고 있던 재산과 가축을 모두 그에게 하사하라고 했다. 그리고 그 어느 누구든 심지어 말고삐(chīlbūr)[107] 같은 것을 훔칠지라도 야사에 처하라는 명령을 내렸다.

이러한 연유로 나라 안에 매우 큰 두려움과 엄정함이 자리잡았다. 이후로는 어떤 사람도 도적들과 연맹하지 않았고, 도적들도 [다른 이들로

---

106) Rawshan은 AYTQWN이라 했지만, 노역본과 Jahn과 Thackston은 모두 AYTQWL로 읽었다.
107) 이는 몽골어 chilbughur를 옮긴 말이다. Lessing, p. 182.

부터] 도움이나 물자나 [은신할] 장소 등을 구할 수 없다는 것을 알게 되었기 때문에, 도적질이 현저하게 줄어들었고 어느 정도의 평안이 찾아왔다. [칸은] 그 뒤에 이렇게 명령했다. "나라 안 모든 지역에서 위험이 도사리고 있는 길이나 지점이라면 어느 곳이든 도로 경비인을 지정하여 주둔시켜라. 대상단의 짐을 싣고 가는 나귀 네 마리당 1/2악차(aq-cha)를 내도록 하고, 낙타 두 마리당 1/2악차를 관세(bāzh)의 명목으로 걷도록 하라. 절대로 그 이상 걷지 말라. 짐을 싣지 않은 가축이나 식량과 곡식을 운반하는 가축으로부터는 아무것도 걷지 말라. 만약 [도적들의] 습격이 발생하면 그곳에서 가장 가까운 곳에 있는 도로 경비인이 도적을 체포해서 압송해야 한다. 그렇지 못할 경우 [도둑맞은] 재화의 몫을 그에게서 징발한다."

그는 이런 방식으로 그들 모두로부터 서약서(ḥujjat)를 받았고, 이들 모든 도로 경비인을 아미르 중쿠르(Junqūr)—그는 아르군 칸의 시대에 투트가울들의 대아미르였다—의 아들인 아미르 부랄기(Būrālghī)에게 맡겼다. 그리고 모든 도로를 믿을 만한 사람들에게 맡기라고 그에게 지시했다. 안전하고 편안한 지점에는 도로 경비인이 주재하지 않도록 하고, 위험한 지점을 소홀히 하지 않도록 하기 위해서였다. 또한 필요한 곳 이상으로 과도하게 주재하지 않도록 하기 위해서였다.

또한 명령하기를 필요한 지점에는 돌이나 석회석으로 이정표를 세워서 경계 조치를 취하도록 했다. 그 지점에 주둔하는 도로 경비원들의 수와 이와 관련하여 규정된 칙령의 내용들을 기록한 목판을 하나 세워서, 그 이정표에 확고히 부착하라고 했다. 그래서 그런 지점 이외의 장소나 정해진 숫자 이상으로 도로 경비원들이 주재하지 못하게 하였다. 그것을 '정의의 목판(lūḥ-i 'adl)'이라 이름하였다. 이전에는 목촌에 있는 사람들이라면 누구나 원하기만 하면 도로 모퉁이에 앉아서 투트가울이라는 명분을 내세워 관세(bāj)를 (R1456) 걷곤 하였다. 그러나 지금은 목판에 새겨진 것 이외에 다른 지점에 주재하는 자들은 도적임이 분명해졌기 때문에, 몽골이건 타직이건 어느 누구도 [지정된 곳 이외의] 다른 곳에 주재할 수 없게 되었다. 최근 2년간 이러한 칙명이 나라 안에 선포되어 노상강도는 뜸해졌고, 어쩌다가 그런 일이 벌어지더라도 도적들을 재화와 함께 포획하여 데리고 와서 야사에 처하였다. 그 결과 그런 집단에 속한 사람들 대부분이 그런 방식으로 살아가는 것을 포기했고, 도로는 안전해졌다.

[칸은] 또 이렇게 명령했다. "대로를 여행하려는 대상들이나 여행자들이 그 가까이에 있는 농촌이나 목촌에 유숙하기를 원한다면, 먼저 그 [마을] 사람들의 수령들에게 그 부근에 도적이 있는지 없는지를 물어보아야 한다. 만약 있다고 하면 목촌[이나 농촌]에 머무르되, [촌락민들은] 그들을 제지해서는 안 된다. 만약 도적이 없다고 하면 야외 벌판에서 유숙해야 한다. 만약 그들이 어떤 것을 약탈당한다면 그것은 그 [마을] 주민들의 책임이다." 그러나 이러한 명령은 도시의 근교 지역에 대해서는 행해지지 않는데, 그런 지점들은 [그런 책임이] 면제되기 때문이다.

[칸은] 도로를 이런 방식으로 정비하고 도로 경비인과 그들의 아미르들의 이름을 아미르 부랄기에게 상세하게 보고하게 했다. [그 결과] 거의 1만 명에 가까워 하나의 온전한 군대라고 해도 좋을 정도[의 도로 경비인들이 소집되었고] 그들이 이 중요한 사무를 전담하게 되었다. [칸은] 그들에게 다른 사무는 보지 말고 오로지 여행자들의 생명과 재산을 보호하는 데 전념하고, 모든 사람들이 길을 왕래할 때 극도로 편안한 마음으로 여행하면서 [폐하의] 성공을 위해 신실함을 다해서 기도할 수 있도록 하라는 명령을 내렸다. 그들의 기도가 진실로 응답받기를!

(R1457) 제20화: 이제까지 존재하지 않았던, 그보다 더 훌륭할 수 없는 탁월한 방식으로, 금과 은의 순도를 높인 것에 관하여[108]

(A323r) 옛날부터 오늘에 이르기까지 어느 시대에도 온 나라 안에 존재하는 화폐(sikka)가 모든 왕국들의 소유자인 어떤 한 군주의 이름으로 주조된 적은 없었다는 것은 잘 알려진 사실이다. 특히 이 왕국들이 몇명의 군주와 술탄들이 통치하던 시대에는 더욱 그러했다. 금과 은의 순도('iyār)는 장소에 따라 항상 달랐다. 몇몇 왕국에서는 그것을 통제하여 순도를 균등하게 하려고 했지만, 아무리 명령을 내려도 지시한 대로 사태는 개선되지 않았고 상황을 통제할 수 없었다. 의심할 나위 없이 군주들은 설교(khuṭba)와 화폐(sikka)가 자신의 이름으로 이루어지는 것을 중요한 명예 가운데 하나로 여기고 있고, 오늘에 이르기까지 룸, 파르스, 키르만, 그루지아, 마르딘 등지에서는 그곳의 말릭과 술탄의 이름으로 주전을 하고 있다. 그런데 그 [화폐]들의 순도는 서로 다르다.

일부 지역에서는 아르군 칸과 게이하투의 치세에 칙령이 내려져, 은화를 9/10의 순도로 주조하도록 하였다. 그러나 그것은 이름만 은화일 뿐 실제로는 순도가 8/10 혹은 7/10을 넘지 못했다. 룸 지방의 악차(āq-cha, 은화)는 다른 지방에 비해서 양질이었지만, 10디나르 중에서 은은 2디나르 이상을 넘지 못했고 나머지는 모두 동이었다. 몽골인 사신들이 타직인 비틱치들과 함께 어명을 받아 순도를 조사하기 위해서 여러 차례 각 지방으로 파견되었으며 [이를 위해] 많은 경비를 지출하였지만,

---

108) 이 부분은 A. P. Martinez의 번역이 있다. 그의 "Rashidu'd-Din's Ta'rikh-e Mobarak-e Ghazani, II: The Sections Concerning Reform and the Standardization of Weights and Measures, together with the Decree Banning Credit Transactions," *Archivum Eurasiae medii aevi*, vol. 8 (1992~1994), pp. 99~158참조.

뇌물을 받고 범인은 하나도 붙잡지 못했다. 그들은 완전히 동처럼 보이며 은이라고는 그 흔적조차 보이지 않는 그런 악차를 찍어내고 유통시키는 것에 대해서 아무런 수치심도 느끼지 않는다. 또한 [악차는] 동전의 숫자를 헤아려 유통되기 때문에 악차들의 귀퉁이를 잘라내[고 사용하는 불법을 저지르]기도 한다. 각 지방의 순도가 서로 다르기 때문에, 상인들은 필요에 의해 상품(qumāsh)을 거래하거나 (R1458) 어느 지방으로 갈 때, 자기가 장차 가려고 하는 지방보다 금과 은의 순도가 높은 곳에서 그것을 구매한다. 그래야 이익이 더 많이 남기 때문이다. 이런 연유로 많은 지방에서 상품들을 찾아볼 수 없게 된 것이다.

그래서 화폐(nuqūd)를 [원래의 명목] 가치보다 더 낮게 구매하고, 그렇지 않으면 구매하려 하지 않는 지경에 이르게 되었다. 누군가가 어떤 지방에서 필요 경비로 100디나르를 쓰면 10디나르 이상을 손해 볼 수밖에 없고, 많은 경우 20디나르에 이르기도 한다. 이보다 더 곤혹스러운 징발은 아마 없을 것이다. 왜냐하면 상인이 아닌 사람들이 자신이 필요로 하는 것을 구입하려고 현금을 지불하면, 이는 곧 10 혹은 12[디나르] 가운데 2~3[디나르]를 손해 보는 것이나 마찬가지이기 때문이다. [더구나] 그들은 그러한 현금을 손에 쥐기까지 많은 손해를 보았다. 그래서 특히 시골 촌락이나 유목민의 목촌에 사는 사람들은 [화폐의] 순도에 대해서 확신이 없기 때문에, 그것을 받기를 주저하게 되고, 또 어떤 화폐가 더 나은 것인지 의심하게 되는 것이다.

금과 은의 효용은 그것을 매개로 사람들이 필요한 것을 구할 수 있고 또 원하는 것을 신속하게 손에 넣을 수 있는 것이다. 그런데 금과 은의 상황이 이렇게 되었으니 그것으로 인해 분쟁과 손해가 명백하게 나타나고, 때때로 아무도 그것을 받으려고 하지 않는다. 이것은 세상의 관습과 본성에 어긋나는 것이다. 이러한 폐해를 제거하기 위해 이슬람의 제왕―그의 왕국이 영원하기를!―은 먼저 화폐를 자신이 고안한 것에 따라 모양을 정하고, 거기에 어느 누구도 복제하지 못할 표시(nishān)를 첨가하도록 했다. 그리고 전국에서 그러한 화폐 모양으로 금화와 은화를 주조하고, 모든 지역에서 화폐를 주님과 사도의 이름으로 만들고, 거기에 자신의 이름도 추가하라는 명령을 내렸다. 그루지아에서는 주님과 사도의 이름으로 주전을 한 적이 한 번도 없었는데, [이 명령으로 인하여] 하는 수 없이 주조했다. 그러한 화폐 이외에는 통용되지 않기 때문이다. 그곳에서는 비록 반란이 일어나고 있기는 하지만 별 수 없이 지금도 이러한 [형태의] 화폐를 주조하고 있다. 그렇지 않으면 그들의 화폐는 어디에서도 받아들이지 않을 것이기 때문이다.

상술한 이러한 방식으로 모든 왕국에서는 한 가지 형태의 금화와 은화가 확정되어 지속적으로 주조되었다. (R1459) [화폐의] 순도에 대해서는 이렇게 말하였다. "만약 합법적인 화폐의 순도를, 칼리프조나 에집트 혹은 마그리브 지방에서처럼 조금만 낮추어준다면, 그러한 허가를 구실로 삼아 [순도를] 훨씬 더 낮출 것이다. 또 각종 계략과 위선을 부려서 그처럼 [변경된] 순도를 무엇인가 다른 것처럼 보이게 하려 할 것이다. 우리의 검찰관들은 그런 것을 의식하지 못하거나 뇌물을 받고 소홀한 결과를 내게 된다. 그러니 최상의 방책은 다음과 같다. 합법적인 금화를 완전히 두드려서 마치 종잇장처럼 (A323v) 만들고, 합법적인 은화도 거듭 두드려 수은에 용해될 정도로 만든다. 그래서 만약 그 속에 조금이라도 불순물이 있으면 색깔이나 ...[109]이나 혹은 연도(軟度, narmī)에서 분명한 차이가 보이도록 하는 것이다. 만약 불에 넣고 태운다면 즉시 드러날 것이며, 어느 누구도 용이하게 그 가치를 알 수 있을 것이다.

---

109) 원문 결락.

그는 모든 왕국들에서 [화폐의] 순도가 이와 같은 방식으로 되기를 원했다. 그러나 순도가 지방마다 서로 많이 달랐기 때문에, 그는 다음과 같이 말했다. "만약 이와 같은 명령이 갑자기 내려가면 다수의 백성들이 피해를 입고 비명을 지를 것이다. 그러니 먼저 [이렇게 하도록 하자.] 이제까지는 1디르함을 4당(dāng)[110][즉 8/12미스칼]로 주조했다. 그런데 아무런 적절한 이유도 없이 그것을 반 [미스칼]과 반 당[즉 7/12미스칼][111]로 주조했으니, 이는 합리적이지 않다. [그러니] 이제는 적법한 반 (6/12) 미스칼짜리 [디르함을] 주조하도록 하라. 그리고 불순한 반 [미스칼]과 반 당짜리 디르함을 순수한 반 미스칼[의 디르함]과 동일한 것으로 여기도록 하라. 금화와 은화의 가치는 그 순도에 달린 것이기 때문에, 불순한 반 [미스칼]과 반 당을 가지고 있는 누군가가 1디르함을 지불한다면, 그것을 순수한 반 미스칼로 간주하고 1디르함을 지불한 것으로 받아들이도록 하라.[112] 필요한 예비 조치를 취했고 계획은 거의 달성되었다. 많은 피해가 가지 않은 상태에서 사람들은 이제까지 갖고 있던 3.5미스칼의 [불순한] 은화를 [국가에서] 주조한 3미스칼의 [순수한 은화]와 기꺼이 교환하였다.

그는 통용되는 금화(ṭilā)의 가치가 얼마나 되는지 조사해보라고 명령을 내리고, [이어서] [화폐의 명목 가치와 실질 가치 사이에] 아무런 차이가 생기지 않는 방식으로 [화폐를] 주조하라고 지시했다. 또한 그는

---

110) 1당(dāng)은 1/6=2/12이기 때문에, 4당은 8/12=2/3를 나타내는 표현이다. 즉 1미스칼(3.64그램)의 2/3(=8/12)에 해당되는 은을 가지고 1디르함의 화폐를 주조했다는 뜻이다.

111) 반 미스칼은 6/12이고, 여기에 반 당(1/12)을 합하면 7/12이 된다.

112) 본문의 내용은 자못 혼란스럽지만 그 대의를 정리하면 다음과 같다. 즉 원래 1디르함의 은화는 8/12미스칼 중량의 은을 넣어 주조하는 것이 원칙인데, 6/12미스칼의 은과 1/12의 불순물을 넣은 "반 [미스칼]과 반 당"이라는 '불순한' 디르함이 만들어져 유통되기 시작했다. 가잔 칸은 이러한 폐해를 없애기 위해 은 6/12를 넣은 '순수한' 디르함을 주조하여 통용시키되, 이것을 당시 통용되고 있던 '불순한' 것과 동일하게 1디르함의 가치를 갖는 것으로 하라는 칙명을 내린 것이다.

사람들이 금박으로 된 판(mughrāq)[113]이나 기타 순도가 낮은 금과 별 차이가 없다고 여기던 호르무즈 금을 약간 더 높은 가치를 지닌 것으로 간주하였다. 그가 의도한 바는 (R1460) 환전상들이 이익을 얻을 수 있다고 판단하며 [그 호르무즈 금을] 구매하여 금화로 만들도록 유도하는 것이었다. 그들이 그러한 이점을 깨달았기 때문에 1년 남짓한 기간 안에 온 나라 안에서 금 미스칼의 순도가 낮은 화폐는 더 이상 보이지 않게 되었다.

과거에는 시장에서 황금(zar-i surkh)을 보기 어려웠고 만약 누군가가 그것을 조금이라도 가지고 오면 그것을 사려고 백 명의 고객이 나타나곤 하였다. 널리 알려져 있듯이 몽골인들의 시대에는 나흐(nakh)나 나시즈(nasīj)와 같은 의복들 혹은 그와 유사하게 금[실]을 넣어서 직조한 것들이 무척 많았다. 또한 인도산 상품들(matā')[을 구입하기 위하여 금을] 그곳으로 가지고 간다. 그래서 금이 희귀해진 것이다. [그런데] 지금은 시장에 그리고 시골 사람들의 수중에 얼마나 많은 황금이 있는지 끝이 없을 정도이며, 모든 거래는 그것으로 하고 있다. 나라 안에는 상술한 바와 같은 방식에 따라 화폐로 주조되지 않은 채 남아 있는 금과 은이 없다.

[칸은] 다음과 같은 명령을 내렸다. 만약 누군가의 손에 불순한 금과 은이 있는 것이 발각되면 그를 처벌하도록 하라. 과거의 관례에 따라 그 사람에게 "누가 너에게 그것을 주었는지 불어라!" 하고 말하라.[114] 그 당시에는 각종 불순한 금이 있었기 때문이다. 그런데 지금은 "어느 누구도 적법한 금화와 은화를 제외하고는 거래해서는 안 된다."라는 명령이 내려졌기 때문에, [순수한 것과 불순한 것의] 차이를 무시하고 행동하는

---

113) Rawshan은 이를 MʿRQ로 읽었으나 여기서는 Jahn의 판본에 따라 MĠRQ로 읽었다.
114) Rawshan은 이를 nagūyand로 읽었으나 여기서는 Jahn의 판본에 따라 bigūyand로 읽었다.

사람에 대해서는, 다른 사람에게 [그런 식으로 하면 안 된다는] 것을 보여주어 경계로 삼아야 한다. 그렇게 되면 어느 위조자도 위조 화폐를 만들지 못할 것이다. 왜냐하면 사람들이 [위조 화폐를] 원하지 않으며 그것에 대해 경계 조치를 취하리라는 것을 분명히 알기 때문이다.

오늘날에는 나라 안 모든 곳에서 이처럼 위대한 명령이 [순조롭게] 시행되고 있으므로, 어느 누구도 처형할 필요가 없다. 또한 그러한 진전이 이루어졌기 때문에 나라 안 모든 곳에서 상술한 순도와 화폐를 제외하고는 어떠한 순도와 화폐도 존재하지 않게 되었다. 또한 주조된 화폐는 중량(vazn)에 따라 유통되도록 하되, 1디나르를 3미스칼[의 중량]으로 하고, 어느 누구도 그것을 잘라내지 못하도록 명령을 내렸다. 전국에서 화폐가 균등해지자 사람들은 편안해졌고, 현재 상인들은 현금으로 상품을 구매하여 각종 물품들을 방방곡곡으로 유통하게 되었기 때문에 가격 저하 현상도 나타났다. 일반 백성들은 그 이점을 (R1461) 알게 되었다. 이슬람의 제왕—그의 왕국이 영원하기를!—이 선행을 널리 퍼트려서 온 나라가 그의 영광스러운 이름으로 설교와 주전을 행하고 있다. 그는 100미스칼의 적법한 금화를 주조하되, 전국 각지의 문자들을 사용하여 자신의 이름을 거기에 새겨 넣도록 했다. 그래서 그것을 읽는 모든 지역에서 그것을 주조한 사람이 그라는 사실을 알도록 하였다. 쿠란의 구절과 열두 분 이맘들의 이름—그들에게 평안이 있기를!—도 그 화폐에 새겨 넣어서 매우 보기 좋고 우아하게 만들었다. 그래서 어느 누구든 그것을 갖게 되면 [다른 사람에게] 주지 않고 자신이 간수하고 싶은 마음이 들도록 하였다.

그는 "내가 어떤 사람에게 그 명성에 대한 대가로 어떤 은사를 내리고자 할 때 그에게 이 (A324r) 적법한 [화폐들]을 주겠다."라고 말했다. 과거 어떠한 칼리프나 술탄들도 하지 못했던 이 같은 위대한 업적을 이슬람의 제왕—그의 왕위가 영원하기를!—은 가능하게 했고 성취한 것이며, 그럼으로써 백성들에게 휴식을 가져다준 것이다. 지고한 신께서 영원토록 은총을 그에게 주시기를!

제21화: 금·은(을 다는) 추(awzān), (부피를 재는) 박(bār), (길이를 재는) 자(gaz), (액량(液量)을 재는) 말(paymāna), (건량(乾量)을 재는) 말(qafīz), (곡량(穀量)을 재는) 섬(taghār) 및 기타 다른 것들(을 측량하는 도량형 기구들)의 기준을 올바로 정한 것에 관하여[115]

과거에는 왕국 안에서 금[을 다는] 추, 박, 자, 액량 말, 건량 말, 섬 등[의 기준]이 서로 달랐고, 지금도 한 성(vilāyat) 안에서조차 구역(navāḥī)에 따라 상이하다. 그렇기 때문에 [적정한] 가격(as'ār)이라는 면에서 많은 문제가 발생했다. 상인들은 물건을 [원래의 예상치보다] 더 적게 사는데, 그 까닭은 어느 지역에서의 화폐가 [물품을] 운반해 가려고 하는 지역에 비해서 더 많아서, 단지 중량의 차이만으로도 이익을 거둘 수 있기 때문이다. 또한 어떤 지방에서의 물품은 [판매가] 부진한 반면, 다른 지방에서는 [그 물품이 매진되어] 찾아볼 수 없다.

각 마을마다 두세 가지의 상이한 건량 말이 사용되었다. (R1462) 보다 작은 말은 외지인과 거래할 때 사용하고, 보다 큰 말은 자기들끼리 거래할 때 사용한다. 이방인은 그 같은 사실을 알든 모르든 그러한 상황을 받아들이지 않을 수 없었다. 시골 사람들은 '말[의 기준]이 공정하다.'고 말하며 서로 서로에게 거짓 증언을 해주었다. 그리고 군대에게 증여물(sāvarī)로 주는 것을 [측정하는] 곡량은 저울(qapān)로 100되(斗, mann)가 되어야 함에도 불구하고, 70되나 60되 심지어 그 이하로 달아

---

115) 이 부분 역시 앞에서 인용한 A. P. Martinez의 논문 "Rashidu'd-Din's Ta'rikh-e Mobarak-e Ghazani, II," pp. 135~158에 번역되어 있다. awzān은 무게, bār는 부피, gaz는 길이, paymāna는 액체의 체적, qafīz는 건조한 것의 체적, taghār는 곡식의 체적을 나타내는 단위이지만, 여기서는 동시에 그런 것들을 측량하는 도량형의 기구들을 뜻하기도 한다. 여기서는 독자들의 이해를 위해 한국어에 상응하는 표현으로 옮겼지만, 서아시아와 동아시아의 도량형에 상당한 차이가 있기 때문에 어느 정도의 혼란은 불가피할 듯하다.

주기도 하였다. [그러나] 권세가들은 몽둥이를 들고 치면서 더 많이 징발해 가고, 사람들은 그런 이유로 항상 언쟁을 벌이고 분란을 일으킨다.

이슬람의 제왕—그의 왕국이 영원하기를!—은 이렇게 명령했다. "모든 왕국들이 나의 명령을 받들고 있다. 무엇 때문에 이러한 혼란이 일어나야 하겠는가. 그런 것을 정비하여 모든 지역에서 균등한 [기준이] 통용되도록 할 것이다. 모든 시장과 성과 촌락에서 서로 다른 중량이 사라져서, 그것을 이용한 도적질이 일어나지 않도록 만들 것이다." 그리고 그 같은 문제에 대해서 고귀한 사려를 기울여 칙령을 내렸는데, 그런 상황을 개선하고 정비하는 내용으로 이루어져 있다. 그래서 그러한 상황을 밝히고 설명하는 내용의 [칙령] 초본이 아래와 같이 기록되었다.

가장 최상의 방법으로 획정한 금·은의 기준에 관한 칙령의 초본

자비롭고 자애로운 알라의 이름으로!
지고한 신의 힘과 무함마드를 믿는 사람들의 축복에 힘입어!
술탄 마흐무드 가잔의 칙명(farmān)

왕국들에 있는 샤흐나[116], 말릭, 부관, 판관, 사이드, 이맘, 사드르, 귀족, 명사(mushāhīr), 그리고 일반 거주민과 여행자들과 상인들은 알지어다.

군왕으로서 짐의 관심과 사려는 온통 농민과 일반 백성들의 상황을

---

116) shaḥnagān(gān은 복수형). 샤흐나(shaḥna)는 칙령에 따라 바스칵(basqaq)으로 표기될 때도 있는데, 양자 모두 동일한 직책을 가리키며, 몽골어로 다루가(darugha) 혹은 다루가치(darughachi)와 동일한 것이다.

어찌하면 개선할지, 그리고 그들 사이에 정의와 공정, (R1463) 자선적 사무들의 기초를 어떻게 확고히 할지에 집중되어 있다. 또한 오랜 세월 백성들 사이에서 만연했던 폭정과 억압과 개악과 불공정, 그리고 그로 인해 일반 백성들이 항상 받아온 고통, 그래서 발생하는 불만과 분쟁과 무익한 소송과 다툼과 적대를 그들 사이에서 제거하기를 희망해왔다. 또한 온갖 종류의 기만과 학정을 그들의 목에서 깨끗이 벗겨주기를 원했고, 그래서 그들이 이 세상에서는 분란과 고통을 면하고 저세상에서는 고통과 지옥불에서 해방되기를 바랐던 것이다.

현재 국가의 사무와 백성들의 복지에 대해서 짐이 자세히 살펴보고 모든 일들에 관한 법규(qānūn)들을 통용케 했는데 [다음과 같은 사실이] 분명히 드러났다. 오르도와 도시의 바자르들에서 모든 사람들이 자신의 이익을 위해 돌이나 진흙이나 철이나 기타 다른 재료로 저울을 만들어, 그것을 자기 마음대로 언제든지 늘이거나 줄이거나 하면서 사고 팔고 하는 바람에, 가난한 사람들은 사기를 당하고 피해를 입는 것이다.

이러한 상황은 세상을 다스리는 짐의 생각에 부합하지 않기 때문에 불쾌하게 생각했다. (A324v) 그래서 명령을 내리기를 "모든 왕국 안에서, 즉 아무다리야에서 에집트에 이르기까지, 금·은[으로 만든] 추(aw-zān), 말(bār wa kīla), 자(gaz)를 정확하게 하고, 그것들을 모두 철로 만들도록 했다. 그리고 짐의 인장(muhrī)과 표기(ḍabṭī)를 그 뒤에 새겨 넣도록 했는데, 이는 이미 전국에서 통용하게 한 방식에 따른 것이고 그것을 어기지 못하도록 했다. 그 자세한 내용과 설명은 아래에 서술하는 바와 같다.

먼저 금과 은을 재는 저울은 전국 어디에서나 타브리즈 저울과 동일한 것이 되어야 하며, 그래서 어느 누구도 거기서 가감을 하지 못하도록 하고, 사람들에게 피해가 가지 않도록 해야 한다. 또한 화폐에 대해서는 그 중량의 차이로 인해 이 지방에서 저 지방으로 가지고 가지 않도록 해야 하고, 화폐의 금과 은의 순도는 전국이 모두 균일해야 하며, 저울 역시 동일해야 한다. 그런 연유로 장인인 파흐르 앗 딘(Fakhr al-Dīn)과 바하 앗 딘 후라사니(Bahā' al-Dīn Khurāsānī)를 임명하노니, 그들로 하여금 금·은으로 된 팔각형의 추(sanghā)를 만들도록 하라. 그들은 각자 두 사람의 믿을 만한 인물을 각 성에 지정하되, (R1464) 그 성의 판관이 그 중 한 사람을 시장 감독관(muḥtasib)이 있는 곳으로 파견하도록 하라.

그리고 다음과 같은 방식으로 사무를 처리하도록 하였다. 상술한 파흐르 앗 딘과 바하 앗 딘 후라사니가 정한 표준에 따라 팔각형의 모양에 인장을 새겨 넣은 금으로 만든 추(sanjāt-i zar)를 제작하여, 각 성에서 필요한 사람이라면 누구나가 보통의 철로 바로 그와 동일한 모양의 추를 만든다. 그 후 그것을 가지고 각 성에 임명한 바 있는 전술한 네 명의 신뢰할 만한 사람에게 간다. 그들은 그것의 기준이 정확한지 검사를 한 뒤에 거기에 인증(sikka)을 찍고 [다시] 돌려준다. 만약 자기 마음대로 그러한 인증을 만들어서 추에 찍은 사람은 누구든 처형될 것이다.

또한 인증이 찍힌 추를 받은 사람들의 이름을 모두 장부에 기재해서, 다른 사람들이 자기 마음대로 사기를 치지 않도록 해야 한다. 그리고 매달 일반 평민들이 사용하는 추를 모두 검사하고 대조해야 한다. 만약 누군가가 그것을 더하거나 덜했다든가, 은밀히 자기 마음대로 인증을 찍었다든가, 혹은 인장과 인증이 없는 다른 추를 갖고 매매를 한다거나, 혹은 그러한 추들에 대해 사기를 친다면, 붙잡아 샤흐나에게 끌고 와서 칙령에 따라 처벌하도록 하라.

또한 부피를 재는 추(sanghā-i bār) 역시 마찬가지의 칙명과 규정과 방식에 따라야 한다. 그러나 앞에서 설명한 바와 같이 추가 타브리즈의 추에 비해 모자란 경우에는 타브리즈의 것에 맞추어 균등하게 해야 한다. 지금까지 타브리즈의 추에 비해 무거운 것들은 바로 동일한 방식으로 검사해서 깎아내도록 한다. 그러나 그러한 추들은 모두 모본 (namūdār)에 따라서 팔각형으로 철로 만들어서 검사를 하고 인증을 찍도록 하며, 그것을 책임지는 사람들은 모두 그러한 규정과 체제에 따라서 작업을 수행해야 한다. 부피를 재는 추(vazn-i bār)는 10만(mann)부터 1디르함(diram)에 이르기까지 11개[의 분동]을 만드는데 다음과 같다. 10만, 5 (R1465) 만, 2만, 1만, 1/2만, 1/4만, 1/8만, 10디르함, 5디르함, 2디르함, 1디르함.[117) [이보다] 무거운 부피가 한 덩어리로 있을 경우, 도시의 탐가치들은 신뢰할 만한 프랑크의 추(qapān-i Farangī)에 준하여 [추를] 만들고 그것으로 중량을 재어서, [원래의] 무게보다 더하지도 덜하지도 않게 한다.

또한 밀과 보리를 재는 [단위인] 말(kīla, 1/10석)과 포대(qafīz, 1/4석)와 반섬(jarīb, 1/2석)과 섬(taghār, 1석)[118)은 성마다 차이가 있고 수많은 용어가 있으며, 이와 관련하여 [표준보다] 더 늘리기도 줄이기도 한다. 사람들마다 자기 마음대로 말과 액량 말을 정하기 때문에 규제하기가 어렵고, 사람들도 그것을 이해하지 못한다. 특히 몽골의 병사들과 상인들 혹은 이방인들이 여러 지방에 가서, 디반에서 규정한 곡물을 청구하거나 구매할 때 농민들과 언쟁을 벌인다. 그래서 세력이 있고 힘이 센 사람은 누구나 관례보다 더 많은 양을 손에 넣지만, 힘이 약한 사람은 관례보다 더 적은 양을 받을 수밖에 없게 된다. 이로 인해 낭비와 결손과 피해와 언쟁이 사람들 사이에서 벌어지는 것이다. 이런 까닭에 짐은

---

117) mann은 승(升, 되)에 해당하므로 10 mann은 1 kīla(斗, 말)인 셈이다. 1 mann은 100 diram이므로, 1 diram은 1/10홉(合)에 해당한다.

118) Martinezs는 taghār를 sack, jarīb을 half-quater, qafīz를 bushel, kīla를 peck이라고 번역했다. 즉 부피를 재는 단위는 1 taghār=2 jarīb=4 qafīz=10 kīla=100 mann으로 이해될 수 있다.

나라 안 모든 곳에서 말(斗)을 균등하게 하라고 명령하여, 1말은 타브리즈 중량으로 10되와 같게 하고, 1되는 260디르함으로 하며, 10말을 1섬과 같게 하라고 지시했다.[119]

이렇게 [정한] 말과 섬을 제외하고는 사람들 (A325r) 사이에서 다른 어떠한 양척이나 용어도 사용하지 못하도록 했고, 그래서 거래와 계산이 정확해지고 상호 간에 사기를 칠 수 없게 하였다. 타가르를 납부할 때가 되면 그러한 양척을 사용해서 지불하도록 하며, 그래서 [규정된] 타가르보다 더 많지도 적지도 않게 하였다. 왜냐하면 밀, 보리, 쌀, 완두콩, 누에콩, 깨, 수수 및 다른 곡물들의 경우, 어떤 것은 더 가볍고 어떤 것은 더 무겁게 [계량되기 때문이다]. 그러므로 이 곡물들을 각각 별도의 말로써 계량하도록 해서 10되를 정확히 계량할 수 있도록 해야 한다. 각각의 말의 사면에 '어떠어떠한 곡물을 재는 말'이라고 써넣어야 한다.

법정(dār al-quḍā)은 이 사무를 금·은의 추(R1466)와 부피를 재는 용기를 위해 지명한 바 있는 바로 그 신뢰할 만한 사람에게 위임한다. 그는 시장 감독관과 함께 그 말을 검사하고 그 [용기의] 옆면들에 자신의 표지(標識, nishān)를 찍어서, 아무도 기만을 하거나 늘이지도 줄이지도 못하게 한다. 매월 도시와 지방에서 검사를 행하여, 표기가 없는 말을 제작하거나 소지하고 있는 사람이 있으면 붙잡아 샤흐나에게 넘겨서 죄를 묻고 그 손을 자르고 벌금을 물도록 한다. 이후 어떤 방식이나 이유로든, 아무다리야에서 에집트에 이르기까지 전국 어디에서건, 열 되짜리 말과 백 되짜리 섬 이외에는 어떠한 형태의 말이나 포대나 반섬도 허용해서는 안 된다. 만약 그런 것이 있다면 신뢰해서는 안 되며, 다른 형태의 양척을 재는 용기를 만들어서는 안 된다. 그 말의 반짜리, 즉 다섯 되짜리

---

119) 즉 1 taghār=10 kīla=100 mann=2만 6,000 dirham이 되는 셈이다.

를 만드는 것은 가능하지만, 20개의 1/2말이 1섬과 동일하다는 전제하에서 그러하다.

또한 시럽(shīra)과 식초와 식용유를 재는 액량 말은 별도로 제작한다. 각각의 액량 말은 타브리즈 중량으로 열 되에 해당하는 것이어야 한다. 만약 반쪽 액량 말을 만들기를 원한다면 타브리즈 무게로 다섯 되의 것을 만들어야 한다. 오르두의 음식과 공물(sāvarī)을 위해서 [제작된] 시럽을 담는 가죽 부대(khīk)는 50되짜리 액량 말 5개가 들어갈 수 있는 것이어야 한다. 연회(ṭōī)를 위해서 가져오는 [가죽 부대]는 40되짜리 액량 말 4개가 들어가는 것이어야 한다.

또한 직물을 재는 자(gaz)들은 모두 타브리즈의 자와 동일해야 한다. 다만 차이가 많이 나는 룸 [지방]의 자만은 예외로 한다. 그러나 모든 자의 끝에 파흐르 앗 딘과 바하 앗 딘 후라사니가 제작한 인장을 찍어서 [적법한 자들의] 징표로 삼는다. 자의 양쪽 끝에 [인장을] 찍는데 그 모양은 앞에서 설명한 대로이다. 상술한 책임자들은 모든 도시 안에서 이를 수행해야 한다. 그것을 개변하는 사람은 모두 죄를 물어 처형될 것이다. 지고한 창조주께서 이 같은 공정과 평등의 축복을 폐하의 치세에 영원히 내려주시기를!

(R1467) 제22화: 칙령과 패자의 발부를 정비한 것에 관하여

칙령에 관하여 명령하시기를, "어떠한 말이건 [나의] 정신이 맑을 때, 그리고 적절한 순간에 보고를 하라."고 하셨다. 이슬람의 제왕—그의 왕국이 영원하기를!—이 [과거에] 아직 술을 드시고 계셨을 때에도, 어느 누구도 계략이나 사기나 위계를 이용하여 무익하고 무용한 사항을 허락받을 수 없었다. 아무런 효용도 없고 무익한 사항들[을 허락하기]나 혹은 [어떤 일을] 황급하게 진행하는 것은 그로서는 있을 수 없는 일이었고, 그런 상황에서는 상주를 올리는 것을 허락하지 않았다. 또한 상주를 올린 뒤에는 왕국의 사무와 모든 일들의 효용을 알고 있는 아미르들에게 칙령의 초본을 만들라고 지시하셨다. 적절한 것이 아니거나 비현실적인 것이라면 어느 누구의 청원에 대해서도 [칙령을] 써서는 안 된다고 하였다. 또한 디반의 장부들(dafātir)과 대조하거나 지명(mawḍih)과 액수(mablagh)를 언급해야만 하는 많은 중대한 사항들에 대해서는 주의를 기울여 초본을 작성해야 한다. 그럴 경우에는 몽골의 서기들이 단어 하나하나를 읽어서 상주를 올리도록 한다. 그래서 만약 정확하다면 폐하의 친필이나 육성으로 허락하시고, 그런 뒤에 정본(biyāḍ)을 만들어 다시 한번 상주를 올린다. 그런 다음에 주인(朱印, āl)을 찍고, "이것은 모모를 위하여 모모 일자에 상주되고 모모 일자에 낭독되어, 거기에 인장(tamghā)을 찍도록 허락을 받은 모모 칙령입니다."라고 말한다.

과거에는 대인장들[을 보관하는 상자]의 열쇠는 서기들의 손에 있었다. [그러나] 지금은 [그 대인장들이] 폐하[가 직접 보관하고 있는] 상자(qābtūrqāī) 안에 있으며, 필요할 때에 [그 인장을] 내어주면 서기들이 함께 인장을 찍고 다시 [폐하에게 그 인장을] 맡긴다. 4케식에서 4인의 아미르들을 정하여 그 각각에게 별도의 흑인(黑印, qarā tamghā)

을 주고, 칙령에 인장을 찍을 때 그 뒷면에 찍어서 (A325v) '우리는 몰랐다.'는 말을 결코 할 수 없도록 하였다. 그 뒤 다시 한번 재상들과 사힙디반에게 (R1468) 그것을 보여주어 아무런 오류도 없는지 살피도록 한다. 그들은 다시 디반의 탐가를 그 뒷면에 찍은 뒤에 당사자에게 발부한다. 또한 한 명의 서기를 임명하여 주인이 찍힌 모든 칙령의 경우 그 사본을 대장(臺帳, daftar)에 단어 하나하나 [틀림이 없이] 기록하도록 하였다. 그리고 어느 날에 인장을 찍었고 누가 기록했으며 언제 상주를 올렸는지를 적는다. 그 뒤 매년 말에 다른 새 대장을 만들어서 새 해에 속한 [칙령들은] 거기에 기록한다. 이렇게 매년 별도의 대장들이 만들어지는데, 그것은 혼란이 발생하지 않도록 하고 어느 누구도 상주를 올린 것과 기록한 것과 탐가를 찍은 것을 부인하지 못하게 하기 위함이다.

그뿐 아니라 [군주가] 누군가에게 칙령을 하나 주었는데 다른 사람이 그것을 보고 그 내용과 상치되는 칙령을 받으려고 한다면, 그 [칙령이 이미 발부된 사실이 기록된 대장]을 확인하여 사태의 진실을 확인하고 그것에 반하는 내용의 요청을 하지 못하도록 한다. 만약 누군가가 칙령의 소유자를 비난한다면, 그 대장의 기록을 통해서 과연 그가 자신에게 허용된 범위를 넘어서 행동했는지 확인할 수 있을 것이다. 그것에 따라 처벌해야 할 당사자가 그 [칙령의 소유자]인지 아니면 비난자인지를 알 수 있고, [그래서] 통치의 사무가 항상 정비되고 부적절한 반대의 문이 닫히도록 하였다. 또한 주인관(朱印官, ālchī)들은 주인을 찍는 것을 이유로 어느 누구에게서도 무엇이든 취해서는 안 된다고 명령했다. 사실 과거에 [관리들이] 탐욕을 가지고 행했던 것과 비교해볼 때 그들이 [남들에게서] 받은 것은 매우 적었다.

[국가의] 중요한 사무가 무엇이냐에 따라 정해진 인장을 준비하였다. 지위가 높은 술탄과 아미르와 말릭들의 임명 및 왕국의 중대사들의

처리를 위해서 옥(yasm)으로 된 큰 인장을 준비했고, 판관과 이맘과 셰이흐[의 임명]을 위해서는 역시 옥으로 된 그러나 그보다 조금 작은 것을 준비했으며, 중간 정도의 중요성을 지닌 사무를 위해서는 금으로 된 큰 인장을 준비했는데 옥으로 만든 것보다는 급이 낮다. 군대의 출정이나 주둔을 위해서는 금으로 된 특별한 인장에 통상적인 문구와 문양을 새겼지만, 그 [인장의] 둘레에는 활과 몽둥이와 칼의 모양을 장식하였다. 군대가 그 인장을 볼 경우 아미르나 어느 누구의 말에도 출정하거나 주둔해서는 안 된다. 다만 변경에서의 사무를 보는 초병들이나, 자기 [상관인] 아미르들의 말에 따라 도로를 경계하며 출정하거나 주둔하는 (R1469) 소수의 병력들은 [예외이다].

또한 작은 금인을 하나 만들어, 그것을 재고와 지방의 지불 청구증(barawāt) 및 거래증(mufāṣāt)[120]과 영수증(yāfta), 상거래와 물 및 토지에 관한 기록이 있는 디반의 서한들(maktūbāt)에 찍는다. 디반의 서기들은 그런 것들을 명령(parwāna)에 준하여 기록하고 표시('alāmāt)들을 한 뒤, 그 요지를 그 뒤에 몽골 글자로 적고 나서 그 인장을 그 위에 찍는다. 현재 지불 청구증과 서한들이 많이 모이면 상주를 올려서 열쇠를 받는다. 그리고 디반의 재상들과 부관들이 참석한 가운데 인장을 찍는다. 다른 사람들은 그 상자 안에 [같이] 들어 있는 하나의 장부(daftarī) 위에 등기(thabt)하여, 어느 시각에 어떤 사람이 인장을 찍었는지를 분명히 한다. 이러한 규정과 체례가 있으니 어떻게 폐하의 명령 없이 한 잎의 금화라도 [허락하는] 지불 청구증을 발행할 수 있겠는가.

이러한 규정들이 확정되고 시행되었기 때문에 폐하는 이렇게 생각했

---

120) mufāṣāt에 관해서는 Minorsky, *Tadhkirat al-mulūk: A Manual of S̟afavid Administration (circa 1137/1725)* (Cambridge: E. J. W. Gibb Memorial Trust, 1943), p. 79, p. 81 참조. 일종의 거래영수증이다. Thackston은 이를 bill이라고 옮겼다.

다. 즉 국가의 중요한 사무와 사정들 및 사람들의 청원은 [그것에 관한 칙명의] 초본들을 모두 다 소리 내어 읽을 수 없을 정도로 너무 많기 때문에, 백성들의 중대사가 지체되지 않도록, 또 어려운 상황에 빠진 사람이 그것으로 인하여 피해를 입지 않도록, 어떤 방책을 생각해내야 한다는 것이다. 또한 모든 사무에 대하여 [일일이] 초본을 쓰기 때문에, 서기들은 마땅히 그 모두를 기억해야 하겠지만 [실제로는] 그렇게 하지는 못한다. [그래서] 그다음에 [초본을 쓸 때에는] 표현에서 실수가 생겨나고, 한 가지의 [동일한] 사안에 대해서 쓰는 그 명령문들(aḥkām) 안에서도 차이들이 생기는 것이다. 그는 이러한 사태를 방지하기 위해 "[금후] 발생할 가능성이 있는 백성들의 각종 사무와 청원들에 관해 유추와 숙고를 통해서 그것을 기록하고, 그 각각에 대해 관련되는 모든 조건들과 세부 사항들을 포괄하는 초본을 심사숙고하여 작성하라."고 명령했다.

그 모든 것을 작성한 뒤에 아미르들을 오라고 했다. 그리고 명령하기를 "발령되는 명령들은 짐의 칙명이고 그대들이 상주한 것이다. 어느 누구도 변덕을 부리거나 딴소리를 하지 못하도록 이 초본들을 (R1470) 우리가 함께 검토할 필요가 있다. 그리고 그 문제에 관해 각자 깊이 생각을 해서, 만약 문제가 될 만한 것이 있으면 논의를 하자. 주의를 기울여야 할 점들 가운데 어느 하나도 소홀히 하거나 살피지 않은 일이 없도록 하고, 짐의 견해와 그대들의 견해가 서로 일치될 수 있는 방식으로 우리가 [그 초본들을] 수정하도록 하자. 그리고 그것을 전범(典範, dastūr)으로 만들고, 이후로는 모든 사안들을 그 같은 방식에 따라서 결정하고 그런 양식에 따라 (A326r) 명령을 내리도록 하자. 그래서 모든 사무들이 하나의 방도(rāh)와 관례(yōsūn)에 따라 시행되고, 우리들의 말에 어떠한 이견도 있을 수 없도록 하자. [그러니] 우리가 서로 상의해서 극도로 신중하게 수정해야 할 것이다. 그래서 그 점에 관해서 그대들의 견해가 합의에 이르면 그 이후에 그대들이 출석한 상태에서 다시 한번 검토를 하여, 만약 어떤 사소한 문제가 생겨난다면 그것을 상의하여 수정하고 그것에 대해서 합의를 하도록 하자."

[이 같은] 명령에 따라 그러한 초본들 전체를 합의에 기초하여 수정한 뒤에 하나의 대장(臺帳, daftarī)에 적었고, 그것을 '사무규범(事務規範, Qānūn al-umūr)'이라 이름하였다. 그리고 명령을 내리기를, "이후의 명령들은 그 초본에 의거해서 쓰되 더하지도 빼지도 말도록 하라. 만약 드물게 [거기에] 언급되지 않은 상황이 발생하면 그것을 위한 초본을 작성하여 상주하도록 하라. 만약 어쩌다가 사람이나 장소나 상황에 관해서 무엇인가 약간 추가해야 할 것이 생긴다면, 그 몇 마디를 별도로 기록하여 상주하도록 하라."고 하였다.

과거 어떤 시대에도 없었던 이러한 규정을 명령하였기 때문에, 명령문의 표현에 관해서 이견이 발생하여 벌어진 논쟁과 이견의 문(門)들이 닫히게 되었다. 적절한 기회를 찾고자 탄원하는 사람들의 당혹함도 사라졌고, 사람들은 평안함을 얻고 모두가 명령문을 완전히 신뢰하게 되었다. 칙령(yarlīgh)에 대한 존경과 경외가 [사람들의] 마음속에 자리잡았다. 자신의 기분에 따라 명령문을 얻어내던 부패하고 거만한 자들의 요구와 말들이 없어졌다. 평민과 귀족, 통치자와 피통치자, 학대자와 피학대자 사이의 경계가 분명하게 드러났다. 이러한 규정들의 이점은 설명할 수 있는 것 이상으로 많다.

(R1471) 또한 패자의 발부에 관한 대책과 정비에 대해서 다음과 같이 명령하셨다. "술탄과 샤흐나와 말릭들에게는 큰 패자를 만들[어 발부하]되 둥글고 사자의 머리[가 새겨지도록 하고], 그 위에 그 사람의 이름을 쓰도록 하며, 대장(daftar)에 [발부 사실을] 적도록 하라. 직무를 수

행하는 동안에는 그의 수중에 있게 하고 해직 뒤에는 회수하라. 그 패자는 그 지방[의 사무]를 위해서 장기간 사용하도록 발행한 것이니, 그것을 다른 지방의 사람에게 주어서는 결코 안 될 것이다. 과거에는 20년의 기간 동안 20명의 태수가 지방으로 파견되면 그들 각자에게 패자를 주었고, 각사는 해식 이후에도 그것을 자신의 것으로 여겨 은밀하게 자신의 사무를 처리하기 위해 각지로 보내어 [사용하였]다.

중급의 샤흐나와 말릭들을 위해서는 조금 더 작은 패자를 [발부하도록] 정했다. 특별한 문양을 새기도록 했고 상술한 이름을 그 위에 전술한 방식에 따라 적도록 했다. 과거에 각 지방에서 [독자적으로] 패자를 주조하는 것을 허락한 서한들은 폐기하라고 명령했다. 그리고 한 사람의 금세공인을 정하여 오르도에서 봉사하도록 하고, 그에게 패자들을 주조하도록 했다. [패자를] 하사할 시점에 쇠로 주조판(sikka)을 만들고 어느 누구도 쉽게 흉내 낼 수 없는 문양(naqshī)을 그 위에 새긴다. 그는 어전에서 망치로 두드려서 그 [문양]을 새겨넣는다. 그렇게 하는 까닭은 위조된 패자는 그 문양을 통해서 드러날 수 있게 하기 위함이다. 역마를 이용하는 사신들을 위해서 이와 동일한 원형의 패자를 정하고, 그 위에는 '재고의 패자(pāīza-i khazāna)'라고 쓰고 사신의 이름을 대장에 기록한다. 그가 귀환하면 그것을 다시 회수한다.

그러나 역참을 이용하는 사신들을 위해서는 길쭉한 패자를 주라고 명령했다. 그 상단을 달(月) 모양으로 만들고 상술한 것과 동일한 방식으로 지급하고 회수한다. 변경의 아미르들이 역참을 통해서 사신들을 파견할 필요가 생기면, 그들 가운데 고위직들에게는 동(銅)을 재료로 하여 그렇게 만든 다섯 개의 패자를 주고, 중급직들에게는 급행 사신들에게 줄 세 개의 패자를 지급한다. 과거에는 각각의 왕자들과 카툰들과 아미르들이 각종 패자를 갖고 있었고, 그들이 하고자 하는 일을 처리할 때마다 (R1472) 계속해서 각 지방으로 [사신들을] 보냈던 것이다.

이제 모든 사람들에게 이러한 확고한 방책이 어떻게 분명히 나타났으며 사람들이 어떠한 안식을 얻게 되었는지 분명하게 알려지게 되었다. 지고한 신께서 이 정의롭고 공정한 축복을 폐하의 시대에 내리시기를!

제23화: 사람들이 가지고 있는 복제된 칙령과 패자들을 회수하는 방책에 관하여

각각의 군주들의 시대에 그의 방식과 관습에 적절히 부합하는 어떤 집단이 여러 족속들의 선두가 되어, 왕국과 지방의 중요한 사무를 (A326v) 맡는 것이 이 세상의 자연스러운 이치이다. 그들은 그 군주의 방식대로 행동하여 공정하게 혹은 강제로 [그의] 지엄한 명령들을 수행하고, 칙령과 명령들을 사람들에게 제시한다. 다른 사람이 군주의 지위를 차지하면, 그 같은 중요한 사무들을 자신의 관습과 관례에 따라 행동하는 사람들, 그리고 그의 치세의 특성에 부합하는 방식으로 명령을 집행하는 사람들에게 [새로이] 맡기기를 원한다. 왜냐하면 각각의 치세는 그 나름대로 필요로 하는 것이 있기 때문이다. 과거 이슬람의 제왕—그의 왕국이 영원하기를!—의 조상들의 시대에는 우리가 다 보았던 것처럼, 어떤 군주가 오래전에 발급하여 사람들의 수중에 있는 칙령과 패자들—그것이 진실된 것이건 가짜이건 상관없이—을 수거하기를 원한다면, 고위의 사신들을 강력하고 지엄한 칙령과 함께 적극적으로 각 지방에 파견하였다. 그리고 [그러한 칙령과 패자를] 숨기거나 감추는 자가 있으면 누구라도 죄를 물을 것이라는 명령을 내렸다. 그 사신들이 노상에서 또 각 지방에서 얼마나 많은 경비를 허비하였는지 계산하거나 헤아리기도 어려울 정도였다. 칙령을 가진 자와 갖지 못한 자를 불문하고 모두 붙잡아 매질을 하고 괴롭히곤 했다. 칙령을 가진 사람은 [그것이] 자신의 일에 (R1473) 효용이 없을지라도 명예를 지키기 위해서, 그래서 사람들의 눈에 비루하게 보이지 않기 위해서, 많은 비용을 지출하고 그것을 다시 찾아오려고 하는 것이다. 그런 방식으로 그의 명예도 회복되고 또 그 패자의 명예도 마찬가지로 회복되는 것이다.

사신들은 항상 전국 각지를 돌아다니는데 재화를 거둔다는 구실로 그렇게 하지만 100개의 칙령들 가운데 한 개도 회수해 오지 못했다. 바로 그러한 [오래된] 칙령들을 거두어들인 시기에조차 서기들은 [옛 칙령의 소유자들의 입장을] 강화시키기 위해서 또 다른 것을 그들에게 주었다. 가짜 칙령들을 거두어들이긴 했지만, 다양하고 상충하는 많은 칙령들을 여러 사람들에게 주었다. 그 당시에는 칙령을 발부하는 방식이 그러했으니, 세상 사람들은 각자 한 아미르에게 탄원을 하여 자신의 희망을 성취하기 위하여 칙령 하나를 얻어내곤 하였다. 분쟁자의 대립과 비호자들의 편파로 인하여 그러한 상충하는 칙령들이 계속 통용되었는데, 그것은 이루 다 설명할 수 없을 정도이다. 그런 방식으로 살다가 바로 그 적대자들과 그 아미르들이 사망하게 되면 그 자식들이 똑같은 방식으로 [대립에] 몰두하는 것이다. 그들 각자에게는 50통의 상충하는 칙령들이 손안에 있게 된다. 만약 그들이 야르구치 앞에 출두해서, 열흘에 걸쳐 그들이 처한 상황의 전말과 매년 어떤 식으로 칙령을 받게 되었는지 그 사정을 설명한다고 해도 이해하지 못할 것이다. 만약 이해한다 하더라도, [결국은] 그 모든 것들이 근거가 없거나 가짜이며, 편견에 근거하여 쓰였거나, 뇌물을 주고 탄원한 것이거나, 군주의 명령이나 지시도 없이 된 것이라는 사실이 밝혀질 것이다.

그뿐 아니라 다음과 같은 일도 자주 벌어졌다. 즉 [통상적으로] 대아미르들이 합의를 하여 어떤 사람을 위하여 특정한 칙령을 주도록 상주를 하고 재가를 받으면 초본을 정비하여 작성하였다. 그런데 그 사람이 그 칙령 안에 몇 마디 간단한 말을 삽입해서 넣으면 아미르들이 결정한 그 명령의 전체가 바뀌게 된다는 것을 알고, 자신의 일을 처리하기 위해서 [자신이] 나서서 위계[의 방법]을 사용해서 초본 안에 [그런 내용을] 삽입하거나, 아니면 필경사에게 어떤 좋은 것을 주어서 그 안에 써넣게 한다. 그는 이런 방식으로 그 사안을 혼란케 (R1474) 만들곤 하였다.

신분이 낮은 서기들이 기회를 엿보아 대아미르들과 상의도 하지 않고 각 사람들에게 [자기] 마음이 내키는 대로 칙령을 주는 경우도 많았다. 또한 군주의 명령에 따라 한 사람에게 한 통의 칙령을 주었는데, 어떤 다른 사람이 그와 비슷한 직위나 직업을 가지고 있는 경우, 서기들은 그 것을 구실로 삼아서 똑같은 방식으로 그 다른 사람에게도 칙령을 써주 곤 하였던 것이다. 그런 연유로 천 가지 모순되는 분쟁들이 벌어지고, 그 러한 분쟁들로 인하여 그 백 배가 넘는 분란이 백성들 사이에서 발생하 게 된 것이다.

분쟁의 당사자들이 모두 칙령을 소지하고 있기 때문에 야르구치와 태 수와 판관들이 아무리 한 가지 사안에 관해서 결정을 내리려 해도, 그것 을 둘러싼 정황이 얼마나 혼란스럽고 상충하는지, 또 얼마나 많은 칙령 과 패자들이 각자의 수중에 있는지, 그 사안을 푸는 것은 절대로 불가능 한 일이다. (A327r) 결국 이러한 분쟁으로 인하여 매년 많은 사람들이 서 로 죽이는 상황으로까지 치닫게 되었다. 그러한 복제된 칙령과 패자들 을 모두 거두어들이는 것이 불가능하다는 것은 차치하더라도, 매년 많 은 수의 또 다른 [칙령과 패자들이] 그런 방식으로 사람들에게 주어지 곤 하였다.

이제 군주—그의 왕국이 영원하기를!—께서 그 같은 피해를 해결하 기 위해 성총을 기울여, 전국에서 통용되고 있는 칙령들 모두 다음과 같 은 한 가지 문장으로 구성되도록 해야 한다고 명령했다. 즉 "각 지방의 바스칵들, 말릭들, 태수들은 사람들의 수중에 있는 신구(新舊)의 칙령과 패자를 그들 앞으로 가지고 오게 하고, 절대로 [그들의 주장을] 듣지 말 며 주의를 기울이지 말도록 하라. 왜냐하면 그 모든 것을 무효화하라고 짐이 명령을 내렸기 때문이다. 또한 짐이 발급한 칙령들 가운데 지난 3

년 사이에 반포한 것들이 있는데, 그것들은 우리가 군대의 정비와 방책, 발생한 파괴와 분란(būlghāqhā)의 복구 등의 문제에 여전히 몰두하고 있어서 여러 사무들의 세세한 문제를 처리하지 못했고, 또한 백성들의 마음을 기쁘게 하기 위해 과거의 명령들을 [인정하는] 서명을 하고 그래서 [나라 안의] 일들이 진행되도록 할 수밖에 없었을 때에 [반포한 것들이었다]. 그런 이유로 노루즈와 사드르 앗 딘과 다른 부관들은 자신들의 희망과 기분에 따라서 칙령을 사람들에게 주었는데, 그 모든 것들은 [이제] 무효이다.[121] (R1475) 왜냐하면 짐이 친히 국사를 장악하고 정비하고 있는 지금은, 칙령[의 지급]을 청원하고 그 초본을 짐에게 낭독한 뒤에야 사람들에게 발급하라고 명령을 하기 때문이다. 상술한 지금, 현시점 이후에 [발급되는] 것은 무엇이건 신뢰할 만하다는 것을 알아야 할 것이다.

또한 짐이 발급한 칙령들과 과거에 [발급된] 것들은 모두 다 어전으로 가지고 와서 짐이 타당하다고 인정하기 전에는 어떤 것이라도 다 유효하지 않다. [그러나] 의심할 나위 없이 과거 군주들의 칙령들 가운데 다수는 훌륭하고 법도에 맞는 것도 있을 것이고, [어떤 칙령은] 짐이 [그 유효성을] 인정하는 것이 있을 것이다. [그런 것들은] 그것을 [소지한] 사람의 가문에 신뢰를 주고 존귀와 명예와 축복이 될 것이다. 그런 것을 어떻게 철회하라고 허락할 수 있겠는가. 지정된 인장을 그 뒷면에 찍어서 소유자들에게 다시 주어 그들이 갖고 있게끔 하고 [그 유효성을] 확인받도록 하겠노라.

짐은 다른 문양으로 된 패자를 제작하고자 한다. 패자를 가지고 있는 자는 누구나 6개월 내에 가지고 와서 맡겨라. 그러면 [응분의] 지위를

---

121) 노루즈는 1297년, 사드르 앗 딘 잔자니는 1298년에 처형되었다. 가잔은 1295년에 즉위했으니 즉위한 뒤부터 사드르 앗 딘 잔자니가 처형될 때까지의 3년을 가리키는 것으로 보인다.

지닌 자에게는 새로운 패자를 주겠노라. 6개월 뒤에도 옛 패자를 가지고 있는 사람이 있다면 그 누구든 체포하고 죄를 물으며 그것을 빼앗을 것이다."

이러한 명령이 내려졌기 때문에 모든 사람들은 자신이 가지고 있는 칙령을 가지고 와서 새로 [그 유효성을] 인정받는 수밖에 다른 도리가 없었다. 정당한 것은 추인하고 정당하지 못한 것은 회수하였다. 이러한 방식으로 진실과 허위가, 사실과 거짓이 분명히 드러났다. 명예의 소유자들이 수치의 공모자들로부터 구원을 받았다. 옛 칙령들, 특히 복제된 것들이 더 이상 인정을 받지 못하게 되었기 때문에, 그것을 가지고 있더라도 내놓지 못하게 되었다. 왜냐하면 그것을 인정받지 못할 뿐만 아니라 처벌을 받게 되기 때문이다. 패자의 경우도 마찬가지이다.

그래서 이 같은 명령은 지엄하게 시행되었고 그러한 칙령과 패자들은 모습을 보이지 않게 되었다. 일부는 새로운 것으로 바꾸어 가지게 되었고, 일부는 다시 내놓을 수 없게 되었다. 이 같은 제도가 효력을 발휘하자 사람들은 언제라도 그런 [무효화된] 것들을 인정하지 않는다. 왜냐하면 만약 그것이 인정받을 만한 것이라면 이 같은 공정한 군주의 시대에는 당연히 내보일 수 있을 것이라는 사실을 사람들은 알게 되었기 (R1476) 때문이다. 이런 방식은 각 시대의 모든 군주들과 아미르와 태수들의 규범(dastūr)이 될 것이다. 만약 금이나 은으로 된 패자를 가진 누군가가 그것을 내놓으면 다시 대용물을 받지 못할 것을 안다면, 사려 깊은 사람이라면 그것을 내놓지 않을 것이다. 아니면 그것을 녹여서 [유통하지 않고] 없애버릴 것이다.

지난 70년간[122] 갖가지 구실과 이유를 대서 각자 부정한 방법으로 얻

---

122) 이 칙령이 사드르 앗 딘의 처형(1228)이 있은 직후에 쓰였다고 볼 때 '70년' 전이라면 우구데이가 즉위하고 서아시아로 원정군을 보내기로 결정한 1229년경이 될 것이다. 가잔을 위시한 몽골의

어냈던 모든 패자들은 곧 하나도 남지 않는 시점에 이르렀다. 이슬람의 군주—그의 치세가 영원하기를!—는 탁월한 지혜를 발휘하여 약간의 방책을 사용함으로써 이렇게 막중한 사무를 시행하는 데에 성공했던 것이다. 지고한 창조주께서 그가 펼치는 정의의 그림자가 영원할 수 있도록 하시기를! 완!

지배층은 몽골의 서아시아 지배의 시작을 그때부터로 인식하고 있었음을 방증하는 자료라고 할 수 있다.

제24화: 몽골군에게 지방의 여러 지역을 식읍(iqṭā'a)으로 준 것에 관하여

과거에는 일반적인 몽골군에게는 봉급(marsūm), 의복(jāmagī), 식읍 (iqṭa'a), 양식(taghār) 등이 주어지지 않았다. 일부 고위 인사들이 약간 의 양식을 받기는 했지만 그것이 전부였다. 지금도 여전히 관례와 관 행으로 남아 있지만, 이전부터 오르도들과 빈한하게 된 군인들을 위해 서, 모든 군대에 대해서 매년 말, 양, 소, 펠트(namd), 쿠르트(qurūt)[123] (A327v) 및 기타 다른 것들을 쿱추르세로 징발해왔다. 그 뒤 [이슬람의] 제왕의 치세가 되어 보다 가까운 곳에 있는 군대를 위해서는 약간의 양 식을 주었고 그것이 점차 증가했으며, 이슬람의 제왕—그의 왕국이 영 원하기를!—은 그 액수를 늘리라고 명령하셨다.

양식[의 지급]을 지방에 위임하였지만 징세관들이 그것을 줄 때 간계 를 부리기 때문에, 몽골인들은 그들을 공격하고 양식을 취한다는 명목 으로 각 지방에서 폭력을 행사하고, 사료와 양식('ulūfa wa 'alafa)의 명 목으로 각종 경비를 부과하였다. 그래서 태수와 징세관들이 피해를 입 는 것 이외에도, 양식[의 지급]을 위탁받은 농민들은 절망적인 상황에 빠지게 되었다. (R1477) 그럼에도 불구하고 많은 양의 양식이 군대에 지 급되지 않았다. 때로는 징세관이 직책을 제대로 수행하지 못해서, 때로 는 급량관(būkāūl)들이 뇌물을 받고 사무를 게을리해서, 때로는 서기 와 식량관(īdāchī)들이 제때에 [양식을] 발급해주지 않기 때문에, 군인 들은 [양식을] 받을 방도를 찾지 못한다. 식량관들은 자신을 위해 [식량

---

123) 투르크어로 qurut는 우유를 응고시켜 만든 제품 즉 치즈를 가리킨다. 루브룩의 기행문에는 grut 라고 표기되었다(『몽골제국 기행』, p. 187). 이에 관해서는 Doerfer, *Türkische und Mongolische Elemente im neupersischen*, vol. 3, pp. 458~460 참조.

을] 절반의 가격으로 구입한다. 그래서 군인들의 손에 항상 지불 청구증이 있기는 했지만 식량관들과 분쟁과 갈등을 벌였고, 그러한 상황은 항상 보고되어 군주의 성총을 괴롭혔다. 마침내 그들 대부분은 파산에 이르렀고 오래된 소송에 휘말리게 되었다. 그들은 여전히 많은 수의 비용 지불 청구증을 소유하고 있다.

군주께서는 4~5년간 이러한 상황을 목도하고 명령을 내리셨다. 즉 각 지방에서 추수할 때에 동영지와 하영지의 창고를 채워 그것을 그 지방의 샤흐나에게 위탁하고, 지불 위임증(ḥawālat)[을 처리할 때]는 창고에서 현금(naqd)을 주도록 하였다. 급량관들은 뇌물을 받아서는 안 되며 양식과 사료를 요구해서도 안 된다고 하였다. 이런 방식으로 할당을 하고 일부에게는 재고에서 현금을 주기도 하였다. 그래서 3~4년 사이에 어느 누구도 "디반에는 [내가 받아야 할] 한 되(mann)의 양식이 남아 있다."고 말할 수 없게 되었다.

그 뒤 703년(1303. 8. 15~1304. 8. 3) 초 [군주께서는] 지고한 생각으로 이렇게 명령하셨다. "군대를 위해서 배정된 이러한 양식은 열 사람 가운데 두 사람에게조차 충분하지 않다. 희망컨대 짐의 은혜는 모든 백성들에게 공히 미쳐야 할 것이다. 또한 군대는 출정(cherīk)할 때에 지방들에게 피해를 끼치곤 한다. 각자는 진실로 혹은 거짓으로 말하기를 '나는 아무것도 가지고 있지 않다. 궁핍해졌다. 추위(sarmā)와 주드(yūt)[124]와 다른 재앙으로 인하여 우리의 동물들은 폐사해버렸다.'고 한다. 필요가 생길 때마다 재화를 징발하여 그들에게 준다면, 세상에서 무사할 때가 언제 있겠는가. 또한 급하게 재화를 걷는 것이 불가능할 때도 있을 것이다. 그러니 군대의 경비 그리고 그들에게 양식을 마련하기 위한 대

---

124) 가축의 폐사를 가져오는 폭설, 혹한 등의 자연재해.

책과 준비를 갖추어놓지 않으면 안 될 것이다. (R1478) 방책은 이러하다. 즉 군대가 지나가는 노상에 있거나 그들의 하영지와 동영지가 위치한 곳에 있는 지방들, 혹은 군인들이 종종 무도한 행위를 저지르고 억압적으로 촌락과 농민들을 괴롭히는 지방들, 그 모든 지방들을 군대에게 식읍으로 주겠노라. 천호들마다 그 [식읍의] 몫(ḥaṣṣa)을 정해주어 그들의 소유가 되게 하고 자신의 것이라고 생각하게 하겠노라. 그래서 그들의 눈과 마음을 충족시켜주겠노라. 왜냐하면 이전에는 군인들이 사유지(amlāk)와 농경(zirāʾat)을 희망했는데, 이제 식읍지를 갖게 되었으니 목표를 이룬 셈이 된다. 매년 그들에게 필요한 경비를 지출하기 위해서 재고에 요청할 필요가 없어질 것이다. 자신들의 몫과 자신의 생활비를 거기서 확보할 수 있기 때문이다. 그뿐 아니라 자신들이 보유한 포로(us-arā)[125]들이나 마부(kūtālchī)들과 소와 종자를 가지고 다른 많은 농사를 지을 수 있다. 그들이 건초와 보리를 준비해서 보유한다면 설령 또다시 주드가 닥친다고 해도, 각자는 살찌운 상태로 돌보던 두세 필의 말을 매어둘 수가 있을 것이고, 필요할 경우 더 신속하게 출정에 나설 수 있게 될 것이다. 왜냐하면 우리 군대에 있어서 대부분의 폐해는 오늘날 물과 사료를 주지 못해서 동물들이 폐사하는 데에서 발생하기 때문이다. 이제 짐이 여러 지방들을 군대에게 경비[의 지급을 위해] 주었고, 역참들의 필수품, 제왕과 후비들의 음식과 다른 필요한 경비를 위해서도 역시 여러 지방들을 정해주어서 그 모든 것을 소비하고 있다. 그러면 우리에게는 지출할 것이 더 적어질 것이고, 청구하거나 청원하는 사람도 적어질 것이다. 그리고 군대가 지나가거나 머무는 곳에 있지 아니한 일부 지방들의 경우는 [짐의] 어용 경비를 위해 남아 있다. [군대는] 어려움 없

---

125) 혹은 노예.

이 [그곳을] 관리할 수 있을 것이고 거기서 나오는 재화는 (A328r) 충분할 것이다. 군대 및 다른 것에 관한 중요한 사무들은 이런 방식으로 확정되었으니, 이후 이런 방식에 따라서 정비를 하도록 한다. 그것이 가져다주는 이로움은 군주들과 아미르들, 바지르들과 군인들 및 백성들 모두에게 미쳤다."

[군주는] 이런 식으로 생각하시고 아무다리야에서 에집트의 경계에 이르기까지 모든 군대에 대해서 2~3개월 만에 식읍의 지정과 분배를 마쳤다. 그 (R1479) 문제에 관한 지엄한 칙명을 시행하였는데, 그 초본을 이 장에서 기록할 필요가 있다. [독자들이 군주께서] 심사숙고하신 세세한 부분들을 살펴보고 알 수 있도록 하였다. 지고한 알라께서 뜻하신다면!

몽골 군대에 식읍을 사여하는 사안에 관한 칙령의 초본[126]

자비롭고 자애로운 알라의 이름으로
지고한 알라의 힘과 무함마드 공동체의 도움에 기대어
가잔의 명령

모친들, 형수와 제수들,[127] 카툰, 아들 딸들, 사위, 만호·천호·백호·십호의 수령들, 술탄과 말릭과 비틱치 및 아무다리야에서 에집트의 변경에 이르기까지 모든 지방의 일반 백성들은 알지어다.

---

126) 이 칙령은 本田實信(pp. 238~245)에 일본어로 번역되어 있다.
127) 원문 bīrigānān은 자기 형제의 부인을 가리킨다.

우리의 위대한 조상 [칭기스 칸[128]]은 출생할 때부터 지고한 주님의 힘과 주님의 가호와 영감에 의해서 선택을 입었다. 그는 자신의 법령 (yāsāq)을 터럭 하나까지 준수하였다. 아담의 자손들 가운데 어느 누구도 그의 명령의 올가미에서 고개를 뒤틀지 못했으며, 정의의 대로에서 발을 밖으로 내디딜 수 없었다. 그랬기 때문에 이러한 방식을 통해서 자신의 몽골 군대와 함께 동방과 서방을 불문하고 지상의 모든 곳을 정복하고 깨끗하게 하시고, 영원한 명성을 지닌 그의 이름을 시대의 페이지에 새겼던 것이다. 왕국의 폭과 넓이를 넓히는 과정에서 그는 온갖 고난과 어려움을 견뎌내셨고, 울루스와 왕국을 굳건하게 정비하여 자신의 후손과 일족에게 유산과 기억으로 남기셨던 것이다. 짐의 선하신 조상과 부조(父祖)들은 그 왕국들을 동일한 방식의 조직과 규범을 통해서 후손들에게 위임하셨다. 그 뒤 그들의 후손들은 누구이건 간에 왕국의 법령과 관례를 굳게 지켰고, 세상을 통치함에 있어서 노력(chīdāmīshī)을 기울였던 것이다. 그 아름다운 이야기는 (R1480) 시대의 페이지 위에 남았고, 울루스를 보호하지 않고 폭정과 강압을 행했던 사람들은 의심할 나위 없이 그 나쁜 이름이 남았다. "그들의 족적이 그들[의 행적]을 가리키니, 그들의 뒤를 보면 그들이 남긴 것을 볼 수 있노라."[129]

이 같은 내용의 진실성은 짐에게 확고하고 분명하다. 짐은 이승에서는 어떤 사람들에게도 영원한 삶이 불가능하며, 이 세상에서는 좋은 이름을 쌓는 것 이외에 달리 생각할 수 있는 효용은 없다는 것을 알았노라. 그래서 군주의 순서가 짐에게 와서 [통치를 하게 된] 이 몇 날 되지 않는 [짧은] 기간에 좋은 이름을 쌓기 위해 노력과 분투를 해야겠다

---

128) A본에는 '칭기스 칸'이라는 단어가 보이지 않고 빈칸으로 남아 있다. 아마 나중에 다른 색 잉크를 사용해서 추가할 생각이었던 것 같다. 여기서는 러시아 교감본에 따라서 삽입하였다.
129) 원문은 아랍어.

고 생각하였노라. 순서에 따라 내게 [통치가] 위탁된 모든 울루스(ma-jmū'-i ūlūsī)에게 평안과 휴식을 갖게 해주겠노라. 아름답고 선한 이야기야말로 영원한 인생과 영구한 생명을 이루는 것이니, 그것이 세상의 페이지 위에 쓰이도록 할 것이다. 짐이 정의를 펼쳤다는 명성이 시대의 얼굴 위에 영원히 남도록 할 것이다. "알라께서 은혜로써 우리에게 성공을 가져다주시고 알라의 도움으로 우리를 도우소서!"[130]

　이제 모든 사람들에게 다음과 같은 사실은 분명할 것이다. 즉 우리의 좋으신 조상들의 시대에 몽골의 울루스는 가축[131]의 쿱추르세와 큰 역참들의 연결과 엄중한 야삭[132]의 부담, 그리고 오늘날에는 완전히 폐기된 각종 칼란세[133]를 위시한 여러 요구와 강요에 시달렸다. 그들 대부분은 비축물(anbar)이나 양식을 갖지 못했다. 그러한 부담(takālif)에도 불구하고 그들은 정성을 다해서 힘을 바치고 어전을 위해 봉사를 하였으며, 먼 곳으로의 원정의 어려움도 견뎌내며 만족해왔다. 오늘날까지 (A328v) 몽골 병사들이 재력이나 재화를 많이 갖지 못한 것은 의심할 나위 없는 사실이다. 현재 지고한 신께서 짐의 조상들이 다스리던 울루스와 왕국들을 짐에게 은사로 내려주셨고, 세상을 통치하는 왕관과 그들의 위대한 보좌를 짐에게 허락하셨다. 짐은 군주로서 가져야 마땅한 모든 생각과 갈망을 수많은 울루스의 사무를 정돈하고 정비하는 데에 집중함으로써, (R1481) 이후로는 모든 몽골의 병사들(cherīk-i Moghūl)—영원히 번식하고 번성하기를!—이 더 이상 빈곤(yādāmīshī)해지지 않

---

130) 원문은 아랍어.
131) mawāshī는 일반적으로 가축을 뜻하지만 가축세를 의미하기도 한다.
132) yāsāq은 원래 법령을 뜻하며 여기서 그런 의미로 받아들여도 그다지 이상한 것은 아니다. 그러나 노역본은 이를 모피세(毛皮稅)로 이해했다.
133) qalānāt는 qalān의 복수형. 칼란은 정규세 쿱추르 이외에 여러 비정규적인 징세 징발을 뜻한다. 중국에서는 쿱추르가 세량(稅糧)에 해당되고, 칼란은 과차(科差)에 상응하였다.

고 안락하고 행복한 나날을 보내도록 하고자 하였다. 이후 짐의 왕위가 다른 사람들에게 넘어가서 왕국과 군대가 그들에게 위탁될 때 그 [계승자]들이 불평하는 일이 없도록 하려고 한다. 그래서 왕국과 울루스의 사무들이 안정과 평안을 얻고, 좋은 이름의 지속과 미담의 회자가 영원히 계속되고, 행복을 구하는 기도에 대한 도움이 더욱 커지도록 하고자 한다.

모든 사람들에게 다음과 같은 사실은 분명할 것이다. 아무다리야에서 에집트의 변경에 이르기까지의 모든 몽골 병사들의 일부에 대해서는 얼마간의 양식을 주었고, 또 일부에 대해서는 보너스의 형태로 수시로 은사를 내리기도 하였다. [그러나] 대부분은 그런 것으로부터 차단되거나 자기 몫을 갖지 못했다. 이제 오늘 짐이 명령하노니 모든 몽골 병사들이 모두 동일한 방식으로 은사와 은전을 받도록 하여, 어느 누구도 짐의 은사에서 몫을 받지 못하는 일이 없도록 하라. 또한 현재 힘을 바치고 군인으로 출정함에 있어 그들이 왕국을 방어할 수 있는 힘과 부요함과 능력을 갖도록 하라. 왜냐하면 왕국의 사무가 수행되고 안정되고 질서를 유지하는 것은 그들에게 달려 있기 때문이다. 이러한 전제하에 짐은 왕국 안에서 왕실지(īnchū)와 국유지(dālāī), 풍요하거나 황량한 경지들 가운데 물과 땅이 있는 촌락들, [특히] 그들과 가까운 곳에 있어서 적절하다고 여겨지는 지점들을 선별하여(īlghāmīshī), 장부(帳簿, dafātir)와 대장(臺帳, qawānīn)에 규정된 바에 따라서 '식읍'이라는 명목으로 천호들 각각에게 지정해주어서, 그들이 그것을 보유하도록 하겠다.

이제 모모 천호에 대해서 [아래에서] 상세하게 설명하는 방식으로 [식읍이] 정해질 것이다. 이 식읍에 관한 명령과 규정들, 또한 분배[된 토지]를 받는 방식들은 아래에서 상술하는 바와 같다.

먼저 왕실지와 디반[134]에 속하는 토지들(mawāḍiʿ) 중에서, 옛날부터 그곳의 농민으로서 거기서 경작을 해오던 농민들은 모두 그 같은 관례에 따라서 계속 경작을 하고 그 수입(bahra)을 올바로 (R1482) 병사들에게 보내도록 한다. 재무청에 납부하는 전량(錢糧, māl)과 쿱추르세와 부가세는 상세하게 설명했던 것처럼 증액이나 감액 없이 군대에 보내도록 한다.

또한 모든 병사들은 소유자와 주인이 있는 사유지(amlāk)와 물과 땅, 그리고 기부지(awqāf)는 점유해서는 안 되며, 그 수입을 장악해서도 안 된다. 그들은 디반에 납부하는 전량과 쿱추르세와 부가세를 장부에 기록된 것에 따라, 그리고 앞에서 상술한 것에 따라 올바로 납부하도록 해야 한다.

또한 재무청에 속하는 촌락과 경작지와 토지인데 황폐해져서 그들의 목지(yūrt)가 된 것들 가운데 초지(marghzār)가 된 땅들은 분할하고, 다른 것들은 자신들[이 보유한] 포로와 노예들 및 소(gāw)와 경우(耕牛, juft)와 종자(種子, tukhm)를 가지고 경작하도록 한다. 그들은 수확한 것을 전부 [자기들이] 취한다. 만약 그 황폐한 토지의 [원] 소유자가 토지 증서(milkiyyat)와 기부지 증서(tawliyat-i waqiyyat)를 들고 나타나서 [소유권을] 주장할 경우, 그가 상당 기간 그것을 보유했고 성스러운 율법의 규정에 따라 그의 권리가 인정된다면, 병사들은 자기 포로와 노예들을 데리고 경작을 했기 때문에, 그 총 [수입]의 1/10을 소유자에게 주고, 나머지는 그들이 자신의 경작자들과 함께 [나누어] 갖도록 한다.

또한 그들 [군대]에게 주어졌던 풍요롭거나 황폐한 촌락들에 [거주하는] 농민들의 경우, 30년간 흩어져서 살았지만 다른 지방의 호적(shumara)과 대장(qānūn)에 등재되지 않았다면, 그 [농민]들이 [현재] 누구

---

134) A본에는 옆의 공란에 wa dīwān이라는 구절이 추가로 기재되어 있다.

와 함께 있건 간에 [본래의 위치로] 귀환시키도록 한다. 만약 다른 지방의 농민들이 그 [병사]들에게 [속해] 있다면 그들도 역시 그 무리를 되돌려 보내야 한다. 어떤 경우이건 다른 지방과 지점의 농민들을 자기에게 데리고 와서는 안 된다. 먼 지방의 농민이라는 이유로 ...에 속하게[135] 하면 안 되며, 어떤 방식으로든 그들을 끌어모으거나 보호해서도 자신의 촌락들에 들여서도 안 된다. 군인들은 자신들에게 주어진 촌락의 농민들을 원적지 촌락(dih-i hūjāūūr)에서 다른 촌락으로 데리고 가면 안 된다. (R1483) "경지와 촌락 둘 다 우리의 식읍이며 그들은 우리의 농민이다."라고 말해서는 안 된다. (A329r) 자신의 토지 안에 있는 각 촌락의 농민들은 농사를 짓도록 하되, "이 토지의 농민들은 우리에게 식읍으로 주어졌으니 우리의 포로(asīr)이다."라고 말해서는 안 된다. 병사들은 농민들에 대해서, 자신의 촌락에서 경작을 하도록 [그들을] 보유하고, 디반에 납부할 소득과 전량과 부가세를 정확하게 그들로부터 징수하는 것 이상의 어떠한 권한도 없다. 농민들을 각자 자기 토지 안에서 경작하게 하는 것 이외에 다른 어떤 일에도 부려서는 안 된다. 농사를 할 줄 모르거나 하지 않는 농민이라도 그들에게 정해진 전량을 디반에게 납부하기만 한다면, 그들에게 [추가로] 경작의 부담을 주어서는 안 되며 강압을 해서도 안 되고 잘 부양(asrāmīshī)해야 한다.

또한 군인들은 그들의 촌락과 가깝거나 인접한 촌락들에 대해서 간섭하거나 [거기서] 경작해서는 안 된다. 목지(yūrt)라는 이유로 물과 땅을 금기화(qōriīmīshī)해서는 안 되며, 그들의 소와 양과 나귀가 초장(charāgāh)에서 뜯어 먹는 정도의 목초를 금지해서는 안 된다.

또한 짐은 그들을 위해서 은사를 내리고 전술한 이 토지들을 식읍이

---

135) 원문은 bā-BRANY ta'aluq. 사본에 따라 달리 표기되기도 하는데 의미가 불분명하다.

라는 명목으로 지정하여 은사를 내려주었다. 그 목적은 모든 백성들이 편안함을 얻는 것, [짐의] 좋은 이름과 야삭과 정의를 기억하는 것, 그리고 그들 모두 이 같은 은총과 은사를 받아 기뻐하는 것, 만호·천호·백호·십호의 아미르들과 많은 병사들이 서면으로 맹약서를 써서 자신의 능력이 닿는 데까지 정의의 실행과 진실의 전파에 노력하는 것, 이후 불법과 강압을 행하지 않고 폭력을 행사하지 않는 것, 그리고 이전까지 행해오던 각종 폭정과 강압을 더 이상 하지 않는 것이기 때문에, 그들은 자신의 말을 충실하게 지켜서 공궤(tuzghū)와 사료와 양식과 그 밖의 다른 것들을 징발하지 않아야 할 것이다.

또한 다음과 같이 정한다. 디반에서는 어떠한 이유로든 (R1484) 식읍에 대해서 지불 청구증을 발부해서는 안 되며 결코 지불 위임증을 부과하지 않는다. 그들은 정해진 방식에 따라 1인의 병사마다 타브리즈의 저울(wazn-i Tabrīz)로 50되[의 곡물]을 왕실 창고(anbār-i khāṣṣ)로 보내야 하며, 그 이외에는 그들로부터 어떠한 명목으로든 어떠한 것도 요구해서는 안 된다.

또한 다음과 같이 명령하노라. 오늘날 황무지나 경작지로 이루어진 이 식읍 토지는 [앞에서] 자세히 설명한 방식에 따라 천호들 사이에 분배되었다. 그 지방에서 경험이 풍부한 무리는 짐이 임명한 이 모모 비틱치와 동석하여, 10개의 부분(bakhsh)으로 나누고 새로이 추첨하도록 하라. 그 뒤 백호와 십호들 사이에서 구역(bolūk)을 나누어 다시 추첨을 행한다. 그 뒤 짐이 감찰관(ʿārḍī)이라는 직함으로 임명한 이 비틱치는 매 백호와 십호의 몫을 구별하고, 황무지와 경작지로 이름 지어진 곳은 대장에 기록하고 보관하도록 한다. 그래서 사본 하나는 대디반에게 맡기고 또 다른 하나는 천호장에게 맡긴다. 백호의 대장들은 백호장에게 준다. 그 뒤 그 비틱치는 매년 감찰의 업무를 수행하고, 경작에 혼신의 힘을 다한 사람의 이름이나 결손을 만들어낸 사람의 이름, 그리고 각각에게 정해진 몫의 황폐함과 풍요함을 짐에게 품신토록 하라. 그래서 혼신의 노력을 기울인 사람에게는 특별한 은사를 내리고, 결손을 만들어 내거나 황폐함을 초래한 사람은 처벌을 받도록 하라. 짐이 하사한 이 이크타는 판매해서는 안 되며 [타인에게] 주어서도 안 된다. 안다와 쿠다(andā wa qūdā, 인척), 아카와 이니(āqā wa īnī, 동족) 혹은 친족에게 주거나, 신부대(kābīn)나 지참금(qaling)으로 주어서는 안 된다. 누군가 이런 방식으로 행동한다면 죄를 물어 처형할 것이다. 신부대는 예언자의 하디쓰의 규정에 따라, 이에 앞서 그 사안에 관해 별도로 내린 지엄한 칙령대로, 19디나르 반으로 정한 바 있다.

또한 다음의 내용을 알지어다. 이 식읍은 칼란세(qalān)[136] 납부를 위해 [군역에] 헌신하는 병사들(mardum-i charik)을 위해 지정된 것이다. 그 무리들 가운데 누군가가 사망하면 그의 아들이나 형제들 가운데 한 사람을 후계자로 세우고, 고인(mutawafá)의 식읍은 (R1485) 그에게 주어 등록한다. 만약 일족(ūrūgh)이 없는 경우, 그의 오랜 노예(ghulām)에게 정해준다. 만약 노예도 없을 경우 백호 가운데 적절한 사람 하나를 골라서 그에게 준다. 만약 백호나 십호 안에서 누군가가 야삭을 어긴다면, 그의 천호와 백호의 수령들에게 죄를 묻고, 그의 식읍은 힘을 바칠 수 있는 다른 사람에게 주고 그의 이름으로 등록을 하여, 매년 [그렇게 기재된] 장부를 보고하도록 한다. 또한 짐은 명령하기를, 만약 병사들이 [농민들로부터] 전량과 쿱추르세, 그리고 앞에서 상술한 것과, 대장과 명령문에 기록된 것 이외에 다른 무엇인가를 요구한다면, 감찰관은 이를 허용해서는 (A329v) 안 된다. 만약 강제로 빼앗는다면 감찰관은 이를

---

136) 앞에서도 설명했듯이 칼란은 정규적 가축세인 쿱추르 이외의 다양한 징발을 뜻하는데, 위의 본문은 당시 몽골인들은 병사로 징발되어 원정에 참가하는 것도 칼란의 일종으로 여겼음을 보여준다.

은폐하지 말고 그의 이름을 적어서 짐에게 보고하도록 하라.

또한 출정에 즈음하여 이 군대를 사열할 때, 이 모모 비틱치는 칙명이 정한 바에 따라서 이름이 적힌 대장을 먼저 백호장에게, 그다음에는 천호장에게, 그다음에는 만호장에게 제시하고, 얼굴을 마주하고 검사를 한다. 그 뒤에 중군의 아미르에게 보인다. 또한 다음과 같은 사항이 정해졌다. 즉 천호장의 식읍이 별도로 정해졌기 때문에, 그는 병사들의 식읍을 강취해서는 안 된다. 마찬가지로 짐은 감찰관에게 다른 지방[의 수입]을 주었기 때문에 병사들의 식읍에 지불 청구증을 써서 지불 위임(ḥawāla)을 하면 안 된다.

짐은 이러한 명령을 내렸고 병사들의 식읍을 전술한 바와 같이 은사로 내려주었다. 만약 병사들이 여전히 대장에 상세하게 기록된 것 이상으로 농민들로부터 무엇인가를 빼앗는다면, 그리고 병사들에게 주지 않은 농민들과 다른 지방의 농민들을 비호하며 자기 밑으로 데리고 온다면, 그들에게 주어진 촌락들 주변에 물과 땅이 있는 토지를 점유하고 농사를 지을 땅과 소와 양과 나귀들이 먹을 초목지를 금지화(禁地化)한다면, 매년 자신의 호적과 공물(jabāī?)을 내놓지 않고 숨기거나 변명을 늘어놓는다면, 자기 대신에 다른 사람을 병사로 내보낸다면, 역시 치죄를 당할 것이다.

이 천호에 지정된 모모 비틱치는 (R1486) 이 칙령에 언급된 항목들 모두를 잘 지키도록 하라. 거기에 포함되지 않은 토지들, 초목지에서 경작을 하는 모든 사람들, 완전히 황폐해졌는데도 별도로 이름이 적히거나 상세하게 기재되지 않은 것들을 디반에 보고하도록 하라. 그래서 대장에 기록을 하고 총액에 추가될 수 있도록 하라.

이 칙령을 모모 천호에게 주노니, 이후에는 그 명령을 영구불변한 것으로 여기고 변경하거나 개변하지 않도록 하라. "들은 후에 그것을 바꾸는 사람, 분명코 그 사람에게 죄가 있을지니, 알라는 들으시고 아는 분이기 때문이다."[137]

척령은 모년 모월 모모 지점에 머물 때 쓰였다.

---

137) 『쿠란』 2:181.

제25화: 폐하 자신을 위한 별도의 군대를 어떻게 정비했는가에 관한 설명

과거에 몽골군은 오늘날에 비해서 그 수가 더 적었다. 이슬람의 제왕—그의 왕국이 영원하기를!—은 방략과 지혜를 발휘하여 몽골과 타직의 병사들을 늘렸다. 그는 "짐의 왕국의 변경과 국경은 후라산, 파르스, 키르만, 바그다드, 디야르 바크르, 룸, 데르벤드인데 서로 매우 멀리 떨어져 있다. 비록 그 모든 지역에 별도의 군대가 관새(關塞, sūbīh)[138]에 지정되어 주둔하고 있지만, 필요한 경우에는 어느 한쪽에서 다른 쪽에 지원을 해주어야 하는데, 거리가 멀기 때문에 도착하기까지 오랜 시간이 걸린다. [병사들이] 배고픔과 헐벗음으로 약해지는 것은 물론이고 그들의 가축도 여위고 폐사하기 때문에, [그러한 지원은] 결코 아무런 효과를 내지 못한다.

그런 연유로 그는 이렇게 명령하셨다. 두 명의 아들과 형제와 마부(kūtālchī)를 가지고 있는 각 가호에서 한 명 혹은 두 명을 추가로(ziyā-dat) 지정하여,[139] 그들을 모두 별도의 군대로 구성하고 각 지방의 지원을 위해 지정하고, 그래서 다른 사람들을 (R1487) 돕도록 하셨다. 또한 [칸은] 도보로 감시할 수 있는 협곡이나 변경의 험준한 지점들을 지키기 위해 타직 병사들을 지정하고, 그들 모두에게 수당과 식읍을 주었다.

---

138) Thackston은 그의 번역본 p. 455에서 이 단어의 뜻을 정확하게 설명하고 있다. 이는 원래 몽골어에서 'eye of a needle; narrow passage'를 뜻하는 말로, 전략적으로 중요한 요충지나 관새(關塞)를 뜻하였다. 필자도 일찍이 논의한 바 있고 Thackston도 지적하였듯이, 『라시드사』에서 톈산 이남의 타림 분지를 지칭하는 Mangalay Suba(Suya)라는 표현에서 Suba라는 것이 바로 이와 동일한 단어이다. 미르자 무함마드 하이다르는 이 표현의 의미를 'āftāb-rū' 즉 '태양을 향하는 곳'이라고 설명했지만, 실은 '전방에 있는 요충지/관새'로 이해해야 옳을 것이다.

139) 이것은 각 가호에서 아들, 형제, 마부를 모두 합해 2인 이상이 있을 경우, 그 가운데 한 명이나 두 명을 병사로 차출할 수 있었다는 뜻이다.

과거에는 타직 군인들에게 정해진 피복이 있었지만, 질서가 잡히지 않아서 그들의 수령들이 이러저러한 구실로 얼마간의 피복을 착복하였고, 그래서 어떤 병사들도 없게 되었다. [그러나] 지금은 [폐하께서] 명령하시기를 그들의 천호와 백호들을 지정하고 장부에 그들의 이름과 외모를 적도록 하였다. 매월[140] 검열하고 그들의 숫자와 무기를, 기병과 보병을 구별하여 조사한다. 그것은 칙명이 지엄하게 정한 그러한 방식과 규정에 따라서 행해진다. 몽골 군대의 정비는 앞 장에서 서술한 방식대로 이루어졌고, 그들에게 주어진 식읍 칙령은 이미 기록한 바이니, 더 이상 되풀이해서 설명할 필요는 없을 것이다.

각각의 변경에는 그곳에 (A330r) 충분할 정도의 규모만큼 군대를 지정하였다. 각 지방에 초목지와 거주지를 가지고 있는 병사들 가운데 변경 가까운 곳에 있는 자들에 대해서는 필요할 경우 그들의 후위가 되도록 명령했다. 그래서 어느 시기이든 한쪽 방면의 군대가 다른 쪽 방면으로 지원하러 가는 일은 없게 되었다.

또한 통상적인 것 이외에 [폐하를] 모실 다른 군대를 정비했다. 그는 친위병(kezīktānān)과 아미르들을 설득하여, 그들 각자에게서 병적(shumāra)에 기록되지 않은 [그들의] 형제나 자식들 가운데 한 사람이나 두 사람을 지정하도록 하였다. 그래서 각각의 천호에서 100명 혹은 200명이 증원되도록 하였다. 이들 모두를 1년이라는 기간 동안 불러 모았다. 이슬람의 군주—그의 왕국이 영원하기를!—는 그들에게 은사와 피복과 식읍을 하사했다. 그들 모두 점차 2,000~3,000명까지 늘어난 중군의 천호와 더불어, [그리고] 친위병과 함께 [폐하를] 모시도록 하였다.

여러 해 전부터 군주—그의 왕국이 영원하기를!—의 사촌들인 주치·

---

140) 사본에 따라 '석 달'로 되어 있는 것도 있다.

차가타이·우구데이의 일족들 사이에 대립과 분쟁이 발생하여, 그들의 군대가 항상 서로의 유수영(aghrūqhā)들을 약탈하고 (R1488) 상대방의 자식들을 포로로 잡아가서 상인들에게 팔아넘겼다. 또한 그들 가운데 다수는 빈곤했기 때문에 자기 자식들을 팔기도 했다. 이슬람의 제왕— 그의 왕국이 영원하기를!—은 이런 상황에 대해서 분노했고 이렇게 말했다. "많은 몽골 종족들은 칭기스 칸의 시대에 힘을 다 바쳤던 대아미르들의 후손이고, 또 지금은 그 아미르들의 일족이 카안과 다른 군주들의 어전에서 존경을 받고 있는데, 어떻게 그들을 타직인들에게 노예로 팔아넘길 수 있다는 말인가. 또 그들이 어떻게 [그렇게] 가난해질 수 있단 말인가. 그런 무리의 권리를 지키고 명예를 보호하기 위해서 이러한 상황을 개선할 필요가 있다. 이런 식으로 간다면 정점에 다다랐던 몽골군의 위력과 위엄은 부서지고, 타직인들의 눈에 비참하게 보일 것이다. 또한 그들 대부분을 적의 지방으로 데리고 갈 것이다."

그런 연유로 [폐하는] 명령하였다. "몽골의 아들들을 몇 명을 데리고 오든 어전의 이름으로 구매하라. 가격을 현금으로 지불하도록 하라. 그래서 좋은 이름과 공덕이 기려질 수 있도록 하라. 그들 가운데에서 친위숙위병(kebteūlān-i lashkarī-yi khāṣṣ)을 [뽑아서] 봉사하게 하라." 최근 2년 사이에 많은 [몽골 아이들을] 사들였고 그들에게 필요한 경비와 양식을 지정해주었다. 마라가 지방을 [식읍으로] 정해주고 볼라드 칭상을 그들의 만호장으로 삼았다. 천호와 백호의 수령들은 폐하의 근신들 가운데에서 정하였다. 그래서 약 1만호(tūmān)[의 사람들]이 모였다. 얼마나 오든 관습에 따라서 사들였고 1만이 다 차고 그보다 더 많아졌다. 그들은 모두 숙위와 왕실 사속민(īnchūī-yi khāṣṣ)이 되어 봉사하였다.

어느 시대에도 이 시대만큼 잘 정비된 군대는 없었다. 그들 모두에게 식읍을 지정해주고, 모든 변경 하나하나에 다른 곳의 지원을 필요로 하지 않는 별도의 군대를 두어 방어를 담당하게 하고 있다. 왕국의 사무는 정비되고 백성들은 안락과 휴식을 취하게 되었으며, 그것은 날로 더욱 커지고 있다. 지고한 창조주께서 이슬람의 제왕이 펼치는 정의의 그림자가 (R1489) 영원히 지속될 수 있도록 하시기를!

제26화: 고리를 목적으로 돈을 빌려주는 것과 사악한 협잡으로 거래하는 것을 금한 것에 관하여[141]

이슬람의 제왕―그의 왕위가 영원하기를!―의 공정의 그림자가 펼쳐지고, 그의 총명한 눈길이 귀족과 평민의 최선을 위해 맞추어졌을 때, 그는 고리대금업과 각종 불법적인 거래가 백성들에게 해악을 끼친다는 사실을 분명히 알았다. 특히 모든 사람들의 발길이 공정의 대로에서 벗어나고 불법적인 거래에 손을 뻗치고 있는 오늘날과 같은 시대에는 더욱 그러하다. 그래서 그는 "이를 해결하는 것이 필수적이다. 그래서 분란을 야기하는 불법적인 흉사들이 온갖 모양으로 영향과 전염을 일으키지 않도록 해야 한다."고 말했다. 그는 지엄한 칙명을 선포하여 어떠한 (A330v) 사람도 불법적이고 비난받을 행위를 하지 못하도록 하였다. 이같은 칙명이 가져오는 막대한 효용이 이 시대의 모든 사람들에게 분명했기 때문에, 만약 그것을 [이] 책 안에 기록한다면 모든 사람들이 그것의 진실함을 명확히 알게 될 것이며, 다가올 세대[의 사람들]도 이슬람의 제왕―그의 왕위가 영원하기를!―의 칙령이 이러한 철저한 폐해를 방지하는 결과를 낳았다는 사실을 인식하게 될 것이다. [이제 여기서] 그러한 수많은 폐해들 가운데 일부를 설명함으로써, 세상 사람들은 한 가지 불법적인 행위의 실행이 얼마나 큰 해악과 부패와 불의를 낳는지를 알게 될 것이다.

먼저, 모두 다 알고 있듯이 정의로운 군주인 아바카 칸의 시대에 백성들은 안전하고 편안했으며, 진정 한 시대의 위대한 군주(ṣāḥib-i qirān)였던 그의 부친 훌레구 칸의 법령과 정의와 형법이 확고하게 지속되었

---

141) 이 부분 역시 A. P. Martinez의 번역이 있다. 그의 전게 논문 "Rashidu'd-Din's Ta'rikh-e Mobarak-e Ghazani, II," pp. 159~183.

다. 그의 부친[의 치세]의 아미르들과 귀족과 재상들, 그리고 그 자신의 치세에 기용된 사람들이 일부 있었다. 그 당시 일부 오르탁 [상인]들이 갑옷이나 말 갑옷 혹은 무기들, 또는 (R1490) 몇몇 고급 말들을 자기 돈으로 구입하여 아바카 칸의 어전으로 가지고 왔다. 그들은 코르치(qōrchī, 궁수)나 아크타치(akhtāchī, 말지기)의 아미르들의 주선으로 이윤이 남을 정도로 [많은 돈을] 그 대가로 받았다. 그들이 거두는 [막대한] 이윤을 목도한 다른 사람들도 그들의 행보를 뒤따랐다. 그래서 자본금도 없는 자들이 이자를 주고 돈을 빌려서 그런 데에 쓰는 지경에 이르렀으니, 이는 이익금으로 이자를 갚고 [새로운] 자본을 축적하려고 했기 때문이다.

그들은 판매한 것에 대해서 코르치나 아크타치들로부터 영수증을 받아 디반으로 가지고 가서는 지불 청구증을 받아내고 비용을 청구한다. 이런 방식을 통해서 수많은 비천한 사람들과 알라의 세상에서 아무것도 갖지 못했던 사람들이 엄청난 이익을 손에 넣고, 빚을 갚은 뒤 부유한 사람들의 무리에 들어가게 되는 것이다. 그리고는 갑자기 아라비아 말을 타고 노새들 등에 짐을 싣고, 귀족이 입는 옷을 걸치고 잘생긴 노예들과 수많은 호위병을 불러 모아서 거느리며, 노새와 낙타 위에 짐을 잔뜩 싣고 대로와 시내와 시장을 휘젓고 다닌다. 사람들은 그들의 모습을 보고 경악을 금치 못하며, "이렇게 엄청난 것들을 그렇게 짧은 시간에 어디서 어떻게 모을 수 있었을까?"라고 말하게 된다.

그들이 사태의 실상을 알게 되고, 그러면 또 다른 거지와 파산자들도 그러한 일을 [따라] 하려는 욕망이 일어나고, 그러한 거래를 하고자 하는 마음이 뇌리에 깊이 박힌다. 무슬림이건 유대인이건 불문하고 수천 명의 잡동사니 상인이나 행상들—즉 미나리나 고수 나물이나 기타 자질구레한 것들을 지고 다니면서 팔던 사람들—혹은 뜨개질하던 사람이나 돈이라고는 한 푼도 만져보지 못한 사람들, 필시 빵조차 배불리 먹어 보지 못한 사람들이 빚을 내어서 그 빚으로 무기와 말을 [사는 데에] 쓰지 않고, 자기가 입을 옷과 장신구를 사는 데에 몽땅 허비하거나 아니면 앞서 언급한 아미르들에게 선물과 뇌물을 바치고 영수증을 받아냈다. 예를 들어 '온전한 무기 1,000점과 (R1491) 몇 마리의 거세마를 주라.'는 식이다. 그들은 그러한 영수증을 비틱치에게 가지고 가는데, [비틱치는] 상황의 본질을 잘 알면서도 '침묵의 대가(ḥaqq al-sukūt)'[142]를 받고는, 지방의 성들의 현금세에서 그것을 징수하라는 칙령과 지불 청구증을 써주곤 하였다.

그러한 무리 가운데 일부는 성공하여 부자가 되는데, 그들은 다른 사람에게 이자를 붙여 돈을 빌려주었다. 그런 까닭에 많은 사람들은 그러한 탐욕으로 인해 상업에 종사하기로 마음먹고, 갖고 있던 한 푼의 금화와 은화와 금붙이와 가구와 의복, 생명이 있건 없건 모든 종류의 재물들을 그런 무리에게 이자로 갖다 바친다. 그전에 거지였던 자들은 10투만 즉 10만 디나르로 만족하던 것을 이제는 100투만에도 만족하지 않는 지경에 이른다. 자신을 상인이나 무기상이라 부르는 이들 행악자들은, 몽골 문자를 조금이라도 아는 사람이 있으면 자기 집에 들여놓고 자신들이 원하는 대로 영수증을 쓰게 하고, 원하는 대로 아무 아미르의 인증(nishān)을 찍어서 비틱치에게로 가지고 가는 것이다. 1투만마다 약간의 디나르를 주기로 약정을 하면 그들 [비틱치]는 칙령과 지불 청구증을 써준다. '투만'이라는 말이 그들에게 (A331r) 얼마나 우스운 것이 되었는지, 그것을 '땅콩'이라는 뜻으로 여길 정도가 되었다. 그 뒤에 그들은 디반에 그 같은 요구를 하였고 아바카 칸의 어전에 청원을 올렸다.

———
142) 즉 눈을 감아주는 대신 받는 뇌물.

그러한 지불 청구증과 영수증이 얼마나 많은지, 세상의 왕국들에서 금과 은을 전부 모으고 거기에 광산에 매장된 모든 것까지 더한다고 해도 그 수요를 충족시키지 못할 것이다.

우리가 다음과 같은 상상을 해본다면 놀라운 일이 아니겠는가. 즉 1,000명(mard)[143]분의 온전한 무기를 들판에 쌓아놓는다면 하나의 거대한 산이 될 것이며, 이는 100개의 창고에 넣어도 들어가지 않을 정도이다. 1만 마리의 말들도 평원과 초원에 풀어놓기 어려울 것이다. 하물며 20만 혹은 30만 명분의 무기와 10만 혹은 20만 마리의 말이라면 어떻겠는가. 그런데 그들은 그보다 100배는 더 많이 청구하여 칙령과 지불 청구증을 (R1492) 손에 넣었던 것이다. [그러나] 아바카 칸은 이 모든 말과 끝도 없이 많은 무기들이 어디서 나는지, 또 어떤 군대에게 나누어지는지, 어떤 재고에 보관하며 어떤 초원에 풀어놓는지에 관해서 걱정하지 않았다. 사정을 아는 아미르와 대신들은 소액의 '침묵의 대가'를 받고 눈감아버리거나, 부패에 찌들어 그런 문제를 해결할 엄두도 내지 않았다.

또한 그러한 행악자들은 각자 어떤 아미르나 카툰과 '연결'을 만들어 약간의 뇌물을 바치거나, 한 마리의 양이나 한 병의 포도주로 친분을 만들었다. [사태가] 정도와 한계를 넘어서자 사힙 디반이던 사힙 사이드 호자 샴스 앗 딘 [주베이니] (Ṣāḥib Saʿīd Khwāja Shams al-Dīn Juvaynī)—알라의 자비가 있기를!—는 이 문제를 처리하려고 했다. 그는 그 행악자들을 모두 불러 모아서 "너희들이 구하려고 하는 이 같은 재화는 이 세상에 존재하지 않는다. 나는 너희들이 뇌물을 준 것 이외에는 아무것도 돈을 쓴 것이 없다는 사실을 알고 있다. 이제 내가 너희들

---

143) Rawshan은 이를 MRDH(즉 사망한 사람)으로 표기했다.

의 동업자가 되어주마. 그러니 내가 군주에게서 1,000디나르[의 경비]를 받아낼 때마다 [800디나르만 공적인 경비로 쓰고 나머지] 200디나르를 우리들이 똑같이 나누어 갖도록 하자."고 말했다. 이는 1,000디나르에 대해서 [자신들은] 반 디나르조차 지출하지 않는 셈이니 모두 다 찬성했다. 그는 또한 아미르들에게 동의를 받아내고 이렇게 말했다. "군주께서 10투만의 비용을 쓸 일이 생길 때마다 8투만만 바치고 [나머지] 2투만은 각자 지방에서 [징발할 수 있게 하는] 지불 청구증을 오르탁들에게 써주겠다." 이러한 제의가 받아들여졌고, 사힙 디반은 그들이 가지고 있는 칙령들을 받아냈다. 그는 그들에게 10투만마다 2투만의 액수를 [장차 징수가] 예상되는 세금에서 받아 가라는 지불 청구증을 써주었다. [2투만] 가운데 반은 그의 몫이었기 때문에, 그는 그들 소유분 [즉 나머지 1/2=1투만에] 대해서 그 1/4 가격도 안 되는 현물을 주고 [그 대신 1투만의] 현금을 받았다. 그 행악자들에게 이자를 붙여서 돈을 빌려준 사람들은, 한동안 그들이 돈이 들어오면 갚겠다며 아무리 돈을 더 빌려달라고 해도 빌려주지 않았었다. 그런데 이러한 거래가 사힙 디반과 맺어지고 (R1493) 무기 거래[에 관한] 돈이 지불되었다는 소식이 들리자, 그들은 모두 다 그 거래에 대해서 기뻐했고 [전주들은] 가지고 있는 것은 무엇이건, 현금이건 물품이건, 기꺼이 그들에게 주었다. 그 행악자들은 극도로 탐욕스럽고 대담했기 때문에 다시 한번 자기 집안에 앉아서 영수증을 써서 몽골 비틱치에게 가지고 가서 칙령과 지불 청구증을 발부하게 했다. 사힙 디반은 이러한 상황을 알고도 어쩔 도리가 없었다.

그런 무리 가운데 행상을 하는 유대인이 하나 있었는데, 훌레구 칸의 시대에 오르도들에 피신한 적이 있었다. 그는 한 무리의 몽골인을 모아 사힙 디반에게 데리고 가서 [자신이 거래한] 무기 비용을 달라고 요구했다. [사힙 디반이] 그에게 "네가 받을 돈이 얼마냐?"고 묻자 500투만의 액수가 적힌 칙령과 지불 청구증을 내보였다. 사힙 디반은 경악을 금치 못하며 "타브리즈에 집을 가지고 있느냐?"고 물었고, 그는 "가지고 있다."고 대답했다. "[집이] 크냐 작냐?"고 하자, "작다."고 대답했다. 그러자 "500투만의 금을 너의 집 지붕에 쌓아둘 수 있겠느냐?"고 물었다. 그는 둘 수 없을 것이라고 인정했다.

이 부류의 사람들의 부당함은 이런 지경에 이르렀고, 그와 같은 사태에 대해서는 사힙 디반조차도 무력하고 처리할 방도가 없었던 것이다. 매일같이 그런 소문을 들은 사람들은 있는 돈은 전부 그런 일에 써버렸고, 만약 돈이 없으면 빚을 내서 했다. 그래서 대부분 빈털터리가 되어 오로지 몇 투만의 액수가 쓰인 지불 청구증을 손에 쥐기만 바라면서 나날을 보내는 것이다. 얼마의 시간이 지난 뒤에도 오르탁 상인들에게서 돈이 들어오지 않자, 그들에게 돈을 빌려준 사람들은 절망하고 더 이상 부채와 그들에게 필요한 경비를 대주기를 거부했다. 행악자들은 전주들에게 말하기를 (A331v) "우리는 당신에게 아무것도 숨긴 것이 없다. 우리는 당신한테 여러 가지 채무를 지니고 있으니 돈을 갚지 않을 수 없다. 우리에게는 인장이 찍힌 칙령이 있고, [거기에는] 얼마 얼마의 재화를 여러 지방에서 현금으로 걷을 수 있다고 되어 있다. 그러니 우리 서로 동업을 하자. (R1494) 우리 각자 모모 카툰과 모모 왕자가 파견하는 사신을 통해서 그것을 받아내자. 그러면 그 반을 당신에게 보내주겠다." 라고 하였다. 전주들은 칙령과 지불 청구증에 적힌 액수가 빌려준 돈의 몇 배가 된다는 사실을 확실히 보았기 때문에 그들과 동업을 맺었다. 그들은 탐욕에 사로잡혀 그 [행악자의] 부류가 필요로 하는 것들을 갖추어 주게 되는 것이다. 더 많은 액수가 필요하면 빚을 내거나 재산을 팔기도 한다. [전주들] 대부분은 그들과 함께 각 지방으로 가서 똑같은 방식[의 거래를] 하면서 생활한다. 마침내 아무것도 얻지 못하여 가산을 탕진하고 파산한 채 빚쟁이로 남게 되는 것이다.

[아바카 칸의] 치세 이후에 아흐마드와 아르군 칸과 게이하투의 치세에도 그런 무리들은 그 같은 돈을 [계속해서] 좇아다녔다. 카툰과 왕자들과 아미르들 한 사람마다 사신들을 얻어내고, 보잘것없는 뇌물을 받고는 각 지방으로 내려갔다. 지방의 현금 재화는 그들을 위한 식량과 경비라는 명목으로 파탄이 나버리고, 각 지방의 태수들 역시 그들이 10디나르 값어치밖에 안 되는 물건들을 30디나르나 40디나르에 사서 재고에 현금을 줄 거라는 생각에 욕심을 품고, 장식된 허리띠나 진주나 다른 품목들을 비싼 값에 그들에게 넘기고, 그들 역시 그것을 받아들인다. 왜냐하면 만약 그들이 그러한 형식의 거래를 통해서 돌이나 토기를 얻는다면, 그것은 거저 갖는 것이 되기 때문이다. 그런 연유로 그들 역시 그러한 보석을 싸게 팔거나 초라한 가격에 물건들을 저당으로 잡힌다. 이러한 불운한 행태로 인하여 보석의 가격은 깎이고 [거래는] 부진해진다. 이로 말미암아 자신들이 사용한 경비와 사신들에게 약속했던 비용을 충당할 정도로 이윤을 실현하지 못하게 되는 것이다. 결국 불법을 행하는 오르탁 상인들과 그들의 전주들은 빈곤하고 헐벗게 된다. 이런 까닭에 거래가 너무 적어서 생계를 유지하기도 어렵게 된다. 국고의 재화는 탕진되어 어느 누구도 해결할 수 없게 된 것이다.

통치의 순서가 이슬람의 제왕 가잔 칸 (R1495)—그의 왕위가 영원하기를!—에게로 오자 그는 이자를 붙여서 돈을 빌려주지 말라는 명령을 내렸다. 그런 일에서 손이 묶인 그 부류의 사람들은 속수무책의 처지가 되었다. 최근 몇 년 동안 그 같은 모든 칙령과 지불 청구증을 가지고 와서 요구를 하는 사람들이 사라졌다. 아무런 뿌리도 없이 이루어지던 그런 거래도 더 이상 하지 않게 되어, [이제는] 그것을 기억하는 사람조차 없게 되었다. 그 같은 비리를 행하던 무리들은 각자 자신의 원래 직업으로 돌아갔다. 부자와 빈자, 천민과 귀족 사이의 차이가 다시 분명해졌다. 그 [각종의] 집단들은 만족하며 생업에 종사하고 이슬람의 군주의 성공—그의 왕위가 영원하기를!—을 위해서 기도를 올렸다. 고리대금이 가져온 폐해 가운데 하나가 지금 설명한 것과 같은 것이다.

또한 그 같은 시절에 이자를 받고 돈을 빌려주는 사람들은 대부분 몽골인과 위구르인들이었다. 이자를 주고 돈을 빌리는 불운한 사람이 대체 무슨 수로 행복해질 수 있겠는가. 결국 그들은 갚을 수 없는 지경에 이르러 처자식과 함께 노예가 되는 모욕적 상황에 빠지는 것이다. 이슬람의 군주—그의 왕위가 영원하기를!—의 정의로운 통치 덕분에 이슬람을 믿는 사람들은 그러한 치욕에서 벗어날 수 있게 되었다.

또한 그 당시에 벌어진 [또 다른] 큰 폐해는 순수하고 청렴한 각 성의 말릭과 징세관들이 정해진 방식에 따라 그 성의 약정된 세금을 처리할 수 없었기 때문에 그러한 직책을 회피했다는 것이다. 행악하는 거지들이 10년의 빈곤한 삶을 10일간의 왕 같은 풍족한 생활로 바꿀 수 있다는 것을 알고는, 고리로 돈을 빌려서 뇌물을 바치고는 성의 태수직을 얻었고, 그래서 고위의 말릭이나 술탄과도 맞먹는 지위에 올랐다. 그리고 [그] 성을 자신의 중요한 식읍으로 차지하였다. 그들은 오르도[에 갖다 바치는] 돈, 노예, 가축, 고급 의상과 사치품을 위한 경비를 필요로 했기 때문에, 별 수 없이 고리를 물고 돈을 꾸었다. 돈을 빌려주는 사람은 자신의 돈이 손실될 위험에 처할 수 있다는 사실을 알고 있기 때문에, 이자가 아주 높지 않으면 돈을 꾸어주지 않았다. 필경 [돈을 꾸는 사람은] 3~4디나르를 [갚기로 하고 겨우] 1디나르를 빌릴 수 있었다. 그들이 성으로 (R1496) 가면 [그 성의] 국세 전액도 그들의 이자를 갚기에 (A332r) 부족했기 때문에, 정해진 액수보다 몇 배를 농민들로부터 징수할 수밖에 없었다. 그래서 군주의 지배를 받는 수천 명의 독실한 신도들과 담세

자들이 해를 입고 고통에 빠지는 것이다. 사힙 디반들이 그 [태수]의 비행 소식을 듣더라도 세금은 받아야 하고, 태수는 모든 것을 낭비하면서 그들을 뇌물로 삶아놓았기 때문에 그것[=태수의 비행]을 제지할 수가 없는 것이다. 더구나 파산한 사람은 그 하나이지만 농민들은 수도 없이 많다. 그래서 어쩔 수 없이 그렇게 하도록 허락하고, 태만하고 모른 척함으로써 세금이 많이 들어오게 하는 것이다. 그 [태수] 역시 성의 샤흐나와 비틱치들에게 뇌물을 주어서 제지를 받지 않도록 할 필요가 있다. 만약 [그들이 뇌물을] 받지 않았다면 이런 일을 막는 것이 불가능했겠는가. 그럼에도 불구하고 현금은 국고에 결코 들어오지 않는다. 만약 어쩌다가 몇 가지 물품들이 들어온다 해도 [전체] 액수의 1/4도 충당하지 못한다. 그런 까닭에 군대에 관한 사무는 물자의 부족으로 파탄을 맞게 되었다. 해마다 그들은 이런 방식으로 성[의 주민들]을 늑탈했다. 지체 있는 대인들은 그 같은 사악한 파산자들 아래에 있고 싶지 않아 줄곧 직책을 맡지 않으려고 했다. 뛰어난 현자들은 능력 있는 사람을 직책에서 멀리하고 능력 없는 사람에게 일을 맡길 때 바로 나라는 쇠퇴하고 망하는 법이라고 말한 적이 있다. 그런데도 오랫동안 이런 식으로 계속되어왔던 것이다.

사드르 차위(Ṣadr Chāwī)[144]가 재상이 되었을 때, 고리로 돈을 꾸는 일은 더는 이루 말할 수 없는 지경에 이르렀다. 그러나 [이에 관한] 이야기를 하고 있으니 그 약간의 사정을 말할 필요가 있다. 그 당시 대부분의 사람들이 [그것을] 목도한 바이니 꾸며낸 이야기라고 할 수 없겠지만, 장차 도래할 시대의 독자들에게는 있음직하지 않은 이야기로 비칠지도 모르겠다. 이야기는 이러하다. 그의 시대에 지방의 식읍 보유자들

---

144) chāw는 원제국에서 사용되던 지폐 '초'를 훌레구 울루스에서 chaw라는 이름으로 발행한 것을 말하며, 사드르 차위(Ṣadr Chāwī)는 chaw의 발행을 주관했던 재상을 가리킨다.

(muqāṭi ʿān)은 사람들 가운데에서도 가장 인색한 부류의 인간들이었다. 그들은 "우세(牛稅)를 받고 소를 판매"[145]하는 그의 습관을 알고 있었기 때문에, (R1497) 한 식읍 보유자가 고리로 많은 돈을 빌려서 그 돈을 그 [=사드르 차위]에게 뇌물로 주었다. [그러고 나서] 그 [식읍 보유자]는 10디나르 값이 나가는 물품을 20디나르에 사서, 그[=사드르 차위]에게 30디나르에 넘겼고, [사드르 차위는 30디나르의 지불 청구증을 써주고] 그것을 받아들이곤 했다. 그 뒤 그가 "디반에서 돈이 필요하다."고 말하면, 식읍 보유자는 당연히 이렇게 말했다. "고리대금을 물고 돈을 꾸어온 것이 여기 있는데, 제가 뇌물로 드린 액수도 온갖 수단을 다 동원해서 꾸어온 것입니다." 그러면 그는 "네게 손해가 가지는 않을 거다. 네가 구해온 것이 무엇이건 그 가격으로 우리에게 팔도록 하라."고 말했다. 그 사람은 계약한 문서에 기재된 대로 원금과 이자를 [징수될] 세금에서 계산해서, 경기가 좋을 때의 가격이 10디나르밖에 하지 않는 것을 30디나르에 사서는 그것을 [사드르 차위에게] 40디나르에 넘긴다. 이렇게 해서 그는 즉각 10디나르의 이익을 남기는 것이다. 사드르 앗 딘 [차위]는 급하게 현금이 필요했기 때문에, [그렇게 받은 물품을 내어다 파는데] 그의 부관들은 "10디나르의 가격이지만 아무도 6디나르 이상을 주고는 사지 않습니다."라고 하면서, [6디나르를 그에게 주고 나머지] 4디나르는 자신들이 착복했다. 결국 [지불 보증을 해준] 원래의 40디나르 중에서 6디나르 이상은 그의 손에 들어오지 않은 셈이다. 그가 낭비한 것은 디반의 재화였던 것이다.

거래를 하는 무리들 가운데 어떤 사람이 [사드르 앗 딘 차위] 개인을 위해서 수천 마리의 양을 상인에게서 구매했는데, 한 마리당 5디나르로

---

145) 원문에는 gāvī bi-gūshī mīforūshad라고 되어 있다. 이 난해한 표현에 관해서는 Martinez, p. 174 와 Thackston, p. 740에 서로 다른 설명이 있지만, 전자의 설명이 더 정확해 보인다.

계산했고 두 달 안에 대금을 지불하기로 했다. 그러나 약정된 시간이 되었는데도 돈은 마련되지 못했고, 그 양들은 대부분 약하고 여위게 되었다. 그러자 그는 이자를 갚았다. 그러나 원래의 약속한 시간이 되었는데 돈이 마련되지 못했다. 그 양들은 대부분 약하고 여위게 되었다. 그는 양들을 싼값으로 모두 팔라고 지시했다. 그는 그것으로 두 달치의 이자를 갚았고, 원래의 계약은 그대로 유지되어, 두 달 내로 [대금을 지불하고, 사드르 앗 딘 차위에게 양을 인도하도록 되었다]. 불가피하게 이같이 이자를 주고받고 하는 식의 재앙으로 인하여 국가의 재화는 탕진되었고 재고로 들어오는 것은 아무것도 없었다. 게이하투가 관용을 표방하면서 발부한 지불 위임증들은 그 어느 하나도 단 1전 한 푼도 누군가에게 가져다주지 못했다. 고정된 [액수의] 양식, 봉급, 경비도 다 마찬가지였다. 그런 연유로 군인들이 게이하투를 싫어하게 된 것이다. 그럼에도 불구하고 사드르 앗 딘은 언제나 파산 상태에 있었다. 그가 사망했을 때 백성들은 끝도 없이 많은 고통을 느꼈다. 오, 그는 재화와 명품으로 가득 찼던 집들을 얼마나 많이 빈터로 만들어버렸는가.

술탄이나 말릭들 가운데 지방[의 식읍]을 보유하고 (R1498) 오르도를 방문하곤 했던 사람들은 모두 이런 방식으로 빚을 졌다. 수십만의 무슬림과 몽골인들이 빚을 졌고 그들의 재산을 모두 탕진해버렸다. 그들 중 일부는 사망했지만 아직도 그 고통을 받고 있고, 일부는 가옥과 가구와 토지와 물건들을 이런 일에 쏟아부었는데, 이는 동시대 사람들이 눈으로 직접 보고 또 귀로 들은 바이기 때문에 하나도 과장이 아니라는 사실을 알고 있다. 아니 이러한 일화는 실제 일어난 것에 비하면 하나의 예화일 뿐이며 (A332v) 수많은 것들 가운데 극소수에 불과하다.

이처럼 중대한 사안을 처리하는 것은 매우 어렵다. 왜냐하면 [그런 관행은] 세월이 지나는 동안 귀족과 평민의 뇌리에 깊게 자리 잡았고, 전술한 인연들로 인하여 모든 왕자들과 카툰과 아미르와 재상과 비틱치와 대인과 신하들이 그러한 행악자들에게 호의적인 태도를 취하고 있으며, 그들 가운데 일부는 그들에게 빚을 졌거나 뇌물을 받았거나 혹은 그들과 동업을 하고 있고, 그래서 공정함과 엄정함을 갖추고 위세를 지닌 군주라 할지라도 [그런 폐단을 제거하기] 어렵기 때문이다. 오로지 완전한 지혜와 능력과 이지를 갖춘 군주—그의 왕위가 영원하기를!—가 그의 고귀한 생각을 기울여 이러한 모든 부패의 원천이 바로 고리로 돈을 빌려주고 빼앗는 것이라는 사실을 알았다. 그가 이것을 금한다면 그것은 예언자의 율법을 증진하는 일이 될 것이고, 동시에 백성들을 과오의 심연에서 올바로 인도된 대로로 데리고 나오는 일이 될 것이며, 고리대를 금지하는 축복으로 말미암아 이처럼 거대한 피해는 사라질 것이다.

이러한 생각을 한 뒤에 그는 698년 샤반월[=1299년 5월]에 전국에서 어느 누구도 고리로 돈을 주거나 받아서는 안 된다고 칙명을 내렸다. 그러한 것에 익숙해 있던 대부분의 사람들은 [이에 대해] 회의적이었고, 어떤 대인들은 [적절한] 기회를 보아 "거래의 통로가 모두 닫히고 말 것이다."라고 말했다. 군주—그의 왕위가 영원하기를!—는 "짐이 명령을 내린 것은 바로 [그렇게] 온당하지 못한 거래의 길을 끊기 위해서이다."라고 말했다. 일부 무지하고 자기 이익만을 생각하는 사람들은 "국고를 위해서는 항상 현금이 필요하다. 만약 각 성의 태수들에게 이자를 붙여 돈을 빌려주지 않는다면, 그들은 세금을 납부할 방법이 없을 것이다."라고 하였다. 이슬람의 군주와 (R1499) 그의 재상들은 "우리는 여기서 어떤 태수나 징세관으로부터도 돈을 원치 않는다."고 하면서, "디반의 관리에게 고리로 돈을 빌려주는 사람은 누구든 원금과 이자를 하나도 받지 못하도록 하겠다."고 말했다.

그는 카툰과 왕자들과 아미르들에게 그런 무리들에게 절대로 돈을 빌려주지 말라고 거듭 지시했다. 또한 그는 다음과 같이 공포했다. "그런 무리에게 돈을 빌려주는 사람은 어느 누구라도, 그들이 살았건 사망했건 불문하고, 그들로부터 혹은 그들의 영지에서 [빚을] 받아내는 것을 허락하지 않겠다. 왜냐하면 짐은 그들[=디반의 재무관]에게 선물로 돈을 요구하지 않기 때문이다. 만약 그들이 디반의 돈을 낭비한다면 그들의 집기와 재산으로 그 값을 치를 것이다."

또한 사람들은 말하기를 [돈이] 필요한 사람들은 중요한 업무를 처리하기 위해서 돈을 빌릴 수밖에 없다고 한다. [이에 대해서] 그는 "여행에 필요한 경비와 용품[에 쓸 돈]도 없는 사람이 무엇 때문에 [이곳에] 오는가. 짐이 그에게, 또 그가 짐에게 무슨 효용이 있단 말인가? [차라리] 집에 편안히 앉아 있고 오지 않는 편이 더 낫다."고 말했다. [이처럼] 갖가지 다른 이야기들을 그에게 했는데 그는 "지고한 신과 예언자—그에게 평안이 있기를!—가 세상에 무엇이 좋을지 더 잘 아시지 않겠는가. 우리가 [더 잘 알겠는가]? 당연히 그들이 [더 잘 안다고] 말해야 할 것이다."라고 말했다. 그는 "지고한 신과 예언자가 그렇게 말씀하셨으니, 나는 그것에 반하는 말은 하나도 듣지 않을 것이며, 나의 명령도 바로 그러하다."고 말했다. 그때부터 지금까지 어느 누구도 이자를 붙여 돈을 빌려주지 않았다. 포학한 사람이 강제로 그렇게 할 경우 칙명으로 제지되었다. 오늘날—신께 축복을!—어느 누구도 고리로 돈을 빌려주거나 돌려받지 못하기 때문에, 그동안 벌어졌던 모든 악폐가 사라졌다. 거래는 올바로 이루어지고, 사람들 사이에서는 평등이 나타났다. 대부분의 세금은 현금으로 재고에 들어오게 되었고, 현물로 가져오는 것도 금지되지는 않았다. 보석과 장식품의 가격은 정해졌고, 돈을 가지고 있는 사람들은 행악자들이 계략을 꾸미지 못하도록 그들에게 [돈을] 주지 않았다. 백성들의 밥벌이는 더욱더 합법적으로 이루어졌고 축복이 충만해졌다.

　더 많은 사람들이 농업과 상업과 유용한 직업에 종사하게 (R1500) 되었고, 이렇게 해서 세상의 일들은 더욱 번영하고 풍성해졌다. [과거의] 폐해를 목도했던 지금 시대 사람들은 이러한 상황을 만끽하게 되었지만, 지금 이후에 태어날 사람들과 그런 것을 보지 못했던 사람들은 이 같은 칙명의 효용을 어떻게 상상이나 할 수 있을까. 이 같은 칙명이 엄정하게 시행되고 있는 오늘날 [아직도] 몇몇 사람들은, 고리대의 맛을 마음속에 담아두고 각종 물품을 비싼 가격에 꾸어주면서, 꾀를 부려 그것은 상거래요 장사이지 고리대가 아니라고 한다. 마침내 채권자들이 디반으로 와서, [자신들이] 물품들을 이런 방식으로 주었으니 돈을 달라고 말하는 것이다. 군주―그의 왕위가 영원하기를!―는 분노가 치밀어 이렇게 말했다. "만약 그러한 술책과 기만을 버리지 않는다면, 짐은 빚을 갚으라고 요구하는 사람에게는 누구나 (A333r) 원금뿐 아니라 이자도 주지 말라는 명령을 내리겠다. 사람들이 만약 돈을 가지고 있다면 왜 그것을 고리로 빌려주는가. 그것으로 땅을 사거나 건물을 짓거나 농사를 하거나 장사를 해야 마땅할 것이다." [돈을 빌려준] 사람들은 혼비백산했고 부적절한 고리대와 거래는 줄어들었으니, 필시 조속한 시일 안에 그러한 방식의 거래는 완전히 사라질 것이다. 지고한 신께서 이 군주에게 성공을 부여하사, 나쁜 관습을 뿌리 뽑고 [성스러운 율법의 규정들을 자리 잡게 하소서]!

제27화: 지나친 위자료(kāwīn) 지불을 금지한 것에 관하여

이슬람의 제왕—그의 왕위가 영원하기를!—은 이렇게 말했다. "결혼의 율법에 관한 지고한 신의 지혜는 사람들이 세대를 잇고 후손을 갖는 것이다. 이런 연유로 율법이 명하는 바에 따르면, 만약 누군가가 이혼을 하려고 한다면, 그것이 진실이건 농담이건, 좋아서 그랬건 화가 나서 그랬건, 즉시 [이혼은] 이루어져야 할 것이다. (R1501) 남편과 부인 사이에 우애가 없다면 헤어지는 것이 더 낫기 때문이다. 그렇지 않을 경우 불화는 증오와 분노와 함께 계속될 것이고, 분노하면서 사는 것은 야수들의 행태이기 때문이다. 그것은 결국 증오로 이어질 것이고, 증오심을 갖고서는 후손을 낳고 세대를 이어가는 것이 불가능할 것이다.

이런 연유로 이혼의 길은 아무런 제지 없이 열려 있어야 한다. 어떤 부인이 막대한 지참금을 지불하고 결혼했다면, 어느 누구라도 그 많은 재산을 돌려주어야 한다는 두려움 때문에 이혼을 하지 못할 것이다. [부부가] 아무리 뜻이 안 맞고 평안하지 못해도 살 수밖에 없다. 이것은 율법과 이성에 반하는 것이다. 왜냐하면 앞에서 설명했듯이 율법의 지혜는, 어떤 사람이 아내에 대한 애정과 합의가 없다면, 논쟁이나 우려나 제지 없이 이혼을 할 수 있어야 한다는 것이다. 나아가 사람들은 자식을 갖게 되는데 그들을 부양하는 것은 아버지의 책임이다. 그들은 언제나 칼란(qalān)세를 물어야 하며 어떤 사람들은 군대(cherīk)에 가야 한다. 만약 아버지의 돈이 여자[=아내]의 위자료 [지불]로 탕진되어버리면 자식들을 부양할 경비와 칼란세를 지불할 금액과 그들의 사업[에 필요한 돈]은 어디서 난단 말인가.

이상에서 설명한 바에 따라, 또한 가벼운 혼례금이 좋다고 하신 예언자—그에게 축복과 평안이 있기를!—의 명령에 따라, 위자료는 극히 가볍게 해야 한다. 어떠한 자선세(zakāt)도 낼 필요가 없도록 심사숙고한 바에 따라 전체 위자료는 19.5디나르로 정한다. 왜냐하면 사례금(ṣadāq)이 소액이어도 불법일 하등의 이유가 없기 때문이다. 그러나 아내를 사랑하는 사람은 백 가지 계책을 쓰고 강압을 한다고 해도 [둘을] 헤어지게 할 수 없으며, [부부 간에] 우애가 없는 사람들은 하루라도 빨리 헤어져서 해방되는 것이 더 나을 것이다. 왜냐하면 남편의 사랑을 받지 못하는 어떤 부인들은 이혼을 한 뒤 다른 사람과 혼인하여 그들의 사랑을 받아서, 양쪽 모두 좋은 결과를 얻게 된다는 사실을 우리는 경험을 통해서 알고 있기 때문이다. 이런 연유로 이 문제에 관한 (R1502) 칙명을 선포하는 바이다. 완!

제28화: 전국 각지의 촌락에 욕탕과 사원을 건설한 것에 관하여

사람들이 욕탕(ḥammām)과 모스크(masjid)를 필요로 한다는 것은 의심할 나위가 없는 사실이다. 나라 안의 일부 성의 경우 촌락들에 이 두 가지 모두 없는 경우가 있다. 과거에는 이슬람[권]의 군주들이 이에 관한 방책을 세우지 않았다. 그래서 사람들이 모여서 [일상적인] 기도(namāz)를 올리지 않거나 불결한 것을 세정하지 않아 규정된 바에 따라 청결을 유지할 수 없게 된다면, 아무래도 그들의 신앙생활은 분명 손실을 입을 것이다. 군주께서는 명령하고 고귀한 칙명을 선포하여, 전국의 모든 촌락에 모스크와 욕탕을 지으라고 하고, 짓지 않는 사람들은 죄를 묻고 처벌하도록 하였다. 2년 가까운 기간에 전국 도처에서 [그런 것이] 없던 곳에 건축을 해서, 오늘날에는 그러한 욕탕들로부터 많은 수입을 거두고 있다. 그는 거기서 생기는 이익을 그곳에 필요한 경비와 모스크의 개선, 즉 건축과 양탄자 비용과 하인들에게 지급하는 돈으로 쓰라고 명령하였다. 그가 지시하신 이 한 가지 좋은 대책으로 인해서 전국 각지에서 이 같은 선행이 널리 시행되고, (A333v) 이슬람의 징표가 분명하게 드러나게 되었으며, 사람들은 편안함과 휴식을 찾게 되었다. 지고한 신께서 폐하의 시대에 확고한 축복을 내려주시기를!

제29화: 사람들이 술 마시는 것을 금지한 것에 관하여

나라에서 많은 사람들이 포도주(sharab-i khamr)나 술을 마시고 취해 시장이나 집회 장소에서 항상 (R1503) 말다툼과 언쟁을 벌였다. 어떤 사람들은 그로 인해 죽거나 다치기도 하며, 그래서 그들을 재판(yārghūī)에 세울 수밖에 없었다. 모든 교파나 집단에서 술을 금지하고 불법으로 여긴다. 그것이 어떠한 해악을 끼쳐서 어떤 결과를 가져오는지에 대해서 더 이상 무슨 설명과 비난이 필요하겠는가. 술을 '악폐의 어머니'라고 부르는 것으로 충분치 않은가.

이슬람의 군주는 이 문제를 처리하기 위해 이렇게 명령했다. "입법자(shāri')[146]—그에게 평안이 있기를!—와 그 밖의 다른 예언자들은 그것을 엄금했다. 이에 관한 규정은 분명한데도 사람들은 자제하지 못하고 끊지 못한다. 짐이 그것을 완전히 금지한다고 해도 그대로 이루어지지 않을 것이다. 그러니 이제 이러한 조치를 취하도록 하겠다. 즉 시내와 시장 안에서 어느 누구라도 술에 취한 채로 붙잡히면, 그를 발가벗겨서 시장 가운데 있는 나무에 묶어놓고, 사람들로 하여금 지나가면서 욕을 하게 하라. 그래서 그가 경고를 받고 자제하도록 하라." 이러한 문장으로 된 칙명을 전국 각지에 선포(tūngqāmīshī)했고, 이제는 어느 누구도 술에 취한 채 골목을 다니거나 술에 취해 싸움을 벌이지 못하게 되었다. 술에 취해 벌이는 난동이나 취객들의 싸움과 분쟁은 시장이나 집회 장소에서 사라졌고, 무뢰배들이 무도한 행동을 하며 사람들에게 해를 입히는 일이 없어졌다. 지고한 창조주께서 종교의 보호자인 이 군주에게 성공을 주셔서, 항상 이러한 명령들이 시행될 수 있도록 하소서! 완!

---

146) 예언자 무함마드의 별명 가운데 하나가 '입법자(al-Shāri')'이다.

(R1503) 제30화: 대오르도에서 사용하는 어전 음식(āsh-i khāṣṣ)과 음료(sharāb)의 비용을 조달하는 문제에 관한 일화

과거에는 [왕실의] 음식 경비를 조달하는 문제로 항상 논쟁이 일어났고, 이데치[의 사무를 기록하는] 비틱치들[147]은 항상 서로 헐뜯었으며, 그런 [음식 경비 조달의] 일을 더욱 어렵게 만들었다. 아미르들은 대부분의 시간을 그들을 심문(yārghūī)하는 데 쓰지 않으면 안 되었다. [왜냐하면 그들은] 음식과 음료의 경비를 [실제로] 지출한 액수보다 몇 배 늘린 액수로 계산했다. 음식으로 지출된 경비에 [다른] 것들을 추가하는데, 예를 들어 [일하는] 사람들에게 주는 촌지(ṣadaqāt)와 봉급(marsūmāt), 동물과 표범의 사료, 사신들의 양식과 음료, 일부 제왕과 카툰들의 연금(rātib), 잡동사니 필요품들(māīhtāj-i qarātū)[148]과 부엌의 기구들[을 구입하는 비용]과 같은 것들이다. 이런 방식으로 총액이 엄청나게 많아지고, 대부분 있지도 않은 연회(ṭōy)들의 비용이 거기에 덧붙여진다. 각종 물품에 엄청난 가격을 정해놓고 그 비용을 각 지방에 할당하였던 것이다.

디반의 세정(稅政)이 본질적으로 혼란스럽고 비정상적이었기 때문에 태수와 징세관들은 어떤 것도 디반에 줄 생각을 하지 않았다. 이러한 피

---

147) 원문은 bītikchiyān idāchī라고 되어 있어, 문자 그대로 옮기면 '이데치의 비틱치들'이 된다. 그럴 경우 이데치(식량관)의 사무를 기록하는 서기들이라는 뜻으로 이해할 수 있다. Rawshan은 이 두 단어 사이에 연결 부호(iḍafat)를 붙여서 이해했고, Thackston 역시 'the provisioner clerks'라고 번역한 것은 그렇게 이해했기 때문이다.

148) qaratu라는 단어는 『몽골비사』에도 나오는데, Rachewiltz에 의하면 'dreadful; envious; nasty, awful' 등의 뜻을 지니고 있다. 여기서는 māīhtāj라는 단어와 결합하여 '여러 가지 사소한'이라는 뜻이 아닐까 추정했다. 그러나 Thackston은 qaratu를 household라고 옮겼다. 한편 Rawshan(III, 2383)은 qaratu/qariyatu라는 단어를 '…에 속하는, 귀속되는, 관계있는' 등의 뜻이라고 설명했는데, 그럴 경우 māīhtāj-i qarātū는 '필요한 물품' 정도의 의미가 될 것이다.

해가 생겨난 이유들에 대해서는 이미 상세하게 설명한 바이다. [이렇게 해서] 지방의 사무는 큰 혼란에 빠지고, 음식의 경비는 제때에 도달하지 못한다. 그것을 확보하기 위해 사신들이 다시 내려가지만, 그들은 뇌물과 연기 비용¹⁴⁹⁾을 받고 태만하게 처리하였다. 그래서 다시 다른 지방에 할당을 하면, 사신들은 동일한 방식으로 그곳으로 갔다. 음식 [비용]을 위해서 1년에 얼마나 많은 사신들이 지방으로 갔는지, 그들이 사용하는 경비와 양식미는 원래의 음식 비용을 훨씬 초과하게 되었고, 그럼에도 불구하고 그 경비를 거두어 오지 못했다.

비록 음식 경비는 정해져 있었지만, (A334r) 그 일을 하는 사람이 누구건 혹은 다른 어떤 사람일지라도 필요한 비용은 늘어났다. (R1505) 그러나 [비용이] 제때에 조달되지 못한다고 하더라도 이데치들은 아주 높은 이자로 빚을 내서 100되(mann)의 포도주를 10디나르의 값으로 쳐주었다. 만약 대책을 잘 세워서 준비했다면 5디나르에 구입할 수 있었을 것이다. 때로는 100되를 20디나르 혹은 40디나르에 구입하기도 하였다. 그런 까닭으로 [구입] 비용이 전부 그들에게 도달한다고 해도 [실제의] 음식 경비보다 더 많은 액수로도 충분치 않게 되는 것이다. 하물며 2년이나 지난 지불 청구증이 그들의 손에 있으니 [상황이 어떠했겠는가].

그것들 가운데 다른 지역들에 가해지는 가장 큰 피해는 다음과 같다. 각 지역의 태수들은 음식 경비를 위해서 사신이 도착하면, 음식 사무는 긴요한 것이기 때문에 가장 먼저 [경비를] 마련해주어야 한다는 명분으로 다른 사신들의 중요한 사무를 중단한다. 그리고 그것을 아직 다 마련하지도 못했는데 다른 경비가 뒤따라 청구되니 [그것도] 망치게 된다. 사신들을 지체시키는 바람에 경비도 아무 소용 없이 낭비되고 만다. 만

---

149) 연기해 주는 대가로 받는 돈.

약 연말이 되어 태수가 해직된다면 그는 지방에서 지불해야 할 [세금이] 아직도 남아 있다거나 망실되었다면서 변명을 늘어놓는다. 만약 해직되지 않는다면 회계를 해야 한다거나 논의와 조사를 해보아야 한다면서 디반의 수령(ḥukām)들은 [자신의] 몫(sharkat)과 뇌물을 받기 위해 시일을 보내곤 하였다.

이러한 사태와 나쁜 대책은 이데치들의 처지에 영향을 미쳐서, 그들은 항상 디반과 다툼을 벌였고, 양측은 서로 죄를 전가하며 상대방을 고발했다. 열흘 동안 계속해서 음식이 준비된 적이 한 번도 없었다. 만약 장부를 찾아서 조사해본다면 얼마나 많은 재화가 이런 방식으로 유실되었는지 설명할 수도 없을 것이다. 그들은 음식과 음료를 항상 마지못해 운반했고, 그로 인해 역시 분쟁이 벌어지곤 하였다. 또한 [음식이] 오르도에 도착할 때 갑자기 [오르도가] 이영(移營)하는 바람에 그곳에 남겨지기도 하였다. 하영지나 동영지로 이동할 때면 음식보다 더 많은 선물(sā'ūrī)들을 (R1506) 싣는데, 그러는 도중에 음식 비용은 손실을 입거나 [다른 쪽으로] 돌려졌다. 그래서 이데치들은 음료 상인들로부터 음료를 꾸어왔고 양은 푸줏간 주인들에게서 꾸어왔다. 그 구입비는 주지 않는 경우가 많았고, [음료와 양고기를 준] 무리는 항상 그들의 뒤를 좇아 고함을 지르거나 울부짖기도 하고 아미르들 앞에 가서 무릎을 꿇기도 했지만 아무런 소용도 없었다. 그런 이유로 음료 상인과 푸줏간 사람들 상당수가 패가망신하였다. 이러한 폐해의 실례는 이루 다 묘사할 수도 없을 정도여서 여기서는 간략한 내용만 적었다.

군주께서는 이러한 상황에 대한 방책으로 다음과 같이 명령하셨다. "6개월의 기간에 매일 필요로 하는 음식의 경비는 그 6개월치를 국고에서 현금으로 먼저 지급하라. 그래서 종류에 따라서 필요한 것들을 구입하도록 하라. 지방에서 준비되는 것은 운송을 하도록 하라. 더 싸게 구매할 수 있다면 그 차이는 국고에 남기도록 하라. 어느 누구도 그 차액이나 잉여분의 음료나 양 혹은 기타 다른 것들을 탐내서는 안 된다. 장부에 가격이 매겨진 것보다 더 싼 것을 사도록 해야 할 것이다. 과거에는 꼭 필요한 것 이외의 경비도 가져가곤 했는데, 수많은 연회에서 [경비를] 다 쓰지 못할 것이다. 매일의 잉여분이 많지 않을지라도 그 [남는] 경비를 모두 국고로 돌려야 할 것이다."

그 음식 [경비]에서 잉여 경비가 2년 사이에 얼마나 많이 생겼는지, 그것으로 500두의 낙타와 500두의 노새를 살 수 있었다. 그것들을 낙타 몰이꾼들이나 마구간 책임자들의 손에 맡겨 돌보도록 했고, 항상 음료와 음식을 보관 창고에 잘 준비하도록 하였다. 매년 임대료로 지불하는 것들 가운데 일부는 그 동물들의 사료와 소요 경비로 쓰인다. 100되의 음료를 30디나르 내지 40디나르로 사던 것을 5디나르보다 더 싸게 구입하게 되었다. 음료와 양과 필수품과 다른 필요한 것들은 항상 준비되어 있게 되었다. 정해진 것에서 추가로 더 요구한다고 해도 [그것을 위해 따로] 논의를 할 필요가 없게 되었다. 과거에는 음료를 구매하기 위해서 이데치들이 음료 상인들로부터 그렇게 높은 비율로 (R1507) 구매했는데, 이제는 시장[의 가격]이 내려갔다. 어떠한 이데치나 징세리도 음료의 경비를 요구하기 위해 지방으로 가는 경우가 없게 되었다. 그런 까닭에 경비는 소모되지 않고 재화는 탕진되지 않으며 현금은 국고로 들어오는 것이다. 음식과 각종 물품에 관한 사무는 잘 정비되고, 그것의 운반도 (A334v) 어떤 군주의 치세에서도 보지 못했던 방식으로 잘 정비되고 있다. 과거에 낭비되던 금액의 1/4 이상은 결코 지출하지 않는다. 만약 그런 방식으로 손실을 입던 사신들의 경비도 계산에 넣는다면 그 1/10도 되지 않을 것이다. 이 업무의 정비는 왕국의 재상인 사아드 앗 딘[150]과 나입들에게 맡겼다. 그[=가잔 칸]는 그 경비들 가운데 한 푼도 눈앞

에서 망실되는 것을 허용하지 않는다. 지고한 신께서 이 완벽한 지혜와
판단력의 군주가 드리우는 그림자가 영원히 확장되게 하시기를! 완!

---

150) Sa'd al-Dīn Sāwajī. 그는 사드르 앗 딘 잔자니가 처형된 직후인 1298년 9월 가잔에 의해 재상으로 임명되어 라시드 앗 딘의 동료 혹은 부관으로 일하게 되었다. 그는 올제이투 즉위 후에도 그의 지위를 유지했으나, 라시드 앗 딘의 탄핵을 받아 1312년 2월 19일 처형되는 운명을 맞았다. Boyle, "History of the Īl-Khāns," *The Cambridge History of Iran*, vol. 5, pp. 385~386, 402.

제31화: 카툰들과 오르도들의 음식 경비를 정비하신 것에 관한 일화

홀레구 칸과 아바카 칸의 치세 당시 오르도들과 카툰들의 음식 경비는 몽골의 방식과 관행에 따른 것이어서 [그 액수가] 많지도 않았으며 고정된 것도 아니었다. 반도(叛徒)들의 지방에서 전리품을 가지고 올 때마다 그것들 가운데 무엇인가를 그들에게 주었다. [카툰들은] 각자 몇 명의 오르탁(ōrtāq) [상인들]을 보유하고 있는데, 그들은 현금 이윤(āsīgh-i zar)이라는 명목으로 무엇인가를 가지고 왔다. 혹은 누군가가 선물을 바치기도 했다. [카툰들은] 얼마간의 가축 무리를 가지고 있기도 했으며, 그것이 증식하거나 이식(利息)을 가져다주기도 하였다. 그들의 음식과 필요한 것들의 경비는 그것으로 충당되었으며 그들은 그것으로 만족했다. 아바카 칸의 치세 말년에 약간의 음식비(āsh)가 등장했다.

그 뒤 아르군 칸의 치세에 각각의 오르도에 일정한 경비를 지정해주었고, [이를 위해] 각 지방에 [그 지불을] 위임하였다. 그 [오르도]들의 사신과 가복들이 그것을 걷으러 나갔고, 태수들은 [이미] 여러 곳에서 설명했던 것처럼 각종 구실을 대면서 (R1508) 버텼다. 그들은 경비를 내어주지 않았으며, 그들로 하여금 양식을 구하거나 약정(約定, ta'ahhud)이나 뇌물을 받는 데에 급급하게 만들었다. 설사 약간의 경비를 받는다고 하더라도 도중에 다 없어져버렸다. 징세리들은 그 경비의 대부분을 다 써버렸다. 오르도들의 음식 경비가 이 지경에 이르렀으니 그것이 어떻게 조달되었을지는 능히 알 만할 것이다. 게이하투의 시대에도 바로 이런 방식이 계속되었다. 재화의 총액은 이런 이유로 각 지방과 [오르도의] 가복들에 의해 탕진되었다.

이슬람의 제왕—그의 통치가 영원하기를!—의 존엄한 치세에 오르도의 가복들 사이에 분쟁이 일어나 상대방을 서로 고발했고 그 문제로 재판이 열렸다. 그 재화 가운데 일부는 여전히 지방에 남았지만 일부는 가복들로 인해 없어져버렸다. 그 같은 범죄에 대해서 일부는 징계를 하고 일부는 해임을 시켰다. 그 뒤 이렇게 명령하셨다. "이러한 방식은 올바르지 않다. 재화는 허비되거나 지방의 태수들이 갖고 가버린다. 오르도들의 음식도 조달되지 못하고 경비도 국고나 군대에게 전달되지 못한다."고 하셨다. 그리고 말씀하시기를 "각각의 오르도[의 경비]를 위해서 각 지방에 있는 왕실 직할령 지역들을 지정하고, 디반에서 분리시켜 그 [오르도]들이 관장하도록 하라. 그곳에서 걷는 세금은 디반에서 결정하고 그 각각을 위한 규정을 기록하도록 하라. 음식과 곡물, 카툰들의 의복과 탈 것에 필요한 비용을 자세히 나열하도록 하라. 또한 음료 창고, 마구간, 낙타꾼, 노새꾼 등에게 필요한 것들, 여종(dukhtarān)과 내시(khwājagān), 시종, 요리사, 낙타꾼과 노새꾼과 기타 다른 하인과 수행원들의 경비 등 필요한 것이라면 모두 이와 같은 방식으로 나열하도록 하라. [그 경비는] 원래의 경비 총액에서 지불하고 그런 방식으로 기록하도록 하라. 남는 것이 있다면 그 무엇이건 그 카툰의 재고의 경비로 남겨서 소유하도록 하라. 각각의 오르도에 지정해놓은 두 명의 아미르의 인장을 찍고, 군주의 칙명이 없으면 지출하지 못하도록 하라. 그래서 카툰들에게 재고에 항상 [경비가] 있어서 언제든 필요한 상황이 생기면 쓸 수 있도록 하라."

(R1509) 그리고 명령하셨다. "짐이 소유하는 직할령의 사유지(īnjū)는 이후로는 그 카툰의 자식들의 직할령이요 사유지가 되도록 하라." 사여[의 대상은] 그들의 남자 후손으로 하였고 여자 후손은 아니었다. 만약 그 카툰에게 아들이 없다면 다른 카툰들의 아들들 가운데 하나를 [상속자로] 삼도록 했다. 현재 그 지방들과 사유지들 모두는 디반에서 규정한 방식에 따라 카툰의 부관들의 수중에 있으며 번영을 누리고 있다.

(A335r) 과거에 비해 훨씬 더 많은 재화가 나오고 있으며, 오르도들의 음식 경비와 거기에 필요한 것들은 모두 잘 준비되어서 때맞추어 조달되고 있다. 카툰들의 재고의 경비는 정해져 있다. 현재 군대의 정비를 위해 많은 경비가 필요해졌기 때문에, 그는 "그들의 재고의 경비에서 100만 디나르의 액수를 군대에 보내도록 하라."고 명령하였다. 이런 방식으로 할당을 하시고 군대[에 필요한 것]을 완전하게 지원하셨다. 이와 유사한 방식의 조치는 어느 시대에서도 없었다. 지고한 신께서 뜻에 따라 영원히 지속되고 번영을 누리기를! 완!

제32화: 국고의 관리와 그와 관련된 중요한 사무의 정비와 처리에 관한 일화

과거에는 누군가가 몽골 군주들의 재고의 회계를 기록하거나, 그것에 대해 수입과 지출을 정하거나 하는 관습은 없었다. 몇 명의 재고관 (khazānachī)들을 임명하여 무엇인가가 들어오면 받아서 그것을 함께 두고, 무엇인가 지출해야 할 것이 생기면 함께 내주곤 했던 것이다. 아무 것도 없으면 아무것도 없다고 말했다. 그 재고를 관리하는 시종관들이 있었고 그들은 짐을 싣기도 하고 내리기도 하였다. 그래서 오늘날까지 [재고를 관리하는] 체계가 없었고, 그것을 [보관하는] 천막(khayma)도 없이 벌판에 한꺼번에 쌓아둔 채 모포(namd)로 덮어두었던 것이다. 방식이 이러했으니 다른 일들의 정황도 미루어 알 만하였다.

무엇보다도 [과거에는] 재고에 무엇인가가 들어올 때마다 한 무리의 아미르들이나 재고관의 친구들이 그들에게 가서 선물(bārīqū)¹⁵¹⁾을 받기를 (R1510) 원했고, 그들은 각자의 지위에 따라 무엇인가를 주곤 하는 관행이 있었다. 요리사, 음료 담당관, 시종관, 아크타치들은 각자 음식이나 음료나 기타 다른 것들을 갖고 와서 무엇인가를 받기를 원했고, 재고관들은 그들과 함께 논의해서 [무엇인가를] 주곤 했던 것이다. 마찬가지로 시종관이 그들을 보호하였기 때문에 그들[=재고관]이 요청하면 현금을 주었고, 재고관 역시 선물을 상대방에게 주고 서로 상의하여 각자 무엇인가를 집으로 가져가곤 하였다. 그 재고에서 매년 이런 방식으로 8/10이 사라져버렸고 2/10만이 군주가 사용할 수 있었던 것이다. 각 지방의 태수들은 이러한 정황을 깨닫고, 경비를 재고에 지불해야 할 때

---

151) 몽골어에서 '바치는 물건'을 뜻하는 bariqu에서 나왔다. Doerfer는 'Tribut(공물)'라고 옮겼고 (*Türkische und mongolische Elemente*, vol. 1, pp. 198~199), Thackston은 'gift(선물)'라고 옮겼다.

가 되면 약간의 뇌물을 주어서 한 장 받을 영수증을 두 장을 받았다.

불과 적은 양의 재화만 재고로 들어오게 되고 들어온 것조차 이런 방식으로 관리되었으니, 군주가 거기서 도대체 무엇을 지출할 수 있다는 말인가. 항상 이런 식이었기 때문에 투트카울(tūtqāʾūl)[152]들에게 [재고를] 잘 경비하라고 명령하고, 만약 누군가가 옷 한 벌이나 어떤 물건을 재고에서 가지고 나가면 체포하라고 하였다. 그래서 여러 해에 [겨우] 한 명을 체포하였으니, 그것도 그를 붙잡아 넣기 위해서 기회를 엿보며 기다렸기 때문이다. 그러나 이러한 일도 [군주의] 치세가 되기 전에는 두세 번밖에 발생하지 않았다. 이런 연유로 사람들은 장식품이나 적금(赤金, zar-i surkh)[153]은 기대도 하지 않았다. 이러한 상황을 설명하려면 한도 없을 것이다.

이제 이슬람의 군주는 이 [문제]를 해결하기 위해 재고들을 각각 분리해서 [관리]하라고 하셨다. 패물들은 모두 폐하의 수중으로 들여와 상자 안에 넣어두어서, 만약 [누군가가] 그것을 가져간다면 즉시 알려질 수 있도록 하였다. 재상은 세세한 부분까지 장부에 기록으로 남기도록 하였다. 군주는 그것을 자물쇠로 잠그고 자신의 인장으로 봉하였다. 재고관들 가운데 한 사람에게 환관 한 사람과 함께 그것을 지키는 임무를 맡겼다. (R1511) 재무관과 시종관을 제외한 어느 누구도 그것에 간여하지 못하도록 하였다.

---

152) '투트카울'은 도로를 오가는 사람들을 조사하는 경관과 같은 직책을 수행했다. tutqa(γ)ul, tudqa(γ)ul로 표기되며, 한문 자료에는 탈탈화손(脫脫禾孫, tudqasun)이라고도 표기되었다. 마르코 폴로는 이를 TOSCAOR라고 적었는데, 이미 펠리오가 설명했듯이 이는 tosqaul 즉 totqaul의 변형이다. 이에 관한 자세한 논의는 P. Pelliot, *Notes on Marco Polo*, vol. 2 (Paris: Librairie Adrien-Maisonneuve, 1959), pp. 859~860; 党寶海,「蒙元史上的脫脫禾孫」,『元史及民族與邊疆研究集刊』20輯(2008), pp. 1~9.

153) 붉은색이 도는 순금을 뜻한다(Steingass, p. 613).

[첫 번째 재고와 관련하여] 재상은 적금이나 [황실] 공방에서 제작된 특별한 의복들, 혹은 먼 지방에서 보화(tangsūq)로 들어온 것들을 관례에 따라 자세하게 [그 항목을] 기록하고, 그것을 앞서 언급한 두 사람의 책임 아래에 둔다. 그래서 이슬람의 군주가 확실한 허락을 내리지 않는 한 그것들 가운데 어떤 것도 결코 나가지 않도록 한다. [두 번째 재고와 관련하여] 상시적으로 지급하는 백금이나 각종 의복들에 대해서는 [앞서 언급한 사람과는] 다른 재고관과 환관을 임명하고 그들의 책임 아래에 둔다. 재상은 그것들을 모두 모아서 장부에 기재한다. [군주는] 그것들 가운데 지급할 것이 있으면 재상이 허가증(parwāna)을 작성하여 품신하도록 하고, 그래서 폐하의 친필로 서명을 받도록 한다. 재상의 부관은 [그 내용을] 장부에 기록하고 [물건을] 내어준다. 그래서 그 서명이 (A335v) 없으면 어떠한 사람에게도 주지 않도록 한다. 첫 번째 재고를 '나린(Narīn)'이라 부르고, 두 번째 것을 '비둔(Bīdūn)'이라 부른다.

매번 [군주가] 서명을 하지 않아도 되도록, 재상은 군주의 명령에 따라서 월례적으로 [칙령을] 내보내는 것에 대한 허가증을 써놓고 성명과 상세한 내용을 [갖추었다가], [군주와] 조용히 있을 때나 적당한 틈을 이용하여 그 하나하나를 상주하여 서명을 받도록 한다. 재상은 6개월마다 혹은 1년마다 재고를 조사하여 재고에 운반된 것들이 거기에 실제로 존재하는지 아닌지를 확인하고, 어떤 이유로든 재고에서 상당액의 경비가 소진되어 없어져버리는 경우가 발생하지 않도록 주의를 기울였다.

과거에는 일부 대인들과 친구들이 청원을 하면 재고에서 그들에게 대여를 해주었는데, 폐하의 허가가 없이는 [그런 것을] 갖지 못하도록 칙명을 내렸다. 그러한 청원도 하지 못하게 되었다. 또한 특정한 인장을 만들어, 재고로 들어오는 모든 의복들 위에 즉각 그 인장을 찍어서 바꿔치기를 하지 못하도록 하라는 명령을 내렸다. 또한 그는 이전에는 재고의 사무에 개입하던 다수의 시종관들이 [금후로는] 오로지 시종관의 책무에만 전념하고 재고에 관한 사무에는 간여하지 말라고 명령하였다. 왜냐하면 그것은 [전술한] 이 네 사람[154]의 책임이기 때문이며, 회계 감사는 (R1512) 허가증[의 내용]에 준거하여 그들을 조사한다. 또한 이 재고 안에는 결코 무게를 재는 돌이 있어서는 안 되며 모두 '정의의 돌(sang-i 'adl)'로 인장을 찍은 뒤 그것을 받아서 내어 가라고 명령했다. 어느 누구도 지불 청구증의 소유자에게 현금 대신에 1가즈(gaz)의 면포(karbās)[155]를 주거나, 한순간이라도 [현금 주는 것을] 방해하거나 지체해서는 안 되었다. 아니 오히려 지불 청구증에 명시된 대로 즉각 현금(zar-i naqd)이나 의복 등 바로 그 동일한 종류의 물품을 재고의 인장(tamghā)을 찍어서 내어주도록 하였다.

[재고관은] 어떤 사람으로부터 무엇인가를 받기를 바라서는 안 된다. 지방에서 들어오는 100디나르의 경비마다 재고 [운영]의 관례에 따라 2디나르를 정해서 [받도록] 하며, 그 이상은 아무것도 받아서는 안 된다. [가잔 칸은] 또 다른 재고를 세우고 환관 한 명을 임명하였다. 그래서 재고로 들어오는 10디나르마다 1디나르를, 10벌의 옷마다 1벌을 따로 떼어서 그에게 맡기고 그 재고 안에 쌓아두도록 하였다. [가잔 칸이] 자선의 경비를 거기에 할당하면 [쌓아둔] 그것을 어전으로 가져와서, 폐하의 손으로 직접 혹은 그의 면전에서 그것이 수혜자에게 주어지도록 하였다. 그 일의 처리는 앞에서 설명한 것과 동일한 방식으로 하고, 무기고도 역시 상술한 것과 마찬가지 방식으로 관리한다.

---

154) 여기서 '이 네 사람'이 누구를 가리키는지 단언하기는 어려우나, 내용상 앞에서 언급된 두 개의 '재고(財庫)'를 관리하는 책임자들, 즉 첫 번째 재고를 관리하는 재상과 그의 부관, 두 번째 재고를 관리하는 재고관과 환관을 가리키는 것이 아닌가 추측된다.

155) Steingass(*A Comprehensive Persian-English Dictionary*, p. 1021)는 karbās를 'A white cotton garment; fine linen, muslin'이라고 설명하였다.

이제까지 재산을 [잘] 보호하는 것으로 이름난 구역장(kadkhudāī)이나 환전상 혹은 대상인(khwāja-i bāzargānī)조차도 [재화를] 그렇게 잘 보호할 수 없을 정도이니, 하물며 군주들의 재고는 두말할 나위도 없을 것이다. 현금 한 조각이라도 위계를 부린다는 것은 생각조차 할 수 없다. 하영지와 동영지로 이동할 때가 되면 [칸은] 몸소 그 [재고]로 가서 며칠 동안 지내면서 운반하고 싶은 것이 있으면 때로 선별하였다. 운반할 물건들을 재상의 친필로 자세하게 기재하고 타브리즈에 남겨두는데 자물쇠로 잠그고 인장을 찍었다. 만약 재고의 상황, [예를 들어] 원래 있었던 것과 지출된 것의 양과 질을 알고자 하면 재상에게 물어보고, [재상은] 장부들을 조사하여 즉시 [그 결과를] 상주한다.

이슬람의 제왕—그의 왕국이 영원하기를!—은 주님의 후원의 도우심과 은총의 지원을 끝없이 받고, 또 재상 역시 (R1513) 완벽한 능력과 지혜와 지식과 기예라는 면에서 더 뛰어난 사람이 없을 정도이기 때문에, 한 푼의 현금이나 한 치의 면포도 손실을 입을 수 없고, 어떤 사람도 위계를 부릴 수 없게 되었다.

이러한 체제가 가져다주는 축복의 도움으로, 또 이슬람의 제왕이 다스리시는 정의로움 그리고 그 같은 신뢰와 신심에 힘입어, 얼마나 많은 현금이 재고에서 밖으로 지출되었는지, 만약 [그 안이] 바다였다고 할지라도 텅 빌 정도였을 것이다. 고금을 막론하고 뒤져보아도 어떤 장부의 기록에서도 거기서 지급된 것과 같이 그렇게 많은 현금과 의복이 주어졌다는 이야기는 들어본 적이 없으며, 어떤 군주의 재고에서도 사람에게 [그렇게] 준 적이 없었다. 지엄하고 지고한 신께서 이 같은 축복을 폐하의 치세에 내리시기를! 예언자와 그의 가족을 위하여! 완!

제33화: 도검(刀劍, mesā)[156]과 무기고의 사무를 정비한 일에 관한 일화

과거에는 왕국에 속하는 각 도시와 지방마다 많은 수의 장인들, 즉 궁장(弓匠), 시장(矢匠), 전통장(箭筒匠), 검장(劍匠) 및 다른 장인들이 정해져 있었고, 몽골 출신의 장인들도 마찬가지로 존재했다. 그들 각자는 자신이 만든 제작물[=무기]들 가운데 한 개나 두 개를 내놓았고, 급여와 급료를 받아갔다. 또한 (A336r) 매년 일정한 수의 무기를 만들어오고 그 경비는 지방들에서 지불 청구증을 받는 것으로 정해져 있었다. 일부 도시에는 무기 장인들의 작업장이 있었고 그 경비의 총액은 정해져 있었으며, 코르치의 아미르의 부관들이 그것을 관할했다. [무기 제작을 위해] 사용되는 총경비를 고려해보면 결과물은 그 사용된 액수의 1/20도 되지 않았다. 더러는 지불 청구증[에 기재된] 돈을 걷기 위해 [심지어] 수백 무리(ōīmāq)의 사신들을 여러 지방으로 보내기도 했지만, 그들은 [걷으려는] 액수 혹은 그보다 더 많은 액수를 그들의 양식과 지출과 마필을 위해서 썼고, [기재된] 비용은 앞에서 얘기했던 각종의 위계로 인하여 지방의 징세리에게 그대로 남겨지는 경우도 있었다. 또 더러는 도검을 관할하는 부관이나 (R1514) 서기들의 탐욕과 탈취 때문이기도 하고, 더러는 그것을 감독하는 아미르들의 숫자가 너무 많고 그들이 모두 탈취해 가기 때문이기도 하였다.

그러한 상황을 본 장인들은 자신이 생산해야 할 몫을 모두 만들어놓지 않게 된다. 대신 그들이 작업을 하면서 보내야 할 시간을 상호 간의

---

156) 이 단어는 몽골어 mese를 옮긴 것이며 'any edged weapon or tool, knife, dagger, sabre, sword' 등을 뜻한다(Lessing, p. 537). 도검(mese)을 제작하는 사람은 mesechi라 불렸다. Rawshan은 어휘 색인에서 이 단어를 몽골어 mesā로 이해하고, 그 뜻은 활이나 칼과 같은 무기로 보았고(III, p. 2411), Thackston은 이를 arms workshop이라고 번역하였으며, Doerfer 역시 이를 Schwert(=sword)로 이해하였다(I, §365).

적대와 쟁투와 고발로 허비하게 된 것이다. 그들의 싸움은 심지어 [그들을 비호하는] 아미르들끼리 서로 대적하는 상황으로까지 발전하기도 하였다. 그래서 항상 장인들의 소송(yārghūī)과 언쟁이 발생했고 나라의 사무에 피해가 생기기도 하였다. 회계를 모두 끝냈을 때에는 아무것도 남는 것이 없었다. 분명코 매년 장부상으로는 30만 혹은 40만 디나르의 잉여액(bāqī)이 있는데도 불구하고, 한 푼도 쓴 기록을 거기서는 찾을 수 없다. 마지막에 가서는 도검을 담당하는 부관과 서기들이 그런 이유로 죽임을 당하고, 그들의 가족들은 끝장이 나버렸다. 그런 일에 나선 사람들의 대부분은 파산하거나 죄를 받아 끌려 나오거나, 자신들의 이름에 먹칠을 하게 되는 것이다.

이슬람의 제왕—그의 왕국이 영원하기를!—은 이런 문제를 처리하기 위해서 다음과 같은 방안을 지시하였다. 각 도시의 장인들 가운데 같은 업종에 종사하는 사람들을 합치도록 하였다. 또한 양식과 수당이라는 명목으로 [비용을] 어느 누구에게도 주어서는 안 되며, 각종 무기에 대해서 어떤 특수한 종류를 몇 세트(dast)를 만들어서 얼마만 한 액수의 비용을 지불하는지에 대해서 분명히 정해놓았다. 또한 이렇게 명령하였다. "그들은 우리의 장인들이자 속민(asīr)들임에도 불구하고, 다른 사람들이 자신의 자금을 이용하여 시장에서 판매를 하는 것처럼, 그들[=장인들]도 디반의 자금을 가지고 지불한다. [그러니] 각 집단에 대해서 믿을 만한 사람을 임명하여 보증인이 되도록 하였다. 그래서 매년 경비를 받아서 무기를 자세하게 규정된 방식에 따라서 교부하고 영수증을 받도록 하였다. 그러한 무기들의 경비 전액을 확보하기 위해 별도로 한 지방의 세금을 지정하였다. 그래서 그 [세금]을 걷기 위해 사신들을 각 지방으로 보내고 경비를 지출할 필요가 없도록 하였다.

이런 방식으로 1만 명분의 무기를 완전히 갖추어 매년 [그것을] 준비하여 (R1515) 지급하게 되었다. 과거에는 어느 누구도 2,000명분의 무기조차 보지 못했다. 왕실[에서 사용하기] 위하여 아주 특별한 근위병 (khāṣṣ al-khāṣṣ) 50명분의 비용도 정하셨다. 또한 그보다 더 많은 수의 수천 점의 활과 화살과 갑옷을 [왕실] 재고에 준비하도록 하여 필요할 경우에 대비하도록 하셨다. [장부를] 비교해보면 장인들의 양식과 급여의 비용으로 지출된 것은 현재 [과거에] 무기의 비용으로 정해진 것의 절반도 넘지 않게 되었다. 그런 이유로 지방에 부과된 지출 비용도 거의 폐기되었다. 그러나 지금이 아닌 다른 시대에는 이러한 무기들 가운데 어떤 것들도 볼 수 없었다.

이러한 훌륭한 방책에 힘입어 매년 전술한 방식에 따라서 [무기를] 준비를 하고 교부하여 영수증을 받았다. 장인들 사이의 싸움과 적대와 소송은 사라졌다. 서기들은 그런 연유로 죽임을 당했었지만, 지금은 존경받고 위엄 있게 되었으며 편히 지내게 되었다. 또한 서로 적대하던 아미르들도 완전히 합심하고 친근해졌다. 오늘날 이런 식으로 [모든 것이] 확정되고 지극히 잘 정비되었기 때문에, 무기를 담당하는 아미르들은 다음과 같이 상주하였다. "장인들이 만드는 무기들이 시장에 있으니 그것을 구매하는 것이 더 합당합니다. 과거에는 몽골식의 무기들을 만드는 법을 아는 장인들이 없었는데, 지금은 시장에 있는 숙련공들이 그것을 배웠습니다. 또한 매일같이 분쟁과 싸움과 적대에만 몰두한 채 재화와 양식을 가져가고 아무것도 만들어놓지 않던 그 장인들이 지금은 [그런 것에서] 벗어나서 자신의 직업에 몰두할 수밖에 없게 되었습니다. 그들은 시장에서 자신의 자본으로 장비와 무기를 (A336v) 만들어서 파는데, 그로 인해 우리가 만드는 것보다 더 좋은 여러 종류의 무기들이 오늘날 시장에 존재하고 있습니다. [그러니] 우리가 장인들에게 경비를 조달해 주어서 무기를 만드는 것과, 군인들에게 현금을 나누어 주고

(R1516) 그들 자신에게 잘 맞는 무기를 싸게 구입하게 함으로써 [재정적으로 우리가] 아무런 손해도 보지 않는 것을 비교해볼 때, 어느 것이 더 낫겠습니까."

이슬람의 제왕―그의 왕국이 영원하기를!―은 [이러한 제안에] 만족하며, 시장에서 찾아보기 어려운 몇 가지 특수한 무기들은 그들이 [직접] 제작하도록 수일 안으로 확정하고, 과거와 같은 방식으로 제작하라고 명령했다. 나머지 다른 [무기들은] 현금을 가지고 와서 구매하도록 했다. 앞에서 언급했던 폐단과 손해의 상황은 안장과 고삐와 마구간의 장비를 만들었던 장인들 사이에서도 존재했다. 또한 슈쿠르치와 이데치들에게 속해서 몇 가지 장비를 만들던 장인들 사이에서도 마찬가지였다. 그것 역시 전술한 방식에 따라 조치를 취하였고, 지금은 그 모든 사무들이 올바르게 정비되었다.

과거의 관행은 다음과 같았다. 즉 [예를 들어] 군주의 왕실이 필요로 하는, 50디나르 혹은 100디나르 정도의 비용이 드는 약간의 장비나 필수품들이 있을 경우 그 사무를 처리하기 위해서 사신을 보내는데, 그가 사용하는 역마와 사료와 지출과 향응비가 5,000디나르가 되곤 했다. 오늘날에는 어떤 일이 되었건 간에 재고관이 [물자를] 구매하여 들여오거나 다른 사람에게 현금을 주어 사서 납부하도록 하라고 분명히 명령하였다. 이런 방식으로 매년 500개 집단(ōīmāq)으로 구성된 사신과 징세리들이 각 지방에서 사라지고, [과거에는] 무수한 피해와 손실과 피폐를 수반하며 그 [사신과 징세리]들을 위해서 50만 디나르를 허비했는데, [지금은] 바로 이러한 방책에 힘입어 5,000디나르 이상도 지출하지 않게 된 것이다. 그와 같은 [과거의] 관행과 관습은 제거되었고 좋은 규정들이 시행되고 지속되게 되었다. 이러한 상황의 효용이 지금과 같은 방식으로 이후 오랫동안 진행되기를! 지고한 신의 뜻에 따라!

(R1517) 제34화: 카안의 가축에 관한 사무를 정비한 것에 관하여

과거에는 카안(Qā'ān)의 낙타와 양들이 칸치(qānchī)들에게 맡겨졌고, [이들 가축에 대한] 통계와 관리는 이루어지지 않았다.[157] 지난날부터 그들에게 [가축들을] 맡겨왔고, 또 양호한 목장과 많은 수의 관리인과 목자들—그들이 그런 일을 하기 때문에 세금도 면제를 받았다—이 있었으니, [가축의 수는] 백 배는 더 증가했을 것이다. 그런데 조사를 해보니 한 마리도 보이지 않았다. 그들은 "추위로 인해서 죽었고 [그래서] 없어졌다."는 구실을 대었다. 이슬람의 군주—그의 왕위가 영원하기를!—는 "그들이 자기 소유의 낙타와 양을 가지고 있는지 살펴보라!"고 지시했다. 조사 결과 "많이 가지고 있다."고 아뢰었다. 그는 "카안의 가축들은 그들이 가지고 있는 가축보다 [원래는] 몇 배나 더 많았다. 그것들은 추위와 재앙(yūt)에도 불구하고 죽지 않았는데, 카안의 가축들은 어찌 모두 폐사했단 말인가? 그들이 거짓말을 하고 있음이 분명하다. 그들은 [가축들을] 모두 훔쳐서 판 것이다."라고 말했다. 변상(tūlāmīshī)하라는 칙령을 내렸지만 실현되지 못한 채 방치되었다.

그 뒤 그는 실험 삼아서 낙타와 양들을 믿을 만한 사람들에게 맡기라고 지시했다. 그들은 양호한 목장을 가지고 있고, 칸치들은 [카안의] 노비(banda)이자 면세를 받고 있었으니, 그들이 어떤 구실을 댈 수 있겠는가. 그리고 그들에게 이렇게 말했다. "그 같은 계약은 지켜질 것이다. 매년 [가축들이] 몇 차례 출산할 것이니, [설령] 손실이 발생하더라도 칸

---

157) 원문에서는 분명히 '카안'이라고 하였다. 역자가 과문한 탓인지는 모르겠지만 훌레구 울루스의 군주를 '카안'이라고 부른 사례는 없는 듯하다. 그렇다면 여기서 '카안'을 일 칸이 아니라 대칸이라고 이해한다면, 훌레구 울루스 영내에 대칸의 말을 기르는 목장이 있었다고 보아야 할 텐데, 선뜻 납득하기 어렵다. 이 부분에 대해서는 좀 더 심도 있는 연구가 필요하다.

치들은 여전히 이익과 수입을 얻을 것이다. 또한 목장을 보유하지도 않고 노비도 아닌 자들은 다른 사람들의 가축을 받아서, 좀 더 낮은 비율로 [계약한다면], 그들 역시 아무런 구실을 내세우지 못할 것이다."

이런 방식으로 정한 뒤에 그들로부터 증서를 받았다. 해마다 많은 증식과 납부가 이루어졌다. 그는 재고와 물자들과 오르도 용품들을 운반하기 위해서 짐을 싣는 낙타들을 (R15183) 별도로 지정하고 [그것들을] 믿을 만한 사람에게 맡겼다. 수조 비치소(sharāb-khāna)와 낙타 집합소(khwāyīj-khāna?)[158]에 관해서도 이와 동일한 조치를 취했다. 이러한 사무를 위한 제도와 조치는 지고한 알라의 도우심으로, [과거] 어떠한 무슬림·몽골의 군주들의 시대에도 도달하지 못했던 단계에 이른 것이다. 짐을 옮길 때 낙타가 이렇게 많았던 적은 일찍이 없었다. 필요한 수 이상으로 많았기 때문에 그 가운데 다수는 짐을 지지 않고 무리 안에 방치되었다. 그 숫자는 매일 매일 증가하였다. 안장과 장비들의 정비는 극도로 청결하고 양호했다. 알라께서 원하신다면, 이러한 성공이 계속해서 이어질 수 있도록 도움을 주시길!

---

158) khwāyīj의 의미가 불분명하다. khāyīj의 복수형으로 보이는데, 그렇다면 khūj(Steingass, *A Comprehensive Persian-English Dictionary*, p. 433에 'collecting: driving camel slowly'로 설명)라는 단어와 연관이 있다고 추정할 수 있지 않을까.

(A337r) 제35화: 쿠슈치(qūshchī, 매잡이)들과 바르스치(barschī, 호랑이 사육사)들의 사무를 정비한 것에 관하여

과거에는 쿠슈치와 바르스치들은 지방에서 동물들을 포획하곤 했다. 매년 어느 지점에서 포획하는지 정해졌고, 잡은 것들을 이곳으로 가지고 와서, 쿠슈치와 바르스치[를 관할하는] 아미르들의 동의하에 그것들을 맡겼다. 그들에 대해서는 각 성에서 양식('alafa), 사료('ulūfa), 경비(jāmagī)라는 명목으로 일정한 비용이 정해져 있었다. [그러나] 매년 그것을 [징수할 때면 사람들에게] 몽둥이를 휘둘러댔고, 양식과 사료로 정해진 것보다 더 많은 경비를 위협을 가해 빼앗아 가면서, 불과 몇 마리의 동물을 역마를 통해 가져올 뿐이었다. 또한 [운송하는] 도중에 각 도시와 역참과 목촌(khayl-khāna)과 농촌에 이르면 많은 수의 역마를 징발하여, 일부는 자신들이 타고 일부는 자신들의 물품을 싣거나 동행하는 사람에게 주기도 하였다. [그들이 포획해 온] 동물들 가운데 많은 수도 역시 친구와 지인들 혹은 아무에게나 나누어 주었다. 그리고 두세 마리의 맹금(shikara)과 표범(yūz)을 운송한다는 이유로 원래 지정된 경비와 소요액보다 몇 배나 많이 각 성에서 취할 뿐만 아니라, 그 동물들 때문에 역마와 사료와 식량의 경비를 (R1519) 길 위에 허비해버리는 것이다. 강압과 폭력을 써서 촌락과 행인들에게서 강탈한 것들은 끝도 없었다. 그들은 필요한 경비를 동물의 수에 따라 자신들의 계산에 근거하여 징발하는데, 어떤 방식으로 얼마나 많이 또 무엇을 징발할지에 대해서는 정해진 바가 없었다. 그런 까닭에 많은 수의 동물과 표범을 보낼 수 없었다. 또한 몇 마리의 동물을 보유하고 있는지에 대한 관리도 이루어지지 않았다.

각 지방에서 유랑자들은 초원에서 동물들을 잡거나 구입한 뒤, 그것을 미끼로 [자신들을] 사육사나 타르칸(tarkhān)으로 임명하는 칙령을 얻어내기를 희망했다. 그들은 사람들을 강합하여 생활비나 양식과 사료 등을 손에 넣으려고 하였다. 매년 이러한 부류의 사람들이 두세 마리의 동물을 데리고 와서는, 자신들을 사육사로 삼는 칙령을 손에 넣고, 생활비와 양식과 사료를 지정받은 뒤에 돌아갔다. 그런 식의 생업이라면 택하지 않을 사람이 누가 있겠는가? 해마다 이런 양상은 점점 더 심해졌고, 그런 부류에 속한 사람 하나가 백 명의 농민들은 비호하면서 천 명에게는 고통을 안겨주는 것이다. 쿠슈치들과, 오르두에 머물며 봉사하는 그들의 아미르들은 매를 보유하고 있었는데, 그중 일부는 어전에 매를 날리곤 했다. 수많은 아미르, 많은 수의 부족민, 많은 집단(ōīmāq), 다수의 마부(kūtālchī)와 나귀 몰이꾼과 낙타 몰이꾼(sārbān)과 시골의 촌뜨기들이 그들과 합류하였다. 그 무리에 속한 사람들은 각각 몇 개의 깃털을 허리에 매달고 쇠몽둥이(kūrābasī)를 가운데 차고 다니면서, [길가는 사람들의 모자와 터번을 빼앗아 갔다. 어떤 자들은 "모자에 올빼미 깃털을 꿰매고 다니는 것은 적법한 것(yāsāq)이 아니다."라고 말하면서 그것을 구실로 모자를 강탈했다. 또 어떤 자들은 아무런 이유도 없이 원하는 것이 있으면 무엇이건 빼앗아 갔다.

만약 누군가가 사육사들의 천막이나 집 부근을 지나가면 화를 입을 수밖에 없었다. (R1520) 대상이나 상인들(khwājagān)이나 다른 어떤 사람이 쿠슈치들이나 매를 기르는 집이 있는 마을 부근을 지나가면, 약탈 못지않게 완전히 털리곤 했다. 또한 그들은 당도하는 마을마다 자신들의 음식은 물론 [데리고 간] 동물들의 식량을 달라며 별도로 양이나 닭을 빼앗았다. 그들의 가축을 위해서는 짚과 보리를 가져갔다. 하영지와 동영지로 갈 때가 되면 그 정도로도 만족하지 못하고, 그들이 경유하는 길에 위치한 촌락들의 수령에게 식량과 사료 이외에도 양, 밀가루, 보리 및 필요한 물품들을 요구하며 빼앗아 갔다. 사람들이 사용할 역마를 요구하며 목지들을 돌아다녔고, 역마라는 명목으로 많은 수의 말을 빼앗은 뒤 그것을 팔아서 큰돈을 거머쥐었다. 그들은 좋은 나귀를 탐해서 [한 번 가져가면] 돌려주지 않았다. 길에서 누구를 만나든 약탈했다. 또한 그들의 악명이 높아져 사람들이 두려워하도록, 지방의 몇몇 지도자와 수령들에 대해 하찮은 구실을 잡아서 그들의 수염을 밀어버리곤 했다. [이 사육사들은] 말썽꾼들이 어디에 있든 그들을 보호하기 위해서 달려갔고, [사육사들] 자신이 원하는 일이라면 합법적인 것이건 불법적인 것이건 불문하고, 태수나 지주나 농민들을 향해서 몽둥이를 휘두르며 그들에게 도움을 주었던 것이다.

만약 어쩌다가 바스칵이나 태수들 가운데 한 사람이 그들 가운데 어떤 마부(kūtālchī)를 감금하기라도 하면, (A337v) 그들은 멀쩡한 매의 날개를 부러뜨린 뒤, "[감관이나 태수가] 문제를 일으키고 매에게 상처를 입혔다."고 탄원을 올리고 서로를 위해 증거를 대주기도 하였다. 그러다가 군주들이 누군가가 문제를 일으켜 매의 날개를 부러뜨렸다는 사실을 들으면 분노를 터뜨리게 되는 것이다. 그들은 감관이나 부관 혹은 태수들에 대해서 다음과 같은 의혹을 만들어내기도 했다. "우리가 어떤 장소를 금렵지(ghorūq)로 정했는데, 그들이 거기서 사냥을 했고 그러다가 거기서 [매의 날개를] 부러뜨리고 새들을 쫓아버렸습니다." 만약 어떤 사람이 그 금렵지 부근을 지나가면, 멀건 가깝건 불문하고 필경 그가 가지고 있던 말이나 의복이나 다량의 현금을 '촌지(khidmatī)'라는 명목으로 빼앗았다. 수없는 역경과 고생을 겪은 뒤에야 그들의 마수에서 벗어날 수 있었다. 이런 종류의 이야기는 너무나 많아서 그것을 다 설명할 수 없을 (R1521) 정도이다.

이슬람의 제왕—그의 왕국이 영원하기를!—은 이러한 상황을 해결하기 위해서 먼저, 지방에서 [공납으로] 올라오는 매는 1,000마리, 표범은 300마리면 충분하다고 하면서, 쿠슈치와 바르스치들을 관할하는 아미르들에게 지시하여 [이를 위해] 필요하다고 생각되는 지방과 인원을 지정하고 그것을 상세히 기재하라고 명령했다. 지방에서는 [그렇게 지정된] 사람들 이외에는 다른 어떤 쿠슈치도 있어서는 안 되도록 하였다. 또한 그들의 봉급은 그들이 가지고 온 매들—조련된 것과 조련되지 않은 것—의 수에 비례해서 정하도록 하였다. 어떠한 구실도 대지 못하도록 규정을 상세하게 만들었다. 어떤 사람이라 할지라도 이렇게 정해진 1,000마리의 매와 300마리의 표범 가운데 자신의 몫으로 정해진 숫자에 상응하게 봉급을 정해주었다. 금인이 찍힌 칙령과 훈시를 주었는데, 거기에는 노상에서는 역마나 사료나 식량을 취해서는 안 된다고 명시되어 있었다. 그것을 모든 지방들에 선포하였다. 그렇게 정해진 수의 매와 표범과 그것을 관리하는 사람들이 필요로 하는 사료와 식량 및 이를 위해 필요한 역마와 일용품들을 계산해보니, 그전에 썼던 비용의 반밖에 되지 않았다. [과거에는] 그 수의 1/3밖에 상납하지 않았는데도, 역마와 사료와 식량[의 소비]가 두세 배에 달했다. 그렇다면 그것 때문에 농민들에게 가해졌던 불법과 과도함은 어떻게 다 말할 수 있겠는가. 지금은 아무런 피해도 받지 않고 매년 1,000마리의 매와 300마리의 표범이 상납되어 위탁되고 있다.

(A338r) 그들이 역마와 사료와 식량을 탈취하지 못하게 되었다는 소식이 전국에 퍼지자, 그들이 은밀한 방법으로 혹은 강압적으로 빼앗으려고 해도 [농민들은] 주지 않았다. 이런 것을 취할 수 없게 된 사람이 어떻게 [규정보다] 더 많이 달라고 요구할 수 있겠는가. 만약 그렇게 한다고 해도 사람들은 그에게 그것을 주지 않는다. 그들은 매년 정해진 수[의 동물]을 바치는 수밖에 없었고, 그렇지 않을 경우 초과되는 경비

는 그들의 책임이므로 스스로 갚아야만 했다. 많은 수의 쿠슈치들과 사냥꾼들이 쓸모없게 되었고, 이 칙령이 내려진 날 이후로 사람들은 결코 (R1522) 큐슈치나 사냥꾼들의 과도한 요구에 몰리지 않게 되었다. 그들은 어떠한 요구도 하지 못하게 되었는데, 그 까닭은 모든 것이 [칙령에] 정해져 포함되어 있기 때문이다. 그들의 비호를 받던 사람들은 [다시] 칼란세를 물게 되었다. 만약 어떤 사람이 굳이 그렇게 [그들의 비호를 받으며] 남아 있기를 원한다면, 그 사람이 내야 할 세금은 그들의 봉급에서 차감하도록 했다. 결코 어떠한 형태의 강압이나 피해가 없게 되었고, 그 무리들은 그 같은 행태를 잊어버리고 이성적이고 공정한 사람들의 부류에 들어오게 되었다.

그런데 어전에 있던 쿠슈치들에 대한 대책으로는 다음과 같은 명령을 내렸다. "그들이 받는 봉급과 그들이 각자 담당하고 있는 매들의 식량을 상세하게 기록하도록 하라. 그들이 필요로 하는 경비는 재고에서 현금으로 인출하여, 매년 그 전액을 그들의 수령에게 주도록 하라." 이런 연유로 그들은 어떠한 구실도 댈 수 없어졌다. 그들을 매사냥(qūsh-lāmīshī)을 위해 각 지방으로 보낼 때마다 쿠슈치와 매의 수를 확정하도록 하였다. 어용의 마필들은 그들에게 주어 짐을 싣고 달리게 함으로써 조련을 시켜 길들이기(jimām)를 하도록 했다. 그들이 가을과 겨울에 [매사냥을 위해] 오고 가는 시간을 계산해서 그들의 경비를 충당하기 위해, 그 지방들을 대상으로 금인이 찍힌 식량 [구매용] 지불 청구증을 발부해 주었다. 식량 이외에도 매들의 훈련(bāʿūlī)과 상처 때문에 비둘기나 닭이 필요한데, 어전 매잡이들이 필요로 하는 숫자만큼의 닭과 비둘기를 확보할 수 있도록 지불 청구증을 발부하라고 지시했다. 그 [매]들을 새장 안에 넣어두는데, [만약] 그것을 어떤 장소로 이동시킬 때에는 마찬가지로 정해진 [매의] 수에 대해서 지불 청구증을 발부하도록 했다. 이렇게 함으로써 어떤 명분으로든 불법적인 일이 없도록 하였다.

　이러한 칙령이 전국에 알려지고, 또 그들의 봉급과 필요로 하는 모든 비용들이 확정되어 그것을 국고에서 지급하거나 혹은 금인이 찍힌 지불 청구증을 발부한다는 소식이 널리 퍼지자, 그들도 역시 각 지역에서 무엇인가 과도한 일을 행할 수 없게 되었다. 그런 일을 하려고 해도, 그것을 알게 된 사람들은 주려고 하지 않았다. 그런데 처음에는 다음과 같은 일이 한두 번 벌어지기도 했다. 즉 몇몇 (R1523) 쿠슈치 아미르들이 지방으로 가게 되었을 때, 식량과 사료와 말의 간식(qadīm)이 정해졌고 또 금인이 찍힌 지불 청구증이 발부되었기 때문에 무엇인가를 과도하게 징발할 필요가 없어졌음에도 불구하고, 그들이 과도한 행동을 했다는 소식이 또 전해졌다. [군주는] 고위의 사신을 파견하여 그 지방의 바로 그 장소에서 그들의 죄를 묻고 각각에 대해서 77대의 곤장을 치도록 했다. [마침내] 모든 사람들이 이를 교훈으로 삼아서 그 같은 행동을 하지 않게 되었다. 오늘날에는 쿠슈치나 바르스치가 그러한 불법을 행하는 경우는 매우 드물다. 비록 늑대가 양이 될 수는 없는 법이지만 그들의 폭정은 크게 줄어들었다. 이 공정함의 광채에 힘입어, 매우 빠른 시간 안에 세상 사람들 모두가 폭정과 억압이라는 것이 무엇인지 완전히 잊어버리게 될 것이라고 분명히 확신한다. 알라께서 뜻하신다면!

제36화: 전국의 농사꾼들('awāmil)[159] [의 사무]를 정비한 것에 관하여

과거에는 지방의 징세관들이 항상 말하기를, 많은 수의 지방들이 황폐해지고 농민들은 빈곤하며 자기 농사를 짓는 데에 필요한 소나 종자가 하나도 없어 아무런 도움도 받을 길이 없다고 하였다. 많은 물과 땅이 방치된 상태로 있었고, 아무도 그들의 말에 귀를 기울이지 않은 채 대책을 세우지 않았다. 과거에 [그 양이] 정해져서 디반에서 방출된 얼마간의 곡식 종자들조차 곡물의 가격이 비쌀 때 모조리 팔아버렸기 때문에 디반과 농민들 모두가 피해를 입었다.

이슬람의 제왕—그의 왕국이 영원하기를—은 이러한 상황을 타개하기 위해서 이렇게 명령했다. 태수와 식읍 소유자들은 각각 농사꾼의 고용과 곡식 종자와 농사 용품의 구입에 필요한 경비의 일정 부분을 그들이 얻게 될 총액에서 제하라고 하였다. (A338v) 그리고 그 지방들에서 농사꾼들을 고용해서 농사를 장려하겠다는 서약서(ḥujjat)를 받도록 했다. 그는 또한 이렇게 말했다. "만약 태수나 징세관이 (R1524) 더 좋은 땅에서 경작하도록 하고, 농사 및 경작과 관련된 기구들을 더 많이 제공해줄 경우, 그 농지에서 두 배 혹은 세 배의 이익을 거두리라는 데에는 의심의 여지가 없다. 그러나 농민들을 격려하고 그래서 태수가 더 많은 지세(kharajī)를 걷을 수 있게 하기 위해서, 1 대 3으로 비율을 정하여 [수확물의] 1/3이나 1/4을 거두도록 하고, 그보다 더 많이 수확하는 부분은 그들의 소유가 되게 하라. 그러면 수확을 최대로 만들려는 의욕과 욕심이 생기기 때문에, 그들은 경작에 최대한의 노력을 기울일 것이다. 2~3년간 농사를 지어 자리를 잡으면, 그때 가서 수확량에 따라 잉여분

---

159) 'āmil의 복수형으로, 'doer, maker, worker, wage earner, employee' 등의 뜻을 지닌다. 여기서는 식읍의 소유자가 자기 소유의 농지를 경작하기 위해 고용하는 사람들을 가리킨다.

을 재고로 들이도록 한다." 이런 내용을 그들에 대한 훈시 안에 분명히 기록하고 현금을 내어주도록 했다.

과거와 같은 부류의 일부 징세리들, 특히 이미 앞서 여러 곳에서 설명한 방식에 익숙해 있는 사람들은 디반에 속한 재화를 다시 돌려주어야 한다는 생각은 결코 하지 않고, 그것이 절대적으로 자신의 것이라고 여겼다. [새로운 정책을 시행한] 첫해에 그들은 그 같은 경비를 탕진했다. 마침내 원금과 이윤에 대한 조사가 이루어졌지만 남은 것이 아무것도 없었다. 그들의 생각은 '그것이 무슨 필요가 있는가? 소라든가 종자라는 명목만 붙이면 그만이지, 그것들이 실제로 있어야 할 필요가 있는가?'라는 것이었다. 그러고는 마침내 결손이나 손실에 대해서 천재지변을 이유로 대었는데, 대부분의 사람들은 그들의 말에 귀를 기울이지 않았다. 토지와 도구를 보유한 사람들에 대해서는 경비를 받아내었고 일부 사람들은 감금시키기도 했다. 또 다른 부류의 농사꾼들은 종자를 계속해서 보유하면서, 디반을 위해서 혹은 자신을 위해서 수입과 이익을 거두었다. [이러한 상태는] 지금도 지속되고 있고, 농민이나 기타 다른 사람들 중에서 상당수는 그로 인해서 평안을 누리면서 경작과 농사에 부지런히 종사하고 있다.

종자를 지급하는 것이 관례로 되어 있는 일부 지방에서 징세관들은 남을 기만하거나 자신이 무능하여 그 [종자]를 탕진하거나 팔아버렸는데, 과거에는 이에 대해서 아무런 대책도 없었다. [군주는] 모든 사람들에게 새로이 종자를 지급하라고 명령했다. 이로 말미암아 바그다드와 시라즈에서는 정해진 세액보다 (R1525) 50만 디나르 이상 더 들어왔다. 그 종자는 다시 한번 확정되어 유통되었고, 농민들은 그것의 여러 배의 수입을 거두었다. 또한 그 덕분에 번영이 이루어지고 [물품의] 가격은 저렴해졌다. 군대의 식읍을 지정해주었을 때, 이러한 방책들로 인해 번영하게 된 지역들 가운데 다수가 그들의 봉급의 원천이 되었다. 만약 그 렇지 않았다면 다수의 지방들과 소중한 토지를 분배했어야만 했을 것이 다. 지금도 그것들 중에서 다수는 디반의 소유로 남아 있으며 거기서 나 오는 수익이 들어오고 있다. 우리가 보고 들은 어느 시대에 어느 누구도 이처럼 훌륭한 대책을 세운 적은 없었으며, 이 같은 경작과 선행을 희망 하고 생각했던 적은 없었다.

또한 위탁을 명령했던 가축이나 가금류에 대해서도 이와 같은 방식으 로 함으로써, 세 배로 증식이 이루어져 그들에게 이익이 돌아가고 자본 을 축적할 수 있도록 하였다. 일반 평민들이 기르는 가축이나 가금류는 궁정의 가축이나 가금류[로 인해 발생할 수 있는 피해]로부터 보호를 받도록 하고, 언제나 그것에 대해서 강압의 손길이 미치지 않도록 하였 으며, 누군가의 목지에 대해서도 침해를 하지 못하도록 하였다. 그럼에 도 불구하고 디반은 그런 것으로 인해 여전히 이익을 거두었다. 또한 군 주의 깃발이 어떤 지방에 도달하고, 쿠슈치들이나 다른 사람들에게 얼 마간의 가축이 필요하게 될 때에도, 농민들로부터 역마를 징발하면 안 되었다. 이와 마찬가지로 매[의 먹이]나 주방을 위해 닭과 비둘기가 필 요하게 될 경우에도 궁정에 속한 것들로 충당하도록 했다. 이러한 조치 는 [위에서 살펴본] 농사꾼들에 대한 조치와 유사하며, 이러한 방식으 로 나귀를 역마로 징발하는 일은 사라졌다. 과거에는 [그런 것을 징발하 기를] 원하는 사람은 누구나 거리낌 없이 빼앗아 갔지만, [이제는] 만약 그럴 필요가 생긴다면 디반에 속하는 담당자들이 그것을 마련했다. [과 거에] 농민과 상인과 기타 다른 사람들로부터 매년 얼마나 많은 나귀를 역마로 공출해 갔는지 이루 다 헤아릴 수 없다. [그로 인해] 농민 수천 의 머리와 팔과 다리가 부러졌다. 농민들은 항상 역마를 돌보느라 어려 움을 겪었고, [관리들은] 역마들을 모조리 징발해놓고는 되돌려 주지도 않았다. 일부는 길에서 죽음을 당했고, (R1526) 농민들은 농사도 작업도 하지 못하게 되었다.

이슬람의 군주는 쿠슈치들에게 사람들이 가지고 있는 비둘기나 닭을 빼앗지 말고, [그 비용을] 궁정의 가금류 경비에서 취하라고 명령하면서 (A339r) 이렇게 말했다. "칙령과 법령(yāsāq)은 사소한 일에서부터 시행되어야 큰일들도 원활하게 이루어질 것이다. 짐이 만약 비둘기를 빼앗는 것을 금지하지 못한다면, 양을 빼앗는 것을 금지하는 것도 할 수 없을 것이며, 소를 빼앗는 것을 막는 것은 더 힘들어질 것이고, 다른 것들도 마찬가지이다." 그는 또한 비둘기 집이 있는 곳이라면 어디에서건 사냥꾼들은 덫을 놓지 말라는 칙명을 내렸다.

그는 백성들에 대해서 이처럼 좋은 조치들을 취하고 넘치는 자애심을 품었으며, 압제자의 사악함과 패악자들의 흉폭함을 막기 위해 중요한 명령들을 내렸다. 그렇게 미세한 문제들을 해결하기 위해 정의를 함양하는 이 군주가 가지고 있는 지혜, 선량하고 완벽한 품성, 칭송할 만한 덕성, 정의, 공정함이 대대로 계속되어 명백하고 분명하게 나타나기를! 이후의 세상 사람들은 이러한 정황을 보고 놀라움을 금치 못할 것이다. 모든 백성들이 그의 성공을 위해 밤낮으로 올리는 기도가 응답받기를!

제37화: 불모지를 개간하도록 한 조치에 관하여

역사의 연구와 이성의 탐구를 통해서, 전국이 오늘날처럼 황폐해진 적이 과거에는 결코 없었다는 사실이 분명히 드러날 것이다. 특히 몽골의 군대가 미친 지역들이 그러하다. 왜냐하면 인간이 처음 나타난 이래 어떠한 군주도 칭기스 칸과 그의 일족이 정복했던 것처럼 많은 왕국을 지배한 적이 없었으며, 그들처럼 많은 사람을 죽인 적도 없었기 때문이다. 이스칸다르[=알렉산드로스]가 많은 왕국들을 정복했다고 (R1527) 이야기들을 하지만, 그는 지방들을 정복한 뒤 그곳에 머무르지 않고 떠나갔다. 그가 도착했다는 소문이 미치는 곳이라면 어디든지, 그의 위엄과 위세에 눌려 신속하게 복속(il)하였다. 그의 생애는 36년이었고, 그가 24살이었을 때에 이란의 왕국을 정복하고 다리우스를 죽였다. 그 뒤 12년 동안 그는 세계 정복자였고, 귀환하다가 바빌론 부근에서 죽음을 맞았다. 그 12년 동안 수많은 왕국들을 정복했지만 언제나 지나갔을 뿐 머무르지는 않았다. 그가 사라진 뒤 다시 반란이 일어났다. 그에게는 자식이나 후손이 없었기 때문에 왕국은 그의 집안에 머무르지 못했고 여러 집단의 군주들에게 넘겨졌으니, 이는 그에 관한 역사에 설명되어 있는 바이다.

칭기스 칸의 경우는 이와 정반대였다. 그는 심사숙고하여 정복했고 [그 뒤에는] 그 모든 곳을 계속 그의 복속 아래에 두었다. 그의 자식들과 일족이 [정복된 지역을] 관할하고 지배했으며, 잘 알려진 바와 같이 그보다 더 많은 다른 지역들을 정복했다. 지방과 큰 도시들이 정복되었을 때 수많은 사람들과 넓고 큰 지역들이 얼마나 철저하게 파괴되었는지 사람이 거의 남지 않는 지경이었다. 발흐, 샤부르간, 탈리칸, 메르브, 사락스, 헤라트, 투르키스탄, 라이, 하마단, 쿰, 이스파한, 마라가, 아르다빌, 바르다(Barda'), 간자, 바그다드, 모술, 아르빌 등이 그러하다. 이들

지방에 속하는 지역 대부분, 그리고 변경이어서 군대가 통과하는 곳에 위치한 지역들은 사람들이 완전히 죽임을 당하거나 도망쳐서 황폐해졌다. 예를 들어 위구리스탄(Uyghūristān) 지방, 카안과 카이두 사이 변경에 위치한 다른 지방들, 데르벤드와 시르반 사이에 위치한 일부 지방이 그러하다. 또한 하란(Ḥarrān), 루하(Rūḥa), 사루즈(Sarūj), 라카(Raqqa)와 같은 디야르 바크르의 아불리스탄(Abulistān) 지방[160]이 그러하고, 유프라테스 강 이쪽과 저쪽에 있는 많은 도시들이 모두 황폐해져 버려졌다. 또한 다른 지방들에서도 (R1528) 파괴와 학살로 황폐해진 곳들이 있는데, 바그다드와 아제르바이잔이 그러하고, 이외에도 투르키스탄과 이란땅과 룸의 도시와 농촌들이 폐허가 되었음은 사람들이 목도하는 바이며, 이루 다 헤아릴 수 없을 정도로 많다.

결론적으로 그것을 추산해서 말한다면 전국에서 [현재] 경작이 가능한 곳은 1/10도 되지 않았고 나머지는 모두 파괴되었다. 이런 시대에 이를 재건하려고 한 사람은 결코 없었다. 드물기는 하지만 일부 지점을 건설하려는 시도가 있기는 했다. 예를 들어 훌레구 칸, 아바카 칸, 아르군 칸, 게이하투가 알라탁, 우르미야, 수쿠를룩, 수자스, 후찬(Khūchān), 잔잔, 아란 지방의 사라이 (A339v) 만수리야(Sarāī Manṣūriyya) 등지에 몇몇 궁정을 건설하고 사람을 거주하게 했으며, 시장과 도시를 건설하여 사람이 살게 하고, 물길을 끌어들이기도 했다. 그러나 그로 인해서 많은 지방들이 더 황폐해지고 수없이 많은 세금이 지출되었다. 노역으로 인해 많은 농민들이 다른 지방에서 강제로 이주당했다. 그 지역들 가운데 하나도 번영하지 못하게 되었고, 그곳들이 어떻게 되었는지는 우리가 다 목도하는 바이다. 만약 그 같은 건설이 완결된다면 다른 지방들이

---

160) 엘비스탄(Elbistan)이라고도 불리며, 터키 동남 지역을 가리킨다.

얼마나 황폐해질지는 분명해졌다. 지고한 신께서는 나라를 되살리고 이슬람 종교를 강화하는 일이 이슬람의 제왕 가잔 칸—그의 왕국이 영원하기를!—의 고귀한 존재를 통해서 성취되기를 원하셨다. 지고한 신께서는 시초부터 이 중대한 선행과 위대한 사업을 그에게 위임하셨다. 이슬람을 강화하는 일—알라께 찬양을!—이 어떻게 성취되었는가는 이미 설명한 바이다. 군주께서 행하신 재건과 선행의 사업들에 관해서도 별도로 자세히 기록했으며, 국사의 처리와 백성들의 통치와 정의와 공정의 확산에 대해서도 설명한 바이다. 결국은 [그의 노력이] 지방들이 재건된 가장 큰 이유가 되었다는 사실은 우리가 눈으로 직접 본 대로이다.

도시들은 파괴되고 10채의 가옥 가운데 사람이 사는 곳은 5채도 안 되었는데, 사람이 살 수 있는 곳조차도 폐허로 변했다. 그런데 (R1529) 지금은 정의를 품은 그의 덕분에 매년 한 도시에 1,000채 이상의 가옥이 지어지고 있다. 100디나르 하던 집 한 채의 가격이 지금은 1,000디나르 혹은 그 이상이 되었다. 이러한 사정에 대해서는 앞에서 설명한 바 있다. 그런데 황폐해진 곳은 아무도 재건하려고 하지 않았다. 자신의 돈을 들여서 [그런 곳을] 다시 번영하게 만드는 것은 천 명 가운데 한 사람도 불가능한 일이었다.

[그러나 군주는] 정확한 판단과 좋은 방책을 가지고 이에 대한 대책을 다음과 같이 지시했다. "이 파괴된 지방과 황폐해진 촌락들은 짐의 조상들의 나라이자 나의 나라이기도 하다. 그것은 국유지(dīvānī)나 왕령지(īnchū)의 지위를 지니고 있고, 혹은 [일반] 백성들의 사유지(milk)인 것도 있다. 거기에서는 훌레구 칸의 시대부터 지금까지 1만(mann)의 곡물도 1당(dang)의 현금도 누구의 손에 들어간 적이 없었다. 누군가가 그곳을 번영케 하기를 원한다고 해도, [그곳이] 국유지나 사유지이기 때문에 혹은 재건을 위한 허가가 없기 때문에, 수많은 고난과 막대한

비용을 들여서 재건을 한다고 해도 다시 빼앗길지 모른다는 두려움이 생겨, 그러한 재건을 시작할 생각도 하지 않는 것이다. 만약 우리가 황폐한 곳을 다시 번영하게 만들 수 있는 방책을 도입한다면, 즉 국유지와 왕령지의 경우는 일정한 몫을 디반에 내도록 하고, 사유지의 경우 일정한 몫은 지주에게 [또 다른] 일정한 몫은 디반에게 내도록 하면 어떻겠는가. 또한 재건을 수행하는 사람들에게는 확실한 보증을 해주어서 그의 자식과 후손들에게 물려줄 수 있도록 하고, 그들이 그로 인해 풍성한 이익을 거두고 그래서 더 많은 의욕을 낼 수 있도록 하자. 그들이 거기서 많은 이익이 생긴다는 것을 알게 된다면, 장사하거나 여행하는 어려움 혹은 여타 다른 거래에서 손을 떼고, 모두 다 재건과 농사를 하는 쪽으로 기울 것이다. 왜냐하면 일반 백성들은 이익과 이윤을 따라서 움직이기 때문이다. 이렇게 된다면 짧은 기간 안에 대부분의 황폐한 곳이 번영을 누릴 것이다. 그러한 황폐한 곳들은 모든 사람들의 힘과 돈과 합심이 있어야 재건이 가능하며, 그 이외의 다른 길은 없다. 그렇게 황폐한 곳들이 번영하면 (R1530) 곡물의 가격은 낮아질 것이다. 변경 지역에서 불가피한 중대한 일이 생겨서 원정을 가게 될 때에도 많은 곡식들을 손쉽게 입수할 수 있으며, 국고의 재화도 증가할 것이다. 수령들과 지주들은 새로운 권위와 위엄을 갖게 될 것이며, 농민들도 휴식과 만족을 누릴 것이고, 우리는 완전한 보상과 보응을 받고 좋은 이름을 영원히 남길 것이다."

임석한 모든 사람들은 이같이 분명한 생각과 은혜로운 말씀에 놀라움을 금치 못했고, 그에게 찬양과 축복을 드린 뒤에 이렇게 말했다. "이보다 더 나은 생각, 이보다 더 유익한 방안은 이 세상 어느 누구도 내놓지 못했습니다. 당신의 조상들은 파괴를 했지만 당신은 재건을 합니다. 이 두 단계 사이에는 이성, 세속법, 율법 등 그 어느 측면에서 보더라도 분명한 차이가 있습니다. 확실히 다른 사람들이 죽인 것을 당신은 살리시는 것입니다. 이 이상 무슨 말이 더 필요하겠습니까." 그 뒤 이에 관한 계약서(sharṭ-nāma)와 칙명을 다음과 같은 방식으로 썼다. (A340r) 국유지 가운데 오래전부터 폐하가 즉위할 때까지 경작되지 않았던 농촌과 경작지들은 모두 황무지(bāir)라는 부류(qism)로 간주한다. 어느 누구라도 그런 곳을 재건하기를 원한다면 다음 세 가지 부류로 나누어 실행하도록 금인이 찍힌 계약서를 작성했다.

첫 번째 부류. 물과 수로(jūī)가 있어서 그곳을 재건하는 데에 많은 비용과 노력이 들지 않는 곳, 혹은 비가 내리기 때문에 물을 쓸 수 있어서 지하수로(kahrīz)나 개간수로(nahr)나 방죽(band)을 필요로 하지 않는 곳. 재건을 시작해서 경작이 이루어지는 첫해에는 디반에 아무것도 주지 않아도 무방하다. 두 번째 해에는 정해진 바에 따라서 디반 납부액 가운데 2/6만 내고, 디반 납부액 가운데 [나머지] 4/6는 노력의 경비로 그가 갖도록 한다. [세 번째 해에는 각 지방에서 관행으로 시행되는 것처럼 디반 납부액 가운데 4.5/6(=3/4)는 디반에 내고 1.5/6(=1/4)는 노력의 경비로 그가 갖도록 한다.][161] 경작지에서 내는 액수 이외에 잉여로 얻은 것들은 모두 그의 소유로 한다. (R1531)

두 번째 부류. 재건[의 난도]가 중급에 해당하여, 수로를 건설하거나 그것을 관개하는 데에 많은 비용이 들지 않는 곳. 그 조건은 전술한 것과 같은 방식이지만, 다만 [세 번째 해에] 디반 납부액 가운데 4/6를 디반에 내고 2/6를 노력의 경비로 그가 갖는다는 점이 다르다.

세 번째 부류. 수로를 방죽으로 막아야 하거나 지하수로가 파괴되어 재건되어야 할 필요가 있기 때문에 경작이 어려운 곳. 이 역시 상술한

---

161) A본에는 보이지 않는다. 러시아 교감본과 Rawshan 인쇄본에 기초하여 보충한 것이다.

것과 같은 조건이다. 다만 [세 번째 해에] 디반 납부액 가운데 1/2을 디반에 납부하고 나머지 1/2은 노력의 경비로 본인이 갖는다는 것이 다르다. [군주는] 또 이러한 조건을 지시했다. 즉 [디반에 내야 할] 부분의 액수는 '지조(地租, kharāj)'[162]라는 명목으로 납부하도록 한다. 누구라도 재건을 하면 [그 땅은] 그의 사유지가 되며, 그와 그의 자식들에게 영구적으로 귀속되어야 한다. 만약 다른 사람에게 팔고자 한다면 파는 것도 허락된다. 디반은 정해진 하라지를 구매한 사람에게서 받는다. 또한 이러한 조건도 제시했다. 상황이 괜찮은 마을에서 수로를 끌어와 사용하는 황무지의 경우에는, 그 괜찮은 마을의 지주가 희망하는 한 그것을 허락한다. 이는 그로 인해서 분쟁이 일어나지 않도록 하기 위해서이다.

그 뒤 그는 이렇게 말했다. "나라 안에서 [세금의] 추산(ḥazr)과 [추정 세액의] 할부(muqāsama)를 폐지했으니, 황무지에 대한 디반 납부액도 각 성의 감독관들(mubṣirān)이 대조하여 정한 방식에 따라 확정하고 그래서 [그 확정된 액수를] 지조라는 명목으로 납부하게 해야 한다. [그래서] 무뢰배나 폭압자들이 '추산'이나 '할부' 혹은 '배가(倍加, takthīr)' 등을 이유로 농민들에게 손을 뻗치지 못하게 함으로써 그러한 피해를 완전히 없애야 한다." 군주—그의 왕국이 영원하기를!—가 [지배하는] 왕국들의 넓이가 매우 크기 때문에 그는 이런 생각을 했다. 즉 계약서를 받기 위해 오르도로 오고자 하는 사람이 있다고 하더라도, 거리가 너무 멀고 여행 경비[가 너무 많이 들기] 때문에 그러지 못하게 될 것이다. 어떤 사람들은 [여행할] 힘이 없고, 또 어떤 사람들은 [그렇게 비용을 들일 만한] 가치가 없다고 생각할 것이다. 그래서 그는 각 성에 한두 명의 믿을 만한 고관을 임명하여 계약서 칙령의 원본을 그들에게 주도록 했

---

162) 무슬림들은 자신이 소유한 토지에서 생산한 곡물 가운데 1/10을 세금으로 내는데, 이를 '하라지 (kharāj)' 혹은 '우슈르('ushr)'라고 불렀다.

다. 또한 [문서의] 양식과 훈령[의 내용]을 확정하여, 누구라도 그런 [문서를] 원하는 사람에게는 계약서 칙령의 사본 (R1532) 뒷면에 그것을 기재하여 발부하도록 했다. 그래서 그 명령이 지속적이고 영구적이며 어느 누구도 그것에 대해서 이의를 제기하지 못하도록 해서, 각 성에서 그같은 사무가 용이하게 수행될 수 있도록 하였다. 이러한 방식으로 개선이 이루어지자 이러한 관례는 확고해졌고, 그에 관한 사무는 원활하게 이루어지고 지속적으로 진행되었다. 그러한 [사무를 담당하는] 디반을 왕실령 디반(dīvān-i khāliṣāt)이라고 이름하고, 그 디반의 부관들은 지금까지 수많은 계약서들을 사람들에게 발급하였다. 그래서 광범위한 재건이 진행되었고 그것은 날마다 증가하고 있다.

그런데 개인의 사유지에 대해서는 그것이 최근까지 경작이 이루어졌던 곳이라면, 그것을 [다시] 경작하고자 하는 사람이 누구든 그 [토지의] 소유주와 [먼저] 상의를 한 뒤에 개간하라고 명령을 내렸다. [반면에] 오랫동안 황무지였던 곳에 대해서는 [소유주와] 상의를 하지 않고 개간을 해도 무방하다. 그 소유주가 합법적인 방법으로 토지의 소유권이 자신에게 귀속된다는 사실을 확실하게 입증한다고 해도, [소유권은] 개간자의 것으로 인정된다. 그러나 국유지 부분에서 언급했던 것과 동일한 액수를 [원 소유주에게] 주어야 한다. 다만 [그렇게] 돌려준 액수 가운데 반은 그 소유주에게 나머지 반은 디반에게 바쳐야 한다. 이 규정은 과거에 또 현재 추산 세금(ḥazr)과 1/10세(dah yak)를 내는 지역에서 준수되어야 한다. 원래는 추산 세금을 내는 지역이었는데 [후에] 세금이나 추산 세금을 내지 않게 된 지역에 대해서는, 그 액수의 전부를 소유주에게 주도록 한다. [이에 대해] 소유주는 항의해서는 안 되는데, 그것은 국유지를 개간한 사람은 [그 권리가] 영속적이라는 명령이 있기 때문이다.

그런데 몽골인들의 목지 안에 있는 황폐해진 지점을 누군가가 개간하는 경우는, 사유지와 국유지에 관한 두 가지 부류에서 설명했던 바로 그 명령에 의거한다. (A340v) 그러나 몽골인들은 강압자이기 때문에 지방의 농민들—그들이 다른 지방의 호적부에 등재되어 있건 아니건 불문하고—을 개간에 부려서는 안 된다. 그들은 어떠한 농민도 자기 일을 위해 부려서는 안 되며, [자기들의] 포로와 노예들을 이용하여 개간해야 한다. 마찬가지로 타직인들도 다른 지역의 호적부에 들어 있는 농민들을 개간에 부려서는 안 된다. 만약 어떤 지역의 호적부에도 들어 있지 않은 농민들을 모은 경우라면 [개간에 부리는 것도] 가능하다.

(R1533) 이처럼 확고한 계약서를 만들고 그 규정들에 대해서 많은 주의를 기울였다. 간략하게 하기 위해서 그 대부분을 이 역사서에는 기록하지 않았지만, 그 모든 것은 계약서에 기재되어 있다. 현재 전국에서 [사람들이] 재건을 위해 부지런히 일하고 있고 매일같이 발전을 이루고 있다. 수많은 사람들이 용기를 얻고 왕실령 디반도 크게 발전하여 매년 그 수입은 늘고 있다. 황무지는 곧 회복될 것이다. 그는 또한 각지의 황무지들을 모두 문서에 기록하고 디반으로 가지고 오게 하고, 황무지를 사람들에게 주어 2년에 한 번씩 검사를 해서 그 모든 것들이 개간이 되었는지 아니면 부분적으로 되었는지를 확인하라고 명령했다. 만약 부관들 가운데 누군가가 기만을 범하여 자신을 위해서 황무지 일부를 숨기거나, 누군가와 손을 잡고 디반 지급액을 문서에 기재하지 않는다면, 그 과정에서 밝혀질 수 있도록 하라고 했다. 지고한 신께서 성스러운 군주의 치세에 이 같은 선행의 축복을 계속해서 내려주시기를!

제38화: 사신들이 머물 숙소를 전국 각지에 건설하도록 하고, 그들 [특히] 감관과 태수들이 평민들의 집에 숙박하지 못하도록 금지한 것에 관하여

이전에는 어느 도시나 100명 혹은 200명 이상의 많은 사신들이 농민들이나 지주들의 집에 유숙하곤 했다. 또한 사신들 이외에도 도시에 들어오는 다른 많은 사람들을, 감관이나 말릭들은 우정이나 친분 때문에 일반] 사람들의 집에 머무르게 하였다. 시종관(cherbī)들의 기량은 사신이 도착할 때마다 그의 앞에 서서 길을 이끌고 [주민들의] 집으로 안내하여, 어디에 머물지 또 무엇을 얻어낼지를 알려주는 데에 달려 있었다. 그런 날이면 그들은 대략 200채의 집을 '팔아 치웠다.'[163] (R1534) 마침내 그들은 자신의 마음에 들지 않는 사람의 집에 [사신들을] 묵도록 함으로써, 다른 사람들이 그들에 대해 두려움 갖도록 하였다. 사신들을 위해 사람들의 집에서 카펫, 침구, 솥과 다른 집기들을 강탈했고, 사신이건 그와 함께 온 사람이건 불문하고 대부분은 그런 것을 가지고 갔으며, 시종관들은 가져간 물건들의 값을 주지 않았다. 설령 그 일부를 되돌려 주었다 한들, 사신들이 한동안 사용했던 것인데 무슨 값어치가 나가겠는가. 각 지방으로 가는 감관들은 적어도 100채의 민가를 사용했고, [그와 함께 가는] 모든 사람들이 지주와 농민들의 집에 숙박했다.

이 축복의 책의 저자는 이수데르(Yīsūder)의 아들 타가이(Taghāī)가 야즈드의 감관으로 강등되고 그의 수하들이 떠나간 뒤 [그들이 저지른 실태를] 조사한 적이 있는데, 그들은 700여 채의 집을 완전히 자신들의 숙소로 삼았다. 가장 좋은 집들이 응당 언제나 사신이나 감관들의 숙소

---

163) Thackston도 설명하고 있듯이, 이 표현은 실제로 가옥을 판매한 것이 아니라, 사신들에게 그 정도 수의 집을 넘겨줌으로써 자신들의 이익을 챙겼다는 의미로 이해할 수 있을 것이다.

가 되었다. 아무도 집을 지을 수 없을 정도가 되었고, 설령 집을 짓는다
고 해도 마치 무덤처럼 만들거나 수도장(ribāt)이나 신학교(madrasa)
라는 이름을 붙였지만, 그래도 아무런 소용이 없었다. 많은 사람들은 집
을 못 쓰게 만들고 문도 지하로 내서 다니기 어렵게 만들었는데, 그렇게
함으로써 [숙소로] 점찍히지 않으려고 하였다. [사신들은] 담을 허물어
[문을 내고] 그곳에 숙박하였다. 사신들은 가축을 시종관들에게 맡겼
고, 그들은 사람을 보내서 정원의 담을 허물고 그곳에 가축들을 풀어놓
았다. 사신이 그 집에서 떠난 바로 그날 [시종관은] 또 다른 사신 한 사
람을 숙박시켰다. 이는 그들이 계속해서 오기 때문이었다. 사신이 유숙
하는 구역이라면 어디든지 주민들은 피해와 고통을 받았다. [사신들의]
시종과 누케르들은 지붕으로 올라가 이웃집으로 건너가서는 눈에 띄는
것이라면 무엇이건 (A341r) 강탈했다. 그들이 가지고 있는 비둘기나 닭
을 활로 쏘았는데, 주민들의 아이들이 화살에 맞은 적도 많았다. (R1535)
그들은 음식, 음료, 가축들의 각종 사료 등, 사람들이 가지고 있는 것이
라면 무엇이건 약탈했고, 백성들은 그러한 피해에서 벗어날 수 없었다.
아무리 비명을 지르고 탄식을 해도 아미르나 재상이나 태수들 가운데
어느 누구도 듣지 않았다.

하루는 구역장들 가운데 유덕하고 연로한 한 사람이 디반에 와서 이
렇게 말했다. "오, 아미르, 재상, 태수들이여! 당신들은 어찌 이런 일을
그대로 내버려둡니까. 나는 연로하지만 젊은 부인을 두고 있고, 내 아들
들은 타지에 나가 있지만 젊은 부인들을 집에 남겨두었습니다. 나는 딸
들도 두고 있습니다. 사신들이 내 집에 유숙하게 되었는데 그들은 모두
민첩하고 수려한 용모를 갖고 있습니다. 그들이 한동안 내 집에 머물고
있는데, 그 젊은 여자들이 그들을 보자, 나와 타지에 나가 있는 자식들에
게 만족하지 못하게 되었습니다. 그들이 사신들과 한 집에 머물고 있으

니 나는 밤낮 그들을 감시할 수도 없는 처지입니다. 다른 많은 사람들에게도 바로 내가 처한 이러한 일들이 벌어지고 있으며, 그것을 나는 목격하고 있습니다. 만약 이런 식으로 계속된다면 앞으로 몇 년간은 이 도시에서 합법적으로 태어나는 아이가 한 명도 없을 것이며, 모두 다 '투르크애(Turkzāda)' 아니면 '혼혈(īgdish)'일 것입니다."

그는 이 같은 상황에 대해서 몇 가지 유사한 이야기들을 했다. "[셀주크] 술탄들의 시대에 니샤푸르 변경이 술탄의 거처[가 된 적이 있었습니]다. 아미르와 투르크인들이 사람들의 집에 유숙했는데, 오늘날 이루어지는 그런 방식은 아니었습니다. 하루는 어떤 투르크인이 한 집에 머물게 되었는데 그 집주인의 부인은 갓 결혼한 미녀였습니다. 투르크인은 그녀를 탐냈고, 어떤 구실을 대어 남자를 밖으로 내보내려고 했는데, 그 남자가 상황을 눈치채고 밖으로 나가려고 하지 않았습니다. 투르크인은 그 남자를 구타하면서 '내 말을 데리고 가서 물을 먹이라.'고 했습니다. [여자를 놓아둘 수 없었던 남자는 다른 방법이 없어서, 부인에게 집에는 내가 있을 테니 당신이 말을 끌고 가서 물을 먹이라고 말했습니다. 그녀는 말을 끌고 물가로 데리고 갔습니다. 신부들이 관례에 따라 그러듯이 그녀는 깨끗한 옷을 입고 자신을 예쁘게 치장하고 있었습니다. (R1536) 그런데 우연히 술탄이 그곳을 지나가다가 그녀를 목격했습니다. 그는 그녀를 불러서 '너는 갓 결혼한 신부인데 무슨 이유로 말을 끌고 와서 물을 먹이고 있는가?'라고 물었습니다. 그녀는 '당신의 학정 때문입니다.'라고 대답했습니다. 술탄은 놀라서 사태의 전말을 물었고, 그녀는 자신의 이야기를 자세히 설명했습니다. 그 이야기를 들은 술탄은 충격을 받았고, 그 같은 사태에 분노가 치밀었습니다. 그리고 '앞으로 내 속료들 가운데 어느 누구도 니샤푸르 안에 유숙해서는 안 된다. 모든 아미르와 투르크인들은 각자 자신의 거처를 위해서 그곳 부근에 집을 짓도록 하라.'고 말했습니다. 오늘날 하나의 도시가 된 니샤푸르의 샤드야흐 (Shādyākh)는 바로 그런 연유로 건설된 것입니다." 그 노인은 그 같은 사정을 말하고는 흐느껴 울었다. 그러나 아미르와 재상들 가운데 어느 누구도 그것에 감동을 받지 않았다.

마침내 이슬람의 군주—그의 왕국이 영원하기를!—는 전국에 방책을 지시했다. 사신들의 문제에 관해서 먼저 다음과 같은 대책을 제시했다. 즉 120명의 사신들과 그 [휘하의] 무익한 건달들이 과거에는 쓸데 없이 지방으로 갔는데, 이제는 그들 가운데 어느 누구도 나라의 긴요한 사무 때문이 아니라면 가서는 안 될 것이다. 사신들 가운데 급행 사신 (yārāltū)과 급행 역참(yāmhā-yi binchīk)으로 가는 경우는 촌락이나 도시를 보지 않도록 하고, 그들의 유숙 [시간]도 신속하게 음식을 먹거나 다른 말로 갈아타거나 잠시 휴식(irāqtī)을 취할 정도로 그쳐야 한다. 드물게 사신이 세금을 걷기 위해서 파견될 경우, 도시 안에 사신 숙소들 (īlchī-khānahā)을 짓고, 가구와 침구류와 필요품들을 준비하여, 그곳에 머무를 수 있도록 하라는 칙명을 내렸다. [그리고 그 사신 숙소들과 건축을 위해서 항상 사용할 수 있도록 지정된 액수의 경비를 책정했다. 감관들에게 자신과 속료들을 위해서 가옥들을 짓거나 임대하라는 칙명이 내려졌다.

알라께 찬미를!][164] 그 같은 고통은 제거되고 백성들은 평안함을 회복했으며, 고난은 잊혀졌다. 어떤 시종관도 빵 한 조각, 지푸라기 한 단을 요구할 정도의 대담함을 갖지 못하게 되었다. '체르비 [즉 시종관]'이라는 명칭 (R1537) 자체가 없어졌고, 사람들은 극도의 편안함과 마음의 평온함으로 집들을 짓고 현관을 올리며, 열심히 건축하고 멋진 정원을 만

---

164) A본에는 없고 러시아 교감본에서 보충.

들고 있다. 어느 누구도 감히 가축을 다른 사람의 정원에 풀어놓을 생각을 하지 못한다. 이제까지는 100디나르에 불과하던 집 한 채를 지금은 1,000디나르로도 내놓지 않는다. 50년 혹은 그 이상의 세월을 고향을 떠나 도시에서 도시로 유랑하고 떠돌면서 살던, 사라졌던 그 무리들이 모두 자신들의 선택에 따라 자기가 살던 도시와 옛 고을로 돌아간다. 그들은 이슬람의 제왕의 성공을 위한 기도를 신실함을 다해서 올리고 있으니, 그 기도가 응답받기를!

제39화: 나귀 몰이꾼, 낙타 몰이꾼, 전령들이 사람들에게 피해를 주지 못하게 한 것에 관하여

(A341v) 과거에는 높은 직책에 명예롭고 학식도 많은 사람들이 거래를 하거나 욕탕을 이용하기 위해 바자르에 가면, 몇몇 나귀 몰이꾼들이 에워싸고는 "우리에게 얼마간의 돈을 내놓으시오. 왜냐하면 오늘 미녀를 만나거나 술을 마시거나 가수를 찾아가거나 빵과 고기를 구하거나 혹은 기타 필요한 것들을 사야만 하기 때문이오. 우리에게 필요하니 당신은 돈을 주어야 할 것이오."라고 다그치곤 하였다. 만약 그들에게 주지 않거나 어떤 변명을 대면, 그들은 무분별한 행동을 일삼았다. 결국에 가서는 돈을 빼앗거나 흠씬 때려주었다. 돈이 없는 경우는 빚을 내서 [줘야 하는 경우도] 많았고, 돈과 체면과 명예도 잃어버린 채 바자르에서 나올 수도 없게 되었다.

거리 길목들에는 사람들이 무리 지어 서 있었는데, 위에서 설명한 것처럼 한 무리로부터 겨우 빠져나오면 다른 무리에 다시 걸려서 똑같은 방식이 되풀이되는 것이었다. 낙타 몰이꾼의 무리에 걸리면 그와 같은 방식이지만, 사신들이나 (R1538) 급행 전령들의 무리에 걸리면 그보다 더 참혹했다. 한 사람이 하루에 [상술한] 각종의 무리들에게 걸려드는 경우도 많았다. 왜냐하면 그것을 직업으로 삼고 모든 길목과 바자르에 지키고 앉아서 사냥감을 기다리고 있기 때문이다. 그들은 모두 카툰, 제왕, 아미르들에게 속한 자들이다. 그들에게 대항하거나 방어할 힘을 가진 사람이 있다고 해도, 그들과 분쟁을 일으키지 않는 것이 상책이다. 왜냐하면 그들 [비호자들]은 분노하면서, 자신들에게 속한 나귀 몰이꾼, 낙타 몰이꾼, 급행 전령들은 마땅히 그런 행동을 할 수 있다고 생각하기 때문이다.

그들은 이드 축제일, 노루즈, 설날, 혹은 그와 비슷한 날이면 가축을 치장하여 무리무리 지어서 대인들의 집 문으로 데리고 가곤 하였다. 만약 그 집의 주인이 나타나지 않으면, 그들은 자기가 원하는 것을 빼앗았다. 끝없는 욕과 미친 소리를 퍼붓고, 더 많은 것을 빼앗을 때까지 욕을 해대었다. 결국 그들은 [주인의] 명예를 실추시키고 동시에 무엇인가를 빼앗아 가는 것이다. 집주인이 없거나 그들이 무서워서 모습을 드러내지 않을 경우에는, 눈에 띄는 것은 무엇이건 빼앗아서 저당을 잡히고, 사창가 주인이나 술 판매인에게 가지고 가서 많은 돈을 받고 저당을 잡혔다. 주인이 그것을 되찾으려고 가면 엄청난 욕을 먹고 비난을 들어야 했으며, 자신의 옷을 되찾기 위해서 [저당] 액수보다 두세 배를 더 주어야 했다. 그들이 입을 만한 옷을 가져간 뒤, 자신이 그것을 입거나 아니면 [자기] 여자에게 입히고 절대로 돌려주지 않는 경우도 많았다.

매년 그 같은 [절기] 날들의 전 5~6일과 후 5~6일 동안 아무도 길거리를 다닐 엄두를 내지 않았다. 왜냐하면 그들은 그를 에워싸고 그러한 집단에 적합한 행동을 그에게 하기 때문이다. 그들은 상점들을 돌아다니면서 그 문 앞에서 이와 비슷한 짓들을 했다. 그들의 불법적인 행동으로 인해 바자르는 한산해지고 상세는 줄어들었지만, 어느 누구에게도 대책이 (R1539) 없었다. 직위가 있는 대인과 주군들은 자기 휘하의 나귀 몰이꾼과 낙타 몰이꾼들이 나귀와 낙타를 치장하고 그 위에 몇 장의 옷을 입히기를 희망한다. 그래서 사람들로부터 무엇인가를 가져온다고 해도 개의치 않았다. 그들은 '너희들에게 누가 무엇을 주고, 누가 무엇을 안 주었느냐?'고 묻곤 했는데, 이런 연유로 그들은 더욱 대담해지고 기세등등해진 것이다.

사람들이 물어야 하는 가장 큰 피해와 칼란세와 경비는 바로 이런 것이었다. 대부분의 사람들은 그런 방식으로 강압을 통해서 혹은 강압보다 더 사악한 협상과 강요를 통해서 다른 사람들의 돈과 옷을 빼앗을 수 있다는 사실을 알고는, 나귀 몰이꾼이나 낙타 몰이꾼 혹은 급행 전령의 길을 택하고 그들과 한편이 되었다. 한 명의 나귀 몰이꾼에 열 명의 실업자와 무뢰들이 모여들었다. 그래서 이런 상황을 타개하는 것이 거의 불가능한 지경에 이르렀다. 이슬람의 군주—그의 왕국이 영원하기를!—는 왕국의 정비를 지시하며 명령을 내리기를, 누군가에게서 무엇인가를 요구하는 나귀 몰이꾼, 낙타 몰이꾼, 급행 전령은 모두 야사에 처하라고 했다. 또한 이드 축제일이나 노루즈 같은 날에 나귀나 낙타의 종이나 방울 소리가 들린다면, 친위병들에게 명령하여 그들의 머리와 팔과 다리를 몽둥이로 때리라고 명령했다. 또한 어느 누구도 나귀 몰이꾼, 낙타 몰이꾼, 급행 전령들에게 아무것도 주지 말 것이며, 나귀와 낙타를 [여기저기] 몰고 다니면 그들을 때리라고 선포했다.

그의 공정의 도움과 형벌의 결과로 그 같은 피해와 고통이 백성들로부터 완전히 제거되었다. 현재는 그 무리에 속한 어떤 사람도 한 조각의 빵을 누군가에게 요구할 엄두조차 낼 수 없게 되었다. 이러한 거래들은 그들의 머릿속에서 완전히 빠져나갔고, 그 집단의 마음속에 새겨진 것들은 지워졌으며, 세상은 그들의 사악함으로부터 평안을 얻었다. 지고한 창조주께서는 (A342r) 세상의 군주가 드리우는 정의와 공정의 그림자를 영원히 모든 백성의 머리 위에 있게 하시기를! 예언자와 그의 일족의 신성함에 힘입어!

(R1540) 제40화: 여자 노비들(kanīzkān)을 강제로 사창가로 보내는 것을 금지한 것에 관하여

큰 도시들에서는 창녀들이 신학교나 수도장 혹은 사람들의 주택 부근에 항상 머물러 있다. 또한 사창가 주인들의 무리는 여러 지역에서 모여든 여자 노비들을 다른 사람들에 비해 적절한 가격으로 구매할 수 있으므로, 대부분의 상인들은 그녀들을 판매할 때 그런 무리들과 거래하기를 선호한다. 여노비들 가운데 의지와 기력이 있는 이들은 자신이 사창가에 팔리는 것을 원하지 않지만, 본인의 의사에 반해 강제로 팔려서 사악한 일에 내맡겨지는 것이다.

이슬람의 군주—그의 왕국이 영원하기를!—는 이렇게 말했다. "사창가를 운영하고 창녀를 보유하는 것은 원래부터 수치스럽고 비난받아 마땅한 일이며, 그것을 폐지하고 제거하는 것이야말로 당위이자 필요한 일이다. 그러나 아주 오래전부터 [거기서 얻는] 어떤 이익들로 인해 그 문제에 관해 소홀히 해왔고, 그 같은 관습은 지속되었다. 그것을 한 번에 금지하는 것은 불가능하며, 서서히 노력을 기울여서 점진적으로 없애야 할 것이다. 이제 그런 일을 하기를 원치 않는 여인들, 혹은 억지로 그런 구렁텅이에 빠진 여인들은 구해주어야 한다. 왜냐하면 부족한 것을 완벽하게 하기 위해서는 많은 노력을 기울여야 하기 때문이다. 천성적으로 나쁜 짓을 원치 않는 사람에게 억지로 그런 일을 하게 하는 것은 명백히 포악한 일이며 대단히 사악하며 비열한 짓이다."

이런 연유로 그는 사창가를 원치 않는 여노비는 누구든 그런 무리에게 판매해서는 안 된다는 칙령을 선포했다. 또한 사창가에 있는 자로서 밖으로 나오기를 원하는 사람이 있다면 누구이건 막아서는 안 될 것이다. 그들이 어느 등급, 어느 부류이건 간에 정해진 가격으로 구매하여 사창가에서 끌어낸 뒤에, 그들이 선택하는 남편에게 주라고 명령했다.

(A342v) (R1541)

세상 사람들의 스승이요 당대의 아사프(Āṣaf),* 『축복받은 가잔의 역사(Tārīkh-i

Mubārak-i Ghāzānī)』라 이름 지어진 이 책의 집필자는, 주님의 복을 받으신

고(故) 가잔 칸—알라께서 그의 증험을 입증해주시기를!—의 이름으로 [이 책을]

집필하였다. 또한 당대의 제왕이요, 지상의 술탄들 가운데 술탄이며, 동방과

서방의 통치자[이신 울제이투 칸]의 이름으로 『세계의 역사(Tārīkh-i ʿĀlam)』

라는 또 다른 책을 집필하였다. 그것은 세상의 역사이자 아담의 시대부터

현재까지의 요약이며, 영원까지 계속된 이 제왕의 역사와 일화들, 즉 그

출생의 시작부터 영원히 계속될 그 시점까지의 역사로서, [상술한] 그

책의 속편이 될 것이다. 그러나 어느 누구라도 이 두 권의 방대한 책을

집필하는 것이 불가능하기 때문에, 만약 그것을 집필자 자신—그의

승리가 커지기를! —[인 내가] 집필한다면 그 책을 이 [첫 번째 책]

안에 포함시키고, 만약 그 책을 다른 누군가가 집필한다면

그것을 이 안에 넣을 수도 있을 것이다. 그러나 [어느 쪽을

선택하든] 이처럼 방대한 작업이기 때문에 그것은

용서받고 용인될 수 있을 것이다. 이 축복받은

책은 힐랄리(Hilālī, 태음력) 717년 샤반월

말(1317년 11월 초)에 바그다드—

지고하신 신께서 보호

하시기를!—에서

완성하였다.**

---

*   아사프 빈 바르히야(Āṣaf b. Barkhiyā). 아라비아인들이 솔로몬 왕의 대재상이었다고 생각하는 인

      물로, 현자로 추앙받는 전설적 인물.

**   이 마지막 문단은 A본에만 보이는 내용으로서, 일종의 '저자 후기(後記)'라 할 수 있다.

부록

참고문헌
찾아보기
훌레구 일족의 주요 인물들과 칸위 계승도
가잔 칸 시대의 서아시아(지도)

Allsen, T. T. *Mongol Imperialism: The Policies of the Grand Qan Möngke in China, Russia, and the Islamic Lands, 1251-1259*. Berkeley: University of California Press, 1987.

_____. "Mongolian Princes and Their Merchant Partners, 1200-1260." *Asia Major*, 3rd series, 2-2(1989), pp. 83~126.

_____. "Biography of a Cultural Broker: Bolad Ch'eng-Hsiang in China and Iran." *Oxford Studies in Islamic Art* 12 (1996), pp. 7~22.

_____. *Culture and Conquest in Mongol Eurasia*. Cambridge: Cambridge University Press, 2001.

Amitai, R. "Ghazan, Islam and Mongol Tradition: A View From The Mamluk Sultanate." *Bulletin of the School of Oriental and African Studies* 59 (1996), pp. 1~10.

Andrews, P. A. *Felt Tents and Pavillions: The Nomadic Tradition and its Interaction with Princely Tentage*. Vol. 1, London: Melisende, 1999.

Aubin, J. "Le *quriltai* de Sultan-Maydan(1336)." *Journal asiatique*, 279-1/2 (1991), pp. 175~197.

_____. "Shaykh Ibrāhīm Zāhid Gīlānī(1218?-1301)." *Turcica*, 21-23 (1991), pp. 39~53.

Ball, Warwick. "Two Aspects of Iranian Buddhism." *Bulletin of the Asia*

Institute, 1-1/4 (Shiraz, 1976), pp. 103~163.

Blair, S. S. "The Mongol Capital of Sulṭāniyya, 'The Imperial'." *Iran*, 24(1986), pp. 139~151.

Boyle, J. A. "The Death of the Last 'Abbasid Caliph: A Contemporary Muslim Account." *Journal of Semitic Studies* 6-2 (1961), pp. 585~612.

_____. *The Cambridge History of Iran: The Saljuq and the Mongol Periods*. Vol. 5, Cambridge: Cambridge University Press, 1968.

_____. "Dynastic and Political History of the Īl-Khāns." In *The Cambridge History of Iran*, vol. 5. Cambridge: Cambridge University Press, 1968, pp. 1~202.

_____. "A Eurasian Hunting Ritual." *Folklore*, 80-1 (1969), pp. 12~16.

Bretschneider, E. *Mediaeval Researches from Eastern Asiatic Sources: Fragments towards the Knowledge of the Geography and History of Central and Western Asia from the 13th to the 17th century*. New York: Barnes & Noble, 1888 (1967 reprint).

Busse, H. *Untersuchungen zum islamischen Kanzleiwesen*. Kairo: Kommissionsverlag Sirović Bookshop, 1959.

Cleaves, F. W. "The Sino-Mongolian Inscription of 1362 in Memory of Prince Hindu." *Harvard Journal of Asiatic Studies* 12-1/2 (1949), pp. 1~133.

_____. "The Sino-Mongolian Inscription of 1346." *Harvard Journal of Asiatic Studies*, 15-1/2 (1952), pp. 1~123.

Doerfer, G. *Türkische und mongolische Elemente im neupersischen*. 4 vols. Wiesbaden: Franz Steiner, 1963~1975.

Encyclopaedia Iranica. E. Yarshater ed., London: Routledge & Kegan paul, 1982~.

Endicott-West, E. "Merchant Associations in Yüan China: The Ortoy." *Asia Major*, 3rd series, 2-2 (1989), pp. 127~154.

Floor, W. M. *Safavid Government Institutions*. Costa Mesa, Calif.: Mazda Publishers, 2001.

Haig-[B. Spuler], T. W. "Kart." In *The Encyclopaedia of Islam* (new edition), vol. 4. Leiden: E. J. Brill, 1997, p. 672.

Jahn, Karl. *Geschichte Ġāzān-Khāns aus dem Ta'rīkh-i Mubārak-i-Ġāzāni*. London: Luzac & Co., 1940.

JT/Thackson. Rashīd al-Dīn Ṭabīb 참조.

JT/Rawshan. Rashīd al-Dīn Ṭabīb 참조.

Lambton, A. K. S. *Continuity and Change in Medieval Persia: Aspects of Administrative, Economic and Social History, 11th-14th Century*. London: I. B. Tauris, 1988.

Lane, G. "Persian Notables and the Families Who Underpinned the Ilkhanate." In *Nomads as Agents of Cultural Change: The Mongols and Their Eurasian Predecessors*. Ed. R. Amitai and M. Biran, Honolulu: University of Hawai'i Press, 2015, pp. 182~213.

Le Strange, G. *The Lands of the Eastern Caliphate*. Cambridge: Cambridge University Press, 1905.

Lessing, F. D. *Mongolian-English Dictionary*. Berkeley: University of California, 1960.

Longrigg, S. H. "Āna." In *The Encyclopaedia of Islam* (new edition), vol. 1. Leiden: E. J. Brill, 1986, p. 461.

Martinez, A. P. "Rashidu'd-Din's Ta'rikh-e Mobarak-e Ghazani, II: The Sections Concerning Reform and the Standardization of Weights and Measures, together with the Decree Banning Credit Transactions." *Archivum Eurasiae medii aevi*, vol. 8 (1992~1994), pp. 99~183.

Matsui Dai. "Unification of Weights and Measures by the Mongol Empire as Seen in the Uigur and Mongol Documents." *Turfan Revisted: The First Century of Research into the Arts and Cultures of the Silk Road*. Ed. D. Durkin-Meisterernst et. al. Berlin: Dietlich Reimer Verlag, 2004, pp. 197~202.

Melville, C. "Padishah-i Islam: The Conversion of Ghazan Khan to Islam." *Pembroke Papers*, 1 (1990), pp. 159~177.

Mélikoff, I. "Dānishmendids." *In The Encyclopaedia of Islam* (new edition), vol. 2. Leiden: E. J. Brill, 1991, pp. 110~111.

Melville, C. "The Itineraries of Sultan Öljeitü, 1304-16." *Iran*, 28 (1990), pp. 55~70.

Minorsky, V. *Ḥudūd al-'Ālam: 'The regions of the world', a Persian geography, 372 A.H.-982 A.D.* London: Luzac & co., 1937.

_____. "A Soyurghal of Qasim b. Jahangir Aq-qoyunlu (903/1498)." *Bulletin of the School of Oriental and African Studies*, 9-4 (1939), pp. 927~960.

_____. tr. *Tadhkirat al-mulūk: A Manual of S.afavid Administration (circa 1137/1725)*. Cambridge: E.J. W. Gibb Memorial Trust, 1943.

_____. "Tapqur/Tabur." Acta *Orientalia Hungarica*, 12-1/3 (1961), pp.

27~31.

Morgan, David O. *The Mongols*. London: Basil Blackwell, 1986 (데이비드 O. 모건, 권용철 역, 『몽골족의 역사』, 모노그래프, 2012).

O'Kane, Bernard. "From Tents to Pavilions: Royal Mobility and Persian Palace Design." *Ars Orientalis*, 23 (1993), pp. 249~268.

Parvisi-Berger, M. ed. Die Chronik des *Qāšānī über den Ilchan Ölğäitü*. Unpublished Dissertation, Göttingen University, 1968.

Pelliot, P. *Notes on Marco Polo*. 3 vols. Paris: Librairie Adrien-Maisonneuve, 1959~1973.

Prazniak, Roxann. "Ilkhanid Buddhism: Traces of a Passage in Eurasian History." *Comparative Studies in Society and History*, 56-3 (2014), pp. 650~680.

Qāshānī, 'Abd al-Qāsim 'Abdallāh. *Tārīkh-i Ūljāītū*. M. Hambly ed. Tehran: Bungāh-i tarğuma wa našr-i kitāb, 1969.

Rachewiltz, Igor de. *The Secret History of the Mongols: A Mongolian Epic Chronicle of the Thirteenth Century*, 2 vols. Leiden: Brill, 2004.

Rashīd al-Dīn Ṭabīb. *Jami'u't-Tawarikh: Compendium of Chronicles*. Translated by W. M. Thackston. 3 vols.: Harvard University, Dept. of Near Eastern Languages and Civilizations, 1998. JT/Thackson으로 약칭.

_____. *Jāmi' al-tawārīkh*. 3 vols. Ed. M. Rawshan & M. Musavi. Tehran: Alburz, 1373/1995. JT/Rawshan으로 약칭.

Rashīd al-Dīn. *Sbornik letopisei. Tom 3*. A. K. Arends tr. Moskva: Izd. AN SSSR, 1946. '노역본'으로 약칭.

Rashīd al-Dīn. *Jāmiʻ at-tavārīkh*. *Jild 3*. Alizade 교감. Baku, 1958. '러시아 교감본' 으로 약칭.

Ragep, F. Jamil. "New Light on Shams." In J. Pfeiffer ed., *Politics, Patronage and the Transmission of Knowledge in 13th-15th Century Tabriz*. Leiden: Brill, 2014, pp. 231~247.

Savvides, A. "Tekfur." In *The Encyclopaedia of Islam* (new edition), vol. 10. Leiden: E. J. Brill, 2000, pp. 413~414.

Scarcia, Gianroberto. "The 'Vihar' of Qonqor-Ölöng Preliminary Report." *East and West*, 25-1/2 (1975), pp. 99~104.

Silverstein, A. J. *Postal Systems in the Pre-Modern Islamic World*. Cambridge: Cambridge University Press, 2007.

Smith, John M. Jr. "Mongol and Nomadic Taxation." *Harvard Journal of Asiatic Studies* 30 (1970), pp. 46~85

Stein, A. *Sand-Buried Ruins of Khotan: Personal Narrative of a Journey of Archaeological & Geographical Exploration in Chinese Turkestan*. Cambridge: Cambridge University Press, 2014 reprint.

Steingass, F. J. *A Comprehensive Persian-English Dictionary*. New York: Routledge, 1988 repr.

Weir, T. H. "al-Hārūniyya." In *The Encyclopaedia of Islam* (new edition), vol 3. Leiden: E. J. Brill, 1986, pp. 234~235.

김석환, 「13~14세기 몽골제국 칙령제도 연구」, 서울대학교 박사학위논문, 2019.

김호동, 「몽골제국기 문화의 교류와 통합: '명령문(命令文)'의 특징과 기원을 중심으로」, 『문화: 수용과 발전』, 서울: 새미, 2010.

_____, 「몽골 지배기 서아시아의 역참제와 가잔 칸(Ghazan Khan)의 개혁」, 『역사문화연구』 35, 2010, pp. 391~444.

라시드 앗 딘, 김호동 역, 『부족지-라시드 앗 딘의 집사 1』, 사계절, 2002.

_____, 『칭기스 칸기-라시드 앗 딘의 집사 2』, 사계절, 2003.

_____, 『칸의 후예들-라시드 앗 딘의 집사 3』, 사계절, 2005.

_____, 『일 칸들의 역사-라시드 앗 딘의 집사 4』, 사계절, 2018.

마르코 폴로, 김호동 역, 『마르코 폴로의 동방견문록』, 사계절, 2002.

설배환, 「몽(蒙)·원(元)제국 쿠릴타이(Quriltai) 연구」, 서울대학교 박사학위논문, 2016.

유원수 역, 『몽골 비사』, 사계절, 2004.

이븐 바투타, 정수일 역, 『이븐 바투타 여행기 1』, 창작과비평사, 2001.

플라노 드 카르피니·윌리엄 루브룩, 김호동 역, 『몽골제국 기행』, 까치, 2015.

党寶海, 「蒙元史上的脫脫禾孫」, 『元史及民族與邊疆研究集刊』 20, 2008, pp. 1~9.

『元史』. 中華書局 標點本, 1976.

本田實信, 『モンゴル時代史研究』, 東京: 東京大學出版會, 1991.

森安孝夫, 「オルトク(斡脫)とウイグル商人」, 『近世·近代中國および周邊地域における諸民族の移動と地域開發(文部省科學研究費補助金研究成果報告書)』, 1997, pp. 1~48.

宇野伸浩,「チンギス·カン家の通婚關係に見られる對稱的緣組」,『ユ―ラシア遊牧社会の歴史と現在 (国立民族学博物館研究報告 別冊: モンゴル研究のパラダイム)』,1999.

찾아보기

ㄱ

가르지스탄 44, 79
가르차(Gharcha) 27
가우바리(Gāūbārī) 145
가자(Ghaza) 137
가자니야(Ghāzāniyya) 118, 236, 237
가잔의 수로(Nahr-i Ghāzānī) 233
가잔의 운하(Āb-i Ghāzānī) 155
게이하투 칸 24, 29, 31, 54, 55, 57, 59~61,
　　68, 70, 143, 205, 281, 284, 338, 388,
　　392, 405, 430
구르(Ghūr) 27
굴라습(Gulasp) 샘 69
굼바드(Se Gumbad) 102
그루지아(Gurjistān) 120, 122, 137, 150,
　　338, 340
기르드 쿠흐(Gird Kūh) 70, 527

ㄴ

나르군 핫지(Nārghūn Ḥājjī) 118
나르두(Nārdū) 60
나린 아흐마드(Nārīn Aḥmad) 96
나린 핫지(Nārīn Ḥājjī) 35
나시르 앗 딘 166
나시르 앗 딘 무함마드 빈 칼라운(Nāṣir al-
　　Dīn Muḥammad b. Qalāwūn) 135

나시르 앗 딘 야흐야 137, 161
나우르 둘(Nāūūr Dūl) 102
나울다르(Nāūldār) 72, 107
나집(Najīb) 60
나하르 사라이(Nakhār Sarāy) 43
나흐치반 88, 144, 145
네게투(Negātū) 54
네구데리 무리(Negūderiyān) 127
네구베이 37
네이카시(Naykāsh) 정원 88
노루즈(Nōrūz) 35~40, 43, 44, 47, 50,
　　51, 55, 58, 59, 61, 65~69, 73, 74,
　　76, 78~80, 82, 83, 86~92, 94, 95,
　　99~102, 106~119, 122, 151, 197, 205,
　　295, 362, 443
노린(Nōrīn) 43, 45, 46, 48, 50, 59, 65, 67,
　　72~74, 76, 77, 58, 62, 89, 95, 99, 100,
　　103, 110, 111, 124, 128, 130, 138, 139,
　　150, 155
노우 샤흐르 112
노카이 야르구치(Nōqāī Yārghūchī) 113,
　　124
누비(Nūbī) 성문 118
누으마니야(Nu'māniyya) 105
누케투(Nūkātū) 72
니사(Nisā) 55
니샤푸르 38~40, 43, 46~49, 51, 53, 55, 58,
　　59, 61~64, 113, 125, 240, 439, 440
니시빈(Niṣībīn) 130
니잠 알 물크(Niẓām al-Mulk) 279
니잠 앗 딘 야흐야(Niẓām al-Dīn Yaḥyā) 42,
　　55, 102, 150, 151
니하반드(Nihāvand) 108, 151, 301
닐(Nīl) 126

ㄷ

다니시만드(Dānishmand) 126
다니시만드 바하두르(Dānishmand
    Bahādur) 46, 112, 113
다라이 무르가(Darra-i Murgha) 47
다리우스(Dārā) 319, 429
다마반드 28, 54, 59, 61, 62, 78
다마스쿠스 134~138, 160, 193, 249
다우드 말릭(Dāūd Malik) 120
다울라트 샤(Dawlat Shāh) 151
달란 나우르(Dālān Nāūūr) 121, 122, 130
달란 쿠둑(Dālān Qūdūq) 66
담간 26~28, 51, 52, 55, 62, 70, 122
대불루간 카툰 32, 61, 74
데르벤드(Derbend) 124, 145, 378, 430
데르벤디 장기(Derbend Zangī) 161
데흐호레간(Dehkhwāregān) 130
도쿠즈 카툰 32, 128
도쿠즈 티무르(Dōqūz Tīmūr) 125
돈디 카툰(Dondī Khātūn) 32
돌라다이 55, 71, 74, 76, 79, 87, 95
두니시르(Dunīsir) 129
두라이 자즈(Durra-i Jaz) 36
두르벤 19
둔디(Dūndī) 102
디르 비시르(Dīr Bīsīr) 159
디야르 라비아 90, 159
디야르 바크르 90, 92, 93, 126, 129, 144,
    145, 150, 159, 378, 430
디히 마나르(Dīh-i Manār) 78
디히 바비(Dīh-i Bābī) 95
디히스탄(Dihistān) 55

ㄹ

라드칸 27, 37, 39, 40, 43, 45, 46, 49, 57,
    69, 100
라바티 무슬림(Rabāṭ-i Muslim) 72
라스 알 아인(Rā's al-'ayn) 127, 129, 140
라시드 불가리(Rashīd Bulghārī) 166
라시드 타빕(Rashīd Ṭabīb) 121, 122, 157
라우다이(Lāūdāī) 94, 112
라이(Rayy) 28, 56, 59, 61, 62, 87, 94, 112,
    172, 173, 429
라친(Lāchīn) 127
라카(Raqqa) 141, 159, 430
라흐바(Raḥba) 157~159
라흐바트 알 샴(Raḥbat al-Shām) 157
랄라(Lālā) 55
레그지스탄(Legzistān) 145, 146
레이한(Rayḥān) 60
루드라바르(Rūdrāvar) 300
루르(Lūr) 104, 333
루하(Rūḥa) 430
룸 54, 85, 86, 92, 97, 103, 112, 125, 126,
    128, 129, 134, 141, 150, 237, 338, 351,
    378, 430
리그지 109, 111
리바티 무슬림(Ribāṭ-i Muslim) 78
리바티 바시히(Ribāṭ-i Waṣīḥī) 140

ㅁ

마라가 29, 60, 73, 77, 102~104, 130, 138,
    144, 162, 192, 380, 429
마라크(Marāq) 172
마란드(Marand) 166

마루축(Marūchūq) 65, 67
마르가네(Marghāne) 강 37
마르딘 102, 129, 159, 338
마르즈 알 수파르(Marj al-Ṣuffar) 160
마르즈바니야(Marzbāniyya) 105
마르쿠이(Markūī) 94
마말락(Māmalāq) 53
마쉬하드 38, 46, 51, 53, 130, 150, 239
마얀(Māyān) 52
마우이디(Mawʿīdī) 63
마울라나 카디 나시르 앗 딘 154
마울라나 파흐르 앗 딘(Maulānā Fakhr al-
    Dīn) 138, 285
마이다쉬트(Māīdasht) 111
마이주 박시(Māījū Bakhshī) 28
마자르(Mājār) 24
마잔다란 20, 22, 25, 27, 38, 39, 42, 47, 50,
    56, 59, 62, 69, 70, 76, 89, 92, 99, 149
마즈다칸(Mazdaqān) 172
마즈닥교 167
마크신(Maksīn) 159
만자니크 137
말란(Mālān) 다리 44, 56
말리야(Māliya) 초원 104
말릭 샤라프 앗 딘 심나니(Malik Sharaf al-
    Dīn Simnānī) 104, 205
말릭 샴스 앗 딘 카르트 56, 116
맘루크 132, 135, 138, 219
망쿠트 162
메르겐 27
메르브 35, 36, 47, 66, 150, 240, 429
메르키트 153
메이단(Maydān) 127
멩글리 티긴(Menglī Tīgīn) 31
멩글리(Menglī) 86

모갈친(Moghālchīn) 20, 21
모굴타이 이데치(Moghūltāī Idāchī) 131
모술(Moṣūl) 130, 138, 140, 154, 159, 160,
    259, 429
몽골리아(Moghūlistān) 32
무간 22, 75, 90, 95, 112, 146
무라드 전각(kūshk-i Murād) 57
무르가나(Mughāna) 47
무르갑(Murghāb) 47, 65, 66
무르자바드(Mūrjābād) 58
무르타드(Martad) 133
무바락 샤 49, 140, 172
무사 타르칸(Mūsa Tarkhān) 96
무스타우피 53, 150
무싼나(Muthanna) 105
무에투겐 31
무인 다리 37, 47, 48
무인 앗 딘(Muʿīn al-Dīn) 53
무인 앗 딘 후라사니(Muʿīn al-Dīn Khu-
    rāsānī) 120, 144
무하발(Muḥawwal) 106
무함마드 압둘 말릭(Muḥammad ʿAbd al-Ma-
    lik) 63
무함마드 이데치(Muḥammad Īdāchī) 61
물라이(Mūlāī) 19, 38, 39, 46, 48, 53, 54,
    57, 60, 62, 71, 72, 89, 90, 93, 95, 133,
    137, 138, 140, 141, 150, 159
뭉케 테무르 쿠레겐(Möngke Tīmūr Kūregān)
    31
뭉케 티무르 132, 133
미샨(Mīshān) 54
미야네 54, 60, 72, 73
미흐타르 나집 앗 딘 파라시(Mihtar Najīb al-
    Dīn Farrāsh) 41, 164, 165

ㅂ

바그다드 29, 75~77, 88, 94, 103~108, 110,
　　118, 124~127, 150, 154, 156, 161,
　　163, 164, 204, 216, 232, 233, 240, 248,
　　279, 314, 318, 378, 426, 429, 430, 447
바기스탄(Baghistan) 164
바드기스 43, 44, 46, 51, 56, 69, 150
바라민(Varāmīn) 28, 112
바라트(Barāt) 123, 245
바루바키(Bārūbaqī) 51
바룰라(Bārūlā) 92~95
바르다(Barda') 429
바르마키(Barmakī) 145
바림(Bārīm) 96
바바르드(Bāward) 46
바바크르(Bābakr) 113
바비 투마(Bāb-i Tūmā) 135
바쉬구르드(Bāshghurd) 128
바슈란(Bashūrān) 119
바스미시(Bāsmīsh) 143
바실리우스(Fāsilīūs) 154
바야우다이(Bāyā'ūdāī) 66
바얀차르(Bāyanchār) 39, 88, 111, 125
바우르치(bāūrchī) 22
바이 티무르(Bāī Tīmūr) 94
바이두 105
바이칸(Vāīqān) 산 166
바이쿠트(Bāīqūt) 102
바이하크(Bayhāq) 42
바타이흐 시브(Baṭāīḥ Sīb) 125
바흐람 구르(Bahrām Gūr) 142
반다니진(Bandanījīn) 154
발리(wālī) 124

발투(Bāltū) 125
발호 429
밤(Bām) 46
베수테이(Bīsūtāī) 92, 93
베히스탄(Behistān) 87
벡 티무르 137
벡클레미시(Bīklāmīsh) 37
보랄타이(Bōraltāī) 74
보롤차 쿠켈타시(Bōrolcha Kūkeltāsh) 112
보롤타이 오굴 104, 124, 164, 380
보쿠 93
볼닥(Bōldāq) 56
볼라드 칭상 77, 153
부그다이 아크타치(Būqdāī Akhtāchī) 68,
　　73, 87
부그다이 에우데치(Būghdāī Īudāchī) 68
부라차르(Būrāchar) 119
부랄기(Būrālghī) 70, 73, 141, 336, 337
부루지르드(Burūjird) 124
부잔간(Buzāūngān) 38
부진자르드(Būzīnjard) 41, 151, 249
부츠쿠르(Būchqūr) 125
부카(Būqā) 127
부카이(Būqāī) 36
불두크(Būldūq) 118
불라르기 키타이 슈쿠르치(Būlārghī Qitāī
　　Shukūrchī) 93
불란(Būlān) 127
불루간 카툰 후라사니(Būlughān Khātūn
　　Khurāsānī) 31, 54, 87, 89, 111
비니가브(Bīnīgāū) 127
비루니(Bīrūnī) 전각 105
비쉬긴(Bīshgīn) 90
비스탐 27, 29, 51, 52, 55, 62, 94, 112, 239,
　　240

비스탐(Bisṭām) 왕자 163
비스툰(Bīstūn) 112, 151
빌레사바르(Bīlesavār) 95, 123, 146
빌레사우르 99
빌칸(Bīlqān) 95

ㅅ

사둠(Sadūm) 113
사드르 앗 딘 이브라힘 함무위(Ṣadr al-Dīn
　Ibrāhīm Ḥammuwī) 83, 84
사드르 앗 딘 이브라힘(Ṣadr al-Dīn Ibrāhīm)
　83
사드르 앗 딘 잔자니 85, 88, 96, 105, 108,
　110, 118, 120, 121, 167, 362, 404
사드르 앗 딘 차비(Ṣadr al-Dīn Chāwī) 292
사드리 자한(Ṣadr-i Jahān) 281
사딕 타르칸(Ṣādiq Tarkhān) 37
사라우(Sarāū) 86, 99, 101
사라이 만수리야(Sarāī Manṣūriyya) 95
사라이 주르마(Sarāy Jūrma) 164, 170, 172
사락스 240, 429
사루즈(Sarūj) 430
사르민(Sarmīn) 131, 141
사르반(Sārbān) 37, 47, 92, 113, 124, 131
사르키스(Sarkīs) 96
사르탁(Sartāq) 19, 50
사마가르 노얀(Samāghār Nōyān) 103
사만칸(Ṣamanqān) 42, 43, 58, 59
사말칸(Samalqān) 58
사바(Sāva) 94, 172, 173
사브제바르(Sabzewar) 42, 44
사이드 앗 다울라 48
사이드 앗 딘 하바시(Saʿd al-Dīn Ḥabash)

70, 144
사이간 아바치(Sāīghān Abāchī) 53
사이드 제인 앗 딘(Sayyid Zayn al-Dīn) 136
사이드 카말 앗 딘(Sayyid Kamāl al-Dīn)
　166
사이드 쿠틉 앗 딘 시라지(Sayyid Quṭb al-
　Dīn Shīrāzī) 120, 143, 144
사이디 아부 알 와파 232, 233
사이디 아흐마드 카비르(Sayyidī Aḥmad
　Kabīr) 158
사이프 알라 할리드 이븐 알 왈리드 249
사이프 앗 딘 킬리치(Sayf al-Dīn Qilīch) 158
사인 카디(Ṣāīn Qāḍī, 카디 사인) 143, 144,
　199
사인(Ṣāīn) 초원 99
사티(Sātī) 94, 66, 92
사틸미시 켈레메치(Sātilmīsh Kelemechī)
　95
사틸미시 38, 40, 53, 59, 65, 95, 111
사판단(Sapandān) 105
사피드 쿠흐(Safīd Kūh) 249
사한드(Sahand) 산 162
사힙 이스파하니(Ṣāḥib Iṣfahānī) 199
산(Ṣān) 67
살라미야(Salamīyya) 131
살주크 카툰(Sāljūq Khātūn) 28
상기 사와드(Sang-i Sawād) 39
상바스트의 리바트(Ribāṭ-i Sangbast) 38,
　48, 49
샤 알리(Shāh ʿAlī) 57, 58
샤 일두즈(Shāh Īldūz) 52
샤드야흐(Shādyākh) 440
샤디 쿠레겐(Shādī Kūregān) 71, 72
샤루야즈(Sharūyāz) 79, 101
샤부르간(Shabūrghān) 40, 66, 67, 429

샤칸(Shaqān) 58
샤흐(Shāḥ) 67
샤흐디즈(Shāhdiz) 59
샤흐라반(Shahrābān) 109, 110
샤흐라키 노우(Shahrak-i Naw) 27, 39, 58, 59, 69
샤흐르 아반(Shahr Ābān) 106
샴(Shamm, Shamb) 118
샴칸(Shāmkān) 46
세 곰바드(Se Gombad) 162
세이프 앗 딘 벡 티무르(Sayf al-Dīn Bīk Tīmūr) 127
세이프 앗 딘 킵차크(Sayf al-Dīn Qipchāq) 127
셰이흐 마흐무드(Shaykh Maḥmūd) 143
세피드 루드(Sefīd Rūd) 72, 73, 76~79, 87, 146
셀죽크 왕조 134, 240, 269, 278
셰이흐 라시드 166
셰이흐 마흐무드(Shyakh Maḥmūd) 85, 105, 106, 109, 110, 143, 144, 281
셰이흐 샤라프 앗 딘(Shaykh Sharaf al-Dīn) 158
셰이흐 알 마샤이흐(Shaykh al-Mashāīkh) 107
셰이흐 알 이슬람(Shaykh al-Islām) 107, 114, 117
셰이흐 야쿱 166, 167
셰이흐 자말 이브라힘 사와밀리(Shaykh Jamāl Ibrāhīm Sawāmilī) 105
셰이흐 하비브(Shaykh Ḥabīb) 166
수구르치 50
수구를룩(Sughūrlūq) 23, 80, 86, 89, 128, 164, 205
수르미시(Surmīsh) 35, 37

수르흐 다리(Pūl-i Surkh) 162
수에타이 59, 75, 77, 112, 123, 126, 141, 157
수에투(Sūātū) 50
수자스(Sujās) 79, 87, 430
수케(Sūkāī) 69, 73, 92~95, 218
수쿠를룩 430
수크 알 술탄(Sūq al-Sulṭān) 106
순착 노얀 124
술두스 종족 21, 31
술라미시 104, 112, 124~126, 128
술래이만(Sulaymān) 106, 109, 164
술탄 나즘 앗 딘 159, 160
술탄 두빈(Sulṭān Duvīn) 53, 55, 58, 62, 64, 69, 70
술탄 마스우드 125
술탄 말릭 샤 274, 279, 284
술탄 메이단(Sulṭān Maydān) 39, 40, 49, 53, 62
술탄 바야지드(Sulṭān Bayazīd) 239
술탄 사이드 말릭 샤(Sulṭān Sa'īd Malik Shah) 278
술탄 산자르(Sulṭān Sanjar) 240
술탄 샤(Sulṭān Shāh) 80, 295
술탄 야사울(Sulṭān Yīsāūl) 138, 142
슈질(Shūzīl) 59
슈칸(Shūkān) 47, 69
슈투르 쿠흐(Shutur Kūh) 45, 46, 57
시둔(Shīdūn) 111
시래문 노얀(Shīrāmūn Nōyānn) 102
시르 실(Shīr Sīl) 47
시르반 145, 430
시리아 90, 93, 106, 109, 126, 127, 129~131, 133, 138~140, 142, 143, 150, 151, 153, 155~158, 160~162,

168, 193, 196, 204, 219, 230, 249, 250, 259, 304, 333

시린 에게치(Shīrīn Īgāchī) 49

시브힐라(Sībhila) 105

시스(Sīs) 134

시스탄 57, 115

시야흐 쿠흐(Siyāh Kūh) 76, 77

시크리 팔루자(Sikri Falūja) 156

시핀(Şiffīn) 130, 131, 140, 141

시합 앗 딘 무바락 샤(Shihāb al-Dīn Mubārak-shāh) 172

신자르(Sinjār) 138, 140, 141, 155, 157, 159

신카(Shīnqā) 140

심난 26, 29, 52~54, 70, 112, 199

십(Shīb) 154

ㅇ

아구타이 타르칸(Āghūtāī Tarkhān) 162

아누시르반(Anūshīrvān) 234, 319

아드람(Adram) 24

아딜리야 전각(Kūshk-i ʿĀdiliyya) 89, 244, 248

아딜리야 정원(Bāgh-i ʿĀdiliyya) 119

아라 티무르 49

아라기(Araghī) 137

아라스(Aras) 88, 95, 146

아란 29, 54, 90, 91, 93, 104, 120, 124, 128, 130, 138, 139, 144, 145, 150, 151, 154, 155, 164, 430

아랍샤(ʿArabshāh) 151

아르가 비틱치(Arghā Bītikchī) 87

아르기얀(Arghiyān) 40, 46, 50

아르다반(Ardavān) 319

아르다빌 86, 96, 99, 101, 269, 429

아르다시르(Ardashīr) 319

아르마니 발라(Armanī Balā) 42, 155

아르메니아인 137

아르빌 161

아르슬란(Arslān) 218

아르슬란 오굴 73, 74, 92

아르자흐(Arjāh) 47

아르잔 알 룸 93

아르진잔(Arzinjān) 126

아미드(ʿAmīd) 105

아미르 부카 38

아미르 사다크(Sādāq) 150

아미르 수타이(Sūtāī) 62

아미르 시바우치(Shibāūchī) 141

아미르 식투르 아카 45

아미르 알라두 99

아미르 야글라쿠(Yāghlāqū) 86

아미르 이질(Ījīl) 111, 161

아미르 타람다즈(Amīr Tāramdāz) 28

아미르 테게네(Tegenā) 36

아미르 테수 31

아미르 하르만치(Kharmanchī) 97

아미르 후세인(Amīr Husayn) 111

아미르자데 사탈미시 133, 141

아민 앗 딘 이데치(Amīn al-Dīn Īdāchī) 144

아바스쿤(Abaskūn) 20, 59

아바카 칸 22~30, 32, 81, 103, 135, 181, 284, 382~385, 388, 405, 430

아바타이 노얀 32, 128, 170

아부 미리(Abū Mīrī) 140

아부 바크르 다드카바디(Abū Bakr Dād-qābādī) 151

아부 바크르 아바드 90, 94, 95

아부 바크르 알리 아이샤(Abū Bakr 'Alī 'Āī-sha) 63
아부 사이드 아불 헤이르(Shaykh Abū Sa'īd Abū'l Khayr) 240
아부 야지드(Abū Yazīd) 163, 168
아불 하산 하라카니(Abū'l Ḥasan Kharaqānī) 239
아불리스탄(Abulistān) 430
아브하르(Abhar) 59, 61
아비 하니파 쿠피(Abī Ḥanīfa-i Kūfī) 106
아비바르드(Abīvard) 55, 150, 240
아비시카(Ābīshqā) 51, 52, 104, 134
아쉬타이 에게치(Āshtāī Īgāchī) 28
아쉬타이(Āshtāī) 22
아쉬투(Āshtū) 22
아쉴룬(Ashlūn) 19
아슈라(ʿĀshūrā) 151, 245
아스다바드(Asdābād) 112
아스란(Asrān) 54
아스타라바드(Astarābād) 55, 58, 59, 62, 64, 69
아식 토글리 93, 96
아실 카툰(Ashīl Khātūn) 101
아이네 벡(Āīne Beg) 93, 96, 99
아자르(ʿAzār) 127
아제르바이잔 30, 35, 36, 46, 48, 54, 57~59, 62, 69, 70, 88, 91, 95, 101, 146, 286, 430
아주 슈쿠르치(Ājū Shukūrchī) 133
아즈자(Azhjā) 69
아크바크(Āqbāq) 94, 95
아크발(Āqbāl, Aqbāl) 93, 125, 128
아크타치(Aqtāchī) 24, 38, 383, 408
야타벡 아프라시얍 루르 104
아하르(Ahar) 90

악크 부카 75, 89, 168
악크 샤흐르(Āq Shahr) 평원 126
악크 호자 71, 87
안드호이(Andkhōī) 67
안디마드(Andimad) 성채 55
안바르(ʿAnbar) 60, 106, 156
안바르치 왕자 55~57
알구(Ālghū) 128
알라 앗 딘 카이코바드 125
알라 피렝(Alāfireng) 165~169
알라두 43, 47~49, 51, 60, 99
알라탁 59, 112, 118, 119, 144, 145, 430
알람 앗 딘 가나미(ʿAlam al-Dīn Ghanamī) 157, 158
알람 앗 딘 카이사르(ʿAlam al-Dīn Qayṣar) 106
알레포 129, 131, 140, 141, 159
알리 시르(ʿAlī Shīr) 151
알리 호자(ʿAlī Khwāja) 145, 296
알리낙 87, 96, 133
알린착(Alinchāq) 119
알추(Ālchū) 32, 33, 120, 139
알타추 아카(Altāchū Āqa) 141
알툰(Altūn) 24
알피(Ālfī) 135
암마르 빈 야시르(ʿAmmar b. Yāsir) 141
야글라쿠 슈쿠르치(Yaghlāqū Shukūrchī) 127
야라타이 가잔(Yarātāī Ghāzān) 35
야룩 박시(Yāruq Bakhshī) 25, 26, 28
야르구 나메(yārghū-nāma) 162
야르구치(yārghūchī) 123, 200, 360, 361
야민(Yamin) 133
야사우르(Yasāūr) 47
야자르(Yāzar) 55

야즈드 80, 127, 294~296, 437
야지르(Yāzir) 66
에부겐 오굴(Ebūgān Oghūl) 47
에센(Īsen) 128
에센 부카(Īsen Būqā) 30, 124
에센 티무르(Īsen Tīmūr) 95
에실 카툰(Eshīl Khātūn) 32, 60
에집트 106, 107, 109, 127, 129, 132~134,
　　137, 139, 141, 144, 145, 154, 155, 157,
　　160, 161, 196, 219, 249, 267, 340, 347,
　　350, 368, 371
예케 니둔(Yeke Nīdūn) 44
예쿠(Yīkū) 67
오르도 부카(Ōrdō Būqā) 70, 111
오르도 키야 48, 71
오바(ōbā) 67
오이라타이(Ōīrātāī) 99, 100, 113
오이라트 25, 92, 93
올숨(Ōlsūm) 101
사라흐(Sarāh) 101
올쿠누트 종족 92
와시트(Wāsiṭ) 125, 150, 154
욜 쿠틀룩(Yōl Qutlugh) 111
우라 티무르 이데치(Ūrā Tīmūr Īdāchī) 70,
　　71
우룩 카툰 76
우룩 티무르(Ōrūk Tīmūr) 47
우룩투 93
우르미야 162, 204, 430
우마르 샤 사마르칸디('Umar Shāh Samarqa-
　　ndī) 296
우마르 오굴('Umar Oghul) 67
우스만 무쉬카니('Uthmān Mushkānī) 63
우스투나반드(Ustūnāband) 86
우잔(Ūjān) 88

우테만(Ūtemān) 32
울제이 쿠틀룩 32, 33
울제이 티무르(Ūljāī Tīmūr) 97
울제이투(Ūljāītū) 41, 43, 72, 116, 118, 145,
　　175, 205, 233, 404, 447
울제이투 부이눅(Ūljāītū Būīnūq) 172, 318
웅쿠트 24
위구르 25, 181, 389
위구르타이 가잔(Uyghūrtāī Ghāzān) 40,
　　42, 45, 48, 49, 53
위구리스탄(Uyghūristān) 430
유즈 아가치(Yūz Āghāch) 60, 88, 151, 162,
　　164
유프라테스 강 125, 130, 131, 138, 140,
　　141, 154~157, 159, 232, 233, 430
이그미시(Yighmīsh) 42, 71, 72, 99
이데치(idāchī) 22, 322, 323, 400, 401~
　　403, 416
이드 알 피트르('Īd al-Fiṭr) 161
이디 쿠르트카(Yīdī Qūrtqa) 31
이라크 43, 46, 48, 56, 57, 59, 69, 70, 76,
　　90, 92, 127, 130, 156, 232, 279
이라키 아잠 104, 286
이마드 앗 딘 하팁('Imād al-Dīn Khaṭīb) 58
이맘 레자 239
이맘 레자의 성묘(mashhad-i Riżvī) 48
이브라힘 슈투르치(Ibrāhim Shukūrchī) 78
이브라힘 할릴(Ibrāhīm Khalīl) 185, 249
이사 무한나('Īsa Muhannā) 133
이샹(Īshang) 20
이센 부카 비틱치(Īsān Būqā Bītikchī) 72
이수데르(Yīsūder) 437
이수르 노얀(Yīsūr Nōyān) 92
이순 토아 31
이스칸다르(=알렉산드로스) 429

이스파라인(Isfarāīn) 48, 50, 112
이스파한 61, 105, 172, 216, 429
이스파흐바드(Ispahbad) 146
이스하카바드(Isḥāqābād) 49
이즈 앗 딘 무자파르 103, 105
이질(Ijīl) 66, 111
이트미시(Ītmīsh) 168
인치케수(Īnchikesū) 40, 67
일 부카(Īl Būqā) 111
일 쿠틀룩(Īl Qutlugh) 143
일 티무르 55, 88
일게이 노얀(Īlgāī Nōyān) 93, 128
일데르(Īldār) 29, 72~74, 87, 93, 103
일바스미시(Īlbāsmīsh) 95, 133
일베기(Ilbegī) 127, 137
일치데이(Īlchīdāī) 73, 79
일치데이 쿠슈치 128
일투즈미시 카툰 163, 168

잘라이르 32
잠(Jām) 43, 113
장기(Zangī) 138
주라바드(Jūrabad) 41, 50, 51
주르잔 39, 42, 50, 53, 55, 58, 62, 64, 69,
    100
주베인 40, 41, 46, 49, 55
주시(Jūshī) 48, 71
주잔(Zūzan) 57
주즈자나(Jūzjāna) 67
주치 카사르 92, 124
주치간(Jūchighān) 19
주킨(Jūqīn) 125, 126, 154
지라바드(Zīrābād) 41
지레(Zirreh) 다리 60
지르쿠타이(Jīrqūtāī) 59
지빅 타르칸(Jībik Tarkhān) 162
지자드(Jizhad) 마을 57
질란(Jīlān) 86

ㅈ

자나샤크(Janāshak) 성채 55
자르마칸(Jarmaqān) 42, 43
자말 앗 딘 다스트지르다니(Jamāl al-Dīn
    Dastjirdānī) 85, 103~105, 107, 108
자말 앗 딘 이스칸다리(Jamāl al-Dīn Iskan-
    darī) 158
자발 알 살리히야(Jabal al-Ṣāliḥiyya) 137
자불(Jabūl) 140
자아바르(Ja'bar) 130, 131, 138, 140
자자름 42, 51
자크(Zak) 목장 104, 124
잔다르(Jāndār) 운하 123
잔잔 78, 127, 430

ㅊ

차가다이 31
차가투 77, 139
차간 나우르 151
차르두 바하두르 66
차릭(Chārīk) 67, 68
차비 아크타치(Chābī Akhtāchī) 166
차비 카툰(Chabī Khātūn) 97
차우(chāū) 70
차우르치(Chāūrchī) 54
차하르 디흐(Chahār Dih) 62
차하르 탁(Chahār Ṭāq) 140, 141, 159
참치말(Chamchmāl) 108, 151

창(Chang) 49
체르케스(Cherkes) 128
체릭 모굴(Cherïk Moghūl) 95
초르마군 102
추판(Chūpān) 87, 95, 112, 126, 128, 131, 133, 137, 161
축추란 56
치첵(Chīchek) 73, 89
칭기스 칸 25~27 135, 207, 239, 253, 258, 369, 380, 429

ㅋ

카디 나즘 앗 딘(Qāḍī Najm al-Dīn) 158
카디 심난(Qāḍī Simnān) 199
카디 제인 앗 딘(Qāḍī Zayn al-Dīn) 123
카디 지야 앗 딘(Qāḍī ḍiyā al-Dīn) 63
카디 카말 앗 딘 154
카라(Qarā) 54
카라 루드(Kara Rūd) 112
카라 쿠데리(Qara Kūderī) 121
카라 훌레구 31
카라바그(Qarābāgh) 91, 145
카라순(Qarāsūn) 119
카라우나 군대(lashkar-i Qarāūnā, 카라나우스) 26, 44, 67, 68, 77
카라추 82
카라테페(Qarātepe) 36, 37, 47, 68, 89
카라토간(Qarātōghān) 55
카말 앗 딘 마우실리(Kamāl al-Dīn Mawṣīlī) 145, 154, 166
카말 쿠첵(Kamāl Kūchek) 111
카모밀 159
카바르투(Qabartū) 47, 140

카반 아크타치(Qabān Akhtāchī) 48
카부드 자메(Kabūdjāme) 50, 53
카샤프(Kashāf) 130, 141, 159, 160, 161, 259
카샤르 루드(Kashafrūd) 37, 130
카쉬미르 78, 181, 189, 190, 196, 213
카쉬프 루드(Kashfrūd) 47
카스리 시린(Qaṣr-i Shīrīn) 111
카왐 알 물크(Qawām al-Mulk) 123
카이두 25, 47, 53, 92, 159, 197, 430
카이사르 106~110
카자베(Qāzāve) 평원 126
카즈빈 71, 86, 87, 127, 173, 275
카지미(Kāẓimī) 106
카치르(Qāchīr) 50
칸드루(Kandraw) 88
칼 테젠(Kāl Tezhen) 46
칼란세(qalān) 200, 201, 253, 287, 370, 375, 396, 423, 443
칼자이(Qaljāī) 24
칼푸시 42, 43, 55
감주(Kamjū) 60
케레 루드(Kere Rūd) 78, 94
케레문 카툰 32, 128, 170
케렉 티무르(Kerek Tīmūr) 19
케르제(Kerze) 128
케식(kezīk) 89, 122, 329, 352
코니치(Qōnichī) 137
코니치 아크타치(Qōnichī Āqtāchī) 159
코르치 부카(Qōrchī Būqā) 27
콩쿠르 울렝 23
쿠레겐(Kūregān) 164
쿠룩(Kūruk) 37, 38
쿠룸시(Qūrumshī) 87, 95, 96, 133
쿠르 부카(Kūr Būqā) 133, 134

쿠르 티무르(Kūr Tīmūr) 39, 78, 79
쿠르다기(Kūrdāghī) 39
쿠르닥미시(Qurdaghmīsh) 24
쿠르드인 125, 142, 161
쿠르반 시레(Qurbān Shīre) 70, 73, 75, 128
쿠릴타이 40, 99, 128, 139, 162, 163, 208,
    224, 250
쿠미스(Qūmis) 56, 59, 76
쿠섹(Kūshek) 66
쿠쉴룩 111, 140
쿠슈치 89, 128, 322, 331, 419, 420,
    422~424, 427, 428
쿠시 코윤(Qūsh Qoyūn) 145
쿠와이크(Quwayq) 강가 140
쿠이툴(Qūītūl?) 96
쿠치니 부주르그(Qūchīn-i Buzurg) 128
쿠케(Kūkā) 24
쿠케치 카툰 32, 61
쿠케테이 바하두르(Kūketāī Bahādur) 93
쿠케투 바하두르(Kūkātū Bahādur) 75
쿠텔치(kūtālchī) 137
쿠툴라 카안(Qūtula Qān) 152
쿠트비 자한(Quṭb-i Jahān) 281, 285
쿠틀룩 광장 111
쿠틀룩 샤(Qutlugh Shāh) 22, 36~38, 40,
    47~51, 54, 55, 59, 61, 62, 65, 67,
    69, 72~74, 76, 77, 85~89, 95, 101,
    103, 104, 112~120, 122, 123, 126,
    130, 133, 137~139, 141~145, 150,
    159~161, 164
쿠틀룩 키야(Qutlugh Qiyā) 112, 135, 136
쿠틀룩 티무르(Qutlugh Tīmūr) 32, 54, 111,
    128, 170
쿠틉 알 아울리야 셰이흐 사아드 앗 딘 함무
    위 83

쿠틉 앗 딘 시라지 120, 143
쿠하(Qūha) 강 87
쿠흐 길루야(Kūh Gīlūya) 104
쿠흐타르 비칙치(Kuhtar Bītikchī) 19
쿠히스탄(Kuhistān) 47, 48, 53, 58, 125
쿤첵(Könchek) 47, 50
쿤축발(Qūnchuqbāl) 55, 75, 76, 89
쿨탁(Qūltāq) 19~21
쿰 429
쿱추르(qūbchūr) 253, 286, 287, 289, 292,
    293, 297, 299, 314, 365, 370, 372, 375
쿵쿠르 울렝(Qūngqūr Ūlāng) 72, 73,
    77~79
쿵쿠르타이 95, 103
키르만(Kirmān) 127, 151, 197, 338, 378
키르만샤 108, 109, 111, 125
키시리그(Kisirigh) 50
키야 살라흐 앗 딘(Kiyā Ṣalāḥ al-Dīn) 62
키야트 종족 99
키타이 20, 21, 25, 26, 28, 61, 97, 163,
    181, 189~191, 238, 324, 325
키타이 오굴(Khitāī Oghūl) 120
키투(Kītū) 27
키트 부카 137
킨니스린(Qinnisrīn) 140
킬리다르(Kilīdar) 39
킵착 울루스 97
킹슈 36, 38, 40, 43~45

ㅌ

타가이(Taghāī) 73, 111, 437
타가차르 71, 74, 76, 79, 80, 85~87, 92,
    97, 103

타라카이 쿠레겐 92
타룸(Ṭārum) 127
타르사(Tarsā) 161
타르칸 칙령(yarlīgh-i tarkhānī) 41
타미샤 100
타브리즈 31, 54, 59~62, 73, 86, 88~90, 99,
　　102, 112, 118~120, 123, 124, 128~130,
　　134, 138, 139, 147, 150, 154, 155,
　　162~164, 166, 167, 170, 174, 178, 192,
　　215, 232~237, 239, 240, 245~248, 311,
　　329, 347~351, 374, 387, 412
타시 뭉케(Ṭāsh Möngkū) 93
타시 티무르(Ṭāsh Timūr) 125, 128
타이지(Tayjī) 103, 112
타이추 92, 96, 100, 121
타이탁(Tāītāq) 95, 161, 168
타즈 앗 딘 일두즈(Tāj al-Dīn Īldūz) 70
타타르 97
타프쿠르세(wujūh-i tāpqūr) 230
탈 아파르(Tall 'Afar) 159
탈라와 샤하(Tala wa Shāhā) 204
탈리샨(Tālishān) 146
탈리칸 429
탐미샤(Tammīsha) 59
테게네(Tegenä) 36~38, 40, 44, 45
테그부르(tegvūr) 134
테젠(Tezhen) 46
테케 티무르(Tekā Tīmūr) 161
테헤란(Tehrān) 61, 70, 94
텡기즈(Tenkiz) 101
토가이(Tōghāī) 67
토간 공주(shahzāde Ṭōghān) 101
토간 왕자 35, 37, 44, 66, 68
토간 티무르(Ṭōghān Tīmūr) 162
토간샤 카툰(Ṭoghānshāh Khātūn) 140

토간축(Ṭōghānchūq) 112
토그릴차 95, 96, 133
토나(tōna) 142
톡 티무르(Tōq Temūr) 77~80
톡타 28, 97, 145, 154, 155
톡타이 142
톡타이 카툰(Tōqtay Khātūn) 32
톨라이(Tōlāī) 22
톨루이 칸 135
톱차크(topchāq) 42
투글룩 샤(Tughlugh Shāh) 31
투다추(Tūdāchū) 80, 89
투데이 카툰(Tūdāī Khātūn) 24, 75
투르가이(Tūrghāī) 114
투르겐 무렌 78, 94
투르미시 카툰(Tūrmīsh Khātūn) 53
투르크만 44
투르키스탄 187, 191, 196, 429, 430
투리(Tūrī) 97
투스 27, 37, 39, 46, 49, 51, 53, 100, 114,
　　150, 239
투카(Tūqā) 24
투켈(Tūkāl) 74, 79, 97
투켈 카라(Tūkāl Qarā) 119
투켈테이(Tūkāltay) 28
툭 티무르(Tūq Timūr) 32, 60, 75, 76
툭치(tūqchī) 21
툴렉(Tūlek) 95, 96
툽신(Tūbshïn) 19

ㅍ

파라마르잔(Farāmarzān) 68
파라마르즈(Farāmarz) 125

파라한 124, 125, 151
파라흐(Farrah) 44
파르스 26, 104, 105, 150, 230, 333, 338, 378
파르스 왕국 76, 97
파리압(Fāriyāb) 67, 68
파트와(fatwa) 130
파흐르 앗 딘 (Fakhr al-Dīn) 56, 113~117, 258, 348, 351
파흐르 앗 딘 라이스(Fakhr al-Dīn Ra'īs) 63
파흐르 앗 딘 루미(Fakhr al-Dīn Rūmī) 107
파흐르 앗 딘 이븐 알 시르지(Fakhr al-Dīn ibn al-Shīrjī) 136
파흐르 이사 나스라니(Fakhr 'Īsa Naṣrānī) 159
파흘라반 말릭 구리(Pahlavān Malik Ghūrī) 123
파흘라반 우마르(Pahlavān 'Umar) 63, 64
푸샨지(Fūshanj) 57
풀라드 아카(Pūlād Āqā) 189
피루잔(Fīrūzān) 105
피루즈 쿠흐 27, 54, 59, 62, 70, 86, 87
피루즈아바드(Fīrūzābād) 296
피르 야쿱 바그바니(Pīr Ya'qūb Bāghbānī) 166, 169
피르 이브라힘 자히드(Pīr Ibrāhīm Zāhid) 96
피시킬레(Pīshkile) 173

ㅎ

하니킨(Khāniqīn) 111
하디싸(Ḥadītha) 155
하라칸(Kharaqān) 94, 172, 239

하란(Ḥarrān) 156, 430
하루(Kharū) 계곡 69
하루니야(Hārūniyya) 110, 111
하르(Khwār) 112
하르반다 왕자 76, 87, 105, 112, 128, 139, 149
하르지르드(Kharjird) 44
하마(Ḥamā) 131
하마단 29, 41, 77, 103~105, 112, 124, 125, 301, 429
하마샤흐라(Hamashahra?) 146
하부르(Khābūr) 강 159
하부샨(Khabūshān) 39, 43, 45, 46, 69, 82, 100, 182
하블라 루드(Habla Rūd) 86, 87
하쉬트 루드(Hasht Rūd) 60, 70, 73, 86, 102, 108, 150, 151
하이사르(Khaysār) 성채 56, 116
하타낙(Khatānak) 120
하프(Khwāf) 성(vilāyat) 57
할리지(Khalīzī) 145
핫지 나린(Ḥājjī Nārīn) 92, 109, 111
핫지 라마단(Ḥājjī Ramaḍān) 110, 115, 117
핫지(Ḥājjī) 35
헤라트 27, 36, 43~45, 47, 56, 57, 100, 106, 107, 113~117, 119, 138, 258, 285, 429
헤일리 부주르그 173
혜민구(惠民區, Abwāb a-Birr) 118, 119, 138, 178, 192, 215, 233, 237, 239~ 241, 247, 248, 250
호라즈미 타르칸(Khwārazmī Tarkhān) 46
호르쿠닥(Hōrqūdāq) 54, 55, 62, 104
호스로우(Pūl-i Khosraw) 91, 234, 319
호자 바지흐(Khwāja Wajīh) 150, 151

호자 사아드 앗 딘 56, 59, 63, 70, 124, 143,
    157, 166, 169, 172
호자 샤라프 앗 딘 사아단(Khwāja Sharaf al-
    Dīn Saʿdan) 172
호자 알라 앗 딘 키타이(Khwāja ʿAla al-Dīn
    Khitāī) 117
홈스(Ḥomṣ) 131, 132, 134, 141, 249
후라사니 31, 54, 87, 89, 111, 120, 144,
    348, 351
후라산 112, 114, 120, 128, 130, 139, 150,
    155, 159, 163, 181, 187, 197, 205,
    217
후람아바 루드(Khurramāba Rūd) 62
후르카순(Hūrqāsūn) 75
후르쿠닥 92, 94, 96, 97, 104, 112, 113
후세인 핫지(Ḥusayn Ḥājjī) 66
후찬(Khūchān) 36, 430
훌라추 38, 39, 150
훌란 무렌(Hūlān Mūrān) 163~165, 170,
    172, 318
훌레구 칸 26, 27, 32, 116, 135, 204, 284,
    382, 386, 405, 430
히바트 알라(Hibatt Allāh) 187, 188
히삼 앗 딘 라친(Ḥisām al-Dīn Lāchīn) 158
히삼 앗 딘 루르(Ḥisām al-Dīn Lur) 102
히삼 앗 딘 아이박 키타이(Ḥisām al-Dīn
    Aybak Khitāī) 63
히삼 앗 딘 우스타드 앗 다르(Ḥisām al-Dīn
    Ustād al-Dār) 160
히자즈 키르만(Sulṭān Ḥijjāz) 151
히트(Hīt) 106
힌두쿠르(Hindūqūr) 87, 111
힐라(Ḥilla) 105, 150, 154, 155, 231, 232